COLLECTION R. BASTERRA
Inspecteur général honoraire de l'Éducation nationale

Continentes
espagnol
2e, 1re LV3 et section STT

Colette BEAUVAL
Professeur agrégé
au Lycée Pothier, Orléans

Pascale FANLO
Professeur agrégé
au Lycée Saint-Cricq, Pau

Avec la participation de :

Isabelle DELEUZE
Professeur certifié
au Collège Montabuzard, Ingré

Didier
13, rue de l'Odéon - 75006 Paris

Table de références des textes et crédits photographiques

p. 10 : Cambio 16 - p. 12 : PEANTUS © United Feature Syndicate Reprinted by Permission - p. 13 : Mariscal ; Herederos de Federico García Lorca - p. 14 : Espasa Calpe/Herederos de Miguel Mihura - p. 17 : Degas/Parra/ASK Images - p. 19 : D. Chauvet/Pays Basque Magazine - p. 20 : R. Frerck/Cosmos ; Edelsa - p. 21 : Ed. Lumen - p. 22 : Éd. Nathan ; AGE Fotostock/La Photothèque SDP - p. 23 : Espasa Calpe/Herederos de Pío Baroja ; J.A. Martínez/Turismo Rural - p. 24 : Edelsa ; Agéncia Valenciana del Turisme - p. 25 : Espasa Calpe - p. 26 : Ed. Losada - p. 27 : Edelsa ; F. Ontañón/El País, 1993 - p. 28 : Difusión ; Barriopedro/EFE - p. 29 : Cátreda ; PEANTUS © United Feature Syndicate Reprinted by Permission - p. 30 : G. Mermet ; Herederos de Federico García Lorca - p. 31 : Ed. Losada - p. 32 : Ernst Klett Verlage - p. 33 : Ed. Lumen ; Edelsa - p. 34 : Courtesy of The Hispanic Society of America, New York - p. 35 : Espasa Calpe/Herederos de Armando Palacio Valdés - p. 36 : Iberia - p. 37 : Difusión - p. 38 : Clarks/TBWA - p. 39 : Antonio Muñoz Molina - p. 40 : J. Aguilar ; Edelsa - p. 41 : Edelsa - p. 42 : Fernando Botero - p. 43 : C. Serrano/El País - p. 44 : Pescados La Astorgana - p. 45 : Ed. Destino ; Ed. Lumen - p. 46 : Éd. Nathan ; Salvador Llosá i Selvi/El Temps - p. 47 : Difusión - p. 48 : Herederos de Luis Landero - p. 49 : Ed. S.M. - p. 50 : J. Nelson/Fotogram Stone ; Elisabeth Burgos, 1982 - p. 51 : Ernst Klett Verlage ; Pictures/Photothèque SDP - p. 52 : Ed. S.M. ; Época - p. 53 : Bernardo Atxaga ; S. Katz/Gamma Liaison - p. 54 : Telefónica - p. 56 : DR ; Ed. Lumen - p. 57 : Agadu - p. 58 : Gobierno de Cantabria/C&C - p. 59 : Julio Llamazares - p. 60 : DR - p. 61 : Ed. EDAF (Biblioteca EDAF, n°135) - p. 62 : DR - p. 64 : V.O. PRESS ; Cuesta/Cardinale/Tribuna - p. 65 : Cátedra - p. 66 : J. Salas/El País ; V. Leblic/Photothèque SDP - p. 67 : Turismo Andaluz/Publicis - p. 68 : R. Velázquez/La Vanguardia ; El Retiro Ed. Musicales/Sony Music Publishing - p. 69 : Herederos Alfonso Paso - p. 70 : Herederos Juan Ramón Jiménez - p. 71 : Tribuna - p. 72 : DR - p. 73 : PLOT Ed. - p. 74 : Giraudon ; Ed. Planeta - p. 75 : M. Sáez/El País - p. 76 : DR - p. 77 : Herederos Alejandro Casona - p. 78 : Magisterio-Casals ; DR - p. 79 : R. de Doniz ; Ambassade de Mexique - p. 80 : Magisterio-Casals - p. 81 : Herederos de Virgilio Piñero - p. 82 : Fiat/DMB&B ; DR - p. 83 : Mario Vargas Llosa ; "Louis Toffoli, catalogue raisonné de l'œuvre lithographique", Robert Perabia, Art Production 1997, lithographie n°CRL-399-254/M. Gounot - p. 84 : Cambio 16 - p. 85 : Ed. Lumen - p. 86 : El País - p. 87 : M.J. Rasero/Tiempo/Grupo Zeta ; Ed. Destino - p. 88 : S. Larraya/F. Navia/Cover - p. 89 : Oronoz ; DR - p. 90 : C. Lucas/Ronda Iberia - p. 91 : Antonio Muñoz Molina ; Aisa - p. 92 : R. Doisneau/Rapho ; DR - p. 94 : Commission Européenne/Ammirati Puris Lintas ; Robert Laffont ; EFE - p. 95 : Labordeta - p. 96 : Oronoz ; Luis Landero, 1989/Tusquets Editores - p. 97 : Turismo de Barcelona/S.P. - p. 98 : Szépmüvészeti Müzeum, Budapest - p. 99 : DR - p. 100 : T. Bognar/La Photothèque SDP - p. 101 : M. Lieberman ; Isabel Allende ; DR - p. 102 : Mique Beltrán - pp. 103-104 : Edelsa - p. 105 : A. Pacciani/C. Masson/Enguerand ; Cambio 16 - p. 106 : Santillana ; El Mundo - p. 107 : Oronoz - p. 108 : Colección Biblioteca Premios Cervantes/Ed. Fondo de Cultura Económica de España y Universidad de Alcalá de Henares ; Ediciones B - p. 109 : Ed. Planeta - p. 110 : El Mundo - p. 111 : El Mundo ; Cambio 16 - p. 112 : Christie's Images ; Anagrama ; J.R. Platón/Cover - p. 113 : DR - p. 114 : EFE - p. 115 : Fotogram Stone : B. Pogue ; H. Strands ; Art Wolfe ; T. Dawson - pp. 116-117 : C. Conesa/La Revista de El Mundo - p. 118 : Lanchile/Cristo Peregrin & Asociados - p. 119 : Fundación Pablo Neruda - p. 120 : Corporación de Televisión de la Universidad Católica de Chile/DR - p. 121 : Ed. Zig-Zag, 35a. ed. Santiago, 1997 - p. 122 : Turgalicia/Inter Media - p. 123 : Christie's Images ; Ed. EDAF (Biblioteca EDAF, n°135) - p. 124 : Oronoz ; Ed. EDAF (Biblioteca EDAF, n°135) - p. 125 : Marina García Gortari ; H. Hebeison - p. 126 : Principado de Asturias - p. 127 : Ed. Santillana ; Hidalgo/Lopesino ; J. Lorman/Aisa - p. 128 : A. Edouard/Photothèque SDP (n°1) ; Aisa (n°2, 3, 4, 5, 6, 8) ; Benelux Press/Photothèque SDP (n°7) ; Oronoz (n°9) - p. 129 : Ed. S.M. - p. 130 : Grupo Anaya ; Turismo Valencia Convention Bureau - p. 131 : Aisa - p. 132 : Grupo Anaya ; Roger Viollet - p. 133 : Grijalbo Mondadori ; C. Beauval ; Ed. Planeta - p. 134 : Ed. Planeta ; White Star/Hamburg - p. 135 : Ed. Planeta ; A. Cuenca/Diez Minutos - p. 136 : Herederos de Vicente Blasco Ibáñez ; AGE Fotostock/La Photothèque SDP - p. 137 : Grupo Anaya ; Antonio Muñoz Molina - p. 138 : Herederos de Vicente Blasco Ibáñez ; J.M. Navia/Aisa - p. 139 : DR - p. 140 : Museu Picasso ; Herederos de Javier Linares ; Ed. Lumen - p. 141 : Herederos de Vicente Blasco Ibáñez - p. 142 : Sotur - p. 143 : Herederos de Vicente Blasco Ibáñez ; G. Andrada/Cover - p. 144 : Herederos de Federico García Lorca - p. 145 : J.D. Dallet/Aisa ; Herederos de Federico García Lorca - p. 146 : Herederos de Federico García Lorca ; Fundación García Lorca - p. 147 : C. García/EFE ; Herederos de Federico García Lorca - p. 148 : DR - p. 150 : Visual Arts Library/Arthephot ; Arturo Pérez Reverte - p. 151 : Oronoz - p. 152 : Fábrica Nacional de Moneda y Timbre - p. 153 : Turismo Alcalá de Henares ; © Succession Picasso, 1998 - p. 154 : Aisa - p. 155 : Felix Solis Bodegas ; El Globo - p. 156 : DR ; Pelikan ; G. Lejarcegui/El País - p. 157 : J. Solas/El País ; Antonio Muñoz Molina - p. 158 : Oficina de Turismo de Cuba ; Ed. Losada - p. 159 : DR - p. 161 : G. Mermet - p. 162 : INBA/R. Doniz - p. 163 : Ed. Losada ; R. Van Der Hilst/Fotograme Stone - p. 164 : Alberto Vázquez Figueroa - p. 165 : Ed. Lumen ; Gabriel García Márquez - p. 167 : Antonio de Felipe ; Cambio 16 - p. 168 : Ed. EDAF (Biblioteca EDAF, n°135) - p. 169 : Ed. Lumen - p. 170 : DR - p. 171 : Antonio Mingote/ABC - p. 172 : Herederos de Pío Baroja - p. 173 : Ed. Lumen - p. 174 : Banco Bilbao Vizcaya - p. 175 : Oronoz - p. 176 : El País - p. 177 : L. Cunningham/Fotogram Stone ; Manuel Vázquez Montalbán - p. 178 : Museo del Prado, Madrid - p. 179 : H. Hebeison ; Sotur - p. 181 : Anagrama ; Roger Viollet - p. 182 : Patrimonio Nacional ; Grupo Anaya - p. 183 : Cambio 16 - p. 185 : Historia 16 - p. 186 : Grupo Anaya - p. 187 : Oronoz - p. 188 : Anagrama ; Salvat Editores - p. 189 : Gabriel García Márquez - p. 190 : DR ; Boutin/Sipa Image - p. 191 : Turismo de México/Over ; Bibliothèque de l'Image - p. 192 : Mario Vargas Llosa - p. 193 : M. Vautier ; Ed. Lumen - p. 194 : Cambio 16 - p. 195 : INBA/R. Doniz ; Dagli Orti - p. 196 : S. Álvarez/National Geographic Image Collection - p. 197 : Fundación Pablo Neruda - p. 198 : Aerolíneas Argentinas/OVER - p. 199 : Luis Sepúlveda, 1995/Tusquets Editores ; J.P. Degas/ASK Images - p. 200 : Ed. Lumen - p. 201 : ABC ; El País - p. 202 : Mario Vargas Llosa - p. 203 : The New York Times Syndicate - p. 204 : DR - p. 205 : M. Vautier - p. 206 : Consejo Nacional de Artes Escénicas ; DR - p. 207 : Adagp, Paris 1997 ; Photo EMN/Arnaudet - p. 208 : Delegación del Gobierno para el Plan Nacional sobre las Drogas/Ministerio del Interior, España - p. 210 : Bibliothèque municipale/Nantes Mairie - p. 211 : Gabriel García Márquez - p. 212 : Santander Convention Bureau - p. 213 : Cambio 16 ; P. Hojas/El País - p. 214 : Bancaja - p. 215 : Seix Barral ; Éd. de la Semaine - p. 217 : Aisa - p. 218 : Aisa ; Herederos de Federico García Lorca - p. 219 : Romeu - p. 220 : Archivo General de la Administración, Cultura, Archivo Rojo - p. 221 : Julio Llamazares - p. 222 : Postermil - p. 223 : Ed. Destino - p. 224 : El País ; Francisco Calvo Serraller - p. 225 : Oronoz/© Succession Picasso, 1998 - p. 226 : Fundación García Lorca ; Robert Laffont ; Herederos Luis Buñuel - p. 227 : DR ; Adagp, Paris, 1998 ; Eduardo Arroyo - p. 228 : Santillana ; DR - p. 229 : El País - p. 230 : DR ; Antonio Muñoz Molina - p. 231 : Gobierno Vasco - p. 232 : Ed. Seix Barral - p. 233 : Ed. Seix Barral ; El País - p. 234 : Lauros/Giraudon ; C. Conesa/La Revista del Mundo - p. 235 : C. Conesa/La Revista del Mundo - p. 236 : J.J. Guillen/EFE - p. 237 : Marca - p. 239 : Promoción Exterior de Tenerife - p. 240 : Mondelo/EFE - p. 241 : A. Dalmau/EFE - p. 242 : Cambio 16 - p. 243 : Columbia Sportswear Company/Sina & Partners - p. 244 : El País - p. 246 : Romeu - p. 247 : Ministerio de Trabajo y Asuntos Sociales/Instituto de la Juventud ; Grupo Santander.

Nous avons recherché en vain les éditeurs ou les ayants droit de certains textes ou illustrations reproduits dans ce livre. Leurs droits sont réservés aux Éditions Didier.

Couverture : Annabel OLIVIER
Conception graphique : Silvère BELTRANDO
Cartographie (2e et 3e de couverture ; p. 115) : Noël MEUNIER
Illustrations : Juan Ramón ALONSO : pp. 10, 12, 16, 18, 31, 32, 41, 48, 49, 55, 57, 68, 81, 93, 102, 103, 119, 149, 155 ; Rony TURLET : pp. 11, 13, 14, 24, 25, 26, 27, 28, 41, 43, 71 ; petites cartes en haut de page ; logos audio et vidéo
Réalisation P.A.O. et photogravure : TOURAINE COMPO, Tours

ISBN 2-278-04649-7

Imprimé en France

Texte enregistré
Document vidéo
L Lecture

Índice

DEL SUR AL NORTE

NAVIDADES

DESCUBRIMIENTO Y CONQUISTA

CONTINENTES

LA ESPAÑA VERDE

LA ESPAÑA DE LAS TRES CULTURAS

TRADICIONES MEDITERRÁNEAS

EL SIGLO DE ORO

LA COLONIZACIÓN

HOMENAJE ARTÍSTICO

Avant-propos

L'espagnol est une langue parlée par **388 millions de personnes** avec lesquelles vous aurez la possibilité de communiquer. Ce manuel et le matériel pédagogique qui l'accompagne vous aideront dans vos efforts.

Cet ouvrage est **un outil pour la classe**, mais aussi – nous l'espérons – **un moyen de culture et d'enrichissement** personnels. **CONTINENTES** veut susciter votre curiosité et votre intérêt en vous présentant **la culture hispanique dans une double continuité** :

– Continuité **spatiale**

Par l'imbrication des thèmes, le manuel montre **le syncrétisme humain et culturel** qui s'est opéré entre les continents depuis 1492 à partir de l'incroyable aventure de trois caravelles.

– Continuité **temporelle**

CONTINENTES s'efforce de mettre en évidence **la valeur exemplaire du passé dans le monde hispanique d'aujourd'hui**, de montrer les liens nouveaux que l'Espagne a tissés avec le monde.

Les **documents** proposés sont **variés**, **authentiques**. Nous souhaitons qu'ils vous permettent d'**acquérir**, de **consolider cette langue** dont vous devez, à la fois, **maîtriser les mécanismes et percevoir les subtilités**. **La langue est le reflet d'une culture et on ne saurait les dissocier**.

• **Chaque double page** s'organise autour des **documents** et des **appareils pédagogiques** qui les accompagnent : introductions diverses (élucidation d'une situation, tableau synoptique de civilisation...), questions pour vous guider dans votre découverte et votre réflexion.

Les marges (en couleur ou grisées) regroupent trois rubriques :

– **Profundiza** : réflexion sur les faits de langue (et renvoi au mémento grammatical).

– **Practica** : exercices variés, nécessaires pour consolider les acquisitions et revoir le cours.

– **Recuerda** : exemples de structures et expressions idiomatiques à mémoriser.

• **Quelques doubles pages** réparties dans le manuel proposent une réflexion synthétique sur de grands thèmes actuels : l'importance des langues, la sauvegarde de l'art, la diversité et le but de l'écriture, le rôle des sports, l'aventure... sans oublier le développement des échanges commerciaux et culturels entre continents.

• **Un lexique** espagnol-français vous aide à résoudre vos problèmes immédiats et vous prépare au maniement (plus complexe) d'un dictionnaire bilingue.

À vous d'exercer **votre mémoire**, **votre curiosité** et **votre intelligence** en attendant d'aller tester vos connaissances dans un contexte touristique ou professionnel en terre hispanique.

Les auteurs.

▸ las tres letras específicas del alfabeto español: **ch, ll, ñ**
▸ el presente de indicativo de los verbos en **-ar**

¿dónde se habla español?

> "Se puede aprender en todas partes, incluso sin salir de casa."
> **Soledad Puértolas**, *Todos mienten*, 1988.

Infinitivo HABLAR	Sujeto	Presente de indicativo
	Yo	hablo
	Tú	hablas
	Él, ella	habla
	Nosotros, as	hablamos
	Vosotros, as	habláis
	Ellos, ellas	hablan

el alumno
la alumna
los alumnos

el mapamundi

el profesor
la profesora

1. El profesor / La profesora enseña el mapamundi y pregunta:
- ¿En qué continentes **se** habla *(parle-t-on)* español?
- ¿En qué país de Europa / En qué países de América **se** habla español?
- ¿Qué otros idiomas **se** habl**an** en el continente americano?

2. Y **vosotros, as** / Y **tú,** ¿qué idiomas extranjeros habl**áis** / habla**s**?

3. El alumno / La alumna contesta:
- **Se** habla español en...
- **Nosotros, as** habl**amos... / Yo...**

▸ profundiza

1. Trois lettres propres à l'alphabet espagnol :
- la che (ch): Chile.
- la elle (ll): el castellano, Ballesta.
- la eñe (ñ): España.

Cf. gram. 1, p. 251.

2. Les noms de continents et de pays s'emploient généralement sans article, sauf...
Cf. gram. 10.4, p. 254.

▸ practica

Conjuga en presente de indicativo:
Enseñar el mapamundi.

▸ recuerda

Para hacer una pregunta:
¿Qué...? ¿Por qué...?

¡vamos al Paraguay!

– Ah, vamos al Paraguay. Javier, ¿hablas tú guaraní? –le pregunta Enrique a su amigo.
– ¿Por qué? ¿No hablan español en el Paraguay?
– Sí, claro[1], pero el otro idioma importante es el guaraní. Casi la mitad[2] de los paraguayos hablan guaraní o, por lo menos[3], lo entienden –explica Enrique.
– Bueno, entonces[4], ¿qué esperamos? ¡Vamos a Asunción!

Raquel Hernández de Escobar,
La Herencia, 1979.
Una aventura en Hispanoamérica.

Juan Ballesta

1. *bien sûr.* – 2. *Presque la moitié.* – 3. *ou, du moins.* – 4. *alors.*

1. ¿Qué personas hablan en este diálogo?
2. ¿Qué dice *(dit)* Enrique a su amigo?
3. Se nota *(on remarque)* el entusiasmo de Javier porque...

388 millones de hispanohablantes

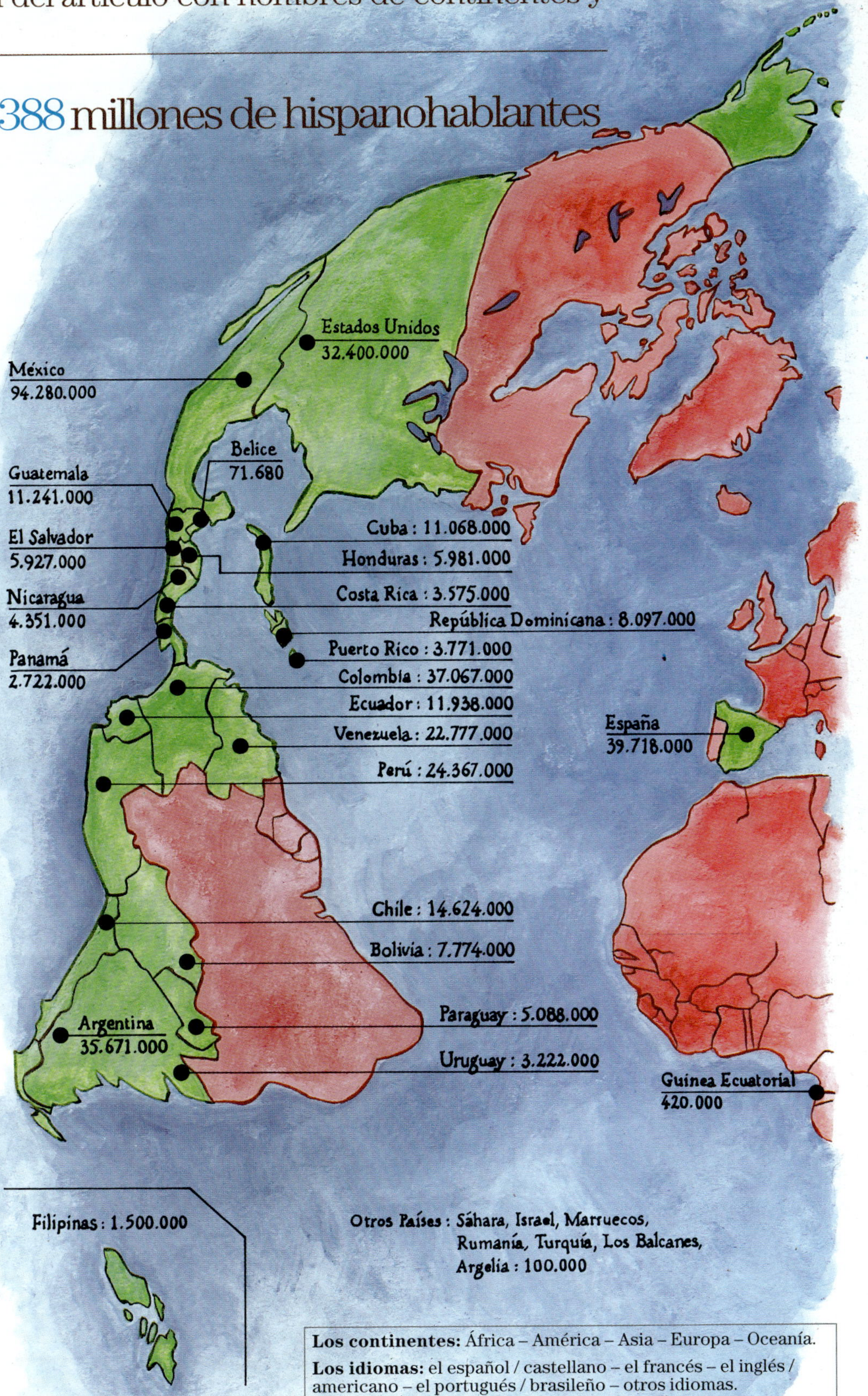

Los continentes: África – América – Asia – Europa – Oceanía.

Los idiomas: el español / castellano – el francés – el inglés / americano – el portugués / brasileño – otros idiomas.

el español expande fronteras

"Vivimos una verdadera explosión de interés por aprender español, hoy en día. En los grandes países de occidente hay mucho interés y ahora es prestigioso enseñar español."

Doctor Pedro Benítez, *Cuadernos Cervantes*, enero-febrero de 1997.

▸profundiza

Presente de indicativo
Llamarse *(s'appeler)*
Yo me llamo
Tú te llamas
Él, ella, usted se llama
Nosotros, as nos llamamos
Vosotros, as os llamáis
Ellos, ellas, ustedes se llaman

1. Masculin → féminin
el hermano → la hermana.

2. Les adjectifs possessifs des trois premières personnes
• mi marido / mis apellidos.
• tu padre, tu madre / tus padres.
• su hermana / sus hermanas.

▸practica

1. Conjuga en presente de indicativo el verbo Presentarse.

2. Contesta las preguntas:
• ¿Cómo te llamas? (¿Tu nombre? ¿Tu apellido?)
• ¿Cómo se llama tu amigo, a?

3. Indica el orden alfabético de las palabras:
diálogo - llamar - dictado - escuela - entrevista - doce - extranjero - liado - entrar - dicho - esquimal - día - eñe - detective - enclítico - luna.

▸el presente de indicativo de un verbo pronominal: llamarse

¡buenos días!

– ¿Cómo te llamas? –le pregunta Vázquez.
– Nemesio Cabra Gómez.
– Pues ven conmigo[1]. Tenemos que[2] hablar.

Eduardo Mendoza, *La verdad sobre el caso Savolta,* 1975.

1. *viens avec moi.* 2. *Nous devons.*

Es el primer día de clase. Los alumnos tienen que (doivent) ***presentarse ante sus compañeros...***

Schulz

Soy nueva: *Je suis nouvelle.* – Magdalena de Trigo: *Madeleine de Blé.* – mi pelo rubio y mi sonrisa: *mes cheveux blonds et mon sourire.* – nos haremos: *nous deviendrons.*

mis aficiones: *mes passions.*
el baloncesto: *le basket-ball.*

necesito[1] trabajar

Miguel busca[2] trabajo..., o mejor dicho un enchufe (piston). ***Solicita la ayuda*** (l'aide) ***de Julia.***

– Dime, ¿cómo se llama el propietario de Semana Gráfica?
– De sobra lo sabes[3].
– ¿Cómo se llama?
– Luis Galea. Lo sabes perfectamente.
– Bien. Bien.
– Es propietario de otras publicaciones de este tipo, y de muchas cosas... Y un hombre situado[4], Miguel. Creo[5] que sé a lo que vas[6]...
– Pues si lo sabes, tanto mejor.

Juan Marsé, *Esta cara de la luna,* 1962.

1. *inf.* necesitar : *avoir besoin de.*
2. *inf.* buscar : *chercher.*
3. *Tu le sais très bien.*
4. *haut placé.*
5. *inf.* creer : *croire.*
6. *où tu veux en venir.*

¡es usted catalán!

Habla la señora Puig al detective Pepe Carvalho[1].

– ¿Es usted[2] catalán?
– Vivo y trabajo en Cataluña.
– Entonces[3] es usted catalán y se lo digo yo que[4] me llamo Borrell de primer apellido y Riudetons de segundo y mi marido Puig Llagostera.

Manuel Vázquez Montalbán, *El premio,* 1996.

1. Carvalho: apellido de Galicia.
2. *Êtes-vous.*
3. *Alors.*
4. *je vous le dis, moi qui.*

1. En el diálogo, la señora Puig le pregunta a Pepe Carvalho si...
2. Él no contesta directamente. Dice: "yo..."; en efecto, su apellido...
3. La señora Puig es una **auténtica** catalana: sus apellidos... y los de su marido...
4. Ella afirma... **Sin embargo** *(cependant)*, ...

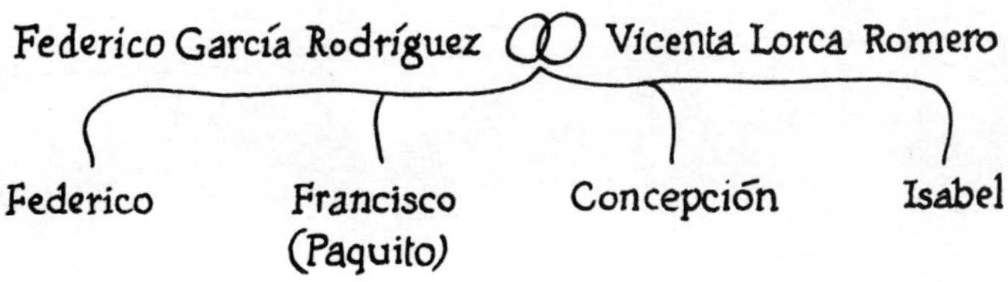

entrevista al poeta andaluz

Hablo a Lorca por teléfono.
– ¿En qué año has nacido?
– En mil ochocientos noventa y nueve, el cinco de junio.
– ¿Dónde?
– En Fuente Vaqueros, Granada.
– ¿Cómo se llaman tus padres?
– Federico García Rodríguez y Vicenta Lorca.
– ¿De dónde son?
– Andaluces, granadinos.
– ¿Cuántos hermanos tienes?
– Tres.
– ¿Amigos?
– Muchos.

Federico García Lorca, *Itinerarios jóvenes de España.*
Entrevista de E. Giménez Caballero, 1928.

►recuerda

Para hacer una pregunta:
– ¿En qué...? ¿Dónde...? ¿De dónde...?
– ¿Cómo...? ¿Cuántos, as...?

Javier Mariscal, *El Señor Mundo.*

Tu primo: *ton cousin.* – Una sobrina: *une nièce.* – tu yerno: *ton gendre.* – estuvo liado: *eut une liaison.* – la cuñada: *la belle-sœur.* – Tu vecino de escalera: *ton voisin de palier.*

- País Vasco
- Gibraltar

▸profundiza

Presente de indicativo
Ser *(être)*
Yo soy
Tú eres
Él, ella, usted es
Nosotros, as somos
Vosotros, as sois
Ellos, ellas, ustedes son

1. L'article défini contracté
- "... le pregunto **al** moreno": a + el = **al**.
- "... los (habitantes) **del** Peñón": de + el = **del**.

Cf. gram. 10.1, p. 254.

2. La préposition A introduit un COD de personne
"... te presento **a** unos amigos..."
"... nos llaman **a** los del Peñón..."
Cf. gram. 32.A, p. 261.

3. Le tutoiement et le vouvoiement
- (Tú) "eres detective".
- "¿No es **usted** español?" "**Usted** es escritor".

Cf. gram. 20.A, p. 257.

4. La négation
"No es usted español?", p. 14 : *Vous n'êtes pas espagnol ?*

5. Le pronom relatif sujet Que
"un pillastre **que** se llama...", p. 15 : *un voyou **qui** s'appelle...*
Cf. gram. 32.E, F, p. 262.

6. a. Ser s'emploie pour présenter, définir.
b. Ser de... → origine, appartenance.
Cf. gram. 28.A, p. 260.

▸el presente de indicativo del verbo **ser**
▸contracciones del artículo determinado

¡buenas tardes!

Paseo marítimo de Fuengirola, Málaga.

el inglés del Peñón

Es una tarde de otoño. Dos extranjeros se presentan en Lúzaro (País Vasco). Desean hablar con el narrador.

– ¿No es usted[1] español? –le pregunto al moreno[2].
– No, soy inglés. He nacido[3] en Gibraltar. Soy un escorpión de roca, como nos llaman[4] en Inglaterra a los del Peñón. Me llamo Small, Ricardo Small. Mi padre era[5] inglés, mi madre gaditana[6]; por eso hablo regularmente el español.
– Regularmente, no, muy bien; bastante mejor[7] que yo.
– ¡Muchas gracias!

Pío Baroja, *Las inquietudes de Shanti Andía*, 1911.

1. *Vous n'êtes pas.*
2. *au brun.*
3. *Je suis né.*
4. *on nous appelle.*
5. *était.*
6. de Cádiz.
7. *mieux.*

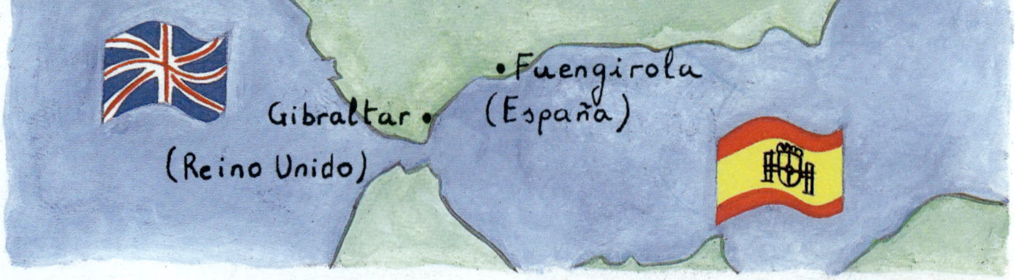

1. ¿Dónde se sitúa Gibraltar? ¿**De** quién **es**?

2. ¿Qué sabemos de **los** orígenes *(des origines)* del moreno? ¿En qué **los** confirma su nombre?

3. El narrador es cortés *(courtois)* con su visitante: ¿cómo lo notamos?

4. La escena pasa en el País vasco: ¿qué lenguas se hablan allí?

▸a + COD de persona ▸**tú / usted** ▸la negación
▸el pronombre relativo **que** ▸algunos usos de **ser**

los amigos de Belén

1. *arrive.*
2. *quelques.*
3. *Voici.*
4. *à la fois, à l'unisson.*
5. *Vraiment.*

Pepe Rey llega[1] de Madrid y Belén le presenta a sus amigos valencianos.

– Mira –dice Belén–, te presento a unos[2] amigos míos. Ésta es[3] Gloria y éste es[3] Javier, son músicos. Y éste es Eduardo, productor musical.
– Hola –le dicen los tres a la vez[4].
– Y éste es Pepe –dice Belén.
– Hola. ¿Qué tal? ¡Cuántos artistas!
– ¿De verdad[5] eres detective? –le pregunta Gloria.
– Sí.
– ¡Qué interesante!

Loreto de Miguel y Alba Santos, *Muerte en Valencia,* 1987.

1. ¿A quién habla Belén en la primera réplica (“**te** presento”)?
2. ¿Cuántos son los amigos valencianos de Belén y quiénes son?
3. Y Pepe, ¿quién es?
4. ¿Qué traducen *(traduisent)* las exclamaciones?

el Jaguar no es mío[1]...

Pepe Carvalho se dirige a su invitado Juan José Millás.

– Usted y yo somos invitados de un pillastre riquísimo[2] que se llama Lázaro Conesal. Un rico como hay pocos, de los que enseñan los aviones privados y los Jaguar. (...) Usted es escritor.
– Leo[3] hasta entrada la noche[4] y en invierno trabajo en Iberia.

Manuel Vázquez Montalbán, *El premio,* 1996.

1. *n'est pas à moi.*
2. *un richissime « voyou ».*
3. *inf.* leer : *lire.*
4. *tard dans la nuit.*

▸practica

1. Conjuga en presente de indicativo:
Saludar *(saluer)* **a** los amigos.

2. ***El inglés del Peñón***
Inspírate *(inspire-toi)* en la entrevista a Federico García Lorca (p. 13) para hacer preguntas al moreno, tratándole de tú *(en le tutoyant).*

3. ***Los amigos de Belén***
Pepe Rey se dirige a los amigos de Belén: “Yo soy Pepe. Soy detective.
Y vosotros, ¿quiénes sois?”
Escribe las contestaciones posibles (individuales o/y colectiva).

▸recuerda

– presentar **a** sus amigos : *présenter ses amis.*
– ¡Hola! ¿Qué tal? : *Salut ! Comment ça va ?*
– ¡Muchas gracias! : *Merci beaucoup.*

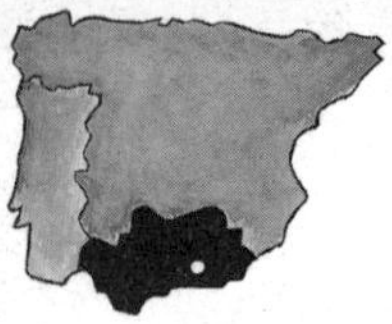

▶ el presente de indicativo de los verbos en **-er** y **hacer**
▶ el acento tónico (palabras llanas) ▶ el artículo

¿cuál es su nombre en el teatro?

Dionisio acaba de llegar (vient d'arriver) *al hotel donde se aloja el grupo del ballet. A Paula le llaman la atención sus tres sombreros de copa.*

PAULA – ¿Es usted también artista?
DIONISIO – Mucho.
PAULA – Como nosotras. Yo soy bailarina[1]. Trabajo en el *ballet* de Buby Barton. *Debutamos* mañana[2] en el Nuevo Music Hall. ¿Acaso[3] usted también *debuta* mañana en el Nuevo Music Hall? ¿Cómo se llama usted?
DIONISIO – Dionisio Somoza Buscarini.
PAULA – No. Digo[4] su nombre en el teatro[5].
DIONISIO – ¡Ah! ¡Mi nombre en el teatro! ¡Pues como todo el mundo!
PAULA – ¿Cómo?
DIONISIO – Antonini.
PAULA – ¿Antonini?
DIONISIO – Sí. Antonini. Es muy fácil. Antonini. Con dos enes...
PAULA – No recuerdo[6]. ¿Hace usted malabares[7]?
DIONISIO – Sí. Claro[8]. Hago malabares.
PAULA – ¿Hace usted solo[9] el número?
DIONISIO – Sí. Claro. Yo hago solo el número. Como mis papás se murieron, pues claro...
PAULA – ¿Sus papás también eran artistas?
DIONISIO – Sí. Claro. (...)
PAULA – Nosotras somos cinco. Cinco girls. Vamos con Buby Barton hace ya[10] un año. Y también con nosotras viene Madame Olga.

Miguel Mihura, *Tres sombreros de copa*, 1953.

1. *danseuse.*
2. *demain.*
3. *peut-être.*
4. *Je dis ; ici, je veux dire.*
5. *votre nom de théâtre.*
6. *Je ne me souviens pas.*
7. *des tours d'adresse.*
8. *Bien sûr.*
9. *seul.*
10. *il y a déjà.*

1. ¿Qué personajes hablan en este fragmento de teatro? ¿Quiénes son?

2. ¿Cómo notamos que acaba de llegar Dionisio? (Paula le pregunta... y él responde...)

3. En cambio *(en revanche)* Paula forma parte integrante del espectáculo. En efecto...

▶ profundiza

Presente de indicativo

Responder *(répondre)*	Creer *(croire)*
respondo	creo
respondes	crees
responde	cree
respondemos	creemos
respondéis	creéis
responden	creen

Hacer *(faire)*
hago
haces
hace
hacemos
hacéis
hacen

1. La 1re règle d'accentuation
bailarina - nombre - mundo - detalles - parecen.
Cf. gram. 3.A, p. 252.

2. L'article indéfini
• singulier
– un año : *un an.*
– una cosa : *une chose.*
• pluriel
– hace usted malabares : *vous faites des tours d'adresse.*
– son audacias de poeta : *ce sont des audaces poétiques.*
Cf. gram. 12, p. 255.

3. L'adjectif possessif de la personne de courtoisie
¿Cómo se llama usted? (¿Cuál es) su nombre en el teatro?, p. 16 : *Comment vous appelez-vous ? (Quel est) votre nom de théâtre ?*
Cf. gram. 13, p. 255.

indeterminado ▶ el adjetivo posesivo de **usted** ▶ **mucho**: adverbio / adjetivo ▶ la conjunción **sino** (la oposición)

creo en la sencillez[1]

El poeta andaluz responde a las preguntas de un periodista (d'un journaliste).

Yo no nací en Granada, sino en un pueblo llamado Fuente Vaqueros. Toda mi infancia es pueblo. Pastores[2], campos, cielo, soledad[3]. Sencillez en suma. Yo me sorprendo[4] mucho cuando creen que esas cosas que hay[5] en mis obras son audacias de poeta. No. Son detalles auténticos, que a mucha gente le parecen raros[6] porque es raro también acercarse a[7] la vida con esta actitud tan simple: ver y oír. ¡Una cosa tan fácil! ¡Eh!

Federico García Lorca, *Entrevistas*, 1935.

1. *la simplicité.*
2. *bergers.*
3. *solitude.*
4. *inf.* sorprenderse : *être surpris.*
5. *qu'il y a.*
6. *bizarres.*
7. *s'approcher de.*

---

1. ¿Qué recuerdos *(souvenirs)* guarda el poeta de su infancia?

2. Mucha gente cree que sus poemas son pura invención, ¿cómo reacciona *(réagit)* el poeta?

3. ¿En qué se inspira para escribir sus versos?

En clase de flamenco.

4. **Mucho** *(beaucoup)* peut être adverbe ou adjectif
"Yo me sorprendo **mucho**" *(adverbe)*.
La gente → **mucha** gente *(adjectif)*.
Cf. gram. 17, p. 256.

5. La conjonction adversative **Sino**
"Yo no nací en Granada **sino** en un pueblo", p. 17 : *Je ne suis pas né à Grenade, mais dans un village.*
Cf. gram. 43, p. 267.

▶ practica

1. Conjuga en presente de indicativo:
Aprender a bailar.
Sorprenderse mucho.

2. Separa las sílabas e indica la vocal *(voyelle)* tónica:
- una clase de flamenco.
- las andaluzas llevan faldas largas.

3. Escribe en singular:
- son audacias de poeta.
- son detalles auténticos.
- son andaluzas.
- son bailaoras de flamenco.

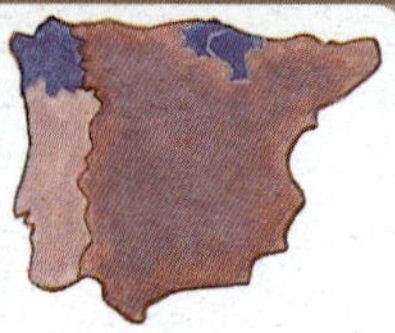

- Galicia
- País Vasco
- Navarra

▶ presente de indicativo: **ver** ▶ el acento tónico (palabras llanas) ▶ el número: singular / plural

una gallega muy extraña[1]

Su verdadero[2] nombre es Ermitas, pero ella prefiere que la llamen[3] Clara. Se llama Ermitas, vamos, Clara Ercebedo Fernández. Clara Ercebedo es una mujer guapa[4] y extraña, por aquí todas las mujeres son guapas y casi todas extrañas, por aquí todos los hombres son también guapos y extraños, muy extraños... Clara es una mujer que lee poesía y filosofía, toma mucho café y oye[5] música clásica.
Clara Ercebedo vive sola en un chalet[6] ya un poco viejo, con bastante huerta[7], en San Pedro de Nos[8].

Camilo José Cela, *La cruz de San Andrés,* 1994.

1. *très étrange.*
2. *véritable.*
3. *qu'on l'appelle.*
4. *une jolie femme.*
5. *inf.* oír : *entendre.*
6. *une villa.*
7. *un assez grand jardin.*
8. pueblo de Galicia.

1. ¿Cuál es el nombre de esta mujer? ¿Cuáles son sus apellidos?

2. ¿Dónde vive?

3. ¿Cuáles son sus actividades favoritas?

4. El autor dice que esta mujer es "muy extraña": ¿comprendéis por qué?

5. ¿Cómo veis que Clara no es un caso *(un cas)* único en el pueblo? ¿Creéis que es objetivo *(objectif)* el narrador?

▶ profundiza

Presente de indicativo
Ver *(voir)*, p. 17.
veo
ves
ve
vemos
veis
ven

1. La 1re règle d'accentuation
nombre - Ermitas - mucho - cantan - madera
Remarque :
• ella le-e / yo ve-o = *2 syllabes.*
• gua-pa / nues-tro = *diphtongues.*
Cf. gram. 3.A.2, p. 252.

2. L'article défini
• **El** camino - **la** tierra.
• **Los** campos - **las** casas.
Cf. gram. 10, p. 254.

3. La formation du pluriel
• **El** hombre guapo → **los** hombres guapos.
• **La** mujer extraña → **las** mujeres extrañas.
Cf. gram. 8.B, p. 254.

4. L'article partitif
"... toma café y oye música", p. 18 : *elle boit **du** café et elle écoute **de la** musique.*
Cf. gram. 12, p. 255.

5. Les adjectifs possessifs
• **Mi** casa. **Su** verdadero nombre.
• **Nuestro** prado. **Sus** grandes flores.
Cf. gram. 13.A, p. 255.

▶ el artículo determinado
▶ los adjetivos posesivos

¡qué lugar[1] tan tranquilo!

1. *endroit.*
2. la mañana: *le matin.*
3. *inf.* levantarse : *se lever.*
4. *tôt.*
5. *je suis le chemin.*
6. *inf.* derramarse : *se répandre.*
7. *Je m'arrête pour.*
8. *quelques tournesols.*
9. *paissent.*
10. *éparses.*
11. *littéralt, des maisons qui ressemblent à des jouets.*

Muchas mañanas[2], con el buen tiempo, me levanto[3] muy temprano[4] y sigo el camino[5] abandonado, escuchando el rumor de los campos. Los pájaros cantan, el sol se derrama[6] brillante por la tierra. Me detengo a[7] contemplar mi casa. En el balcón de madera brillan los geranios rojos; en el huerto, algunos girasoles[8] levantan sus grandes flores. Las vacas pastan[9] en nuestro prado. Enfrente veo las casas desparramadas[10] de Izarte, que parecen de juguete[11], y a lo lejos los montes.

Pío Baroja, *Las inquietudes de Shanti Andía,* 1911.

1. ¿Cuándo se pasea *(se promène)* el narrador por el campo? ¿Qué oye y qué ve durante sus paseos?

2. ¿Cómo vemos que su casa es un motivo de orgullo *(d'orgueil)* para él?

3. El País Vasco y Navarra forman parte de la España Verde: ¿cómo lo dan a entender *(le font comprendre)* el texto y la foto?

▶ practica

Una gallega muy extraña

Conjuga en presente de indicativo:
Leer poesía y pasear por el campo.

¡Qué lugar tan tranquilo!

1. Escribe en plural:
La flor roja. El rumor confuso del campo.

2. Escribe en singular:
- Veo las casas y los montes.
- Los geranios rojos brillan.
- Las vacas pastan en los prados.
- Los girasoles levantan sus flores.

Vista del Valle del Baztán, Navarra.

▶ presente de indicativo: **tener** y **poder**
▶ el acento tónico (palabras agudas)

la señorita del metro

¡Vamos a tomar algo!

Buenaventura invita al restaurante a África, la nueva taquillera[1] de la estación Ópera.

– Podemos ir los dos, tú y yo. ¿Qué te parece?[2]
– Bueno... sí... Encantada[3] de ir con usted –contesta.
– Por favor, no me llames de usted, todavía[4] soy joven –dice Buenaventura. Él sabe muy bien que parece más viejo, sin pelo y con esas gafas–. ¿Cuántos años crees que tengo?
– No sé, ¿cuarenta? ¿Cuarenta y cinco?
– ¡Cuarenta y cinco! Sólo tengo treinta y uno.
– ¡Qué cosas![5] –contesta África–. Pues, soy más vieja yo. ¡Tengo treinta y dos!
– Pues yo tengo cincuenta y quiero coger el metro antes de los cincuenta y uno[6] –dice alguien–. Por favor, ¿pueden terminar ya? Entro a trabajar dentro de veinte minutos. Es otra vez[7] el señor Ángel Pablo Verbenero. Buenaventura ve que detrás de él hay muchas personas.
– Parece que tienes trabajo. Me voy. Luego nos vemos[8].

H. González Vela y A. Orejudo, *Mala suerte,* 1995.

1. *guichetière.*
2. *Qu'en penses-tu ?*
3. *Enchantée.*
4. *encore.*
5. *Ça alors !*
6. *avant cinquante et un ans.*
7. *à nouveau.*
8. *On se voit tout à l'heure.*

1. Buenaventura establece *(établit)* una complicidad con la joven. ¿Qué le dice?

2. África se equivoca *(se trompe)* acerca de la edad de su "admirador": ¿cómo se explica su error?

3. ¿Por qué se impacienta un cliente? ¿Qué dice para expresar su mal humor?

4. ¿Cómo se acaba de momento el diálogo entre los nuevos amigos?

▶ profundiza

Presente de indicativo
Tener *(avoir, posséder)*
tengo
tienes
tiene
tenemos
tenéis
tienen

Poder *(pouvoir)*
puedo
puedes
puede
podemos
podéis
pueden

1. La 2e règle d'accentuation
edad - trabajar - inspector - Muñoz - Ezequiel.
Cf. gram. 3.A.2, p. 252.

2. Masculin → féminin
• un hombre viejo → una mujer vieja.
• un chico joven → una chica joven.
• un hijo grande → una hija grande.
• un ejercicio fácil → una cosa fácil, p. 17.
Cf. gram. 8.A, p. 253 / 12, p. 255.

3. Le comparatif de supériorité
"... soy más vieja yo (que tú)", p. 20.
"... es más alto que yo", p. 21.
Cf. gram. 15, p. 256.

4. La numération
• quince años, p. 21.
• veinte minutos.
• treinta y un años.
• cuarenta y cinco.
• cincuenta (años), p. 20.
Cf. gram. 9.A, p. 254.

¡qué madre tan joven!

1. *son fils.*
2. poeta chileno.
3. cantante norteamericano.
4. *C'est incroyable.*
5. *grandissent.*
6. *Je pense toujours à toi.*

Susana presenta su hijo[1] *al inspector.*

– Éste es Pablo. Pablo por Pablo Neruda[2] y por Paul Simon[3], al cincuenta por ciento.
– ¿Cuántos años tiene tu hijo?
– Va a cumplir quince.
– Parece mentira[4].
– Los chicos ahora crecen[5] muy rápido.
– No es eso. Parece mentira que tú tengas un hijo tan grande. Yo siempre pienso en ti[6] como una chica joven, no la madre de un adolescente que es más alto que yo.

Antonio Muñoz Molina, *Plenilunio,* 1997.

1. ¿De qué hablan Susana y el inspector? ¿Cómo se ve que se tratan con familiaridad?

2. ¿Qué revela el nombre del chico acerca de las aficiones de la madre?

3. ¿Por qué le sorprende al inspector la edad de Pablo?

4. En realidad el inspector le hace un piropo *(fait un compliment)* a Susana: ¿qué traduce?

¿tu mamá?

Quino

Mía: *mienne ; ici, à moi.* – tener en condominio: poseer *(posséder)* una cosa en común dos o más personas (vocabulario jurídico).

Tocar el timbre / preguntar por / esperar: *attendre* – sacar un papel, una factura de su cartera *(sa serviette)* / Guille, el hermanito *(le petit frère)* de Mafalda con su chupete – jugar [ue] con los posesivos, con el estilo elíptico – distraer la atención de – cobrar *(percevoir, encaisser)* – pagar *(payer)*.

1. Narrad la anécdota de la historieta en sus cuatro etapas. (En la primera viñeta...)

2. ¿Cómo podemos interpretar la respuesta de la niña? (A lo mejor –*peut-être*–, Mafalda conoce a este señor..., comprende que... y...)

"¿Qué edad tienes?", Carlos Fuentes (México), *Las buenas conciencias*, 1959.

Ezequiel Zuno es un hombre perseguido *(poursuivi)* por sus ideas. Se esconde en un sótano *(un sous-sol)* y lo sorprende el chico de la casa.

► practica

1. Escribe en letras:
23 - 31 - 36 - 48 - 29 minutos - 51 años.

2. Escribe en femenino:
- un chico alto.
- un taquillero joven.
- un chico sensible.
- un hombre malhumorado.

3. Redacta una frase para comparar la edad de Buenaventura con la de África. *Cf.* profundiza 3.

4. Escribe una frase personal empleando *(en employant)* el comparativo de superioridad. *Cf.* profundiza 3.

5. Separa las sílabas e indica la vocal tónica:
tomar - restaurante - taquillera - error - usted - joven - gafas - Madrid - andaluz - Ezequiel.

6. Indica el orden alfabético de las palabras:
cuarenta - chico - cuanto - cincuenta - cumplir - cinco - crecer - ciento - condominio - chupete - común.

► recuerda

– Va a cumplir quince años : *Il va avoir quinze ans.*
– ¡Parece mentira! : *Pas possible !*
– ¡Eres tú! ¡Soy yo! : *C'est toi ! C'est moi !*
– ¿Qué te parece?: *Qu'en penses-tu ?*
– Luego nos vemos. ¡Hasta luego! : *On se voit plus tard. À bientôt !*

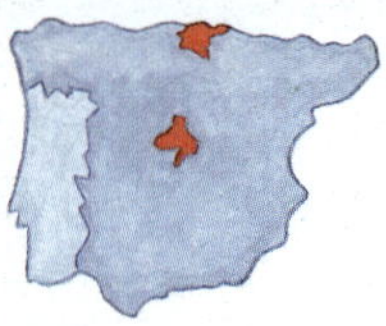

● País Vasco
● Madrid

▶ presente de indicativo: **ir, irse** ▶ construcción del verbo **ir** ▶ la obligación personal: **tener que** + infinitivo

¿vienes con nosotros?

Es sábado y los Micrón están en su casa de las afueras[1] de Madrid. El profesor y su esposa han decidido pasar la tarde en el museo del Prado. Invitan a su hijo a acompañarlos:

– ¿Ya has terminado los ejercicios de matemáticas?

– Sí, acabo de[2] terminarlos.

– ¿Quieres salir[3] con nosotros?

– Me parece una buena idea. ¿Adónde vais?

– Al museo.

– ¿A Madrid?

– Sí, al museo del Prado.

– La verdad, yo prefiero ir al Parque del Retiro.

– Hace mucho frío para estar al aire libre.

– Podemos ir al Palacio de Cristal. Siempre hay algo interesante. ¿Vais en coche?

– Sí, es más rápido. No tenemos ganas de[4] coger el autobús. El sábado hay mucha gente.

– Sí, es verdad.

– ¿Vienes entonces?

– Si no vamos al Retiro, prefiero quedarme[5] en casa.

– Bueno, como quieras[6], termina diciendo el profesor. Pero no aproveches[7] como de costumbre para invitar a todos tus amigos.

– Te prometo que no. La semana que viene tenemos exámenes y voy a trabajar.

Dominique Renaud y Susana Chiabrando,
El profesor Micrón, 1990.

1. *de la banlieue.* 2. *je viens de.* 3. *sortir.* 4. *Nous n'avons pas envie de.* 5. *rester.* 6. *comme tu voudras.* 7. *n'en profite pas.*

1. ¿Qué plan tienen el profesor Micrón y su esposa para este sábado por la tarde? ¿Cuáles son sus aficiones?

2. ¿Por qué no va con ellos el hijo? ¿Qué sospecha *(soupçonne)* en realidad el padre?

3. ¿Qué le promete finalmente Pablo a su padre?

Palacio de Cristal en el Parque del Retiro, Madrid.

▶ profundiza

Presente de indicativo
Ir *(aller)*
voy
vas
va
vamos
vais
van

Irse *(s'en aller)*
me voy
te vas...

1. Le régime du verbe Ir *(aller)*
- "¿**Adónde** vais?"
- "... vamos **al** Retiro."
- "¿... qué vas **a** hacer?
- "... voy **a** trabajar."

Cf. gram. 32.A, p. 261.

2. L'obligation personnelle
Tener que + inf. → ¡Tienes que irte!
Cf. gram. 40.B, p. 267.

3. L'enclise du pronom à l'infinitif
"... acabo de termina**rlos**" (los ejercicios).
Cf. gram. 20.F, p. 258.

4. La notation de l'attitude
"... dice Raimundo **con** los ojos brillantes", p. 23 : *dit Raimundo, les yeux brillants.*
Cf. gram. 32.B, p. 262.

▶ practica

1. Conjuga en presente de indicativo:
- No atreverse a irse *(ne pas oser s'en aller).*
- No tener ganas de pasearse.

2. Separa las sílabas e indica la vocal tónica:
profesor - acompañarlos - cristal - realidad - Ignacio - aldea.

▸ posición enclítica del pronombre
▸ la preposición **con** (modo)

¡tienes que irte![1]

1. *Tu dois partir.*
2. *son oncle.*
3. *Eh bien, écoute-moi.*
4. *inf.* añadir : *ajouter.*
5. *des sous ; ici, quelques économies.*
6. *Prends-les.*
7. *va-t-en.*
8. *Rien.*
9. *futur du verbe* ser.
10. *un hameau.*

Raimundo no ve muy claro su porvenir y su tío[2] Don Ignacio Armendáriz le da un consejo...

– Pues óyeme[3]... Te vas del pueblo.
– ¿Y qué hago fuera de aquí?
– Si tú trabajas y escribes música...
– ¿Cree usted? –dice Raimundo con los ojos brillantes.
– Sí, ya lo creo. De manera que ya sabes –añade[4] el organista– yo tengo algunos cuartos[5]. A mí, ¿de qué me sirven? Tómalos[6] y vete[7] a París.
– ¿A París?
– Sí; allí sentirás la fiebre del trabajo. Aquí, ¿qué vas a hacer? Nada[8]. Este pueblo se va; dentro de cincuenta años este pueblo será[9] una aldea[10].
– ¿Y qué voy a hacer yo en París?
– Estudiar, escribir música (...). Ya no te digo nada más. Mi bolsa está a tu disposición.

Pío Baroja, *El Mayorazgo de Labraz,* 1903.

1. Según *(d'après)* el tío, ¿cuáles son las diferentes razones que tiene Raimundo para irse del pueblo?

2. Don Ignacio es un hombre lúcido, enérgico y generoso: mostradlo.

3. ¿Qué reacciones tiene Raimundo frente *(face)* al dinamismo de su tío?

4. París atrae *(attire)* **desde hace** tiempo a mucha gente: ¿por qué?

3. Traduce al francés: "Aquí, ¿qué vas a hacer? ... una aldea", p. 23.

4. Traduce al español: *Nous allons visiter le musée. Et toi, que vas-tu faire ?*

▸ recuerda

– decidir ir al museo: *décider d'aller au musée.*
– acabar de terminar: *venir de finir.*
– ¿Adónde vais vosotros?: *Où allez-vous ?*
– no tener ganas de salir: *ne pas avoir envie de sortir.*
– quedarse en casa: *rester à la maison.*

Zanpantzar de Ituren (Navarra), el día de las fiestas del pueblo.

dialogando

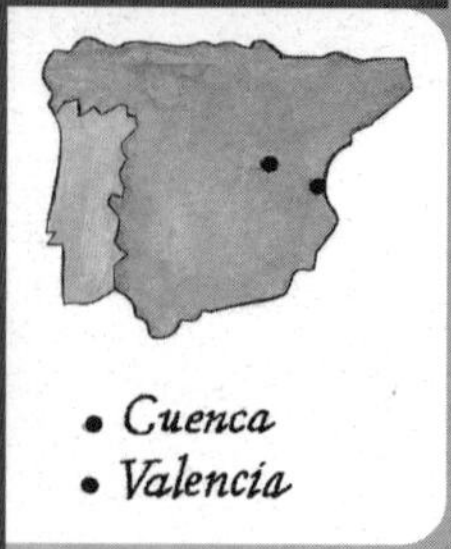

▸ profundiza

Presente de indicativo
Vivir *(vivre, habiter)*
Yo vivo
Tú vives
Él, ella, usted vive
Nosotros, as vivimos
Vosotros, as vivís
Ellos, ellas, ustedes viven

Estar *(être, se trouver)*
Yo estoy
Tú estás
Él, ella, usted está
Nosotros, as estamos
Vosotros, as estáis
Ellos, ellas, ustedes están

Imperativo
(2e pers. du sing.)
bajar → baja tú *(descends)*
coger → coge tú *(prends)*

1. **La 2e règle d'accentuation :**
→ estoy
Cf. gram. 3.A.1, p. 252.

2. **L'accent écrit**
periódico - Belén - Félix - allí.
aquí - fábrica - tía.
Cf. gram. 3.B, p. 252.

3. **L'accent grammatical**
• esta casa → adjectif démonstratif.
• está usted → forme verbale.
Cf. gram. 3.C, p. 252.

4. **Les prépositions**
• **para**
"(Me ha llamado) para decirme...", p. 25 : *pour me dire...*
• **por**
"Baja **por** Marqués del Turia", p. 24.
"... dar una vuelta **por** el jardín", p. 25 : *faire un tour dans le jardin.*
Cf. gram. 32.E, F, p. 262.

▸el presente de indicativo de los verbos en **-ir**
▸el verbo **estar** ▸el imperativo (tú)

¿dónde vives?

Son las once y media en el reloj.

1. *il descend déjeuner.*
2. *inf.* salir : *sortir.*
3. *pour acheter.*
4. *pleine.*
5. *près de.*
6. *descends par.*
7. *prends.*

Pepe duerme mal, nervioso. Se levanta a las diez, se arregla, baja a desayunar[1], sale[2] a la calle a comprar[3] el periódico, lo lee sentado en un banco en la Gran Vía de Marqués del Turia, una avenida llena[4] de palmeras y a las once y media, llama por teléfono a Belén.
– ¿Dónde estás? –le pregunta ella.
– En Marqués del Turia, cerca de[5] la Plaza de Cánovas.
– Estás muy cerca de casa. Baja[6] por Marqués del Turia y coge[7] la quinta a la derecha. Es la calle Félix Pizcueta. Yo vivo allí, en el 22.
– ¿En qué piso?
– En el quinto.
Cinco minutos después Pepe ya está en casa de Belén. Es una casa antigua, muy grande, con balcones llenos de flores. Están Javier y Gloria.

Loreto de Miguel y Alba Santos, *Muerte en Valencia,* 1987.

1. Pepe está de vacaciones y tiene tiempo libre: ¿cómo se nota?
2. ¿Cómo comprendemos que hace poco tiempo que conoce a Belén?
3. ¿Qué sabemos de la casa donde vive Belén? (Su casa está... / es...)
4. Pensando en la situación geográfica de Valencia, en sus recursos (mar, agricultura) y en sus especialidades *(spécialités)*, imaginad adónde van los cuatro amigos.

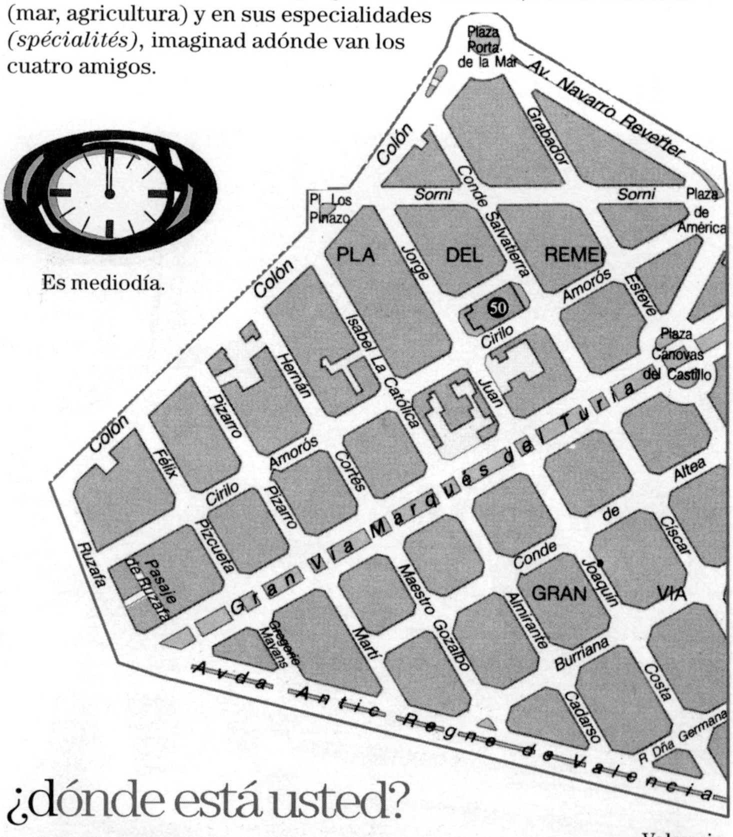

Es mediodía.

Valencia.

¿dónde está usted?

– ¿Diga?
– Susi, soy Pepe.
– ¿Qué hace en Madrid?
– No estoy en Madrid. Estoy en Valencia.

Loreto de Miguel y Alba Santos, *Muerte en Valencia,* 1987.

¡estáis en vuestra casa!

1. *la vieille bâtisse.*
2. *bourgeoise.*
3. *près de.*
4. *chocolaterie.*
5. *inf.* recibir : *recevoir.*
6. *sa fiancée.*
7. ¿qué pasa?
8. *ma tante.*
9. *pendant ce temps.*
10. *faire un tour.*

Estamos en el viejo caserón[1] de la familia "Terrón e Hijo", una casa burguesa[2] que está situada junto a[3] su fábrica de chocolatinas[4]. Marcelino recibe[5] a su novia[6] Maribel y a sus amigas Nini, Rufí y Pili.

MARCELINO – Perdona, Maribel. Y ustedes también, señoritas... Tengo que salir.
MARIBEL – ¿Salir? ¿Adónde?
MARCELINO – Voy a ir hasta la entrada del pueblo.
MARIBEL – ¿Pero qué ocurre[7]?
MARCELINO – Me acaba de llamar desde Madrid el administrador de la tía Paula.
MARIBEL – ¿Para qué te ha llamado?
MARCELINO – Para decirme que mi madre y mi tía[8] han tomado un taxi y vienen aquí.
MARIBEL – ¿Que vienen aquí? ¿A esta casa?
MARCELINO – Sí.
MARIBEL – Es muy raro, ¿verdad?
MARCELINO – Sí. ¿Qué puede haber pasado? Voy a ir a la entrada del pueblo para esperarlas... Vosotras, mientras tanto[9], podéis dar una vuelta[10] por el jardín... No tengo que volver a repetiros que estáis en vuestra casa...

Miguel Mihura, *Maribel y la extraña familia,* 1959.

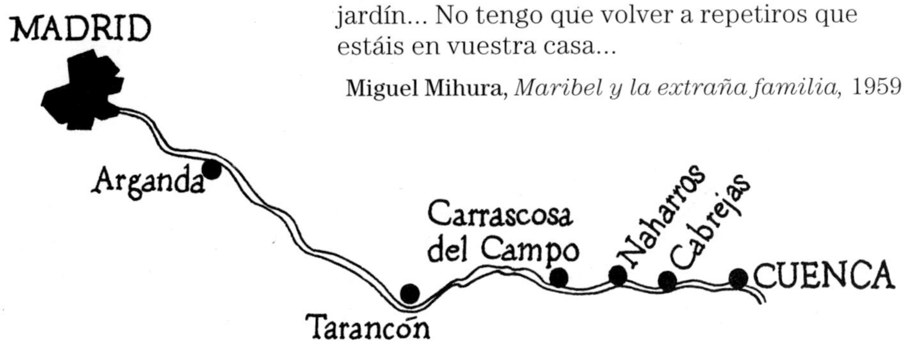

Carretera Madrid-Cuenca.

1. ¿Qué detalles nos permiten decir que se trata *(qu'il s'agit)* de una familia burguesa?

2. Marcelino está bien educado, tiene buenos modales: ¿en qué se nota?

3. Es un joven tímido: ¿cómo se justifica la llegada *(l'arrivée)* inopinada de su madre y su tía? (A lo mejor, las dos mujeres... y desean...)

"¡A las nueve estoy allí!", Lourdes Miquel y Neus Sans, *El cartero no siempre llama dos veces*, 1989.

1. ¿Quién le responde primero a Sonia? ¿Dónde está su padre?

2. ¿Por qué llama la joven? ¿Cuál es la reacción de José al saber que "es bastante urgente"?

3. ¿Quién tiene que ir a casa del otro? ¿Cuándo? ¿Tienen buenas relaciones padre e hija? Justificad vuestra respuesta.

► practica

¿Dónde vives?

1. "Pepe duerme mal... sentado en un banco." (Cuidado con los verbos **dormir** y **salir**.) Vuelve a escribir *(récris)* estas líneas en 1ª persona de singular del presente de indicativo.

2. Da una orden *(donne un ordre)* a Pepe.
- desayunar –› Pepe, tú...
- beber agua –› Pepe, tú...
- comprar y leer el periódico –› Pepe, tú...

¡Estáis en vuestra casa!

1. "**Vosotras** podéis dar una vuelta por el jardín... estáis en vuestra casa."

Transforma estas dos frases: Señoritas, **ustedes**...

2. Completa estas frases respetando la lógica del texto:
- La madre y la tía de Marcelino vienen a Cuenca **para**...
- Para venir de Madrid, el taxi va a pasar **por**...

► recuerda

– estar en casa: *être à la maison.*
– ir a casa de una amiga: *aller chez une amie.*
– dar una vuelta, pasearse por el jardín: *faire un tour, se promener dans le jardin.*
– ¡Oiga!, ¡Diga!: *Allô !*
– ¿Está mi padre? ¿Puede ponerse?: *Mon père est là ? Il peut me parler ?*
– ¡Tengo que hablar contigo!: *Il faut que je te parle !*
– ¡Vale!: *D'accord !*
– ¡Hasta luego!: *A bientôt !*

▶el gerundio ▶la formación del plural
▶el acento gramatical en las palabras interrogativas

son ya las dos de la madrugada[1]

Es medianoche.

Son las dos y cuarto.

Son las tres menos cuarto.

En un viejo caserón[2] con vagos recuerdos de castillo y de convento[3], pero amueblado con un sentido moderno y confortable. En los muros, pinturas a medio hacer[4]. Disimuladas entre cactus, luces indirectas, verdes y rojas. Es de noche.

(Don Florín asomado al ventanal[5]. Entra Pedrote, con un pequeño servicio[6].)

FLORÍN – ¿Crees que tardará Ricardo aún?

PEDROTE – ¿Y quién puede saberlo? El señorito[7] hace una vida desordenada del todo.

FLORÍN – ¿Acostumbra a pasar[8] las noches fuera de casa?

PEDROTE – ¡Las noches! El señorito no sabe nunca cuándo es de día ni de noche. *(Sirve.)*

FLORÍN – Siempre fue Ricardo un tipo extravagante. ¿Tú sabes lo que se propone rompiendo con el mundo y retirándose a este desierto?

PEDROTE – Que está aburrido[9]; como es joven y rico y lo ha andado todo, pues no sabe cómo pasar el rato.

FLORÍN – ¿Y tú a seguirle el aire[10], no?

PEDROTE – Yo quiero[11] al señorito de corazón. Y aquí estamos.

FLORÍN – Bien, pero ¿y qué hacéis?

PEDROTE – Nada.

FLORÍN – ¡Soberbio![12] *(Irónico.)* La casa es deliciosa. (...) ¿Vivís completamente solos?

PEDROTE – Vivimos con un fantasma, y desde hace unos días nos acompaña don Daniel, un pintor que anda siempre con los ojos vendados[13].

FLORÍN – ¿Un fantasma has dicho?

PEDROTE – Sí, señor.

FLORÍN – Pero, ¿cómo un fantasma?

PEDROTE – Un fantasma auténtico. (...) Nosotros todavía no le conocemos...

Alejandro Casona, *La sirena varada,* 1942.

1. *du matin.* 2. *bâtisse.* 3. *couvent.* 4. *inachevées.* 5. *se penchant à la fenêtre.* 6. *avec un plateau.* 7. *mon maître.* 8. *inf.* acostumbrar a : *avoir l'habitude de.* 9. *il s'ennuie.* 10. *tu suis le mouvement.* 11. *J'aime.* 12. *Génial !* 13. *les yeux bandés.*

1. Presentad la escena: lugar, momento, identidad de los dos personajes que están hablando.

2. En este viejo caserón viven personajes muy extraños: ¿quiénes son? ¿Qué reflexión os inspira cada uno de ellos?

3. ¿Cómo se muestra *(se montre)* don Florín frente a todo esto?

4. El criado *(le domestique)* parece aceptar las cosas con filosofía: mostradlo.

▶profundiza

Gerundio
Dar → dando
Vender → vendiendo
Vivir → viviendo

1. La formation du pluriel
• un vago recuerdo → **vagos recuerdos.**
• una enorme mochila → **enormes mochilas.**
• el reloj → **los relojes.**
el pintor → **los pintores.**
Cf. gram. 8.B, p. 254.

2. Les modifications orthographiques
• la luz → las luces.
• el japonés → los japoneses.
• un millón → millones.
• el joven → los jóvenes.
Cf. gram. 4, p. 252.

3. L'accent grammatical
"¿Y **qué** hacéis?" - "No sabe nunca **cuándo** es de día."
Cf. gram. 3.C, p. 252.

4. L'apocope de l'adjectif indéfini Alguno
"algún jubilado" - "alguna pareja".
Cf. gram. 18, p. 257.

5. Quelques emplois de Estar
• Estar + adjectif / Estar + participe passé
está llena - está claro - está aburrido.
• Estar + gerundio = *être en train de + infinitif*
(Un joven) "**Está tocando**..."
"Algún parado (**está**) **vendiendo** rosas."
Cf. gram. 28.B, p. 260 / 31. B, p. 261.

6. L'enclise du pronom personnel au gérondif
"... **retirándose** a este desierto" ← inf. **retirarse**.
Cf. gram. 20.F, p. 258.

▶la apócope del adjetivo **alguno** ▶usos de **estar**
▶la posición enclítica del pronombre con gerundios

un madrileño muy cansado

1. *sacs à dos.*
2. *un retraité ici ou là.*
3. *pigeons.*
4. *chômeur.*
5. *inf.* vender : *vendre.*
6. *couple d'amoureux.*
7. *Sauf les yeux cernés.*
8. *essaie de.*
9. *mais parfois il se déconcentre.*
10. *pas du tout.*
11. *bien que.*
12. *"Il ne manquait que cela."*
13. *en reconnaissant.*

La plaza está llena de turistas: grupos de japoneses, universitarios norteamericanos, jóvenes nórdicos con enormes mochilas[1]... También hay algún jubilado[2] dando de comer a las palomas[3], algún parado[4] vendiendo[5] rosas, alguna pareja de enamorados[6]... Todo tiene ya aire de vacaciones. Menos las ojeras[7] de Pepe Rey.

Pepe intenta[8] leer el periódico, pero una y otra vez se distrae[9]. Hoy, francamente, no le interesan nada[10] ni el último atentado de ETA, ni los problemas de Oriente Medio, ni... Se ha acercado un joven que toca el saxo. Está tocando una de las piezas de jazz preferidas de Pepe, una pieza de John Coltrane. Y a Pepe, aunque[11] el saxo le entusiasma, en días como hoy, le pone especialmente triste. "Lo que faltaba"[12], se dice a sí mismo al reconocer [13] las primeras notas. "Es evidente que necesito unas vacaciones. Está más claro que el agua", piensa.

Loreto de Miguel y Alba Santos, *Congreso en Granada,* 1988.

1. ¿De qué se trata en este texto? (Observad las primeras palabras de cada párrafo.)

2. ¿Qué frase resume el ambiente *(l'atmosphère)* de la plaza en el primer párrafo? ¿Qué están haciendo los diferentes grupos de personas?

3. ¿Cómo se siente Pepe en medio de tanto bullicio *(tant d'agitation)*? ¿Cómo explica el detective su estado de ánimo *(son état d'âme)*?

Los peregrinos llegan a Santiago.

1. Presentad en una frase la escena de la foto. (¿Quiénes? ¿Dónde?)

2. Describid a los personajes. ¿Dónde están? ¿Qué están haciendo?

3. A vuestro parecer, ¿por qué razón hacen este viaje *(ce voyage)*? ¿Por qué lo hacen andando *(à pied)*? Véase mapa, p. 125.

▶practica

1. Conjuga en presente de indicativo: aburrirse.
2. Escribe en singular:
   • Disimuladas entre cactus, luces indirectas, verdes.
   • Jóvenes nórdicos con enormes mochilas.
3. Don Florín hace preguntas a Pedrote: contesta con una frase completa (con verbo), en la lógica del texto.
   • ¿Qué hacéis, el señorito y tú, en este desierto?
   • ¿Con quién vivís en este caserón?
   • ¿Conocéis ya al fantasma?
4. Sacar fotos / visitar la capital / recorrer *(parcourir)* la ciudad / hacer malabares.

Emplea estas expresiones en una frase empezando así: En la plaza, **hay** extranjeros sac**ando** fotos, turistas...

▶recuerda

– Es de noche ≠ es de día.
– aún, todavía: *encore.*
– ya: *déjà.*
– nunca *(jamais)* ≠ siempre *(toujours).*
– ¡Lo que faltaba!: *Il ne manquait plus que ça !*
– necesitar vacaciones: *avoir besoin de vacances.*

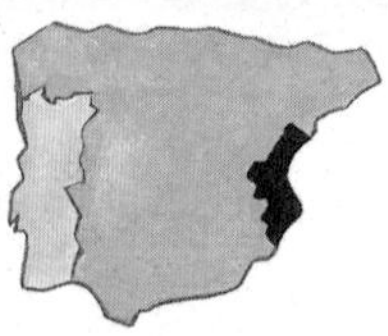

● *Comunidad de Valencia*

▶ profundiza

Presente de indicativo
Gustar *(aimer, plaire)*
A mí me gusta la música.
A ti te gustan las novelas.
A él / A ella / A Vd. } le gusta el deporte.
A nosotros, as nos gusta leer.
A vosotros, as os gustan las historietas.
A ellos / A ellas / A Vds. } les gusta el cine.
Otros verbos se pueden conjugar igual: **interesar, entusiasmar, encantar, parecer...**
Cf. gram. 22, p. 259.

1. L'accent grammatical
- "¿Sí?" : *Oui ?*
- "... si vive aquí, p. 28 : *s'il habite ici.*
- "... por mi cuenta", p. 29 → *adjectif possessif.*
- "A mí lo que me gusta...", p. 29 → *pronom personnel.*
Cf. gram. 3.C, p. 252.

2. La préposition De → pour caractériser
- "... una mujer **de** enormes ojos negros", p. 28 : *une femme **aux** grands yeux noirs.*
- "la niña **de** las pecas", p. 29 : *la petite fille **aux** taches de rousseur.*
Cf. gram. 32.C, p. 262.

3. Les adjectifs numéraux ordinaux
- "... va al tercero."
- "... es el cuarto derecha", p. 28.
- "En el quinto", p. 24.
Cf. gram. 9.B, p. 254.

▶ la construcción del verbo **gustar**
▶ el acento gramatical ▶ la preposición **de**

¡un auténtico profesional!

1. *Le facteur.* 2. *qui était au chômage.* 3. *les bières.* 4. *il se trompe.* 5. *inf.* reírse : *rire.* 6. *pires.* 7. *inf.* sentir : *regretter, être désolé.* 8. *inf.* subir : *monter.* 9. *la boîte à lettres.*

El cartero[1] va hacia el ascensor. El cartero es un chico joven que estaba en el paro[2]. Ahora está estudiando informática por las noches y el trabajo de cartero no le interesa nada. La música, las cervezas[3] con los amigos, el fútbol y su novia son sus aficiones favoritas. Pensando en esas cosas, se equivoca[4] y, en lugar de ir al cuarto, va al tercero y llama a la puerta izquierda en lugar de llamar a la derecha: un auténtico profesional.

– ¿Sí? –dice una mujer morena de enormes ojos negros que acaba de abrir la puerta.

– ¿Es usted Ricardo Solá? Uy, perdón, claro que usted no es Ricardo Solá... Lo que quiero decir es si vive aquí.

– ¿Ricardo Solá o yo? –pregunta la mujer riéndose[5]–. Es psicóloga y está acostumbrada a casos peores[6]. No, no vive aquí.

– Pero éste es el cuarto derecha, ¿no?

– Tercero izquierda, para ser más exactos.

– Lo siento[7]. Discúlpeme.

El cartero coge su enorme saca y sube[8] a pie al piso de arriba. Llama pero no contesta nadie. Al bajar mete un papel en el buzón[9] de Ricardo Solá y se va.

Lourdes Miquel y Neus Sans,
El cartero no siempre llama dos veces, 1989.

1. ¿Quién es este cartero? ¿Comprendéis por qué no le interesa mucho su trabajo?

2. "Lo que quiero decir es si vive aquí." ¿Qué responde la mujer a esta pregunta? ¿Por qué?

3. ¿Qué "castigo" *(punition)* le vale finalmente su despiste *(étourderie)* al cartero?

4. ¿En qué tono habla del cartero el narrador? Justificad vuestra respuesta.

Echando las cartas al buzón.

la cultura nunca viene mal

1. *une boîte de conserves.* 2. *un essai.* 3. *la consommation.* 4. *jusqu'en 3e année.* 5. *je n'ai pas mis les pieds à.* 6. *c'est casse-pied.* 7. *par moi-même.* 8. *des notes de cours.* 9. *inf.* examinarse : *passer les examens.* 10. *et j'y arrive.* 11. *inf.* volver [ue] : *revenir.* 12. *Et en plus, tu te distrais.* 13. *Des romans non plus ?*

Mediodía. Elena está leyendo. Jaimito viene de la cocina con una lata[1] abierta comiendo. Se le acerca.

JAIMITO *(Mira el libro que ella lee.)* – "Apocalípticos e Integrados..." ¿Es buena?

ELENA – Es de Umberto Eco. Está muy bien. Es un ensayo[2] sobre nuestra civilización actual. La crítica literaria, el consumo[3]..., esas cosas.

JAIMITO – Tú has estudiado, ¿no?

ELENA – Sí. Ciencias de la Educación, lo que antes era Filosofía y Letras. Sólo he hecho hasta tercero[4]. Este año no he aparecido por[5] la Facultad. Es un rollo[6], no aprendes nada. Yo leo y estudio más por mi cuenta[7]. Y con apuntes[8] que me dejan los que van. Luego me examino[9], y lo voy sacando[10]. Aprendes más. Los profesores no enseñan nada.

JAIMITO – ¿Y cómo te puedes examinar si te escapas de casa?

ELENA – Para los exámenes vuelvo[11].

JAIMITO – ¡Ah!

ELENA – ¿Y tú, no estudias nada?

JAIMITO – ¿Yo? Yo no. Yo soy un ignorante, de verdad. No leo nada... La verdad es que para hacer sandalias... A mí lo que me gusta mucho es el cine.

ELENA – La cultura nunca viene mal. Además, es por distraerse[12]. ¿Novelas tampoco[13] lees?

José Luis Alonso de Santos, *Bajarse al moro*, 1985.

---

1. Presentad a los dos personajes de este fragmento de teatro: ¿quiénes son? ¿De qué están hablando?

2. Leed atentamente la segunda réplica de Elena: ¿qué critica la joven? Y sin embargo, ¿cómo se aprovecha *(profite-t-elle)* del sistema?

3. ¿Qué idea tiene Jaimito de sí mismo? Y vosotros, ¿qué idea os formáis de él?

4. Mostrad cómo, en la réplica final, Elena rebaja *(rabaisse)* aún más a Jaimito.

5. Al fin y al cabo *(en fin de compte)*, ¿cuál es la verdadera personalidad de cada uno?

"De gustos y colores no hay nada escrito"

Schulz

Linus — Señor (la niña **de** las pecas) — Marcia (la **de** las gafas) — Sally — Carlitos — el perro Snoopy

4. *La négation*
a. "... no contesta **nadie**", p. 28 : *personne ne répond.*
• "... no aprendes **nada**", p. 29 : *tu n'apprends rien.*
• "El señorito no sabe **nunca**...", p. 26 : *Mon maître ne sait jamais...*
b. Autre construction
• "La cultura **nunca** viene mal", p. 29 = La cultura **no** viene **nunca** mal.
• "¿Novelas **tampoco** lees?, p. 29 = ¿**No** lees **tampoco** novelas?
Cf. gram. 44, p. 268.

5. Les différents aspects de l'action
• "Ahora **está estudiando**...", p. 28.
• "Elena **está leyendo**", p. 29.
• "Jaimito **viene comiendo**", p. 29.
• "Y lo **voy sacando**", p. 29.
Cf. gram. 31.B, p. 261.

▶ practica

La cultura nunca viene mal

1. Conjuga en presente de indicativo:
Leer y estudiar por su cuenta.

2. Da otra construcción:
• Los profesores no enseñan nada.
• No leo nada.
• El cartero llama pero no contesta nadie.

"De gustos y colores no hay nada escrito."

1. Esta historieta ofrece tópicos *(des lieux communs)*: muestra cómo, en ciertos casos, los gustos de los personajes corresponden con su apariencia física...

2. Imagina un diálogo entre dos personajes de tu elección *(de ton choix)*.

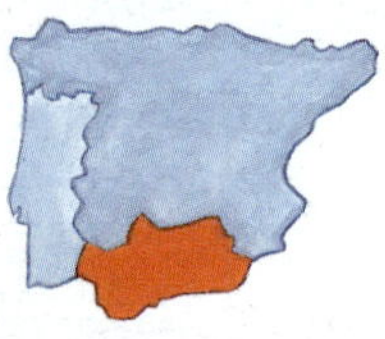

▸ conjugación de los verbos con la diptongación **e → ie** ▸ el verbo **importar** ▸ el participio pasado

Lorca, ¿poeta o estudiante?

Tomando el fresco en un patio cordobés.

Su cuarto: un piano, una cama turca, una mesa adonde apenas hay libros, unos pocos retratos[1] y cuartillas[2], una silla.

– ¿Cuándo trabaja usted?

– Cuando ya no tengo otro remedio. Lo que más me importa es vivir. Me paso el día en la calle: a ratos en los cafés, charlando. Frecuento los paseos, y algunas temporadas me voy al campo. El campo me gusta más que nada. Allí vivo, corro[3], trajino[4] en faenas campesinas[5] dos horas y escribo cinco. Donde mejor escribo es en el campo –añade.

Hace una pausa para beber un sorbo de coñac.

– Escribo durante el verano de día y a las horas de calor; pero en invierno, de noche.

García Lorca ríe.

– ¿Es usted feliz?

– Sí. Siempre estoy alegre. He tenido[6] una infancia muy larga, y de esa infancia prolongada me ha quedado[7] esta alegría, mi optimismo inagotable[8].

Y yo pienso, entonces, en estas otras infancias también muy dilatadas de niños que no tuvieron[9] hermanos para jugar, ni una casa alegre ni una azotea[10] con claveles[11] rojos y con palomas[12].

Federico García Lorca,
Entrevistas y declaraciones (reportaje)
«En estudiante sigue viviendo[13] Lorca», 1933.

1. *portraits.*
2. *feuillets.*
3. *inf.* correr : *courir.*
4. *inf.* trajinar: ir y venir.
5. *travaux des champs.*
6. *J'ai eu.*
7. *m'est restée.*
8. *inépuisable.*
9. *passé simple de* tener ; *ici : n'ont pas eu.*
10. *une terrasse.*
11. *des œillets.*
12. *des colombes.*
13. *continue à vivre.*

1. ¿Quién es Federico García Lorca? ¿Qué nos revelan el título y la descripción de su cuarto acerca de su personalidad?

2. ¿Qué vida lleva *(mène-t-il)*? ¿Dónde encuentra su inspiración?

3. ¿Cuánto tiempo dedica a la escritura? ¿Cómo compagina *(concilie-t-il)* su labor de escritor y sus actividades cotidianas?

4. ¿Cómo justifica el poeta su alegría y su optimismo actuales?

5. Volved a leer *(relisez)* la reflexión final del reportero: según él, ¿qué cosas necesita un niño?

▸ profundiza

Presente de indicativo

Pensar	**Tender**
(penser)	*(tendre)*
pienso	tiendo
piensas	tiendes
piensa	tiende
pensamos	tendemos
pensáis	tendéis
piensan	tienden

Importar
(être important), p. 30.
(A mí) me importa
(A ti) te importa...
Cf. profundiza, p. 28.
Cf. gram. 22, p. 259.

Participio pasado
Quedar *(rester)* → quedado
Tener *(avoir)* → tenido

1. Les démonstratifs
• **de la 1re série**
– "¿Qué significa **esto**?"
– "En **este** momento...", p. 31.
– "... **esta** alegría".
– "... **estas** infancias", p. 30.
• **de la 2e série**
"... **esa** infancia prolongada", p. 30.
Cf. gram. 14, p. 255.

2. La tournure emphatique
"Donde mejor escribo **es** en el campo", p. 30 : ***C'est** à la campagne **que** j'écris le mieux.*
Cf. gram. 26, p. 260.

3. Les aspects de l'action
• "En estudiante **sigue** viviendo Lorca", p. 30 : *Lorca **continue à vivre** comme un étudiant.*
• "**Me paso** el día... **charlando**", p. 30 : ***Je passe** ma journée **à bavarder**.*
Cf. gram. 31.B, p. 261.

▸los demostrativos
▸es donde ▸seguir + gerundio

"nuestra Natacha"

La escena se desarrolla en el Reformatorio de las Damas Azules, hogar (foyer) *de educación para pequeños delincuentes. La Marquesa, presidenta del Patronato, viene a visitar a la joven directora, Natalia Valdés.*

(Cortina[1]. Los educandos aplauden. Se encienden nuevamente las luces del escenario. Lalo recoge en el pandero[2] las flores que las muchachas se quitan del pelo.)

MARQUESA – Señora Directora...

EDUCANDAS – Buenas tardes, señora Marquesa.

MARQUESA – Buenas tardes, muchachas. ¿Qué carromato[3] he visto[4] a la puerta, señorita Valdés?

NATACHA – Es el teatro de los estudiantes. En este momento acaban de presentarnos una balada de Heine.

MARQUESA *(Con un grito de espanto[5] al ver, de pronto, al oso junto a sí[6].)* – ¡Oh!... ¿Qué significa esto?

NATACHA – Son mis compañeros. *(Presentando.)* Mario Ferrán, licenciado en Ciencias Naturales. *(Mario se quita la cabeza para saludar y le tiende la mano.)* Lalo Figueras...

LALO – Estudiante siempre.

MARQUESA *(Nerviosa, sintiendo un poco ridícula la situación.)* – Muy pintoresco..., muy pintoresco[7]... ¿Podemos pasar a su despacho[8], señorita Valdés?

NATACHA – No es preciso[9]. *(A los estudiantes.)* ¿Queréis dejarnos[10] un momento? Señorita Crespo... *(Sale ésta con las educandas.)*

Alejandro Casona, *Nuestra Natacha,* 1936.

1. *Rideau.*
2. *le tambourin.*
3. *roulotte.*
4. *ai-je vu.*
5. *un cri de frayeur.*
6. *près d'elle.*
7. *pittoresque.*
8. *votre bureau.*
9. *Ce n'est pas nécessaire.*
10. *Voulez-vous nous laisser.*

---

1. Leed las acotaciones escénicas. ¿En qué momento de la función estamos? ¿Cuál es la reacción de los muchachos?

2. ¿Cómo se nota que la Marquesa no está enterada de la función teatral?

3. Como muchas personas de la alta sociedad en aquel entonces *(à cette époque-là)*, ¿cómo reacciona frente a los artistas?

4. Viene por un motivo importante: ¿qué lo indica?

5. Natacha es una directora amada y respetada a la vez: mostradlo.

▸practica

Lorca, ¿poeta o estudiante?

1. Conjuga a todas las personas del presente de indicativo:
Allí vivo, corro, trajino dos horas y escribo cinco.

2. "Trajino dos horas y escribo cinco."
Vuelve a escribir esta frase empleando la perífrasis verbal (en 1ª pers. de sing.):
Pasarse dos / cinco horas + **gerundio**.

3. Transforma la frase empleando la construcción de profundiza 2:
• Federico García Lorca escribe **en su cuarto**.
• Me paso mucho tiempo **en la calle**.
• Mi alegría me viene **de mi infancia**.

Nuestra Natacha

1. Prepara la lectura / Estudia un papel *(un rôle)* del diálogo para la próxima clase.

2. Conjuga en presente de indicativo:
Encender la luz.

3. Traduce desde "Señora Directora..." hasta "Son mis compañeros".

▸recuerda

– no tener otro / más remedio: *ne pas avoir le choix.*
– El campo me gusta **más que nada**: *J'aime la campagne* ***plus que tout.***

▸ profundiza

Presente de indicativo

Querer *(vouloir, aimer)*	Venir *(venir)*
quiero	vengo
quieres	vienes
quiere	viene
queremos	venimos
queréis	venís
quieren	vienen

Saber *(savoir)*, p. 32.
sé
sabes...

1. Une forme du **superlatif absolu**
• **muy** impaciente, p. 32.
• los labios **muy** pintados, p. 33.
Cf. gram. 16.A, p. 256.

2. **Les démonstratifs**
• **de la 1re série**
esta biblioteca, p. 32.
estos jóvenes, p. 33.
• **de la 2e série**
esa chica / la chica **esa**.
ese viejo edificio, p. 33.
Cf. profundiza 1, p. 30.
Cf. gram. 14, p. 255.

3. **Les pronoms personnels complément de la 3e pers.**
a. COD : encontrar**la**, *la trouver*, p. 33.
• COS : dar**le**, *lui donner*, p. 33.
• COI : **les** contesta, *leur répond*, p. 33.
b. Le pronom COS de **la personne de courtoisie**
"Quiero presentar**le** a mi amigo", p. 32 : *Je veux vous présenter mon ami.*
c. Le double datif
"... no **le** diga **a Jimena**", p. 33 : *ne dites pas à Jimena.*
Cf. gram. 20.D, E, F, p. 258.

▸verbos con la diptongación e –> **ie** ▸el verbo **saber**
▸el superlativo absoluto: **muy** + adjetivo

¡un libro muy bueno para usted!

A la muerte de su tío, Javier, viene a ver al señor González que tiene la carta con las últimas voluntades de don Augusto.

– Quiero presentarle a mi amigo Enrique Pereda –dice Javier. Señor González, estamos aquí para hablar de las piezas negras de ónix que completan el juego que me dio[1] mi tío. Y quiero saber adónde tenemos que ir primero.
– Ah, sí, sí. No te preocupes. Estoy tratando[2] de recordar lo que me dijo Augusto. Déjame pensar.
Se sienta en una silla y murmura:
– ¿Dónde está la carta? ¿En la caja fuerte[3]? No, no está allí. A ver. ¿Está en mi juego de ajedrez? No, no, tampoco[4] puede estar allí porque perdí[5] el juego hace dos años.
– Señor González –interrumpe Javier, muy impaciente. ¿No tiene usted idea de dónde está la carta?
– A ver. A ver. Sé que la carta con toda la información está en esta biblioteca. De eso estoy seguro.
– Podemos buscar[6] la carta juntos –sugiere Enrique.
Los muchachos y el señor González buscan una hora sin encontrar nada. Enrique busca otra vez en los estantes. Con una sonrisa[7] dice:
– Aquí hay un libro muy bueno para usted, señor González: *Cómo mejorar la memoria en diez días.*
El señor González se para. Se arrasca[8] la cabeza y dice:
– ¡Allí está! ¡La carta está en el libro!

Raquel Hernández de Escobar,
La Herencia. Una aventura en Hispanoamérica, 1979.

1. *ici, m'a donné.*
2. *inf.* tratar : *essayer.*
3. *le coffre-fort.*
4. *non plus.*
5. *ici, j'ai perdu.*
6. *chercher.*
7. *un sourire.*
8. *pop. Il se gratte. (Retenez le verbe* rascarse.*)*

Vídeo
"Comienzo de curso", Luis Puenzo, *La Historia oficial*, 1985.

1. ¿En qué consiste la herencia *(l'héritage)* de Javier? ¿Por qué necesita el chico la ayuda del señor González?
2. Parece que el señor González es un hombre despistado *(étourdi)*: ¿cómo se nota?
3. ¿Cómo reaccionan respectivamente los jóvenes al comprobar *(en constatant)* su distracción?
4. El final de la búsqueda *(la recherche)* es divertido: mostradlo.

▸los demostrativos ▸los pronombres personales complemento de 3ª persona

jugando al ajedrez

Quino

El tablero: *le damier* – las casillas y las fichas – ponerse borroso: *devenir flou* – estar perplejo: *être perplexe* – en el suelo: *par terre* – de perfil / de frente – gritar: *crier* – perder [ie] ≠ ganar – el plano medio corto: *le plan rapproché* – el plano de conjunto: *le plan d'ensemble* – el globo *(la bulle)* y el rabillo.

1. Narrad la anécdota en sus dos etapas principales. (Primero vemos a Felipe... luego...)

2. Observad más detenidamente *(plus en détail)* y analizad:
- los dos planos empleados y el efecto que surten *(qu'ils produisent)*.
- la grafía: forma de los globos y de los rabillos, utilización del "negro".
- el uso del texto.

3. Al fin y al cabo, ¿qué visión nos quiere dar Quino de los dos niños?

queremos darle una sorpresa[1]...

El detective Pepe Rey y su secretaria Susi están buscando a Rosa Wang, la chica que firma* (signe) *sus crímenes con una rosa, y a su amiga Jimena.

Jimena, la amiga de Rosa Wang, vive todavía en ese viejo edificio del Rastro[2], en la Ribera de Curtidores[3]. Se lo dice una vecina[4], una viejecita con los labios muy pintados y el pelo casi amarillo. Es doña Josefa, que de joven fue actriz y que ahora está muy contenta de que estos jóvenes, Pepe y Susi, le hagan[5] tantas preguntas.

– Pues sí, claro que vive aquí Jimena, la del segundo izquierda. Lleva ya más de diez años[6] en la casa.

– Oiga, y esa chica que vivía[7] con ella, ya sabe, la chica esa oriental... Es amiga nuestra y queremos encontrarla.

– Pues precisamente estuvo aquí ayer[8] por la tarde.

– Ah, ¿sí? ¿Viene mucho?

– Sí. Bueno a veces viene mucho y, luego, pasa meses sin venir.

– Muchas gracias. Ha sido usted[9] muy amable.

– No hay de qué.

– Un favor más: no le diga[10] a Jimena que hemos estado hablando. Queremos darle una sorpresa.

Loreto de Miguel y Alba Santos,
Noventa y seis horas y media en ninguna parte, 1987.

1. *lui faire une surprise.*
2. *marché aux puces.*
3. *Rue des Tanneurs* (Madrid).
4. *Une voisine le leur dit.*
5. *présent du subjonctif de* hacer.
6. *Il y a déjà plus de dix ans (qu'elle habite).*
7. *vivait.*
8. *elle est venue ici hier.*
9. *Vous avez été.*
10. *ne dites pas.*

1. ¿En qué clase de barrio *(quartier)* vive la amiga de Rosa Wang?

2. Haced el retrato *(portrait)* de la vecina.

3. ¿Se da cuenta doña Josefa de que los jóvenes le cuentan mentiras *(des mensonges)*? ¿Cómo lo vemos?

4. Imaginad qué sorpresa le tienen reservada a Rosa Wang.

▸practica

¡Un libro muy bueno...!

1. Conjuga a las otras personas del presente de indicativo:
- Él se sienta en una silla y piensa.
- Quiero saber adónde tengo que ir primero.

2. Separa las sílabas e indica el acento tónico:
ajedrez - impaciente - mejorar - biblioteca - estantes.

Jugando al ajedrez

Conjuga a todas las personas del presente de indicativo:
Él no recuerda y pierde la partida.

Queremos darle una sorpresa

1. Completa respetando la lógica del texto:
- Doña Josefa está muy contenta porque...
- Pepe y Susi también están contentos porque...

2. Separa las sílabas e indica el acento tónico:
edificio - joven - actriz - gracias - oriental.

▸recuerda

– ¡A ver!: *Voyons !*
– De eso estoy seguro: *J'en suis sûr.*
– **Aquí** hay un libro: *Voici un livre.*
– ¡**Allí** está (la carta)!: *La voilà !*
– ¡**Pues sí**!: *Eh bien, oui !*
– ¡**Claro que** vive aquí!: *Bien sûr ! Elle habite ici.*
– ¡Oiga!: *Dites !*
– Es amiga **nuestra**: *C'est une de nos amies.*
– ¡Gracias! / ¡No hay de qué!
– **Hace** diez años **que** vivo aquí = **Llevo** diez años (**viviendo**) aquí: *Cela fait / Il y a dix ans que j'habite ici.*

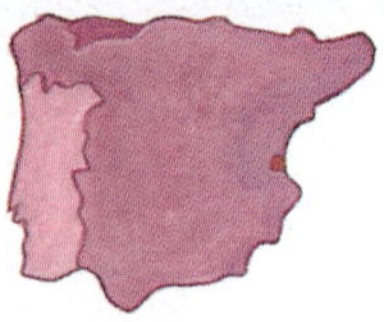

▸verbos que transforman **e → i** ▸verbos con la diptongación **o → ue** ▸los nombres terminados en **-or**

Joaquín Sorolla y Bastida, *Louis Comfort Tiffany*, 1911.
Óleo sobre lienzo, 150 x 225 cm. The Hispanic Society of America, Nueva York.

▸profundiza

Presente de indicativo

Vestir	Oler
(porter, être habillé de)	*(sentir, respirer)*
visto	huelo
vistes	hueles
viste	huele
vestimos	olemos
vestís	oléis
visten	huelen

1. Le genre des noms en -or
• el color → los colores.
• la flor → las flores.
Cf. gram. 8.A, p. 253.

2. L'absence d'article indéfini devant l'adjectif indéfini
"... tenéis **otro** sentido del color", p. 35 : *vous avez un autre sens de la couleur.*
Cf. gram. 17.2, p. 256.

3. La conjonction adversative
"... **no sólo** huelen las flores y las hierbas, **sino que** la tierra exhala un aroma delicado", p. 35 : *non seulement... mais encore.*
Cf. gram. 43, p. 267.

Joaquín Sorolla y Bastida, 1863-1923. Valenciano. De tendencia impresionista, se distinguió en el retrato y la representación de escenas marítimas.

1. Presentad la escena del cuadro.

2. Describid sucesivamente **los tres términos**.
• En el primer término, sentado frente al caballete y mirándonos, ...
• A su alrededor, el segundo término representa...
• Al fondo se divisa(n) *–on aperçoit–*...

3. Fijaos en la técnica (**los colores** empleados, las pinceladas *–coups de pinceau–*...): ¿en qué movimiento pictórico de la misma época nos hace pensar? ¿Qué impresión se desprende del conjunto?

4. En este lienzo *(cette toile)*, van reunidas las dos fuentes *(sources)* de inspiración del pintor valenciano: ¿cuáles son?

5. ¿Os gusta esta pintura? Justificad vuestra respuesta.

himno a Valencia

1. *sanglant.*
2. *n'est pas effrayante.*
3. *écume.*
4. *gazouillis.*
5. *inf.* acariciar : *caresser.*
6. *se refléter.*

La escena pasa en Asturias, en Gijón. Está hablando el capitán Ribot con dos paisanas, doña Cristina y su hija. El lobo marino evoca su tierra.

– ¡Oh, Valencia! Allí el sol no se levanta sangriento[1] como en el Norte. El mar no aterra[2] como aquí, y es más azul, y su espuma[3] más blanca y más ligera. Allí los pájaros cantan con gorjeos[4] más dulces y variados; allí la brisa acaricia[5] por la noche como por el día; allí no sólo huelen las flores y las hierbas, sino la tierra misma exhala un aroma delicado. Allí la vida no es tristeza ni fatiga. Todo es suave, todo sereno y armónico. Y esta tranquilidad de la Naturaleza parece reflejarse[6] en la mirada profunda de sus mujeres.
– Habla usted como un poeta..., y casi, casi estoy tentada a pensar que ha publicado usted versos en los periódicos.

Armando Palacio Valdés, *La alegría del Capitán Ribot,* 1899.

1. ¿Qué nos indica la introducción acerca de los personajes de este diálogo?

2. Leed la larga declamación del Capitán Ribot: ¿qué regiones designan respectivamente los adverbios de lugar "aquí" y "allí"?

3. El marino evoca la suavidad de su tierra. ¿Qué elementos la sugieren? (Recordad la geografía de esta región: situación, clima...)

4. Pero al mismo tiempo, hace también una descripción de Asturias: ¿cómo aparece tras *(derrière)* sus palabras esta provincia cantábrica?

5. Finalmente, ¿os parecen estas visiones objetivas del todo? ¿Con qué metáfora lírica concluye "el lobo marino"?

6. ¿Qué efecto producen tales palabras sobre Doña Cristina? ¿Cómo se justifica la comparación que hace?

nostalgia

1. *inf.* tener ganas de : *avoir envie de.*
2. *comme il me plaira.*
3. *une bête curieuse.*
4. *sens.*

Habla la señora Ministra de Cultura con Joaquín Leguina.

– Yo también tengo ganas[1] de volver a mi tierra y vestirme como me dé la gana[2] sin que me miren como a un bicho raro[3]. Aquí en Madrid todas las mujeres visten de beige.
– Es que los valencianos tenéis otro sentido[4] del color.
– Y de la estética, Joaquín.

Manuel Vázquez Montalbán, *El premio,* 1996.

vídeo

"Galerías: la moda para el próximo curso", anuncio publicitario.

1. ¿Dónde está la Ministra? ¿Qué opina de la moda de allí? Pero, ¿qué obligaciones tiene?

2. ¿Cómo explica Joaquín la opinión de la señora?

3. Según la Ministra, ¿es sólo una cuestión de color? ¿Qué tono sentís en su afirmación?

4. ¿Pensáis también vosotros que nuestra tierra *(région d'origine)* puede determinar nuestros gustos? Justificad vuestra respuesta.

▶practica

Louis Comfort Tiffany

Redacta un **breve** comentario del cuadro contestando las preguntas.

Himno a Valencia

Imitando el estilo de Armando Palacio Valdés haz un himno a Asturias.

Nostalgia

1. Vuelve a escribir la primera frase del texto en 1ª persona de plural: "Nosotras..."

2. Conjuga a todas las personas del presente de indicativo:
"Me visto como me da la gana."

▶recuerda

– tener ganas de volver a su tierra: *avoir envie de revenir dans son pays natal.*

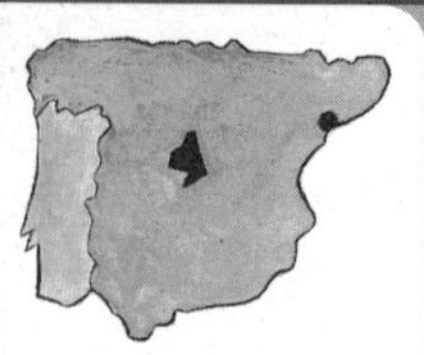

• Barcelona
● Madrid

▸el superlativo relativo de superioridad
▸formas comparativas irregulares

El puente aéreo más grande del mundo.

El mayor número de destinos a Europa

Líderes entre Europa y Latinoamérica.

Una de las cuatro compañías aéreas más grandes de Europa.

Tu primera compañía es también una de las primeras de Europa, en la que 22.000 personas trabajamos para hacerte las distancias más cortas. Somos líderes entre Europa y Latinoamérica. Tenemos el puente aéreo más grande del mundo y una de las flotas más modernas. Estamos entre las cuatro compañías aéreas más grandes de Europa, con más de 70 años de experiencia.

Todo para llegar a ser la mejor compañía del mundo allí donde vayas. Donde tú quieras llevarnos.

www.iberia.com

IBERIA
TU PRIMERA COMPAÑÍA.

trabajamos: *inf.* trabajar : *travailler.* – cortas: *courtes.* – el puente aéreo: *le pont aérien.* – llegar a ser: *devenir.* – mejor: *meilleure.* – allí donde vayas: *là où tu iras.* – Donde tú quieras llevarnos: *où tu voudras nous conduire.*

Un avión / un vuelo: *un vol* / viajar: *voyager* – cómodo, confortable / rápido – mandar: *commander* / ser capaz de: *être capable de* – satisfacer los deseos, los caprichos, los sueños...: *satisfaire les désirs, les caprices, les rêves.*

en el puente aéreo[1]

1. *Le pont aérien.*
2. *l'hôtesse.*
3. *nous allons atterrir.*
4. *ici, Quelle coïncidence !*
5. *Peut-être.*
6. *un mouchoir.*
7. *au bureau.*
8. *avocate.*

Ricardo Solá viaja en el Puente Aéreo con destino a Barcelona.

De nuevo la voz de la azafata[2]: "Señores pasajeros, dentro de unos momentos tomaremos tierra[3]..."
– Oye, ¿por qué no me das tu teléfono y te llamo algún día?
– Perfecto. Toma nota. Ricardo Solá Lamoclia.
– ¿La qué?
– Lamoclia. Plaza mayor, uno.
– ¿Vives en la Plaza Mayor, uno? Mi mejor amiga vive allí.
– ¿En serio? ¡Qué casualidad![4]
– A lo mejor[5] la conoces. Se llama Irene Vázquez y es profesora.
– Me parece que ya sé quién es. Una chica de tu edad, no muy alta, morena y con el pelo corto...
– Ésa.
– Sí, la he visto alguna vez en el ascensor. El mundo es un pañuelo[6], ¿eh? Bueno, te doy el teléfono: el 266.10.87. ¿Me das el tuyo?
–Claro. Me llamo Begoña García. Y el teléfono es el 360.77.03. Pero casi siempre estoy en el despacho[7].
– ¿A qué te dedicas?
– Soy abogada[8]. Me dedico al derecho civil, sobre todo.
– ¿Separaciones y esas cosas?
– Y esas cosas... Apunta el del despacho. Es el 215.15.10.

"Mañana será otro día", Lourdes Miquel y Neus Sans.

Lourdes Miquel y Neus Sans,
El cartero no siempre llama dos veces, 1989.

1. Situad la acción. ¿Qué sabemos de los dos personajes?

2. ¿Cómo se ve que los dos jóvenes acaban sólo de encontrarse y tienen ganas de volver a verse *(se revoir)*?

◄ **1.** Presentad la publicidad: ¿quién la promueve? ¿A quién se dirige? (Fijaos en **el logotipo** y **el lema** que lo acompaña.) ¿Qué **alaba** *(que vante-t-elle ?)*

2. ¿De qué elementos se compone y cómo se reparten en la página?

3. ¿Qué visión nos da Iberia de sí misma *(d'elle-même)* gracias al eslogan y a la foto?

4. Leed el texto: ¿Cómo vemos la importancia de esta compañía aérea en Europa? ¿Y más allá *(et au-delà)*?
¿De qué manera muestra el texto que la compañía está al servicio de su cliente?

5. ¿Cuál es la ambición de Iberia? ¿Qué impresión le quiere dar al cliente?

6. Leed ahora **el eslogan de la campaña publicitaria** (las tres frases a la izquierda): ¿qué resume?

► profundiza

1. Le superlatif relatif de supériorité
"Tenemos **el** puente aéreo **más** grande **del** mundo", p. 36 : *Nous avons le pont aérien le plus grand du monde.*
Cf. gram. 16.B, p. 256.

2. Le comparatif irrégulier de Bueno et de Grande
• "La **mejor** compañía", p. 36 : *La meilleure compagnie.*
• "El **mayor** número de destinos", p. 36 : *Le plus grand nombre de destinations.*
Cf. gram. 15, p. 256.

3. Le pronom adverbial relatif Donde
"... allá donde vayas", p. 36 : *là où tu iras.*
Cf. gram. 25.B, p. 260.

► practica

Iberia

1. Pasa al estilo indirecto:

> "Trabajamos para el cliente. Somos líderes. Tenemos una de las flotas más modernas. Estamos entre las cuatro compañías aéreas más grandes de Europa."

Empieza por:
Los dirigentes de Iberia dicen que...

2. Traduce desde "Somos líderes..." hasta "... de experiencia".

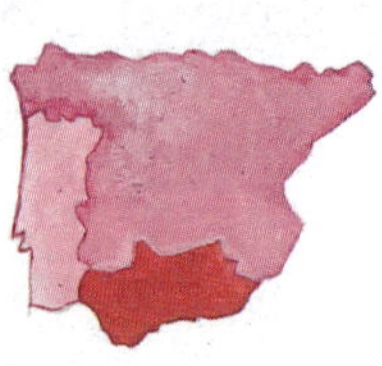

▶profundiza

Presente de indicativo
Huir *(fuir)*
huyo
huyes
huye
huimos
huís
huyen

Conducir *(conduire)*
conduzco
conduces…

Dirigirse hacia *(se diriger vers...)*
me dirijo
te diriges…
Cf. gram. 4, p. 252.

1. L'adjectif démonstratif
masculin de la 2e série
• **ese** lugar, p. 39.
• **esos** pueblos, p. 39.
Cf. gram. 14, p. 255.

2. Le pronom personnel
a parfois la valeur d'un
adjectif possessif
"... se **me** cae **el** alma a los pies", p. 39 = **mi** alma se cae a **mis** pies : *j'ai le moral à zéro.*
Cf. gram. 20.I, p. 258.

3. Les tournures affectives : leur sujet
• "Me gusta **venir** por aquí", p. 39.
• "¿Le gusta (a Vd.) **esta música**?", p. 39.
• "... ya no me consuel**a leer libros**", p. 39.
• "... algunos **sitios que** me gusta**n** mucho", p. 39.
Cf. gram. 22, p. 259.

▶verbos en -uir que cambian i → y ▶verbos en -ucir que transforman c → zc ▶los adjetivos demostrativos

Juan Ramón Jiménez (1881 Moguer, Huelva – 1958 Puerto Rico). Modernista. Autor de **poesías** (*cf.* p. 70) y **prosa poética** *(Platero y yo).*

Valdeavellano de Tera, Soria. En la solitaria llanura[2], un campesino se dirige con su burro hacia la aldea[3].
– ¡Qué, amigo! ¿Un paseo con Platero?
– No gracias, prefiero caminar.

Por supuesto[4]. Porque el sistema **active** (air) de sus Clarks pone en cada paso[5] la máxima comodidad. Con unas cámaras exclusivas de aire en la suela[6] que amortiguan[7]. Para disfrutar[8] del paisaje y viajar tranquilamente, sin prisas, sin cansancio[9]... Y andando.

Clarks
Para más información: (91) 447 77 99

El Corte Inglés
y Tiendas El Corte Inglés

1. *inf.* preferir [ie] : *préférer.*
2. *plaine.*
3. *le hameau.*
4. *Bien sûr, et pour cause.*
5. *chaque pas.*
6. *la semelle.*
7. *amortissent.*
8. *profiter.*
9. *sans fatigue.*

El Corte Inglés: *chaîne de grands magasins* (tiendas).

1. ¿Qué producto promueven las tiendas de El Corte Inglés?

2. Esta publicidad tiene una factura clásica: identificad y situad sus elementos. (En la mitad superior... / En la misma foto – *sur la photo elle-même* – ... / Debajo de la foto..., a la izquierda…, a la derecha...)

3. Leed el texto.
• ¿Cómo se organiza?
• ¿Quiénes son los personajes del diálogo? Mostrad la relación entre las tres primeras líneas y la foto.
• ¿Qué alaba el texto publicitario propiamente dicho?
• Destacad la **importancia particular del lema** en esta publicidad. ¿Comprendéis por qué al caminante le gusta más ir andando?

4. Esta publicidad se vale *(se sert)* de la tradición y la modernidad para atraer *(attirer)* a otros clientes: mostradlo.

No sentir [ie] las guijas *(les cailloux)* del camino – alabar *(vanter)* las ventajas – ir montado sobre un burro – estar cómodo, sentirse [ie] a gusto: *être à son aise* – el bienestar: *le bien-être* – un testimonio: *un témoignage.*

Antonio Muñoz Molina, nacido en Úbeda (Jaén), 1956. Gran novelista español, miembro de la Real Academia de la Lengua.

me escapo con la música

1. desierta.
2. *inf.* escaparse : *s'échapper, fuir.*
3. *inf.* arrancar : *démarrer.*
4. *n'importe où.*
5. *la cassette.*
6. *fam., je suis découragée, abattue.*
7. *aurait pu être encore pire.*
8. *si l'on m'y avait mutée.*
9. *inf.* descubrir : *découvrir.*
10. *la ferme (en Andalousie).*

Susana, maestra de escuela, lleva al inspector en su coche. Ha puesto en el casete su música predilecta: **"Graceland"** ***de Paul Simon.***

– ¿Le gusta esta música?
– Me gusta mucho oírla así, de noche, en una carretera vacía[1].
– Yo me escapo[2] con ella. Cuando estoy muy quemada de la ciudad y ya no me consuela leer libros ni oír discos arranco[3] el coche al anochecer y me voy a cualquier parte[4], huyo, me imagino que estoy viajando muy lejos. Veo las luces de uno de esos pueblos y conduzco hacia ellas, con la música bien alta, y cuando llego la cinta[5] se ha acabado, veo el pueblo, se me cae el alma a los pies[6] y vuelvo por donde había venido, pensando que mi vida aún podía haber sido peor[7] si me hubieran destinado a ese lugar[8]. Pero así descubro[9] algunos sitios que me gustan mucho: el restaurante del cortijo[10] lo encontré el verano pasado.

Antonio Muñoz Molina, *Plenilunio,* 1997.

1. ¿Dónde y cuándo suele escuchar Susana esta música que están oyendo los dos?

2. Imaginad qué razones puede tener ella de escaparse.

3. ¿Qué medios utiliza para intentar recobrar un poco de serenidad? Pero, ¿de qué se da cuenta *(se rend-elle compte)* rápidamente?

4. Sin embargo, ¿qué aspecto positivo pueden ofrecerle tales escapadas?

¡qué paz!

1. *littéralt, large épée d'or pur.*
2. *solitude.*
3. *le coucher du soleil.*
4. *inf.* estorbar : *déranger.*
5. *les caves.*
6. *sales.*
7. *le sisymbre, l'herbe aux chantres.*
8. *l'ortie.*
9. *on dirait.*

La acción se desarrolla en la región de Moguer (Huelva). El poeta andaluz se dirige a su burro Platero.

¡Qué bello está el cielo esta tarde, Platero, con su metálica luz de otoño, como una ancha espada de oro limpio[1]! Me gusta venir por aquí, porque desde esta cuesta de soledad[2] se ve bien el ponerse del sol[3] y nadie nos estorba[4], ni nosotros inquietamos a nadie... Sólo una casa hay, blanca y azul, entre las bodegas[5] y los muros sucios[6] que bordean el jaramago[7] y la ortiga[8], y se diría[9] que nadie vive en ella.

Juan Ramón Jiménez, *Platero y yo,* 1914.

1. ¿Qué momento es? ¿Dónde están Platero y su amo *(son maître)*? ¿Qué están haciendo?

2. ¿Qué nos revelan las palabras de Juan Ramón Jiménez acerca de sus gustos y, por lo tanto, de su personalidad?

3. Este texto en prosa es obra de un poeta lírico que está en comunión con la naturaleza y la sublima: mostradlo.

▶ practica

No, prefiero caminar

1. Conjuga en presente de indicativo:
Preferir caminar.

2. Escribe en estilo indirecto

– "¿Un paseo con Platero?
– No gracias, prefiero caminar."

empezando por:
El campesino de la foto le pregunta al caminante... y el caminante...

Me escapo con la música

1. Pasa al estilo indirecto, desde "Yo me escapo..." hasta "... hacia ellas".
Empieza por:
Susana le dice al inspector que...

2. Justifie l'emploi des adjectifs démonstratifs :
- "¿Le gusta **esta** música?"
- "Veo las luces de uno de **esos** pueblos..."

¡Qué paz!

1. Da otra construcción:
- "**Nadie** nos estorba."
- "**Nadie** vive en ella."

2. Traduce al francés el segundo párrafo del texto.

▶ recuerda

– la puesta del sol: *le coucher du soleil.*
– al anochecer: *au crépuscule.*
– por supuesto: *bien sûr, évidemment.*
– irse a cualquier parte: *aller n'importe où.*
– volver [ue] a casa: *rentrer chez soi.*
– **Se me** cae el alma a los pies: *fam., Je suis découragé (e), j'ai le moral à zéro.*

▶ la construcción del verbo **doler** ▶ la apócope de los adjetivos: **primero, tercero, bueno, malo**

un buen cliente…

Y ahora…
¡Nos vamos de TAPAS!

– Buenos días, Manolo.
– Hola, buenos días, don José. ¿Lo de siempre?[1]
– Sí, y un vaso de agua, por favor. Y cambio[2] para tabaco.
– Aquí tiene.

Pepe Rey toma todos los días el primer café en el bar que está al lado de su casa, en la calle de La Sal, muy cerca de la Plaza Mayor. O sea, en el centro antiguo de Madrid, donde ya sólo viven[3] viejos, extranjeros y Pepe Rey. Toma un café doble para despertarse[4]. Después, hacia las once, va a desayunar al lado de la oficina[5], ya despierto.

Por las mañanas Pepe Rey está siempre de mal humor. Hoy más: se ha levantado demasiado[6] tarde y le duele la cabeza. Anoche estuvo[7] en casa de un viejo amigo. Ver a viejos amigos siempre le deja un poco triste: "Demasiado Rioja[8] y demasiados recuerdos", piensa mientras se bebe el agua.

Loreto de Miguel y Alba Santos,
Doce a las doce o el misterio de las doce uvas, 1987.

1. *Comme d'habitude ?*
2. *de la monnaie.*
3. *où n'habitent plus que.*
4. *se réveiller.*
5. *le bureau.*
6. *trop.*
7. *Hier soir il est allé.*
8. vino de La Rioja.

Líneas 1–7.

1. ¿Qué hace primero el detective Pepe Rey cada mañana? ¿Cómo se comprende que es un hombre muy conocido en el barrio *(le quartier)*?

Líneas 7–10.

2. ¿Qué particularidad tiene este barrio muy céntrico de Madrid?

3. ¿Os parecen objetivas las autoras cuando evocan a los vecinos (habitantes) de este barrio? Ellas mencionan aparte a Pepe Rey: ¿comprendéis por qué?

Líneas 11–15.

4. ¿Qué le pasa al detective cada mañana y hoy aún más *(plus encore)*? ¿Cómo explicáis que "ver a viejos amigos siempre le deja un poco triste"?

▶ profundiza

Presente de indicativo
Doler *(avoir mal)*
A mí me duele la cabeza.
A ti te duelen los ojos...
Cf. profundiza 3, p. 38.

1. L'apocope de : primero, tercero / bueno, malo
• el **primer** café – el **tercer** piso.
• un **buen** cliente – el **mal** humor.
Cf. gram. 18, p. 257.

2. **L'adjectif possessif** de la personne de courtoisie
"¿Me deja (Vd.) **su** carné de identidad?"
Cf. gram. 13.A, p. 255.

3. **Demasiado : adverbe et adjectif**
"Se ha levantado **demasiado** tarde", p. 40 : *Il s'est levé **trop** tard.*
"**Demasiado** (vino de La) Rioja y **demasiados** recuerdos", p. 40 : ***Trop de** vin* et ***trop de** souvenirs.*
Cf. gram. 17.1, p. 256.

▶ practica

Un buen cliente

1. Conjuga en presente de indicativo:
• Despertarse [ie] de mal humor.
• Pedir [i] un café.

2. "Pepe Rey recuerda la noche pasada mientras toma un café doble para despertarse."
Vuelve a escribir esta frase empezando por:
Yo y mis amigos...

el hotel Inglés

La huerta es una llanura fertilizada gracias al riego (*de* regar : *irriguer*).

El miércoles dieciocho de marzo, después de comer en "La Argentina", un restaurante casero cerca de su despacho[1], Pepe sube a su viejo Peugeot y se va a Valencia. La carretera no tiene mucho interés, pueblos parecidos a otros pueblos: Olivares del Júcar, Motilla del Palancar, ... y el seco paisaje de La Mancha. Ya en la provincia de Valencia: Utiel, Requena, pueblos áridos también. Sólo a unos quince kilómetros de Valencia se empiezan a ver los naranjos[2], los famosos naranjos de la huerta[3] valenciana. Pepe entra en la ciudad a las ocho de la tarde. Va directamente al hotel Inglés, un hotel antiguo y romántico.

– Buenas tardes. Tengo una habitación reservada.
– ¿Su nombre, por favor?
– José Rey.
– Aquí tiene. Habitación 321. ¿Me deja su carné de identidad? Vicente, acompaña al señor a su habitación.

Vicente, el botones y Pepe suben al tercer piso en el ascensor. Vicente coge la maleta de Pepe y va por un pasillo[4] hasta la puerta de la habitación 321. Abre la puerta, deja pasar a Pepe, enciende las luces y abre las ventanas.

– ¿Está todo bien? –le pregunta a Pepe.
– Sí, sí. Muy bien, gracias –le dice Pepe mientras[5] le da una propina[6].

Loreto de Miguel y Alba Santos, *Muerte en Valencia,* 1987.

1. *son bureau.*
2. *les orangers.*
3. *plaine irriguée.*
4. *un couloir.*
5. *pendant que.*
6. *un pourboire.*

---

1. ¿Qué hace Pepe Rey antes de marcharse a Valencia? A vuestro parecer, ¿qué clase de vida lleva?

2. Durante el recorrido *(le trajet)*, ¿cuáles son los paisajes que puede observar? ¿En qué se oponen? ¿Cómo se explica tal diferencia?

3. ¿Cómo sabemos que no se trata de un viaje improvisado?

4. El hotel Inglés es un hotel de cierta categoría: ¿en qué se nota?

5. Imaginad las razones de la venida de Pepe Rey a Valencia: recordad los textos de la pág. 24. Fijaos en el nombre de la obra.

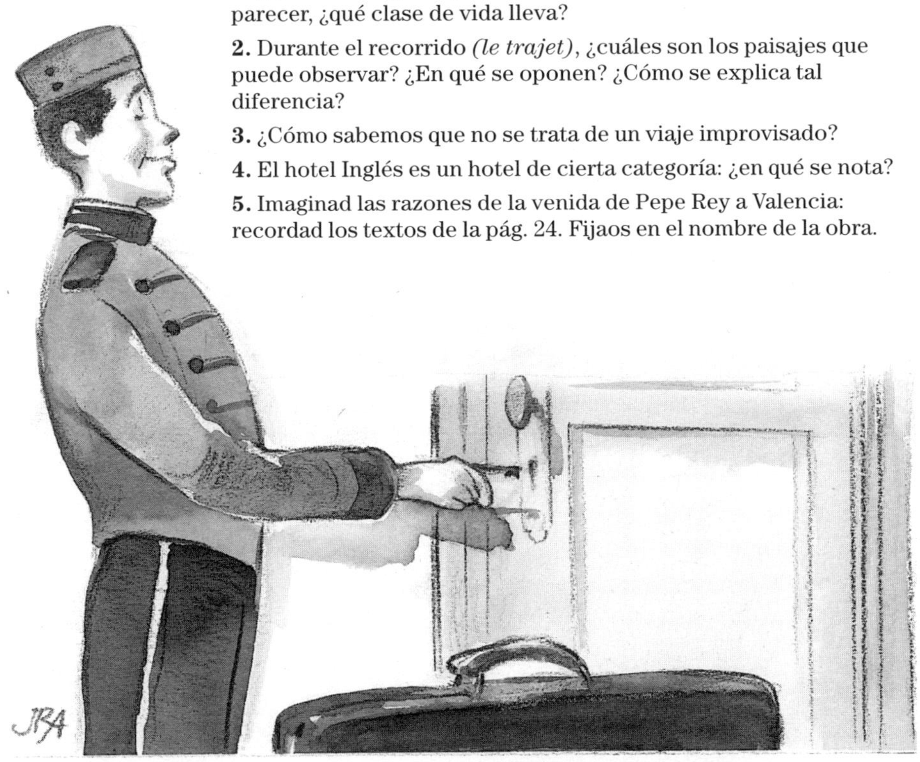

El hotel Inglés

1. Después de leer la narración del último párrafo ("Vicente, el botones... las ventanas"), explica lo que **tiene que hacer** el botones cuando llega un cliente.

2. Pepe Rey ha tomado la decisión de ir a Valencia el miércoles. Llama por teléfono al Hotel Inglés y le contesta el recepcionista.
Imagina el diálogo.
¡Cuidado! En vez del futuro, di: Pienso llegar... / Voy a quedarme...

3. Traduce el diálogo entre el recepcionista y Pepe (l. 12-16).

►recuerda

– ¿Lo de siempre?: *Comme d'habitude ?*
– ¿Tiene cambio?: *Avez-vous de la monnaie ?*
– tomar un café: *prendre un café.*
– estar de buen / mal humor: *être de bonne / mauvaise humeur.*
– ¿Está todo bien?: *Tout va bien ?*

▸el imperfecto de indicativo regular ▸el gerundio de **servir** ▸la apócope del adjetivo **bueno**

Fernando Botero nació en **Colombia** en 1932.

Fernando Botero, *La siesta*, 1989.

1. ¿Qué representa el lienzo? ¿Cómo se organiza la escena?

2. ¿Qué os llama la atención? (Fijaos en **los colores** / las manchas de color, en **las líneas** / **los volúmenes**.)

3. Según el propio pintor, muchas de sus obras son **bodegones** (naturalezas muertas): discutid esta afirmación aplicada a este cuadro.

4. Botero suele **dilatar** seres y objetos.
• ¿Qué impresión puede producir **a primera vista** esta dilatación?
• Y sin embargo, se desprende del cuadro una impresión de ternura *(tendresse)*, sensualidad y fragilidad: comentad.

5. Los personajes de Botero son intemporales y estáticos: mostradlo. Os ayudará la cita de Mario Vargas Llosa (*cf.* recuadro).

L'écrivain péruvien Mario Vargas Llosa définit ainsi le monde des « modèles » imaginaires de Botero :

« Monde inoffensif, beau, innocent, fixe, il est voisin de celui des petits soldats de plomb et des poupées par son coloris, sa grâce, son pouvoir incantatoire, et aussi parce qu'en a été exclu le temps... » (*Cf. Botero*, Cercle d'Art.)

• ¿En qué medida se puede aplicar este juicio al cuadro?

▸profundiza

Imperfecto de indicativo

Trabajar *(travailler)*
yo trabaj**aba**
tú trabaj**abas**
él trabaj**aba**
nosotros trabaj**ábamos**
vosotros trabaj**abais**
ellos trabaj**aban**

Soler *(avoir l'habitude de...)*
Venir *(venir)*

sol / ven + -ía, -ías, -ía, -íamos, -íais, -ían

Gerundio
Servir → s**i**rviendo

1. Rappel : L'apocope de Bueno
Un **buen** cocido, p. 43.
Una buena comida (audio).
Unos buenos chipirones, p. 43.
Cf. gram. 18, p. 257.

2. La notion d'habitude
a. "**Los jueves** se prepara cocido" : ***Le jeudi*** *on prépare le pot-au-feu.*
b. **Soler [ue] + infinitif**
"Todo almuerzo **solía** concluir..." : *Tout déjeuner se terminait* ***en général...***
Cf. gram. 41, p. 267.

3. Un équivalent de l'indéfini On
• "... **se** prepara cocido..."
• "... **se** siguen sirviendo recetas tradicionales".
Cf. gram. 21.B, p. 258.

▸para definir la frecuencia de una acción
▸la pasiva refleja con sujeto no personal

el cocido[1]

La taberna Carmencita, C/ Libertad 16, Madrid.

En el Madrid de principios de siglo apenas había restaurantes. Cerca de los mercados trabajaban modestas tascas y tabernas[2] donde se preparaban guisos[3] familiares: callos[4], pistos[5] y potajes. Sólo una pequeña burguesía ilustrada y algunos intelectuales visitaban los establecimientos de mayor empaque[6]. Todo almuerzo solía concluir en acaloradas tertulias[7]. Un buen cocido madrileño costaba en La Bola 1,50 pesetas. La Taberna Carmencita desde 1850 venía congregando al Madrid más castizo[8]. Entre cuadros antiguos, visillos de encaje[9] y azulejos decorados, en sus escasas mesas se siguen sirviendo recetas tradicionales entremezcladas con platos vascos. Los jueves se prepara cocido, y a diario, sopa de ajo[10], caracoles[11], albóndigas[12] y callos. Además ofrece unos buenos chipirones en tinta[13], arroz con almejas[14], merluza[15] en salsa verde y un aceptable bacalao a la vizcaína[16]. Para concluir, pudin, natillas[17] y arroz con leche. Todo muy clásico, fiel a un modelo entrañable[18] que después de siglo y medio lucha por mantenerse frente a una hostelería en permanente cambio.

José Carlos Capel, *El País semanal*, 20/04/1997.

1. *pot-au-feu (plat national espagnol).*
2. *gargotes et tavernes.*
3. *ragoûts ; ici, plats.*
4. *tripes.*
5. *ratatouilles.*
6. *les plus sélects.*
7. *causeries passionnées.*
8. auténtico.
9. *rideaux de dentelle.*
10. *soupe à l'ail.*
11. *des escargots.*
12. *des croquettes.*
13. *calmars dans leur encre.*
14. *du riz avec des clovisses.*
15. *du colin.*
16. *morue à la mode basque (de Biscaye).*
17. *crème renversée.*
18. *cher (auquel on tient).*

• Valiéndote del vocabulario proporcionado por el texto, describe la foto *La taberna Carmencita* de manera ordenada.

"Una buena comida casera", L. Miquel y N. Sans.

▸practica

El cocido

1. Conjuga en presente de indicativo:
Soler cenar a las diez.

2. Completa las frases respetando la lógica del texto:
• En el Madrid de antes apenas había restaurantes. **En cambio**, hoy...
• Hoy día, muchos madrileños comen en hamburgueserías, **mientras que** antes...
• En la Taberna Carmencita, se suelen servir platos tradicionales; **sin embargo**...

3. Recordando el texto grabado *Una buena comida casera*, imagina un diálogo entre el camarero de la Taberna Carmencita y un(os) cliente(s) a la hora de la cena.

▸recuerda

– a principios de siglo: *au début du / de ce siècle.*
– soler [ue] reunirse: *avoir coutume de se réunir.*
– el Madrid más castizo: *la société madrilène la plus pure / authentique.*
– **los** jueves: *le jeudi.*
– a diario: *journellement.*

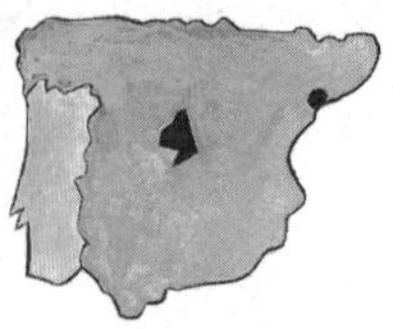

▶ profundiza

1. L'adverbe de manière
• concienzudo, a → concienzudamente.
• real → realmente
Cf. gram. 19, p. 257.

2. L'obligation impersonnelle :
Hay que + infinitivo
"Hay que calibrar..." : *Il faut mesurer...*
Cf. gram. 40.A, p. 267.

3. Un équivalent de l'indéfini :
On → Uno
"... la que realmente **uno** le está vendiendo".
Cf. gram. 21.D, p. 259.

▶ la formación de los adverbios de modo
▶ la obligación impersonal: **hay que** + infinitivo

Puerto pesquero (de pesca): *port de pêche.* – pescaderías: *poissonneries.* – salmón ahumado: *saumon fumé.* – mariscos: *fruits de mer.* – proveedor: *fournisseur.* – ferrocarril: tren.

Una sirena: ser fabuloso, mitad mujer, mitad pez – una lancha con remos *(des rames)* – los faroles – el bogavante *(le homard)*, la langosta – consumir *(consommer)* pescado fresco / recién pescado – una pesca milagrosa / peligrosa: *une pêche miraculeuse / dangereuse.*

1. Leed **todo** lo que está escrito en esta publicidad: ¿quién la promueve? ¿A quién se dirige? ¿Qué alaba?

2. Observad y describid los **tres** elementos que permiten reconstituir **cronológicamente** la cadena *(la chaîne)* de distribución del producto (del pescador al consumidor). ¿Qué garantías ofrece?

3. ¿Cómo se resuelve *(se résout)*, pues, la aparente paradoja del título?

a bordo del Barcelona

1. *inf.* volverse [ue] : *devenir.* 2. *soulager l'ennui.* 3. *supportables.* 4. *Étoffes.* 5. *développement.* 6. *entreprise.* 7. *inf.* arriesgarse : *prendre des risques.*

La acción se desarrolla después de 1885. El narrador, Castellá, capitán de marina, va de pasajero en un gran vapor que zarpó (a quitté le port) *de Barcelona y que hace los servicios de Ultramar.*

– ¿Deliciosa noche, no le parece?
Quien así me habla es un hombre de unos cincuenta años, grueso, de mediana estatura. Sé, por experiencia, que en mar nos volvemos[1] más locuaces y sociables que en tierra para aliviar el tedio[2] y hacer más llevaderos[3] los largos y monótonos días de navegación. Mi vecino dice:
– Permítame que me presente. Me llamo Demetrio Garcés, para servirle. (...) Negocios. Telas[4]. Voy a Manila a estudiar sobre el terreno las posibilidades de desarrollo[5] del sector textil y sus perspectivas comerciales. ¿Sabe una cosa? Soy de los que creen que antes de lanzarse a una nueva empresa[6] hay que calibrar concienzudamente los posibles riesgos... En el mundo de los negocios, sólo triunfan los que se arriesgan[7]. ¿No cree?
Es ya de noche cuando nos separamos.

Según **Jorge Ordaz**, *La perla del Oriente,* 1993.

1. ¿Cómo se llama el barco? ¿Hacia dónde se dirige? ¿Cómo comprendemos que el narrador es un hombre avezado *(habitué)* al mar?

2. ¿Qué clase de hombre es Demetrio Garcés? Haced su retrato.

3. Recordando que las islas Filipinas son todavía españolas en 1885, ¿qué nos permiten deducir las palabras de Demetrio Garcés acerca de las relaciones que existen entre España y la colonia?

los apuntes tácticos de Manolito*

Quino

*El padre de Manolito lleva una tienda de comestibles *(épicerie)*. – uno le está vendiendo: *on est en train de lui vendre.* – ¡mecacho! (¡mecachis!): *oh, zut alors !* – los apuntes: *les notes.*

Hallar: *trouver* – extraviar: *perdre* – una libreta de apuntes: *un calepin* / un diario: *un journal* – una letra *(écriture)* infantil – estafar: *escroquer* – un vendedor poco honrado: *malhonnête.*

1. Narrad brevemente la anécdota.

2. Volved a leer los apuntes tácticos de Manolito: ¿cuáles son sus métodos en materia de publicidad? (Cuando quiere vender algo, Manolito..., de modo que el cliente ingenuo *–naïf–*... Pero en realidad, bien sabe él que...)

3. ¿Por qué está tan preocupado el niño / joven vendedor? ¿Qué nos revela este "diario íntimo" de Manolito sobre sus intereses profundos?

▶ practica

A bordo del Barcelona

1. Escribe en primera persona de singular: "En mar nos volvemos más locuaces y sociables que en tierra."
2. Delicioso / largo / general. Forma los adverbios de manera y elige uno de ellos para redactar una frase respetando la lógica del texto.
3. Traduce al francés desde "Soy de los que creen..." hasta el final del texto.

Los apuntes tácticos de Manolito

1. Según los apuntes tácticos de Manolito, ¿qué **hay que** hacer para convencer a *(convaincre)* un cliente?
2. Hábil / exagerado / ingenuo. Forma los adverbios de manera y emplea uno de ellos en una frase respetando la lógica de la historieta.

▸ presente de indicativo: **jugar**, **oír** ▸ la formación del pretérito perfecto ▸ la apócope de los adjetivos:

¡Cuánta gente!

1. *un parking.*
2. *Je voudrais.*
3. Grandes Almacenes.
4. *quelques achats.*
5. *Les magasins.*
6. *la queue.*

El profesor Micrón y su esposa han dejado el coche en un aparcamiento[1], cerca del museo.

– ¿Qué te parece si damos una vuelta por la Costa de Moyano? Quisiera[2] ver algunos libros.

– ¡Tú y tus libros antiguos! ¿Por qué no vamos a Galerías Preciados[3]? Tengo que hacer unas compras[4].

– ¡Pero está muy lejos!

– ¡No exageres! Si vamos por la calle de Alcalá, llegamos en unos minutos.

– ¡Qué ideas tienes! Ya sabes que los sábados no se puede comprar nada. Las tiendas[5] están llenas de gente.

– Tienes razón, es difícil mirar con tranquilidad, pero no venimos todos los días a Madrid...

– Esos sitios me ponen muy nervioso.

Unos minutos más tarde... encontramos al profesor Micrón y a su esposa en el Paseo del Prado, camino del museo. ¡Qué cantidad de gente a la entrada del museo! Todo el mundo ha decidido venir el mismo día.

– No vamos a poder entrar, comenta la señora Micrón.

– Sí, mira, la cola[6] avanza rápidamente.

Dominique Renaud y Susana Chiabrando,
Los Micrón en los museos de Madrid, 1990.

▸ profundiza

Presente de indicativo

Jugar	**Oír**
(jouer)	*(entendre)*
juego	oigo
juegas	oyes
juega	oye
jugamos	oímos
jugáis	oís
juegan	oyen

Pretérito perfecto

Dejar *(laisser)*, p. 46.
Perder *(perdre)*, p. 47.
Decidir *(décider)*, p. 46.

Haber + participio pasado

he	
has	dejado
ha	perdido
hemos	decidido
habéis	
han	

1. L'apocope de **Grande / Ciento**
"Es el **gran** secreto de Luisa Mendoza", p. 47.
"He perdido más de **cien** mil pesetas", p. 47.
Cf. gram. 9.A, p. 254 / 18, p. 257.

2. Un équivalent de l'indéfini **On**
• "... no **se puede comprar** nada", p. 46.
• "... y **se oye una voz**", p. 47.
Rappel :
• "... **se siguen** sirviendo **recetas**".
Cf. profundiza, 3, p. 42.
Cf. gram. 21.B, p. 258.

3. L'indéfini **Quelques** (unos, as / algunos, as)
"**unas** compras",
"**unos / algunos** libros", p. 46.
Cf. gram. 17, p. 256.

1. Presentad la acción: personajes, momento, lugar. (Recordad el texto de la página 22.)

2. ¿Por qué discuten el profesor Micrón y su esposa? (Él quiere... **mientras que** ella...)

3. ¿Cómo se nota que Madrid es una gran ciudad animada y bulliciosa?

4. ¿Qué decide finalmente la pareja *(le couple)*? ¿Cuál es la reacción de cada uno frente a la cantidad de gente? ¿Comprendéis esa diferencia de actitud?

grande, ciento ▶ la pasiva refleja con sujeto no personal ▶ los adjetivos indefinidos: unos, algunos

El bingo es un juego de azar. Cada jugador compra una o varias cartulinas con casillas numeradas.
De un bombo se van extrayendo los números y gana el jugador que logra completar primero las casillas de su cartulina.

¡qué suerte![1]

Cuando sale del portal[2], Doña Luisa Mendoza, señora de Fernández, coge un taxi y se va a un bingo a jugar. Allí se encuentra con dos o tres mujeres como ella, de su misma edad, amas de casa[3], con hijos mayores y con maridos que se pasan el día trabajando. Se sientan, hablan, toman algo y juegan. Hace unos años iban[4] a las cafeterías, ahora prefieren ir al bingo.

– ¿Qué tal hoy? –le pregunta Luisa a una de sus amigas.

– No muy bien, la verdad. Pero acabo de llegar.

– Señorita, deme[5] tres cartones.

Y empieza a jugar. Todas las tardes de invierno, de primavera y de otoño juega al bingo. En vacaciones, no, porque está con su marido. Él no sabe que juega. Nadie lo sabe. Es el gran secreto de Luisa Mendoza.

– Línea[6] –dice en voz alta Luisa.

Por un momento se para todo y se oye una voz en la sala que dice: "Han cantado línea".

– ¡Qué suerte, hija! Llegas y ganas.

– Ya era hora, ¿no crees? Este mes he perdido más de cien mil pesetas.

– ¿Y qué le dices a tu marido?

– ¿A mi marido? ¡Nada!

– ¿Y no se entera?[7]

– Pues no. ¿No ves que está todo el día trabajando y cuando llega a casa come, ve la tele y duerme la siesta? Y por la tarde, cuando vuelve de la oficina, la tele, la cena y la tele...

– Pero si va al banco...

– Es que yo el dinero del bingo lo tengo en otro banco...

– O sea, que tú engañas[8] a tu marido.

– Sí y no.

– ¿Qué quieres decir?

– Él no sabe lo que hago con el dinero, ¿no? Pero cuando gano, le compro una corbata o un jersey[9] y piensa que soy muy buena administradora.

Lourdes Miquel y Neus Sans,
El cartero no siempre llama dos veces, 1989.

1. *Quelle chance !*
2. *ici, de chez elle.*
3. *femmes au foyer.*
4. *elles allaient.*
5. *donnez-moi.*
6. *Une ligne complète.*
7. *Et il ne s'aperçoit de rien ?*
8. *tu trompes.*
9. *une cravate ou un pull.*

1. ¿Cómo se pasan las tardes doña Luisa y sus amigas?

2. Mostrad que el bingo es una verdadera afición para la señora de Fernández. ¿Tiene suerte esta mujer?

3. ¿Cómo se ha organizado ella para que su marido no sospeche *(ne soupçonne)* nada?

4. ¿Pensáis que doña Luisa engaña a su marido?

5. Volved a leer la última frase: ¿qué piensa el marido de su mujer? ¿En qué es acertada *(juste)* y divertida a la vez esta opinión?

6. Al fin y al cabo, ¿qué opináis de cada personaje?

▶ practica

¡Cuánta gente!

1. Completa la frase:
Notamos que al profesor Micrón le gusta (n)... **mientras que** *(alors que)* su esposa / a su esposa...

2. Escribe las frases en pretérito perfecto:
• Dejo el coche en un aparcamiento.
• Venimos a Madrid para hacer compras.
• La cola avanza rápidamente.
• ¡No tenemos que esperar!

3. Da otra construcción:
"Los sábados, **no** se puede comprar **nada**."

4. Traduce las líneas 10-14.

¡Qué suerte!

1. Vuelve a escribir las tres primeras frases del texto como si hablara doña Luisa Mendoza:
"Cuando (yo)..."

2. En el texto aparecen nueve verbos con diptongo (**ue / ie**). Indícalos y da su infinitivo.

3. Construye la frase de otra manera:
"**Nadie** lo sabe."

4.
– ¿Y qué le dices a tu marido?
– ¿A mi marido? ¡Nada!

Restablece el verbo en la respuesta de doña Luisa.

5. Traduce al francés desde la línea 21 hasta la 30.

▶ recuerda

– Quisiera ver...: *Je voudrais voir...*
– hacer unas compras: *faire quelques achats.*
– ¿Y no se entera?: *Et il ne s'aperçoit de rien ?*

"... un aficionado al estoque."

¿necesitan ustedes algo[1]?

El padre Juan quiere instalar un dispensario en un barrio[2] de chabolas[3]...

JUAN – ¿Cómo se llama usted, señora?
AMANDA – ¿Yo? ¿Por qué? (...)
JUAN – Es usted la primera vecina que me ha visitado y me gustaría[4] saber su nombre. (...)
AMANDA – Pues me llamo Amanda. Un nombre muy raro. ¿Verdad usted? Al menos, por aquí no hay ninguna otra. *(Entra la hermana[5]* DOLORES, *trayendo dos grandes paquetes.)*
DOLORES – Aquí están las medicinas. ¡Qué caminata desde el tranvía[6]! Éstas son las inyecciones[7]. (...)
AMANDA *(Horrorizada.)* –¿Nos va usted a pinchar[8]?
JUAN – Por gusto, no. (...) Además de sacerdote[9] soy médico. No me crea un aficionado al estoque[10]. Voy a instalar un dispensario.
AMANDA – ¿Aquí? (...)
(Entra MARÍA. *Es una mujer joven, muy bella.)*
MARÍA – Buenos días... Hola, Amanda... Volveré más tarde. *(Va a retirarse.)*
JUAN – Pase... Mi puerta está abierta... Y lo estará siempre. ¿Qué quería?
MARÍA – Solamente... saber si necesitan algo. Vivo aquí al lado...
JUAN – Gracias. Seguramente[11] necesitaré muchas cosas de todos ustedes.

Luis Escobar, *Fuera es de noche,* 1957.

1. *quelque chose.*
2. *un quartier.*
3. *bidonvilles.*
4. *j'aimerais.*
5. *sœur.*
6. *le tramway.*
7. *les piqûres.*
8. *piquer.*
9. *Outre que je suis prêtre.*
10. *un aficionado, un passionné de corrida.*
11. *Sûrement.*

Ahora **os toca** leer (a vosotros) el texto:
- **Elegid** *(choisissez)* los papeles.
- **Leed** el papel del personaje que os toca.
- Terminada la lectura, **presentad** el asunto del diálogo.

PROFUNDIZAD

• Tournures affectives

Tocarle (a uno) : se conjugue comme "gustar".
(A mí) Me toca leer : *C'est mon tour de lire.*
(A ti) Te toca leer...
Cf. gustar, p. 28.

• Futuro de indicativo

	-é
	-ás
necesitar	-á
volver	-emos
ir	-éis
	-án

A los vecinos del barrio ya no les **darán** miedo las inyecciones... y **aceptarán** el dispensario del padre Juan.

¡Chicos, Ramón **se curará** y todos **volveréis** a jugar a los piratas...!

• Le tutoiement et le vouvoiement

Comment s'adresser à une / plusieurs personne(s)

Se dirige el Padre Juan a

Amanda	Amanda y María
– ¿Cómo se llama **Vd**, señora?	– ¿Cómo se llama**n Vds**, señoras?
– Estoy aquí para ofrecer**le a Vd** mis servicios.	– Estoy aquí para ofrecer**les a Vds** mis servicios.
– Necesitaré **su** ayuda (**de Vd**).	– Necesitaré **su** ayuda (**de Vds**).

¿vosotros creéis que sanará[1]?

Doña Margarita no entiende a su hijo, niño díscolo[2] de mucha imaginación. Incluso a veces piensa que es retrasado mental[3]. Un día, Ramón decide vengarse de su madre y sus compañeros, cómplices de la jugada, van a visitarle.

– Pasad, pasad. Sois muy amables.
– Nos gustaría[4] ver un rato a Ramón –dice el Cipri–. Como ahora no baja a la plaza...
– Pero él no puede veros, ni oíros, ni hablaros.
– No importa, nos conformaremos con[5] hacerle compañía durante un rato.
– ¡Qué buenos sois!

Margarita los acompaña hasta la habitación[6] de Ramón y allí los deja un rato. De esta forma pueden hablar con él, muy bajito[7].

– ¿Qué tal?
– Fatal –Ramón está desesperado–. Esto es insoportable.
– Y tu madre... ¿qué?
– Ya no me regaña[8]. Claro, que a lo mejor lo hace porque piensa que no puedo entenderla. Sólo se enfada[9] a la hora de la comida.
– ¿Por qué?
– Se empeña en[10] que coma más de lo que cabe[11] en mi estómago. Además[12] siempre me hace tortilla[13] a la francesa y a mí lo que me gusta es el huevo frito.
– Entonces... hay que continuar.
– ¿Tú crees?
– Es necesario.

Alfredo Gómez Cerdá,
Las palabras mágicas, 1983.

1. *inf.* sanar : *guérir ;* también se dice curarse.
2. *turbulent.*
3. *débile mental.*
4. *Nous aimerions.*
5. *nous nous contenterons de.*
6. *la chambre.*
7. *à voix basse.*
8. *Elle ne me gronde plus.*
9. *elle se fâche.*
10. *Elle s'obstine à.*
11. *inf.* caber : *contenir.*
12. *De plus.*
13. *omelette.*

• **Os toca** leer. **Haced** lo mismo que en el texto de la p. 48.

PRACTICAD

• Tournures affectives
Conjugad a las otras personas del presente de indicativo:
A mí **me gusta** el huevo frito. (Cambiad el sujeto...)

• Futuro de indicativo
Conjugad en futuro:
Ofrecer sus servicios al médico.

• Le tutoiement et le vouvoiement

VOSOTROS → **TÚ**
Transformad las réplicas de Doña Margarita como si le hablara **sólo al Cipri**.
– Pasad, pasad. Sois muy amables.
– Él no puede veros, ni oíros, ni hablaros.
– ¡Qué buenos sois!

USTED → **USTEDES**
Transformad las frases como **si hablara**
• Juan **a Amanda y María**: "Es usted la primera vecina que me ha visitado y me gustaría saber su nombre."
• Amanda **a Juan y Dolores**: "¿Nos va usted a pinchar?"

Se dirige **Doña Margarita** a

Cipriano	los compañeros de Ramón
– ¿**Tú** crees que Ramón se curará?	– ¿Vosotros creéis...?
– Él no puede habl**arte** (a **ti**).	– Él no puede habl**aros** (a **vosotros**).
– Sabe Ramón que **eres** un amigo fiel *(fidèle)*.	– Sabe Ramón que **sois** amigos fieles.
– Mira (**tú**): Ramón **te** espera con impaciencia.	– Mira**d** (**vosotros**): Ramón **os** espera con impaciencia.

▸ la formación del participio pasado
▸ las preposiciones: a, en

Guatemala es la tierra de **los Mayas**. En Chichicastenango, capital de la región del Quiché, **el mercado** tiene lugar los jueves y domingos en los escalones y la plaza de la iglesia de Santo Tomás.

Mercado indígena, Chichicastenango (Guatemala).

1. Presentad la escena valiéndoos del recuadro.

2. Describid a las mujeres: tipo físico, indumentaria *(vêtements)*, postura. ¿Qué venden? ¿Quiénes serán?

3. Este mercado es un verdadero espectáculo: mostradlo.

sentarse [ie]: *s'asseoir* – vender ≠ comprar – una vendedora – los productos de la milpa *(parcelle défrichée)* : las frutas y verduras *(légumes)*, las flores – el pelo negro, las trenzas *(les tresses)* – vestir [i] el huipil (especie de camisa) – el tzute: tejido que sirve para protegerse del sol – la manta: *la couverture* – tejer: *tisser* / hermosos tejidos artesanales – un color vivo.

▸ profundiza

Participio pasado
- **regular**
Hipnotizar → hipnotizado.
Conocer → conocido, p. 51.
- **irregular**
(Com)poner → (com)puesto, p. 50.

1. Les prépositions A, En
- "... suben **al** taxi" : *ils montent **dans** le taxi.*
- "... regresan **a** San José" : *ils retournent **à** San José.*
- "... todos pasan **al** comedor" : *tout le monde passe **à** table.*
- "... al entrar **en** el patio" : *en entrant **dans** la cour.*

Cf. gram. 32.A, D, pp. 261-262.

2. Le superlatif relatif
- "Las cosas **más** importantes...", p. 50 : *Les choses **les plus** importantes.*
- "Las vistas **más** dramáticas", p. 51 : *Les vues **les plus** saisissantes.*

Cf. gram. 16.B, p. 256.

3. Un emploi de Estar
- "Mi papá **está** ciego" : *Mon père **est devenu** aveugle.*

Cf. gram. 28.B, p. 260.

la naturaleza

Rigoberta Menchú, india quiché de Guatemala, recibió el premio Nobel de la Paz en 1992 y el premio Príncipe de Asturias de Cooperación Internacional en junio de 1998.
Esta página es un fragmento de su testimonio *(témoignage)* recogido en París en 1982 por la etnóloga francesa Elisabeth Burgos.

"Tenemos que respetar al único dios, al corazón del cielo que es el sol." Rigoberta Menchú.

Entonces desde niños recibimos una educación diferente de la que tienen los blancos, los ladinos[1]. Nosotros, los indígenas, tenemos más contacto con la naturaleza. Por eso nos dicen politeístas. Es nuestra cultura, nuestras costumbres[2]. Respetamos una serie de cosas de la naturaleza. Las cosas más importantes para nosotros. Por ejemplo, el agua es algo sagrado[3]. El agua es algo puro, es algo limpio[4] y es algo que da[5] la vida al hombre. Sin el agua no se puede vivir. Tenemos la tierra. Nuestros padres nos dicen "Hijos, la tierra es la madre del hombre porque es la que da de comer al hombre". Nos basamos en el cultivo, nosostros los indígenas comemos maíz, fríjol[6] y yerbas[7] del campo y no sabemos comer, por ejemplo, jamón o queso[8], cosas compuestas con aparatos[9], con máquinas. Entonces, se considera que la tierra es la madre del hombre. Y de hecho nuestros padres nos enseñan a respetar esa tierra.

Elisabeth Burgos, *Yo, Rigoberta Menchú, o de cómo me nació la conciencia*, 1982.

1. descendientes de indios y españoles.
2. *nos coutumes.*
3. *qqch. de sacré.*
4. *propre, pur.*
5. *inf.* dar : *donner.*
6. *amér. haricot.*
7. *herbes.*
8. *jambon ou fromage.*
9. *des appareils.*

"La educación es un derecho para todos", Sami Sarkis y Lucía Montanaro, *Tierra Maya, ¿adónde vas?*, 1992.

1. Definid la relación que existe entre los indígenas y la naturaleza.

2. Mostrad que sigue viviendo este pueblo como en tiempos de sus antepasados *–ancêtres–* mayas (*cf.* pintura, p. 198). ¿Cómo confirma la foto este aspecto tradicional?

▸ la formación del superlativo relativo
▸ un uso de **estar** (el estado)

al borde del cráter

1. *a failli tomber.*
2. *charger les appareils.*
3. *les vues.*
4. de abuela : *grand-mère.*
5. *aveugle.*
6. *payer le loyer.*
7. *artisanat.*
8. *les charrettes.*

Javier y Enrique acaban de conocer a Beatriz y salvarle la vida a la joven fotógrafa que por poco se cae[1] al cráter...

Beatriz se para y empieza a sacar las fotografías, pero, esta vez, Javier le ayuda a cargar las cámaras[2] y a encontrar las vistas[3] más dramáticas. Cuando terminan, suben al taxi que los había esperado y regresan a San José, a la casa de Beatriz. Beatriz los invita a cenar con su familia.

–Vivo con mis padres, mi abuelita[4] y dos hermanas –dice ella. Mi papá está ciego[5] y ya no puede trabajar. Así que yo trabajo para poder pagar la renta[6]. Y mi mamá tiene una pequeña tienda en donde vende artesanía[7] de Costa Rica: son muy conocidos los modelos de las carretas[8] con las ruedas pintadas –explica Beatriz al entrar en el patio de la casa. Ella les presenta a su familia y todos pasan al comedor. Durante toda la cena Enrique habla con los otros miembros de la familia Oteo. Javier no habla. Está hipnotizado con Beatriz.

Raquel Hernández Escobar, *La Herencia,* 1979.

1. Recordad con qué motivo han tenido que venir a Costa Rica Javier y Enrique. (*Cf.* texto, p. 32.)

2. Las circunstancias de su encuentro han creado vínculos *(des liens)* entre Javier y Beatriz: ¿cuáles son? Justificad vuestra respuesta.

3. ¿De qué se enteran *(qu'apprennent)* los dos jóvenes a propósito de la familia y la vida de la joven? ¿Qué rasgos *(traits)* de su personalidad se perfilan?

4. Comentad la actitud de los dos muchachos durante la cena.

En una playa de Costa Rica, después de la pesca.

▸ practica

La naturaleza

1. Redacta en 2ª persona de plural, las preguntas correspondientes:

> **Recibimos** una educación diferente de la de los blancos. **Respetamos** una serie de cosas de la naturaleza. **Comemos** maíz, fríjol y yerbas del campo. Nuestros padres **nos enseñan** a respetar esa tierra.

2. Completa las frases:
• Los indígenas no comen jamón o queso porque...
• Los indios son llamados "Hombres de maíz" porque...

3. Comenta las frases "Nosotros, los indígenas... politeístas".

Al borde del cráter

1. Vuelve a escribir la segunda y la tercera frase del texto en primera persona de plural.

2. Justifie l'emploi des prépositions dans la phrase : "Ella les presenta a su familia y todos pasan al comedor."

3. Escribe en estilo indirecto desde "Vivo con mis padres..." hasta "... pagar la renta". Empieza por: Beatriz les explica que...

4. Traduce al francés las líneas 7-8 (hasta "renta").

▸ recuerda

– dar **de** comer: *donner à manger.*
– salvarle la vida a alguien: ***sauver la vie de quelqu'un.***
– sacar fotos: ***faire des photos.***
– invitar a cenar: ***inviter à dîner.***

▸profundiza

Presente de indicativo
Seguir *(suivre, continuer)*
sigo
sigues...
Cf. vestir, p. 34.
Cf. gram. 4, p. 252.

Participio pasado irregular
morir → muerto, p. 52.

Presente de subjuntivo
Llamarse *(s'appeler)*
me llame
te llames
se llame
nos llamemos
os llaméis
se llamen

1. Les équivalents de l'indéfini **On**
• "No me podían dar el nombre", p. 52 : *On ne pouvait pas me donner le prénom.*
• Rappel, *cf.* p. 43.
"... no **se** conoce ningún hombre", p. 52 : *on ne connaît personne.*
• "... tiene **uno** tiempo de sobra", p. 53 : *on a trop de temps (= j'ai...).*
Cf. gram. 21.A, B, D, pp. 258-259.

2. L'apocope de l'indéfini **Ninguno** *(aucun)*
"... no se conoce ningún hombre", p. 52.
Cf. gram. 18, p. 257.

3. Rappel : Le possessif (atone et accentué)
• "... soy **tu** nieto" : *je suis ton petit-fils.*
• "... no tiene noticias **tuyas**", p. 52 : *littéralt, elle n'a pas de tes nouvelles → elle n'a pas de nouvelles de toi.*
Cf. gram. 13.A, p. 255.

4. L'obligation personnelle
"No hace falta **que** cuentes", p. 52 : *Il n'est pas nécessaire que tu racontes.*
Cf. gram. 40.B, p. 267.

▸presente de indicativo: **seguir** ▸el presente de subjuntivo de los verbos en **-ar** ▸tres valores del pronombre

carta al abuelo

Querido abuelo: Tú a lo mejor no sabes que existo[1], pero sí existo, soy tu nieto y me llamo Jorge. No me podían poner el nombre de mi madre porque no se conoce ningún hombre que se llame Margarito.

Claro que tú sabes de sobra[2] cómo se llama tu hija. Lo que seguramente no sabes es que está triste porque no tiene noticias tuyas[3] y piensa que a lo mejor te has muerto[4]. Si no te has muerto, escribe. No hace falta[5] que cuentes muchas cosas. Basta que[6] digas si puedes venir. Todos mis amigos tienen abuelos, menos yo. Si vinieras, sería chupi[7].

Tu nieto, Jorge.

Carmen Vázquez-Vigo, *Un monstruo en el armario,* 1991.

1. *inf.* existir : *exister.*
2. *tu ne sais que trop.*
3. *de tes nouvelles.*
4. *participe passé de* morir.
5. *Il n'est pas nécessaire.*
6. *Il suffit.*
7. *Si tu venais, ce serait super.*

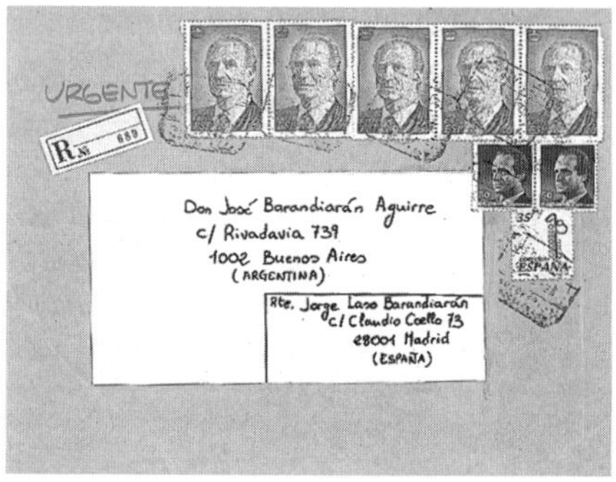

1. Decid en unas pocas palabras el asunto de esta carta.

2. ¿De qué le informa Jorge a su abuelo? (¿Qué precisiones le da acerca de él y de su madre?)

3. ¿Comprendéis el por qué de la iniciativa del niño? ¿Pensáis que está enterada *(au courant)* su madre?

4. ¿Cómo es posible que el niño y el abuelo no se conozcan *(ne se connaissent pas)*? A vuestro parecer, ¿dónde vive el abuelo? Fijaos en el sobre *(l'enveloppe)*.

Old Martín

El narrador es Martín Aguirre, un viejo pastor vasco que vive en Boise (Idaho) adonde emigró hace muchísimos años.

Lo peor[1] de llegar a los ochenta años es lo que acabo de decir: que uno se aburre[2] mucho, que siempre tiene uno tiempo de sobra[3]. A mí, por lo menos, es lo que me pasa. Paseo por el garden, estoy sentado en casa, riño[4] con la terca[5] irlandesa que Dios ha querido darme por nuera[6], voy a la school a buscar a Jimmy y, después de hacer todo eso, aún me quedan[7] un montón de horas hasta irme a dormir. Entonces, me dedico a pensar, a ver qué remedio, qué voy a hacer, no voy a ponerme a ver la televisión. En la televisión, sólo veo el football y los cartoon esos que tanto le gustan a Jimmy, pero la verdad es que no entiendo la mitad[8] y que sigo aburriéndome. Así que me pongo a pensar, en parte porque no me queda otro remedio y en parte también porque soy un viejo pastor[9], y los pastores desde siempre han sido muy pensadores, o muy pensativos, o como se diga[10].

Bernardo Atxaga,
in *Historias de Obaba, Dos letters,* 1997.

1. *Le pire.*
2. *on s'ennuie.*
3. *trop de temps.*
4. *inf.* reñir : *se disputer.*
5. obstinada.
6. *belle-fille.*
7. *il me reste.*
8. *la moitié.*
9. *berger.*
10. *pré. subj.* de decir ; *ici, comme on voudra.*

10.000 emigrantes celebran su nueva nacionalidad americana en el estadio de Irving, Texas, 17/09/1996.

1. ¿Qué forma tiene este texto? ¿De qué se queja *(se plaint)* Old Martín? (Fijaos en la persona de los verbos, en el tono.)

2. ¿Con quién vive? ¿A qué suele dedicarse? ¿Le bastan sus actividades?

3. ¿Qué podemos notar en su habla? ¿Comprendéis, pues, el problema que le plantea la tele?

4. Entonces, ¿qué remedio le queda? ¿Cómo se justifica?

5. La formation du présent du subjonctif
- "no se conoce ningún hombre **que se llame**...".
- "No hace falta **que cuentes**..."
- "Basta **que digas**...", p. 52.

Cf. gram. 46.A.1, p. 268.

▶practica

Carta al abuelo

1. Pasa la 1ª frase de la carta al estilo indirecto. Empieza por: el niño le escribe a su abuelo que...
2. Completa las frases en la lógica del texto.
   - Jorge no le ha hablado a su madre de su iniciativa porque **a lo mejor**...
   - Abuelo, no sabes que existo, pues *(donc)* **hace falta que**...
3. ¿Qué reflexiones te inspira la frase de Jorge: "Todos mis amigos tienen abuelos, menos yo"?
4. Imagina la respuesta del abuelo a su nieto.

Old Martín

1. Conjuga en presente de indicativo: Reñir con su nuera.
2. Emplea **seguir + gerundio** en las frases:
   - **Paseo** por el garden.
   - **Pienso** en el pasado.
   - Los pastores actuales **son** pensadores.
3. Traduce la 1ª frase del texto.

▶recuerda

– **basta que** digas: *il suffit que tu dises.*
– Tiene **uno** tiempo **de sobra**: *On a trop de temps.*
– después de **hacer** todo eso: *après avoir fait tout ça.*
– No me queda otro remedio: *Pas moyen de faire autrement.*

▸ el imperfecto de indicativo irregular de los verbos: ser, ir

distintas: *différentes.* – el desarrollo: *le développement.* – al más alto nivel: *au plus haut niveau.* – el ocio: *les loisirs.* – socio: *sociétaire, associé.* – Hasta el punto de que: *À un tel point que.* – de habla hispana: *de langue espagnole.* – empresas: *entreprises.* – los mercados: *les marchés.* – incluye: *inf.* incluir: *inclure.* – cuentan con: *inf.* contar con: *compter sur.*

▶ la conjunción de coordinación **y** / e
▶ los sufijos diminutivos: **-ito** / **-cito** / **-ecito**

• El **gaucho** es el producto social de un medio natural, la **pampa** –palabra que en **quechua** significa **"llanura"**.

• Hombre **libre** y **nómada, jinete** *(cavalier)* incansable.

Después de 1880, con la inmigración europea y el desarrollo de la agricultura (pequeñas estancias), de la industria (frigoríficos ingleses), de los transportes modernos (el tren), el gaucho se convierte **en peón**.

el peoncito

Era aquél un indiecito de piernas arqueadas[1] por el uso del caballo y gordos mofletes[2], dorados por el sol. Llevaba **las bombachas** arremangadas e iba en mangas de camisa y descalzo[3], pero, eso sí, muy limpio y con flamante **pañuelo** de seda. Entró con **el chambergo** en la mano y el **rebenque**[4] de maciza **argolla**, casi más pesado[5] que él, colgando de la muñeca[6].

Carlos Reyles (Argentina), *El terruño,* 1945.

1. *aux jambes arquées.*
2. *fam. grosses joues.*
3. sin zapatos.
4. *le fouet.*
5. *lourd.*
6. *poignet.*

• Después de leer el texto y valiéndoos del vocabulario, describid el dibujo.

1. Presentad el documento.
2. Después de destacar su organización, decid qué elemento llama en seguida la atención. Describidlo.
3. Destacad la idea esencial de cada uno de los cuatro párrafos del texto (→ "Norte de África"). Mostrad el camino *(le cheminement)* seguido desde **la toma de conciencia** de una diversidad hasta un **control** cada vez mayor por parte de una **sociedad en expansión**.
4. La última frase del texto y el eslogan de Telefónica resumen su **orgullo** y su **ambición**: mostradlo.
5. ¿Qué sentimientos os infunde *(vous inspire)* la asociación de la antena parabólica receptor y del gaucho (ser mítico de la pampa, símbolo de soledad, dominación y libertad)?

▶ profundiza

Imperfecto de indicativo irregular

Ser *(être)*	**Ir** *(aller)*
era	iba
eras	ibas
era	iba
éramos	íbamos
erais	ibais
eran	iban

1. La conjonction de coordination : y → e.
• "Telefónica es socio e impulsor...", p. 54.
• "... e iba en mangas de camisa", p. 55.
Cf. gram. 43, p. 267.

2. Suffixe diminutif
• **-ita**: abuela → **abuelita**, p. 51.
• **-cito**: un peón → un **peoncito**, p. 55.
• **-ecito**: un indio → un **indiecito**, p. 55.
Cf. gram. 7.A, p. 253.

▶ recuerda

– de habla hispana: *de langue espagnole.*
– ir descalzo, a: *aller / être pieds-nus.*

La rosa de los vientos.

▶el presente de indicativo del verbo **situar**
▶empleo de **el** en lugar de **la**

un clima suave

En la proximidad del río[1], esa dulzura[2] es ciertamente auténtica. Aparte del verano, durante el cual la temperatura baja[3] raramente de los 35 grados, y alcanza[4] con frecuencia los 40 y hasta los 45, las estaciones son más bien templadas[5]; el invierno es corto y benigno, y rara vez el termómetro llega hasta 0 grados; el otoño casi siempre se prolonga y la primavera generalmente se anticipa; la temperatura media anual de la región se sitúa entre los 18 y los 20 grados. Una vieja geografía escolar lo proclama con orgullo: "El hermoso suelo argentino donde se adaptan fácilmente los individuos procedentes de diversas latitudes terrestres, se califica con justicia como uno de los más salubres del mundo, como lo atestiguan[6] claramente las cifras correspondientes a la mortalidad de los adultos y la longevidad media que alcanzan los naturales y extranjeros".

Lo cierto es que esas ventajas[7] climáticas los habitantes del río de la Plata las aprovechan[8] como si fuesen[9] eternos.

Juan José Saer (Argentina), *El río sin orillas,* 1991.

1. *du fleuve.*
2. *cette douceur.*
3. *inf.* bajar (de) : *descendre (au-dessous de).*
4. *atteint.*
5. *tempérées.*
6. *comme en témoignent.*
7. *ces avantages.*
8. *en profitent.*
9. *comme s'ils étaient.*

1. Fijaos en la situación de Buenos Aires: ¿a qué zona climática del hemisferio sur corresponde?

2. Las ocho primeras líneas vienen a ser una lección de geografía: mostradlo.

3. Según la "vieja geografía escolar", ¿qué efecto tiene el clima sobre la población?

▶profundiza

Presente de indicativo
Situar *(situer)*
sitúo
sitúas
sitúa
situamos
situáis
sitúan

1. L'article El à la place de La
• el agua - el alga
• el hacha.
Cf. gram. 10.2, p. 254.

2. L'expression de la manière
a. Rappel : La formation de l'adverbe
• cierto → cierta → ciertamente
• fácil → fácil → fácilmente, p. 56.
• veloz → veloz → velozmente, p. 57.
• suave → suave → suavemente.
Cf. profundiza 1, p. 44.
Cf. gram. 19, p. 257.

b. Le complément de manière / l'adverbe
• "con frecuencia" → frecuentemente.
• "con orgullo" → orgullosamente.
• "con justicia" → justamente, p. 56.

Manolito y la geografía...

Quino

▸adverbios y locuciones adverbiales de modo (adjetivo + mente / con + sustantivo)

la hoja perdida en el río

El duro invierno viene
Con las heladas lanzas[1].
¡Todo el dolor del bosque[2]
En las vacías[3] ramas!

El hacha de los vientos
Corta las grises ramas.
Los troncos se contemplan
Desnudos en el agua.

Cae una hoja marchita[4]
En la corriente clara.
Las ondas son caballos[5]
Con las crines de plata[6].

Sin freno los caballos
se liberan de cargas[7].
La hoja veloz se pierde,
En la región del alga[8].

Ernesto Pinto (Uruguay),
Jacarandá, 1936.

1. *les lances glacées.* 2. *de la forêt.* 3. *littéralt, vides.* 4. *flétrie.* 5. *des chevaux.* 6. *d'argent.* 7. *la charge, le fardeau.* 8. el alga: *l'algue.*

Video: "Nieve en el norte de España", parte meteorológico.

1. ¿Qué **estación** del año evoca el poeta? ¿Qué **sensación general** se desprende del poema?

2. ¿Cuáles son los **elementos del paisaje**?

3. En los ocho primeros versos, el elemento **aire** juega un papel determinante. ¿Cuál es?

4. ¿De qué **campo léxico** y de qué **figuras de estilo** se vale el poeta para ilustrar las **transformaciones** sufridas por la naturaleza? Fijaos también en la **puntuación**.

5. Versos 9 a 16. Bajo el efecto del viento, la "hoja veloz" cae al agua: estudiad **el ritmo de su viaje** justificando la **metáfora** del caballo.

6. ¿Adónde va a parar la hoja? ¿Qué **valor simbólico** cobran el río / los caballos, la hoja y "la región del alga"?

> Primeras nociones de versificación
> • el **heptasílabo**
> «El / du / ro‿in / vier / no / vie / ne»
> 1 2 3 4 5 6 + 1
> una sinalefa
> • la **asonancia** (repetición de la última vocal acentuada y, si la hay, de la que sigue) en **a** – a en los **versos pares**:
> «Con / las / he / la / das / lan / zas»
> 1 2 3 4 5 6 + 1

▸practica

Un clima suave

1. Forma el adverbio de manera a partir de los adjetivos:
rara - anual - eterno - difícil.

2. Recordando que la República Argentina se sitúa en el hemisferio sur, di cuándo empieza cada una de las cuatro estaciones.

La hoja perdida en el río

1. a. Forma el adverbio a partir de los adjetivos:
duro - cruel - rápido - triste.
b. Emplea uno de los adverbios (a tu elección) en una frase personal respetando la lógica del poema.

2. Escribe en plural las expresiones:
el duro invierno - el hacha cruel - el agua clara - la hoja veloz - el alga verde.

3. Vuelve a escribir los versos 3 y 4 destacando las sílabas y contándolas.

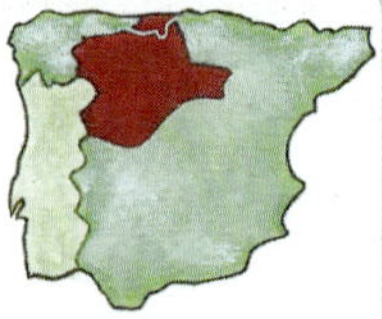

- **Cantabria**
- **Castilla y León**

▸profundiza

Presente de indicativo
Reírse *(rire)*, p. 59.
me río
te ríes
se ríe
nos reímos
os reís
se ríen

1. **El** au lieu de **La**
el agua → **las aguas**, p. 57.
el haya → **las hayas**, p. 58.
Mais :
la alta montaña.
Cf. profundiza 1, p. 56.
Cf. gram. 10.2, p. 254.

2. **Le substitut du verbe Être**
"... *tía* Lina **sigue sentada**", p. 59 = tía Lina **está todavía** sentada.
Cf. gram. 29, p. 261.

3. **La proposition infinitive** à valeur de subordonnée circonstancielle.
"... la saluda el viajero **al llegar** = **cuando llega.**
Cf. gram. 36.4, p. 263.

▸practica

Cantabria

1. En las frases siguientes, sustituye la forma en negrilla por **al + infinitivo:**
• **Cuando vuelve** de excursión, el viajero encuentra el calor de un hogar.
• **Cuando te levantas**, ya está preparado el desayuno.

2. Traduce el texto de la publicidad.

▸el presente de indicativo del verbo **reírse** ▸empleo de **el** en lugar de **la** ▸la duración de una acción: estar / seguir +

Llegas al atardecer deliciosamente cansado. A pie, en bicicleta, o a caballo, has cruzado el bosque de hayas, hasta la ladera del monte y el cauce donde anida el mirlo de agua.
Los dueños de la posada en que te hospedas -que ya te han organizado otra excursión para mañana- saben lo que necesitas: una ducha caliente, unas sábanas limpias y todo el confort para recuperar fuerzas.

Cantabria
· *Gran Reserva* ·

GOBIERNO de CANTABRIA
CONSEJERÍA DE TURISMO, TRANSPORTES Y COMUNICACIONES E INDUSTRIA
ESPAÑA VERDE
Para más información, llama al "Teléfono Vacaciones" 901 - 111 112
http://turismo.cantabria.org

cansado: *fatigué.*
inf. cruzar : *traverser.*
el haya: *le hêtre.*
el cauce *(le lit)* de un río.
anida: *niche.*
Los dueños: los propietarios.
te hospedas: *tu loges.*
unas sábanas limpias: *des draps propres.*
escenarios: *décors.*

> En el turismo rural, la **casa de labranza** (CL) hospeda a los que desean no sólo descansar y visitar la región, sino también participar en las faenas del campo.

1. ¿Quién promueve la publicidad? ¿A quién se dirige? ¿Qué propone?

2. Situad **Cantabria** en el mapa. El bisonte del logotipo hace alusión a las pinturas rupestres de las cuevas prehistóricas de Altamira: ¿qué aspecto de esta Comunidad subraya? ¿Qué añade el eslogan *Gran Reserva*?

3. ¿Qué recalca **la antítesis del lema** de la publicidad? ¿En qué consiste esta **nueva forma de viajar**? (Véase CL a la puerta de la posada.)

4. Describid la foto destacando **lo tradicional y lo moderno**.

5. Leed el texto:
• ¿Qué clase de turismo brinda *(offre)* así Cantabria? Comentad la expresión "deliciosamente cansado".
• Apreciad **la acogida** que recibe el turista.

6. En el recuadro **verde** el Gobierno de Cantabria pone de realce su verdadero propósito: ¿cuál será? (El Gobierno quiere que Cantabria siga...)

7. ¿Os parece ser una buena publicidad? Decid por qué.

Ideo
"Ariel, una blancura de cinco tenedores", anuncio publicitario.

participio pasado ▶ la construcción **al + infinitivo**: oración subordinada temporal

¿tomando[1] el fresco?

El narrador recorre las tierras de León, andando de pueblo en pueblo.

El tiempo tiene un ritmo distinto para los jóvenes y para los viejos y, a la entrada de La Mata, en la primera casa del pueblo, *tía* Lina sigue sentada como si por ella no pasara el tiempo.

– ¿Qué? ¿Tomando el fresco? –la saluda el viajero al llegar junto a ella.

– Un poco –dice *tía* Lina riéndose.

Tía Lina es seguramente la más vieja del pueblo. *Tía* Lina es vieja y soltera[2] y, como no tiene televisión ni radio, se acuesta[3] con las gallinas[4] y se levanta con los gallos. Pero, como hoy hace buen tiempo, se ha quedado a la puerta después de la cena, contemplando el paisaje y tomando el fresco.

– ¿Y cómo no va hasta la plaza, que habrá[5] más gente? –le sugiere el viajero[6].

– ¿Para qué, si luego tengo que volver? –se ríe *tía* Lina, enseñando otra vez su único diente.

Julio Llamazares, *El río del olvido*, 1990.

1. *inf.* tomar : *prendre.*
2. *célibataire.*
3. *inf.* acostarse : *se coucher.*
4. *les poules.*
5. *il doit y avoir.*
6. *le voyageur.*

---

1. ¿A quién nos presenta el narrador? ¿Cómo se caracteriza esa mujer? (Aspecto físico, costumbres.)

2. A través de las escasas palabras que intercambia tía Lina con el viajero, ¿qué rasgos de la personalidad de la anciana se perfilan?

3. Pensando en el caso de tía Lina, comentad la reflexión del narrador: "**El tiempo** tiene un ritmo distinto para los jóvenes y para los viejos."

4. En esta novela, el narrador / el autor recuerda una "peregrinación" *(un pèlerinage)* por los lugares de su infancia: ¿qué le puede permitir este **retorno a las raíces** *(ce retour aux sources)*?

"Visita del abuelo a Perucho". Rodolfo Santana (Venezuela), *Historias de cerro arriba*, 1982.

¿Tomando el fresco?

1. Justifica el empleo del gerundio en la pregunta: ¿**Tomando** el fresco? (¿Qué sobreentiende?)

2. Sustituye la forma en negrilla por otra equivalente:
• **Al llegar** junto a tía Lina, el viajero le dirige unas palabras amistosas.
• **Al reírse**, tía Lina enseña su único diente.
• **Al cruzar** La Mata, el viajero tiene la sensación de vivir en otra época.

3. Imagina que tía Lina emplea el verbo **seguir** en vez de estar:
Cuando hace buen tiempo, estoy sentada aquí hasta el atardecer.

▶recuerda

– **a** pie, **en** bicicleta o **a** caballo: *à pied, à bicyclette ou à cheval.*
– recuperar fuerzas: *reprendre des forces.*
– seguir sentado: *être toujours / encore assis.*
– tomar el fresco: *prendre le frais.*
– acostarse [ue] con las gallinas ≠ levantarse con los gallos.
– Hace buen tiempo: *Il fait beau.*

▸profundiza

Presente de indicativo
Pedir, p. 61.
pido
pides
pide
pedimos
pedís
piden

Imperativo
Ayudar, p. 61.
ayuda (tú)
ayudad (vosotros)

Presente de subjuntivo
Levantarse, p. 60.
me levante
te levantes...

1. Rappel : Le possessif
• atone :
Mi labor / **Vuestro** trabajo, p. 61.
• accentué :
"Son **míos**", p. 61.
"**Tuya** es", p. 61.
"Es amiga **nuestra**", p. 33.
Cf. profundiza, 3, p. 52.
Cf. gram. 13, p. 255.

2. Démonstratifs et possessifs
"**Estos** muchachos... son **míos**".
Esa finca → **tu** finca, p. 61.
Cf. gram. 14, p. 255.

3. La tournure emphatique
"Ahora **es cuando** vamos a empezar de verdad" : *C'est maintenant* **que** *nous allons réellement commencer,* p. 61.
Cf. gram. 26, p. 260.

4. Rappel : L'enclise
• Levantar**me**.
• Rehaciéndo**se**.
• Óye**me**.
Cf. gram. 20.F, p. 258.

5. L'ordre des pronoms compléments
Te lo pido : *Je te le demande.*
Préstanosla : *Prête-la-nous*, p. 61.
Cf. gram. 20.F, p. 258.

▸pres. de indicativo: **pedir** ▸el imperativo ▸pres. de subjuntivo: levanta**rse** ▸los posesivos ▸el empleo de

¡otra vez al cole!

Trudy

me duele: *j'ai mal.*
te haré: *je vais te faire.*
caldo: *bouillon.*

Hacer novillos: *faire l'école buissonnière* – reírse / estar como una pascua (estar muy alegre) – caer en la trampa: *tomber dans le piège* – un refrán: *un proverbe* – Ir por lana y volver trasquilado: *Tel est pris qui croyait prendre.*

1. Narrad brevemente la anécdota en sus tres etapas (1ª viñeta / 2ª, 3ª, 4ª, 5ª viñeta / última viñeta).

2. ¿Qué pensáis de la "razón" alegada por el niño? Fijaos en la 2ª viñeta.

3. La madre **parece** dispuesta a mimar *(cajoler)* a su hijito: mostradlo.

4. ¿Cómo se ve que el niño está convencido de que su mamá ha caído en la trampa?

5. ¿Qué nos permite comprender la última réplica de la madre? ¿No os parece extraño que la madre esté siempre **fuera de campo** *(hors champ)*? ¿Qué habrá comprendido desde el principio *(depuis le début)*?

6. ¿Cuál puede ser **la moraleja** *(la morale)* de esta historieta?

aquí empieza la tragedia

Ya que[1] solamente tengo ocho años voy todos los días a la escuela. Y aquí empieza la tragedia, pues debo[2] levantarme bien temprano –cuando el pimeo[3] que me regaló[4] la tía Grande Ángela sólo ha dado dos voces[5]– porque la escuela está bastante lejos.
A eso de las seis de la mañana empieza mamá a pelearme[6] para que me levante y ya[7] a las siete estoy sentado en la cama y estrujándome los ojos[8]. Entonces todo lo tengo que hacer corriendo: ponerme la ropa corriendo, llegar corriendo hasta la escuela y entrar corriendo en la fila[9] pues ya han tocado el timbre y la maestra está parada en la puerta.

Reinaldo Arenas (Cuba), *Con los ojos cerrados.*

1. *Puisque ; ici, comme.*
2. *inf.* deber : *devoir.*
3. *le coq nain.*
4. *m'a offert.*
5. *inf.* dar voces : *littéralt, crier.*
6. *me gronder ; ici, batailler.*
7. *voilà (ça y est !).*
8. *inf.* estrujarse los ojos : *se frotter les yeux.*
9. *le rang.*

los demostrativos ▶ **es cuando** ▶ la posición enclítica del pron. ▶ el orden de los pronombres

¡ayudadme todos!

1. ¿Qué te pasa?
2. *demander.*
3. *angoissant.*
4. *inf.* rehacerse : *se reprendre.*
5. *de tout mon cœur.*
6. *une propriété.*
7. *une ferme.*
8. *se dérouler ; ici, s'organiser.*
9. *jeunesse.*

Acaba de salir la Marquesa que había llegado inopinadamente al final de la función de teatro de los estudiantes (*cf.* p. 31).

LALO – ¿Qué te ocurre[1] a ti?
FLORA – Te tiemblan las manos.
NATACHA – Nada. Parece ser que al Patronato no le ha gustado mucho mi labor y han enviado a pedir[2] amablemente mi dimisión.
MARIO – ¡Natacha!
NATACHA – Ya no soy nadie en esta casa. *(Silencio angustioso[3].)*
LALO – Entonces... ¿todo ha terminado?
NATACHA *(Rehaciéndose[4].)* –¿Terminar? Ah, no; ahora es cuando vamos a empezar de verdad. ¿No os tengo aquí a vosotros? *(Rápida.)* Óyeme, Lalo, te lo pido con toda el alma[5]. Tú tienes una finca[6] abandonada, una granja[7] posible... Déjanos esa finca, préstanosla. ¡Allí puede desenvolverse[8] toda una vida!
LALO – Tuya es.
NATACHA – Y ayudadme todos. Estos muchachos vendrán con nosotros. Me los he ganado yo día por día; son míos y me necesitan. Dadme un año de vuestra vida para ellos.
LALO – Contigo siempre, Natacha.
NATACHA *(Tendiendo las manos a todos.)* –¡Un año de vuestro trabajo! ¡Un año de vuestra juventud[9], y crearemos toda una vida nueva! ¿Todos?
ESTUDIANTES – ¡Todos!

Alejandro Casona, *Nuestra Natacha,* 1936.

---

1. Recordad dónde se desarrolla la acción (*cf.* p. 31): ¿qué personajes hablan en este diálogo?

2. ¿De qué nos enteramos al mismo tiempo que los amigos de Natacha?

3. Recordad qué clase de directora es Natacha (*cf.* pregunta 5, p. 31). ¿Por qué no le gustará al Patronato del Reformatorio la labor de esta **directora tan moderna**?

4. Después de reponerse, ¿qué idea se le ocurre a Natacha? ¿Cómo la acogen sus amigos?

5. ¿Comprendéis **por qué no renuncia** la joven? (Fijaos en la penúltima réplica.)

◀ **1.** ¿Quién habla? ¿Qué nos cuenta?

2. ¿Qué tragedia diaria vive el niño? ¿De qué **se queja** *(se plaint-il)*? ¿Qué sentimiento le infunde al lector?

3. "... **ya** a las siete estoy sentado": ¿No resulta algo divertido *(amusant)* el empleo de este adverbio de tiempo? Decid por qué.

4. ¿Cómo traduce la narración del niño **el pánico** que lo invade después?

5. ¿Comprendéis entonces por qué emplea él la palabra "tragedia"? ¿Qué otra "tragedia" le puede ocurrir cuando "entra corriendo en la fila"?

6. Finalmente, ¿qué **relación** parece tener el niño **con la escuela**?

▶ practica

Aquí empieza la tragedia

1. Conjuga a las otras personas del presente de indicativo: Debo levantarme temprano.
2. Escribe en estilo indirecto empezando por "**Dice el niño que...**", desde la línea 6 hasta "... ponerme la ropa corriendo".
3. Traduce al francés desde "Entonces todo lo tengo que hacer..." hasta el final.

¡Ayudadme todos!

1. Escribe en 2ª persona de singular:
• Amigos, ayudadme.
• "Dadme un año de vuestra vida."
2. Escribe en femenino plural: Estos muchachos son míos; son mis alumnos. No puedo decirles que los abandono.
3. Imaginad por qué razón desea tanto Natacha ayudar a esos jóvenes.

▶ recuerda

– ¡No te preocupes!: *Ne t'en fais pas !*
– ¡Claro que sí!: *Bien sûr !*
– **a eso de** las seis: *vers six heures.*
– ¿Qué te ocurre?: ¿Qué te pasa?

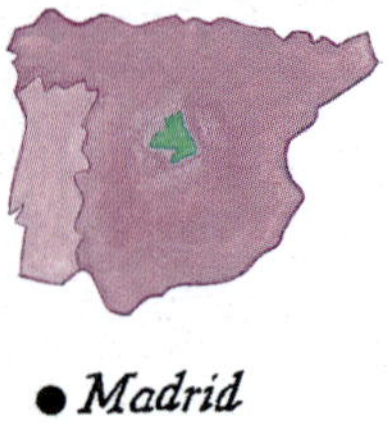

▸ profundiza

Presente de indicativo
Pertenecer *(appartenir)*
pertenezco
perteneces...

Pretérito perfecto
Haber + participio pasado
Estudiar *(étudier)*
Tener *(avoir)*
Conseguir *(obtenir)*

he	
has	estudi**ado**
ha	ten**ido**
hemos	consegu**ido**
habéis	
han	

1. Le participe passé employé avec l'auxiliaire **haber** est invariable : Los otros viajeros se han escap**ado** : *Les autres voyageurs se sont échappés.* *Cf.* gram. 46.A.4, p. 269.

2. La tournure emphatique "Ellos **son los que** me han orientado" : ***Ce sont eux qui*** *m'ont guidé.* *Cf.* gram. 26, p. 260.

3. Rappel : La conjonction de coordination y → e
• "Lengua y Literatura II"
• "Arte e Historia".
Cf. gram. 43, p. 267.

4. Tournure impersonnelle "**No resulta frecuente encontrar**" : *Il n'est pas fréquent de trouver.* *Cf.* gram. 23.B, p. 259.

▸ presente de indicativo: pertenecer ▸ la formación del pretérito perfecto ▸ el participio pasado en los

Daniel Torres, *Tom.*

el informe: *le dossier, le rapport.*
la obra: *le chantier.*
intentando: *en essayant.*
repasar los deberes: *réviser les leçons.*
se ha escapado: *s'est échappé.*

El portátil – la tabla de multiplicar – molestar: *gêner* – un peligro: *un danger* – largarse: *se sauver* – saber más que Lepe: *avoir plus d'un tour dans son sac.*

1. Narrad la anécdota.

2. ¿Cómo **se las arregla** *(se débrouille)* el niño para que se callen *(se taisent)* esos vecinos tan molestos?

3. La estratagema del niño: ¿qué nos permite deducir acerca de **su carácter**?

tiempos compuestos ▶ **es el que** ▶ la conjunción de coordinación **y / e** ▶ el infinitivo: sujeto de una oración

estudios

Un 9,5 en Selectividad[1] y va a estudiar Filología Hispánica. Antonio Luque ha conseguido[2] la nota más alta en la Comunidad de Madrid y quiere ser maestro al terminar sus estudios en la Complutense[3].

– No resulta frecuente encontrar una persona con diecisiete años y las ideas tan claras...
– Bueno. He tenido la suerte[4] de encontrar unos profesores estupendos. Ellos son los que me han orientado y me han ayudado a construirme como persona. Y están mis padres, que siempre me han dado todo su apoyo[5], y ahora libertad para estudiar lo que quisiera[6]. Sí, una familia de clase media. Trabaja mi padre... y mi madre, porque el trabajo de casa es especialmente duro. Tengo una hermana de veintiún años, que estudia Cuarto de Derecho[7].
Explica, sonriendo, que no tiene más influencias. «Ni pertenezco a ninguna asociación, ni estoy afiliado a nada». Ha estudiado el Bachillerato de Humanidades. Las comunes[8] son Lengua y Literatura II, Historia Contemporánea Española e Inglés. Las optativas, Latín, Historia del Arte e Historia de la Filosofía. Las optativas que ha elegido son Griego II y Literatura Universal.

Él, Antonio, dedica más tiempo a trabajar que a estudiar, según su propia distinción. "Soy más constante con los trabajos. Mi horario en el instituto[9] es de ocho y media de la mañana a dos de la tarde. Me pongo a trabajar en mi cuarto a eso de las siete de la tarde y termino, como media, a las once de la noche. Operaciones, traducciones, comentarios de texto, buscar información, etcétera. Me parece fundamental tener una disciplina de trabajo, pero sin obsesionarse. Con el estudio soy más irregular. Unos días una hora, otros días tres horas. Depende. No soy un empollón[10]. Lo mío es una cuestión de esfuerzo[11] continuado. Procuro llevar[12] un trabajo diario. Eso sí, siempre encuentro tiempo para todo. Para el cine, la lectura, la discoteca..."

Javier Badía, *ABC*, 08/09/1996.

1. *L'examen final.*
2. *inf.* conseguir : *obtenir.*
3. Universidad de Madrid.
4. *la chance.*
5. *leur soutien.*
6. *ce que je voudrais.*
7. *4e année de droit.*
8. Las asignaturas *(matières)* comunes a todos: las obligatorias.
9. *Lycée.*
10. *fig. fam., un bûcheur.*
11. *effort.*
12. *j'essaie de fournir.*

---

1. ¿Cómo explica el joven Antonio Luque su éxito *(son succès)*?

2. A vuestro parecer, ¿por qué precisa que no pertenece "a ninguna asociación" ni está "afiliado a nada"?

3. ¿Hacia qué carrera *(études universitaires)* parece orientarse? ¿A qué profesión se quiere dedicar?

4. ¿Cómo organiza su vida de estudiante? ¿Qué frase(s) os parece(n) resumir su filosofía del trabajo?

5. Volved a leer las últimas frases del artículo: ¿qué elementos nos permiten afirmar que este estudiante destacado *(éminent)* no vive encerrado en su torre de marfil *(sa tour d'ivoire)*?

6. En resumidas cuentas *(tout compte fait)*, ¿qué opinión os hacéis de este joven? ¿Os parece acertado el juicio *(l'avis)* del articulista cuando afirma que "con diecisiete años" tiene "las ideas claras"?

▶practica

1. Vuelve a escribir las frases siguientes empezando por: **Me parece importante...**
• **No pertenezco** a ninguna asociación.
• **Encuentro** tiempo para todo.
• **Voy** al cine y **leo**.

2. Emplea el giro enfático:
• **Las diversiones** le han permitido tener una vida equilibrada.
• **Su regularidad** en el esfuerzo le ha asegurado *(assuré)* el éxito.
• **En las diversiones** encuentra el equilibrio necesario.

3. Vuelve a escribir las frases en pretérito perfecto:
• **Tienes** mucha suerte.
• No **soy** un empollón.
• Siempre **procuro** llevar un trabajo diario.
• Mis padres, mi hermana y yo **nos queremos** siempre mucho.

4. Traduce:
"Me parece fundamental tener una disciplina de trabajo."

▶recuerda

– ¡Depende!: *Ça dépend !*
– ser un empollón: *être un bûcheur.*
– encontrar tiempo para todo: *trouver du temps pour tout faire.*

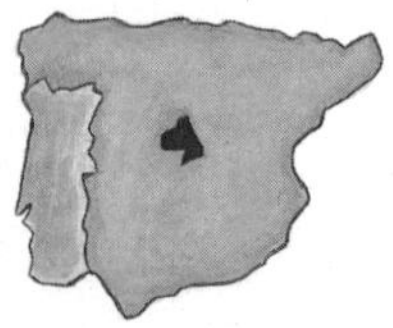

▶el presente de indicativo de los verbos **guiar** y **caber**
▶el pretérito perfecto de los verbos pronominales

movimiento juvenil

La estética "grunge" viste de vagabundos de lujo[1] a los adolescentes españoles.

La estética *grunge* –que significa "sin garbo[2]"–, con sus ropas usadas, sus pelos largos y mal teñidos[3] y los vestidos amplios, nació del *underground* norteamericano para triunfar este verano entre los jóvenes europeos. «Soy feo[4], pero da igual porque tú lo eres también», corean[5] los *grungers* en los conciertos de su grupo de rock favorito, *Nirvana*.

«Olvida las apariencias y pásatelo bien[6]», es el precepto que guía[7] sus actos y su forma de vestir. Ellos, los jóvenes de 14 a 30 años, lo cumplen a rajatabla[8]. Olvidan teñirse el cabello cuando las raíces dejan ver claramente el color natural de su pelo, se olvidan de coser dobladillos y rotos[9]... Seguir la moda grunge no es caro. Bastan unos vaqueros costrosos[10], unas botazas[11], una camisa de cuadros modelo leñador[12], un pañuelo anudado en la cabeza a lo pirata y algún tatuaje que otro.

Este movimiento juvenil ha conseguido de una vez por todas implantar el unisex. A sus seguidores no les importa ponerse un pantalón floreado y ellas compran camisas y chalecos[13] tres tallas más grandes que la suya para camuflar, en lo posible, su condición femenina. «Lo importante es ir cómodo y sin complejos. Lo que cuenta son las personas, no la moda ni las marcas. Somos grupos pacíficos. No nos metemos con nadie ni pedimos nada», explica Clara, una joven universitaria.

Lourdes Muñoz, *Tribuna*, 12/07/1993.

1. *de luxe.*
2. sin elegancia, sin gracia.
3. *teints.*
4. *laid.*
5. *inf.* corear : *chanter en chœur.*
6. *profites-en bien.*
7. *inf.* guiar : *guider.*
8. rigurosamente.
9. *(re)coudre des ourlets et des déchirures.*
10. *des jeans crasseux.*
11. *des grosses bottes.*
12. *bûcheron.*
13. *des gilets.*

1. Presentad y definid la estética *grunge*.

2. ¿Cuál es el precepto de esta moda? Concretamente ¿cómo se traduce?

3. Según Lourdes Muñoz, la estética *grunge* uniformiza clases sociales y sexos: ¿qué detalles del artículo lo demuestran?

4. ¿Os parece que el título y las fotos confirman esta opinión de la periodista?

5. Volved a leer las palabras de Clara. Explicad esta filosofía de la vida y discutid.

La actriz Julia Roberts se ha convertido en la musa del movimiento *grunge* por su forma de vestir.

En España la "ola desgarbada" ha calado hondo principalmente entre los adolescentes de familias acomodadas.

▶profundiza

Presente de indicativo
Guiar *(guider)*, p. 64.
guío
guías
guía
guiamos
guiáis
guían

Caber *(contenir)*, p. 65.
quepo
cabes...

Pretérito perfecto
Escaparse *(s'échapper)*
Conocerse *(se connaître)*
Convertirse *(devenir)*

me	he	
te	has	escapado
se	ha	conocido
nos	hemos	convertido
os	habéis	
se	han	

Participios pasados irregulares
Creer → **creído**
Oír → **oído**
Decir → **dicho**

1. **La préposition** de caractérisation **De**
"una camisa de cuadros", p. 64 : *une chemise à carreaux*.
Cf. gram. 32.C, p. 262.

2. **Suffixe diminutif**
Jaime → Jaimito, p. 65.
gorda → gordita
Rappel : profundiza 2, p. 54.
Cf. gram. 7.A, p. 253.

¿y ésta quién es?

1. *délabrée.*
2. *maigrichon.*
3. *ici, qui a l'air d'une « brave fille ».*
4. simpática.
5. *fam. l'air évaporé.*
6. *mon cousin.*
7. *un œil de verre.*
8. *enchantée.*
9. *la salle de bain.*
10. *le matelas*
11. *y a plus de place, ma vieille !*
12. *muet*
13. *Tu te crois chez les dames patronesses ?*
14. *argot, sois pas dégueu.*

Habitación destartalada[1] en una calle céntrica del Madrid antiguo. En escena está Jaimito, un muchacho delgaducho[2]. Se abre la puerta de la calle, y aparece Chusa, gordita, con cara de pan[3].

CHUSA – ¿Se puede pasar? ¿Estás visible? Que mira, ésta es Elena, una amiga muy maja[4]. Pasa, pasa, Elena. *(Entra y detrás Elena con una bolsa en la mano, guapa, de unos veinticinco años, la cabeza a pájaros[5] y buena ropa.)* Éste es Jaimito, mi primo[6]. Tiene un ojo de cristal[7] y hace sandalias.
ELENA *(Tímidamente.)* – ¿Qué tal?
JAIMITO – ¿Y ésta quién es?
CHUSA – Es Elena.
ELENA – Soy Elena.
JAIMITO – Eso ya lo he oído, que no soy sordo, Elena.
ELENA – Sí, Elena.
JAIMITO – Que quién es, de qué va, de qué la conoces...
CHUSA – De nada. Nos hemos conocido anoche, ya te lo he dicho.
JAIMITO – ¿Otra vez? ¿Qué me has dicho tú a mí, a ver?
CHUSA – Que es Elena, y que nos conocimos anoche. Eso es lo que te he dicho. Y que estaba sola.
ELENA *(Se acerca a Jaimito y le tiende la mano, presentándose.)* – Mucho gusto[8]. *(Jaimito la mira con cara de pocos amigos, y le da la sandalia que lleva en la mano; ella la estrecha educadamente.)*
JAIMITO – ¡Anda que...!
CHUSA *(A Elena.)* – Pon tus cosas por ahí. Mira, ese es el baño[9], ahí está el colchón[10]. *(Al ver la cara que está poniendo Jaimito.)* Se va a quedar a vivir aquí.
JAIMITO – Sí, encima de mí. Si no cabemos, tía, no cabemos[11]. A todo el que encuentra lo mete aquí. El otro día al mudo[12], hoy a ésta. ¿Tú te has creído que esto es el refugio El Buen Pastor[13], o qué?
CHUSA – No seas borde[14].
ELENA – No quiero molestar. Si no queréis, no me quedo y me voy.
JAIMITO – Eso es, no queremos.
CHUSA *(Enfrentándose con él.)* – No tiene casa. ¿Entiendes? Se ha escapado.

José Luis Alonso de Santos, *Bajarse al moro,* 1985.

1. ¿Cuántos personajes actúan en esta escena? ¿Quiénes son?

2. Leed la didascalia que introduce la escena. ¿Qué nos indica acerca de este piso y de los que viven en él?

3. Resumid brevemente lo que pasa en esta escena.

4. Haced el retrato *(le portrait)* de Jaimito: ¿qué se puede deducir de su personalidad?

5. Y Chusa (Jesusa), ¿qué tipo de chica es? ¿Por qué no está de acuerdo con su primo?

6. La última réplica de Chusa nos permite imaginar el problema de Elena: ¿cuál puede ser?

7. Al fin y al cabo, los personajes pertenecen a **dos mundos distintos**: demostradlo.

▸practica

Movimiento juvenil

1. "A sus seguidores no les importa ponerse... su condición femenina." Vuelve a escribir esta frase en 1ª persona de plural empezando por: "A nosotros, sus seguidores, ... y nosotras (sus seguidoras)..."

2. Pasa en 2ª y 3ª persona de plural (vosotros / ustedes) las frases siguientes: "Somos grupos pacíficos. No nos metemos con nadie ni pedimos nada."

3. Traduce al francés desde "Seguir la moda *grunge* ..." hasta "... algún tatuaje que otro".

¿Y ésta quién es?

1. Aprende con otros(as) dos compañeros(as) un papel del diálogo desde "Chusa: –¿se puede pasar?" hasta "Elena: –Mucho gusto".

2. Escribe en estilo indirecto esta réplica: "No quiero molestar. Si no queréis, no me quedo y me voy." Empieza por: Elena **dice** que...

▸recuerda

– Da igual: *Ça ne fait rien.*
– pasárselo bien: *prendre du bon temps / en profiter.*
– Mucho gusto: *Enchanté, e.*

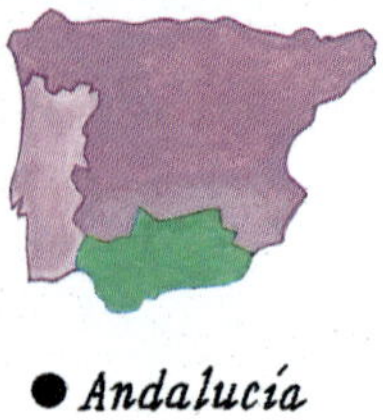

▸ el presente de indicativo de verbos en **-uir** (i → y)
▸ el sufijo aumentativo **-azo**

una joven cordobesa

Natividad Casas Montoro ha nacido "con un tricornio bajo el brazo" y no ha conocido en su vida otra vivienda que las casas cuartel[1]. Es bisnieta[2], nieta, hija y hermana de guardias civiles, y, para colmo[3], su novio, Fabián, también pertenece al mismo cuerpo. Pero es ella la que, con 19 años, introdujo[4] la modernidad en esa familia: una mujer guardia civil.

Nati, que así la llaman familiarmente en casa y en el cuartelillo, nació en Villaviciosa, un pueblo serrano[5] de Córdoba, y actualmente desempeña su trabajo en Pedro Abad, otro pueblo cordobés. Por supuesto[6], reside en la casa cuartel. Sus padres residen en Córdoba, y su novio, en Toledo, así que vive con su gato, *Treisy,* en una localidad de la que ni siquiera conoce[7] el signo político o el nombre de su alcalde[8].

Cuando no lleva uniforme, Natividad viste como cualquier joven, sin desdeñar la minifalda[9] y el maquillaje. Es guapa[10], con unos ojazos verdes que llaman la atención, y cuida su forma física corriendo ocho kilómetros al día y practicando yudo. Es una guardia civil más, pero admite que sigue habiendo[11] actitudes machistas en su empresa.

Su camino está ya trazado. Gana 150.000 pesetas al mes, con las que contribuye a la economía de su familia y mima[12] a su hermana pequeña. Y cuando le corresponda un nuevo destino[13] pedirá Toledo, para coincidir con su novio. Natividad Casas no quiere quedarse en un simple número de la Guardia Civil y espera prosperar en su carrera. Igual que sus compañeros.

José Luis Rodríguez,
El País 20 años, 1995.

1. *les casernes.*
2. *arrière-petite-fille.*
3. *par-dessus le marché / le comble, c'est que...*
4. *introduisit.*
5. de la sierra.
6. *Bien sûr.*
7. *dont elle ne connaît même pas.*
8. *son maire.*
9. *la mini-jupe.*
10. *jolie.*
11. *littéralt, il continue à y avoir → il y a toujours.*
12. *inf.* mimar : *gâter.*
13. *quand elle sera mutée.*

• **1er párrafo** (→ l. 27): ¿A qué se dedica Natividad Casas Montoro? ¿Qué sabemos de sus orígenes? ¿En qué se distingue de las generaciones anteriores?

• **2° párrafo** (→ l. 33): Fuera de su trabajo, ¿cómo se porta? Justificad vuestra respuesta.

• **3er párrafo**: ¿Cómo pone de realce el articulista el doble compromiso *(engagement)* de la joven para con *(envers)* su familia y su oficio?

▸profundiza

Presente de indicativo
Contribuir *(contribuer)*
contribuyo
contribuyes...
Cf. **huir**, profundiza, p. 38.

Esquiar *(skier)*, p. 67.
esquío
esquías...

1. Le suffixe augmentatif
• unos ojos → unos oj**azos**, p. 66.
• unas botas → unas bot**azas**, p. 64.
Cf. gram. 7.B, p. 253.

2. L'apocope de l'indéfini Cualquiera
"... viste como **cualquier** joven", p. 66 : *elle s'habille comme **n'importe quelle** jeune fille.*
Cf. gram. 18, p. 257.

3. La tournure emphatique
• "... **es ella la que** introdujo la modernidad en esa familia".
Cf. profundiza 2, p. 62 / 2, p. 30 / 3, p. 60.
Cf. gram. 26, p. 260.

4. Le gérondif, complément de manière
"... cuida su forma física **corriendo** y **practicando** yudo", p. 66.
Cf. gram. 31.A, p. 261.

Sevilla, calle peatonal con toldos.

▶ la apócope del adjetivo **cualquiera** ▶ **es el que**
▶ el gerundio, complemento de modo

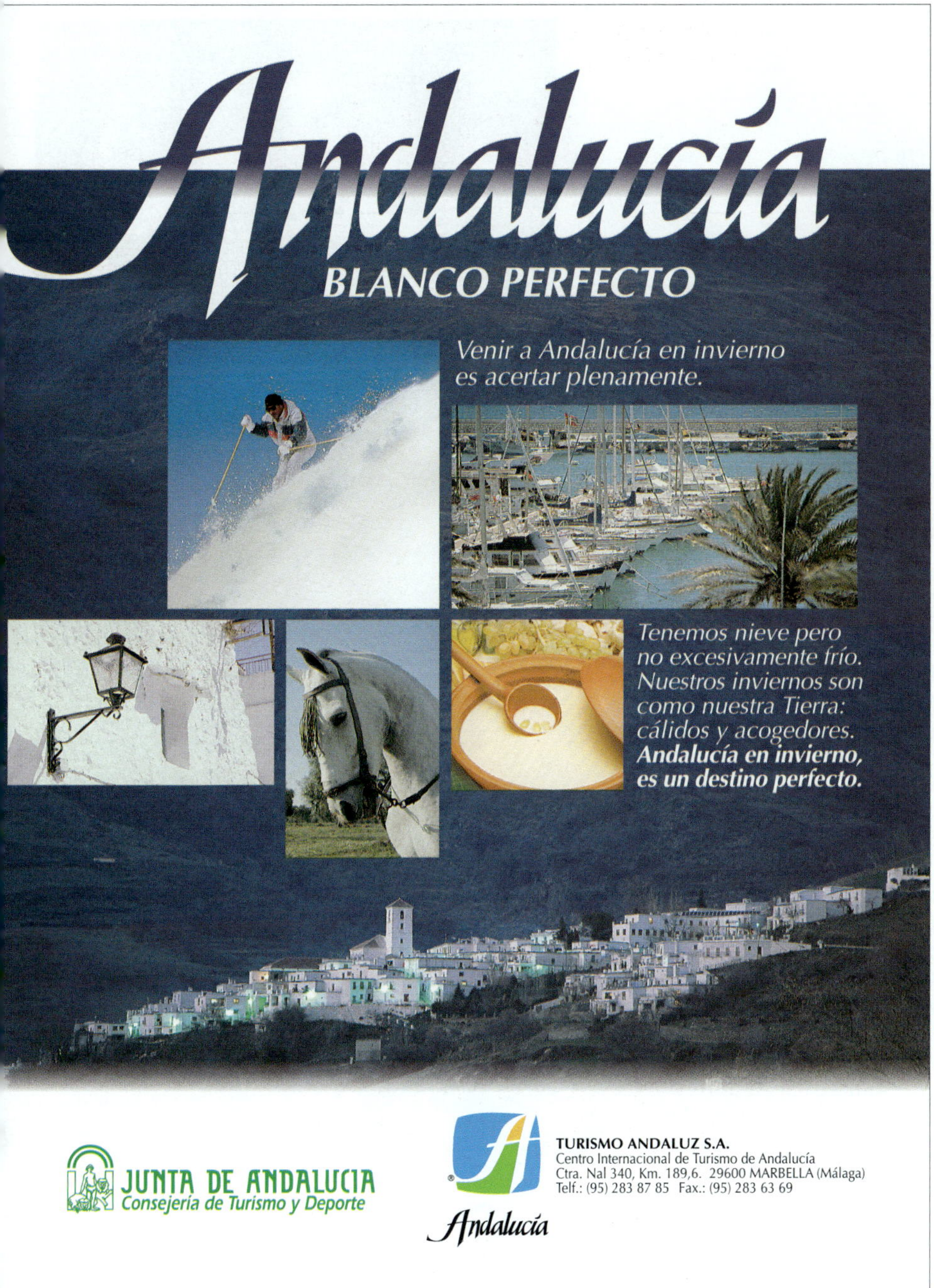

acertar: *réussir.* – acogedores: *accueillants.* – Junta de Andalucía: gobierno autonómico de Andalucía.

Esquiar / un esquiador – un puerto deportivo: *un port de plaisance* – encalado: *blanchi à la chaux* – un farol: *un réverbère* – uvas moscatel: *du raisin muscat* – la escuela de caballería de Jerez de la Frontera – las laderas del monte.

1. Presentad la publicidad.

2. ¿Qué llama primero la atención en ella?

3. ¿Cómo se reparten sus diferentes elementos? ¿En qué es original y convincente tal distribución?

4. Estos pueblos blancos se sitúan entre el mar y la montaña: ¿qué ventajas le ofrecen pues al visitante desde el punto de vista del clima y del ocio *(loisirs)*?

5. Después de mirar esta publicidad, ¿os entran ganas de ir a la **Costa del Sol**? Decid por qué.

▶practica

Una joven cordobesa

1. Escribe como si hablara Natividad las líneas 1 a 11 ("...cuerpo").

2. En las frases siguientes, emplea el adverbio de manera:
• En el cuartel, tratan a la joven **de manera familiar** llamándola Nati.
• Fuera de su trabajo, la joven viste **de manera elegante.**
• Parece que Nati se ha adaptado **con facilidad** a su oficio de guardia civil.

3. Imagina que Natividad le cuenta al periodista cómo contribuye a la economía de su familia. Empieza así: "Contribuyo a... **dando**..."

4. Vuelve a escribir las frases empleando el giro enfático:
• "En las generaciones anteriores, sólo **los hombres** eran guardias civiles."
• El novio de Nati vive **en Toledo.**
• **A los diecinueve años**, un joven suele elegir una carrera.

5. Traduce al francés desde "Sus padres..." hasta la línea 24.

▶recuerda

– (ella) **ni siquiera** conoce: *elle ne connaît même pas.*
– v**e**stir [i] como cualquier joven: *s'habiller comme n'importe quelle jeune fille.*
– llamar la atención: *attirer l'attention.*

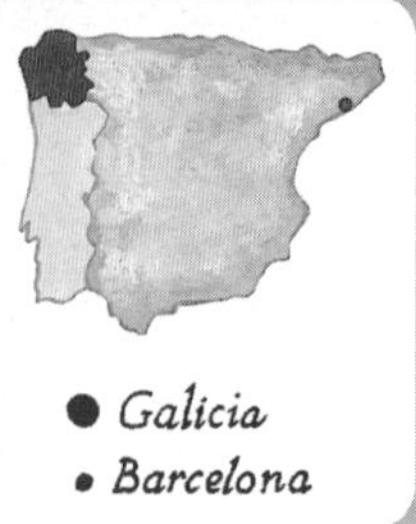

▶profundiza

Gerundio irregular
Decir → diciendo, p. 68.
Cf. servir, p. 42.

Futuro de indicativo
Casarse *(se marier)*, p. 68.
me casaré
te casarás
se casará
nos casaremos
os casaréis
se casarán

1. Les numéros cardinaux
4.**6**32.**9**57: cuatro millones seiscientas treinta y dos mil novecientas cincuenta y siete pesetas.
Cf. gram. 9.A, p. 254.

2. Rappel : Les démonstratifs
• "Tienes que aprenderte **este** guión" (audio) → el que tengo **yo aquí**.
• "Puede tener un brillante porvenir al lado de **esa** muchacha", p. 69 → la chica de quien te hablo.
• "... **eso** no es obstáculo", p. 69 → lo que tú estás diciendo.
Cf. gram. 14, p. 255.

3. Les pronoms personnels compléments de la 3e pers.
Aris entrega el papel a su mujer → Aris se lo entrega, p. 69 : *Il le lui donne (le papier).*
Cf. profundiza 3, p. 32.
Cf. gram. 20.F, p. 258.

4. Le futur de conjecture
"Eso le interesará a él, ¿no?", p. 69 : *C'est lui que cela **doit** intéresser, non ?*
Cf. gram. 33.A, p. 263.

▶futuro de indicativo: casarse ▶los adjetivos numerales cardinales ▶los adjetivos y pronombres

Xavier Rubert de Ventós, uno de los filósofos más prestigiosos del país, 57 años. Luisa Castro, 30 años, una escritora nacida en Galicia. Él declara: "Dicen que un hombre puede pasarse horas mirando el fuego. Pues bien, yo puedo pasarme horas mirando un niño."

mujer florero

De mayor quiero ser mujer
florero
metidita en casita yo te
espero
las zapatillas de cuadros
preparadas
todo limpio y muy bien
hecha la cama

De mayor quiero hacerte la
comida
mientras corren los niños
por la casa
y aunque poco nos vemos
yo aquí siempre te espero
porque yo sin ti es que yo,
es que no soy nada y

Quiero ser tu florero
con mi cintura ancha
muy contenta cuando
me das el beso de la
semana
Es mi sueño todo limpio
es mi sueño estar en
bata
y contar a las vecinas
las desgracias que me pasan

De mayor quiero ser mujer
florero
serán órdenes siempre tus
deseos
porque tu sabes más de
todo quiero
regalarle a tu casa todo mi
tiempo

Y por la noche te haré la
cenita
mientras ves el partido o
alguna revista
y hablaré sin parar de mi día
casero
no me escuchas no me
miras
¡ay! cuánto te quiero

Quiero ser tu florero...

Marilia A. Casares,
Ella baila sola, 1996.

"¡Me casaré!",
Carmen Resino,
La actriz.

1. ¿Qué personajes actúan en este fragmento de teatro? ¿De qué están hablando?

2. ¿Con qué sueña la actriz? ¿Cómo se nota su determinación? (Fijaos en su actitud, su tono...)

3. ¿Qué argumentos le opone el manager?

4. A vuestro parecer, ¿qué os parece más importante para una mujer: la vida profesional o la vida personal? Argumentad.

Roque se casa

1. *superficiellement.*
2. *n'est pas une va-nu-pieds.*
3. *inf.* cumplir : *s'acquitter de.*
4. *Héritière.*
5. *inf.* atender ; *ici,* escuchar.
6. *sérieux.*
7. *Propriétés rurales.*
8. *maîtresse de maison.*
9. *De surcroît.*
10. *inf.* querer : *aimer.*
11. *la cigale.*

(Aris se vuelve a su mujer. Ella ni le mira. Saca unos papeles y se los tiende a Aris.)

ELISA – Lee.

ARIS – Sí. *(Lee por encima*[1]*. Elisa le da un papel).* ¡Hum! ¡Ajá! ¡Muy bien! ¡Estupendo!

ELISA – La chica como ves, no está descalza[2].

ARIS – ¡Nooo! ¿Qué chica?

ELISA – Roque se casa.

ARIS – Muy bien. ¿Qué Roque?

ELISA – Tu hijo y el mío. (...) Se casa. Dentro de una semana. Como es natural, he querido suponer que te interesaba saber quién es la novia.

ARIS – Eso le interesará a él, ¿no?

ELISA – Cumplo[3] mi obligación. *(Un papel en la mano.)* Heredera[4] de Manufactureras Alcarrenses, S.A. Capital serio. Un beneficio el último año de... cuatro millones, seiscientas treinta y dos mil novecientas cincuenta y siete pesetas.

(Aris atiende[5] *perfectamente serio*[6]*, queriendo llevar adelante el papel de hombre formal que se interesa por su hijo.)*

ARIS – ¿Cuántos céntimos?

ELISA – Sesenta y cinco.

ARIS – Muy bien. ¡Magnífico!

ELISA – Heredera de productos químicos Leviatán. (...) Fincas[7], terrenos... *(Más papeles.)* Esta vez a nombre suyo. Está dotada con un cuarto de millón.

ARIS *(Serio, como poniendo dificultades.)* – ¿Un cuarto de millón?

ELISA – ¡La chica es decente!

ARIS – ¡Ah!

ELISA – Buena ama de casa[8]. Sabe idiomas.

ARIS – ¿Qué idiomas?

ELISA – Pues a punto fijo no lo sé. Idiomas.

ARIS – Bueno.

ELISA – Toca el piano (...) Roque puede tener un brillante porvenir al lado de esa muchacha.

ARIS – Lo supongo.

ELISA – Además[9], parece ser que se quieren[10].

ARIS – Bueno, pero eso no es obstáculo para la boda...

ELISA – Es un complemento magnífico.

ARIS – Claro.

Alfonso Paso, *El canto de la Cigarra*[11], 1960.

1. Elisa y Aris viven separados desde hace tiempo: ¿con qué motivo se vuelven a encontrar?

2. Según Elisa ¿cuáles son **las "cualidades"** de su futura nuera *(belle-fille)*? A vuestro parecer, ¿por qué no pronuncia siquiera su nombre?

3. ¿Cómo reacciona Aris al enterarse de la boda de su hijo? (Fijaos en particular en la pregunta "¿Cuántos céntimos?", l. 22) ¿Por qué será?

4. ¿No nos permite esta escena vislumbrar *(entrevoir)* uno de los motivos del fracaso *(de l'échec)* del matrimonio de los padres?

5. ¿A quién puede designar "la cigarra" evocada por el título de la obra?

▸practica

Mujer florero

1. Conjuga en futuro: Esperarle en casa al marido.
2. ¿Corresponde el dibujo a la idea que te formas de la mujer florero? Da tus argumentos.

Roque se casa

1. Conjuga en futuro de indicativo: ser rico.
2. Escribe en letras: 2.453.867 pesetas / 1.944.695 francos.
3. "Tu hijo y el mío" Di lo mismo de otras tres maneras distintas empleando otros posesivos.
4. Traduce al francés desde la línea 6 hasta la línea 13.

▸recuerda

– ¡Estupendo!: *Formidable !*
– ¡Ah! ¡Eso ya es otra cosa!: *Ah ! Ça c'est une autre affaire !*
– Pues a punto fijo no lo sé: *Eh bien, je ne sais pas exactement !*

Una invitación

"Doña Florita Vilches y don René Palacios More tienen el gusto de invitarle a su enlace matrimonial, que se celebrará el próximo 19 de noviembre a las diez de la mañana, en la iglesia de los Jerónimos de Madrid. El lunch se celebrará en nuestro domicilio, calle de Alberto Alcocer, 108, a las seis de la tarde."

Juan Madrid, *Mujeres & Mujeres*, 1996.

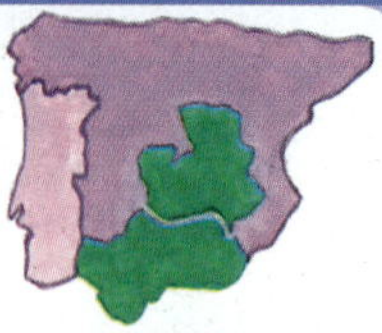

- Castilla-La Mancha
- Andalucía

▸ profundiza

Participio pasado irregular
(Su)poner → (su)puesto.
Cf. componer, p. 50.

1. L'indéfini
a. "¡No van a **ninguna** parte...!", p. 70 : *Ils ne vont nulle part... !*
b. "... no causa daño **alguno**", p. 71 = no causa **ningún** daño : *ne cause aucun dommage.*
• "... no se conoce **ningún** hombre", p. 52 → hombre **alguno.**
• "... ni pertenezco a **ninguna** asociación", p. 63 → asociación **alguna.**
Cf. gram. 17, p. 256 / 18, p. 257.

2. Rappel : Différents aspects de l'action
Ir + gerundio
"El cochero **va cantando**", p. 70.
Cf. gram. 31.B, p. 261.

3. L'ordre et la défense
2ᵉ pers. du sing.
"No pienses más, duerme, hijo..."
Cf. gram. 46.A.3, p. 269.

▸ el adjetivo indefinido
▸ el verbo **ir** + gerundio expresa el modo

el adolescente

(El baúl[1] espera, cerrado ya,
en el patio de mármol[2].)

1

– MADRE, me olvido de algo[3], y no me acuerdo...
Madre, ¿qué es eso que olvido?
– La ropa[4] va toda, hijo.
– Sí, mas[5] me falta algo, y no recuerdo...
Madre, ¿qué es eso que olvido?
– ¿Van todos los libros, hijo?
– Todos, mas falta algo y no me acuerdo...
Madre, ¿qué es eso que olvido?
– Será... tu retrato, hijo.
– ¡No, no! Me falta algo, y no recuerdo...
Madre, ¿qué es eso que olvido?
–No pienses más, duerme hijo...

y 2

– ¡Madre! = La aurora es otra =. Tu voz viva
sonará[6]..., ¡más sin yo oírlo!
¡Sólo una hora por medio,
y ya está el mundo vacío[7]!
¡No van a ninguna parte
los matinales caminos!
¡Madre, madre, ya sé lo que me faltaba:
todo, tú, yo!
Norte negro.
Silba el viento, grande y frío.

(El cochero[8] va cantando:
Los lejanos eucaliptos
aún nocturnos, dejan ver,
doblándose[9], el repetido
humo[10] del tren. Bajo el puente.
Ríotinto
torna su onda grana[11] al pueblo.
La marisma[12] inmensa. El niño
del carabinero grita
tras el coche: "¡Adiós!"... Crujido
de arena[13] bajo las ruedas
duras... Olor a marisco
podrido[14]...)

1. *La malle.*
2. *en marbre.*
3. *quelque chose.*
4. *Le linge.*
5. pero.
6. *inf.* sonar [ue] : *résonner.*
7. *vide.*
8. *Le cocher.*
9. *en se courbant.*
10. *la fumée.*
11. *écarlate.*
12. *Le marais.*
13. *Crissement du sable.*
14. *fruit de mer en décomposition.*
15. *Éloignement.*

Juan Ramón Jiménez,
Apartamiento[15]*. Domingos. Emoción,* (1911-1912).

1. ¿De qué se trata en este **poema lírico**? ¿No recuerda, en cierto modo, una escena de teatro?

2. Estrofa 1: Aclarad las circunstancias. ¿Qué van recapitulando madre e hijo? ¿Comprendéis por qué?
¿Qué ilustra la distribución regular de los metros (11-8-8-11) y de las rimas abrazadas (a-b-b-a)? ¿Qué subrayan las repeticiones?

3. Estrofa 2: ¿Cuándo y dónde se desarrolla ahora la acción?
¿Qué acaba de comprender el adolescente? ¿Qué sentirá?
¿Cómo recalcan su emoción el uso de los metros y la disposición irregular de la asonancia en **i-o**?

4. Últimos versos: Se precisa el marco de la acción: ¿cuál es?
El adolescente y el río de Moguer van en sentido opuesto: comentad.
¿Cómo se mezcla la visión **objetiva** del paisaje (evocación geográfica) con **lo emocional** (percepción de las sensaciones)?

5. ¿Adónde irá el adolescente? ¿Qué **valor simbólico** cobra este viaje?

▶ el imperativo se utiliza para dar órdenes y prohibir

el AVE

Se han invertido 3.000 millones de pesetas para corregir el impacto medioambiental de la construcción de la línea.

El AVE ha servido como motor del desarrollo[1] de Castilla-La Mancha

La línea de Alta Velocidad, el sistema de transporte más moderno del mundo, cruza[2] el centro de Castilla-La Mancha. Es su arteria verde. Su puesta en servicio[3] ha supuesto una auténtica revolución en los modos de vida y en la actividad económica de los castellano-manchegos.

El tren es, sin duda[4], el medio de transporte que más se acerca a la naturaleza sin causar trastornos[5] sobre ella. Su nivel de ruido[6] es muy bajo, la contaminación[7] atmosférica que provoca es nula, la ocupación del suelo es muy inferior a la que precisan[8] otros medios de transporte... En definitiva, el tren es el sistema de transporte que menor impacto ambiental causa y que, sin embargo, mejor puede acercar a la naturaleza. En España, muchas son las líneas que atraviesan zonas de interés ecológico. El AVE es una más y ha servido, también, para acercar a millones de personas a tierras manchegas hasta ahora poco conocidas.
El Tren de Alta Velocidad, como medio de transporte, es, pues, un sistema que no causa daño alguno[9] al medio ambiente[10].
Pero si el AVE es ya vehículo que facilita el acercamiento a la naturaleza, ha servido también como motor de desarrollo para Castilla-La Mancha y Andalucía. Ciudad Real, Puertollano –dos de las ciudades más importantes de la comunidad castellano-manchega–, Córdoba, Sevilla, Cádiz, Huelva y Málaga –en donde se concentra la inmensa mayoría de la población[11] andaluza– son provincias que se han beneficiado directamente de la construcción de la nueva línea ferroviaria de Alta Velocidad.

Anselmo Villagrasa, *Tribuna*, 07/03/1994.

1. *développement.*
2. *inf.* cruzar / atravesar [ie] : *traverser.*
3. *Sa mise en service.*
4. *sans doute.*
5. *bouleversements.*
6. *bruit.*
7. *la pollution.*
8. necesitan.
9. *aucun préjudice.*
10. *l'environnement.*
11. *la population.*

La expansión del AVE, *El País*, 17/02/1997.

La construcción de la primera línea del ALTA VELOCIDAD ESPAÑOL se ha llevado a cabo* para la inauguración de la Exposición Universal del V° Centenario en Sevilla (abril de 1992).

*llevar a cabo: *mener à bien.*

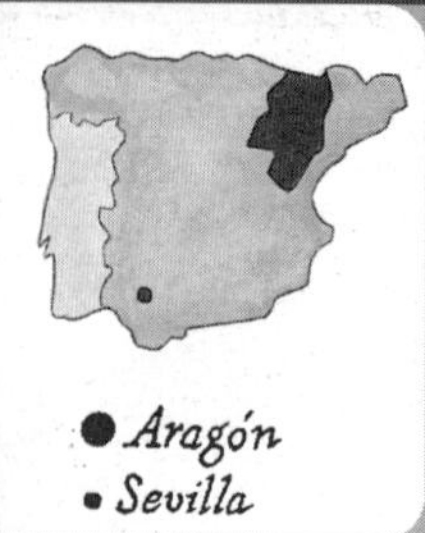

▶ profundiza

Imperfecto de indicativo regular

Llevar *(porter, emporter)*
llevaba
llevabas
llevaba
llevábamos
llevabais
llevaban

Querer *(vouloir, aimer)*
quería
querías
quería
queríamos
queríais
querían

Imperfecto de indicativo irregular

Ver	Ser
veía	era
veías	eras
veía	era
veíamos	éramos
veíais	erais
veían	eran

1. Rappel : Les possessifs
• atone
"Mi padre", "sus libros", "nuestra casa", p. 72.
• accentué
"Padre mío", p. 72.
Cf. profundiza 3, p. 52 /1, p. 60.

2. Le comparatif
"Ya soy más viejo (de lo) que eras tú", p. 72 : *Je suis plus vieux que tu ne l'étais.*
Cf. gram. 15, p. 256.

3. Le superlatif absolu
claro, a → clarísimo, a.
"síntomas clarísimos", p. 73.
Cf. gram. 16.A, p. 256.

4. La concession sur un fait réel
"Aunque estaba orgulloso, no quería reconocerlo", p. 73 :
Bien qu'il (en) fût fier, il ne voulait pas le reconnaître.
Cf. gram. 37.A.3, p. 265.

▶ el imperfecto de indicativo regular e irregular (**ver, ser**) ▶ los adjetivos posesivos

Antonio Machado: poeta español. Sevilla, 1875 – Collioure (Francia), 1939.

mi padre

Ya casi tengo un retrato
de mi buen padre, en el tiempo,
pero el tiempo se lo va llevando.
Mi padre, cazador[1] –en la ribera
de Guadalquivir ¡en un día tan claro!–
–es el cañón azul de su escopeta[2]
y del tiro certero[3] el humo[4] blanco.
Mi padre en el jardín de nuestra casa,
mi padre, entre sus libros, trabajando.
Los ojos grandes, la alta frente,
el rostro enjuto[5], los bigotes lacios[6].
Mi padre escribe (letra[7] diminuta–)
medita, sueña, sufre, habla alto.
Pasea –oh padre mío ¡todavía!
estás ahí, el tiempo no te ha borrado[8].
Ya soy más viejo que eras tú, padre mío, cuando me besabas[9].
Pero en el recuerdo, soy también el niño que tú llevabas de la mano.
¡Muchos años pasaron sin que yo te recordara[10], padre mío!
¿Dónde estabas tú en esos años?

Antonio Machado, *En el tiempo,* 13 de marzo de 1916.

1. *chasseur.* 2. *fusil.* 3. *tir précis.* 4. *la fumée.* 5. *sec.* 6. *la moustache raide.* 7. *écriture.* 8. *inf.* borrar : *effacer.* 9. *tu m'embrassais.* 10. *sans que je me souvienne de toi.*

1. ¿Qué edad tiene el poeta cuando escribe estos versos? ¿Qué relata en ellos (v. 1 → 14 / 14 → 19)?

2. ¿Le resulta fácil al hijo volver a encontrar *(retrouver)* la imagen paterna? Justificad vuestra respuesta.

3. ¿Qué **imágenes del pasado** se le representan a Antonio Machado? ¿Qué recalca la anáfora "mi padre"? Fijaos en la aparición progresiva de los verbos.

4. ¿Cómo vemos, a partir del verso 14, que ha encontrado por fin el poeta la imagen tan anhelada *(désirée)*? ¿Qué sentimientos lo embargan *(l'envahissent)* entonces? (Fijaos, por ejemplo, en el vocativo "padre **mío**".)

5. Podemos pensar que la pregunta final va dirigida tanto al poeta como a su padre (que murió en 1893). ¿Qué sentimientos del hombre ya maduro *(déjà mûr)* traduce?

Vídeo
"Soy yo, Rebeca", Pedro Almodóvar, *Tacones lejanos,* 1991.

Luis Buñuel, 1900 (Calanda, Aragón) – 1983 (México). Director de cine.

recuerdos

La familia Buñuel, Zaragoza, 1912.

1. *un écureuil.*
2. *malgré.*
3. *moine.*
4. se irritaba.
5. *glacée.*
6. *À cette époque-là.*
7. *un rat.*
8. *la queue rongée.*
9. *une cage de perroquet.*
10. *empoisonnement.*
11. *domestiques.*

Conchita habla de su hermano, Luis Buñuel.

Su alimentación diaria era comparable a la de una ardilla[1] y con temperaturas bajo cero y a pesar de[2] la nieve usaba ropa muy ligera y sandalias de fraile[3], sin calcetines. Mi padre se enfadaba[4]. Aunque, en el fondo, estaba orgulloso de su hijo, no quería reconocerlo y se indignaba cuando le veía lavarse primero un pie y luego el otro en el lavabo, con agua helada[5]. Por aquel entonces[6] (o quizás antes; con el calendario no me aclaro) teníamos una rata[7] a la que tratábamos como si fuera de la familia. Era enorme, casi como una liebre, sucia y con la cola apolillada[8]. La llevábamos de viaje metida en una jaula de loro[9] y durante mucho tiempo nos complicó bastante la vida. La pobre se murió como una santa, con síntomas clarísimos de envenenamiento[10]. Teníamos cinco criadas[11] y no pudimos descubrir a la asesina.

Luis Buñuel, *Mi último suspiro,* 1982.

1. ¿Qué recuerda Conchita en este fragmento?

2. ¿Por qué se puede decir que Luis, de pequeño, llevaba una vida austera? ¿Cómo reaccionaba el padre frente a las costumbres de su hijo?

3. ¿Qué otro recuerdo de la misma época evoca Conchita? Estudiad el "retrato" que hace de ese animal familiar. ¿No se mezclan en su evocación sus sentimientos de niña y de mujer adulta?

4. ¿Qué tono domina en la narración de aquellos recuerdos?

► practica

Mi padre

Mi padre caza; va trabajando; escribe, medita, sueña, sufre, habla alto; pasea.

Vuelve a escribir esta frase empezando por: Recuerdo *(je me souviens)* que mi padre...

Recuerdos

1. Vuelve a escribir en presente:
La alimentación diaria de Luis era comparable a la de una ardilla. Mi hermano usaba ropa muy ligera. Mi padre se enfadaba. Aunque estaba orgulloso de su hijo, no quería reconocerlo y se indignaba cuando le veía lavarse con agua helada. Teníamos una rata que era enorme.
La llevábamos de viaje.

2. Traduce desde el principio del texto hasta "...con agua helada".

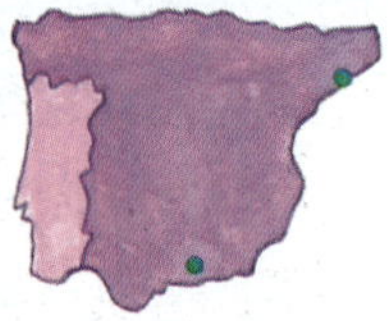

▸ imperfecto de indic.: **ir** ▸ el pretérito pluscuamperfecto ▸ la conjunción de coordinación **y / e** ▸ la apócope del

unos ojos hechiceros[1]

T. E. Fragonard, *Blanca y Abon Hamet en los jardines de la Alhambra,* 1838. Grabado.

A sus 64 años, Boabdil, el último rey de Granada, recuerda cómo por mandamiento de su madre debió **(il dut)** ***casarse con Moraima, una joven de condición inferior.***

Conocí[2] a Moraima en el palacio del Albayzín. La vi cruzar el patio desde la galería superior, el lugar reservado a las mujeres, donde me había apostado[3]. Vestía de blanco y amarillo. Levantando los ojos, me miró[4]. Los bajó[5] a continuación de un modo muy gracioso. Era alta y no muy delgada. Se movía con una lenta majestad.
Las bodas[6] se celebraron –con diecisiete años yo, y ella con quince– a finales de 1479.
Todo era alegría en Granada. Yo iba de blanco y azul. Moraima llevaba una saya[7] y un chal de paño negro bordados en seda[8] azul, y una toca blanca le cubría la cara y los hombros. Cuando dejé de[9] mirar su figura, no pude[10] ya separar mis ojos de los suyos, que me atraían como si fuesen de piedra imán[11] y yo un pequeño hierro[12]. Unos ojos inocentes y pícaros[13], negros y claros a la vez, igual que dos almendras[14] dulces o amargas[15], unos ojos absoluta, rigurosa e irresistiblemente sinceros.

Antonio Gala, *El manuscrito carmesí,* 1990.

1. *ensorceleurs.*
2. *Je connus.*
3. *inf.* apostarse [ue] : *se poster.*
4. *elle me regarda.*
5. *Elle les baissa.*
6. *Les noces.*
7. *une jupe, un jupon.*
8. *soie.*
9. *je cessai de.*
10. *je ne pus.*
11. *comme s'ils étaient des aimants.*
12. *fer.*
13. *espiègles, malicieux.*
14. *amandes.*
15. *amères.*

1. Boabdil quería ver a la joven que le destinaba su madre; **por eso** *(c'est pour cela que)*...
2. Moraima "se movía con una lenta majestad" **aunque** *(bien que)*... Bien se notaba que era una joven zalamera *(enjôleuse)* por / porque...
3. El narrador recuerda con nostalgia un acontecimiento *(un événement)* que era a la vez personal e histórico. En efecto...
4. Al joven Boabdil le cautivaba *(captivait)* la mirada de Moraima ya que... y hoy día, comprendemos que sigue...
5. Así que hechizado para siempre, el rey se volvía *(devenait)*... y la adjetivación traduce su profunda turbación *(émoi)*: en efecto...

▸ profundiza

Imperfecto de indicativo irregular
Ir *(aller)*, p. 74.
iba
ibas
iba
íbamos
ibais
iban

Pluscuamperfecto
Apostarse *(se poster)*, p. 74.
me había apostado
te habías apostado
se había apostado
nos habíamos apostado
os habíais apostado
se habían apostado

1. Rappel : La conjonction de coordination Y
• "... una saya y un chal"
• "... rigurosa e irresistiblemente sinceros", p. 74.
Cf. gram. 43, p. 267.

2. L'apocope de Primero
• **El primer título.**
• **La primera infanta**, p. 75.
Cf. profundiza 1, p. 42.
Cf. gram. 18, p. 257.

3. L'adverbe de manière
"... unos ojos **absoluta**, **rigurosa** e **irresistiblemente** sinceros", p. 74 : *des yeux absolument, rigoureusement et irrésistiblement sincères.*
Cf. gram. 19, p. 257.

4. L'emploi du pronom personnel avec une valeur de possession
"... y una toca blanca **le** cubría la cara y los ojos", p. 74 : *un voile blanc couvrait son visage et ses yeux.*
Cf. gram. 20.I, p. 258.

el sí de Cristina

A los dos años se entretenía[1] con las borlas del fajín[2] de Franco en el bautizo[3] de su hermano. A los 23 era olímpica. A los 24 obtenía el primer título universitario de la familia real. A los 27 se convertía en la primera infanta con sueldo[4]. Y a los 32 anuncia que se casa. Es la historia de Cristina de Borbón y Grecia, que el próximo sábado contraerá matrimonio en la catedral de Barcelona con Iñaki Urdangarín, jugador profesional de balonmano[5], estudiante de Empresariales[6], vasco de nacimiento y catalán de adopción.

El novio es alto, guapo, rubio y con ojos azules. Un 10 en imagen. Encanta a todas las madres y a muchas de sus hijas. Es jugador del equipo de balonmano del Barcelona y de la selección española. Otro 10. Media nación piensa que la familia real española es diferente y está más cercana al pueblo[7] que la mayoría del resto de las monarquías europeas, y además el sector masculino queda encantado con esta faceta deportiva del novio real. Nació en Zumárraga (Guipúzcoa). Y finalmente la boda se celebra en Barcelona, la ciudad de residencia de los dos contrayentes. El último 10.

Mabel Galaz y Javier Martín, *El País semanal*, 28/09/1997.

1. *inf.* entretenerse [ie] : *s'amuser.*
2. *ceinture (de soie d'uniforme militaire).*
3. *baptême.*
4. *salaire.*
5. *hand-ball.*
6. de empresa: *entreprise.*
7. *proche du peuple.*

1. Presentad a la infanta Cristina y haced su retrato moral.

2. Según los periodistas, ¿cuáles son las tres cualidades esenciales del novio real?

3. ¿Qué imagen de la monarquía española nos da este artículo?

Ella trabaja en una entidad financiera de Barcelona y **él** es jugador profesional de balonmano. Ella, además, es infanta de España. Pero, lejos de la actitud fría y distante que marca el protocolo, **estos novios reales** andan por la calle, van a exposiciones, salen de noche, bailan, participan en competiciones deportivas, se ríen, lloran... Es decir, son humanos, por eso caen bien.

5. **Substituts du verbe Être**
- "Yo **iba** (vestido) de blanco y azul", p. 74 → yo **estaba** vestido de blanco y azul.
- "... el sector masculino **queda** encantado", p. 75. *Cf.* gram. 29, p. 261.

▸practica

Unos ojos hechiceros

1. Escribe en presente de indicativo las frases: (Moraima) "Vestía de blanco y amarillo. Era alta y no muy delgada. Se movía con una lenta majestad."

2. En las frases siguientes, sustituye el complemento de manera por el adverbio.
– Moraima se movía de **un modo gracioso y majestuoso.**
– Ella me miraba **de manera dulce e inocente.**
– Yo la veía caminar **de modo lento y natural.**

3. Invierte el orden de los adjetivos o de los adverbios en las expresiones:
– Unos ojos inocentes y pícaros.
– Unos ojos negros y claros a la vez.
– Unos ojos rigurosa e irresistiblemente sinceros.

Foto de los novios

Traduce el texto que acompaña la foto.

▸recuerda

– **a finales de**: *à la fin de.*
– **dejar de mirar**: *cesser de regarder.*
– Caen bien: *Ils plaisent.*
– a **los** dos años: *à l'âge de deux ans.*

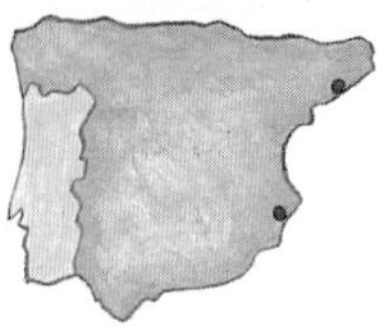

● *Barcelona*
● *Alicante*

▶presente de subjuntivo ▶condicional ▶el artículo determinado (la edad) ▶la conjunción de coordinación **o / u**

ejecutivos[1] andantes con moto

"Hay algo que te hace vibrar: los niños con los ojos abiertos que te miran". Es entonces cuando Rafael Bomnati se siente útil. Del pañuelo rojo y desgastado[2] sobresale su pelo, ya cano[3], y unas gafas tan negras que hacen más siniestra su figura enfundada en cuero[4]. A sus 42 años no duda en montarse en su Harley Davidson y hacer todo tipo de equilibrios sobre ella. Detrás de ese aire de *tirado*[5] se esconde[6] un agente inmobiliario de Santa Pola (Alicante) con biografía aventurera: corredor de maratón, aficionado al parapente y ala delta, ha montado en globo y ha cruzado el Atlántico a vela en 1982. Para él, la moto es "el vehículo que uso para conocer gente. Lo que me mola[7] es el contacto con las personas".

Bomnati es uno de los muchos españoles que ocultan una vida normal de oficina, aula u hogar[8] detrás de los aperos[9] del motociclista intenso. A pocos metros está Nuria Guimerá, 30 años, gerente de una empresa de limpiezas[10] que resume así su pasión por la moto: "Antes, cuando me paraba en un semáforo[11] y no tenía la Harley, miraba todas las motos; ahora todas las motos me miran a mí".

Nuria es amiga de una histórica *harlista*, Esmeralda Brañes, que a sus 37 años ya es abuela. Esmeralda, ama de casa[12], comenzó con la moto hace ya 20 años y se define como un "lobo solitario" que no pertenece a ningún motoclub. Los *harlistas* son sus "hermanos" y hay ocasiones en que siente pena por los demás *mortales*. "A veces te miran con asco[13] –explica–, pero sientes que piensan: qué asco te tengo pero me gustaría ser tú".

El estudiante Sandro Pelucca, barcelonés de 22 años, es un *harlista* de nuevo cuño[14]. Campeón de España de embarcaciones neumáticas SR 750, fabricó su primera moto a los 9 años y su afición nació porque su padre era dueño de[15] un concesionario de una marca italiana. Amante de los motores, la Harley es su primera moto comprada, ya que hasta ahora se dedicaba a hacerlas él mismo con desechos[16].

Daniel Samper Pizano,
Cambio 16, 23/09/1991.

1. *cadres.* – 2. *usé.* – 3. *blancs (cheveux).* – 4. *cuir.* – 5. *vulgaire.* – 6. *se cache.* – 7. *(fam.)* gusta. – 8. *foyer.* – 9. *ici, derrière les attributs.* – 10. *une entreprise de nettoyage.* – 11. *des feux tricolores.* – 12. *une femme au foyer.* – 13. *avec dégoût.* – 14. *ici, moderne.* – 15. *était propriétaire de.* – 16. *ici, des pièces détachées.*

▶profundiza

Presente de subjuntivo
Contestar *(répondre)*
yo conteste
tú contestes...
Cf. llamarse, p. 52, levantarse, p. 60.

Decir *(dire)*, p. 77.
diga
digas...

Potencial regular
Gustar *(plaire)*, p. 77.
(A mí) me gustaría
(A ti) te gustaría...

Potencial irregular
Querer *(vouloir)*, p. 77.
querría
querrías...

1. L'article défini
*(ou autre **déterminant** –› désignation de l'âge)*
• "Fabricó su primera moto a **los** nueve años", p. 76 : *à neuf ans.*
• "... a **los** diecisiete años", p. 77 : *à dix-sept ans.*
• "A **sus** cuarenta y dos años, p. 76 : *à 42 ans.*
Cf. gram. 10.3, p. 254.

2. La conjonction de coordination : o –› u
"...oficina, aula **u** hogar" = oficina, hogar **o** aula.
Cf. gram. 43, p. 267.

3. Locutions impersonnelles :
Il y a
• "**hay** ocasiones", p. 76 : ***il y a*** *des moments...*
• "... **hace** ya veinte años", p. 76 : ***il y a*** *vingt ans.*
Cf. gram. 23, p. 259.

4. Quelques emplois du **présent du subjonctif**
• "¿Qué **quieres que** te **diga**?", p. 77 : *Que veux-tu que je te dise ?*
• "... te **pido que** me **contestes**", p. 77 : *je te **demande de** me **répondre**.*
Cf. gram. 37.A.2, p. 264.

¡te pido que me contestes!

JAVIER – Óyeme, Clara, voy a hacerte una pregunta que parece estúpida, pero te pido que me contestes claramente.

CLARA – Di.

JAVIER – Si tú no fueras mujer... ¿qué querrías ser[1]?

CLARA *(Se ríe.)* – Pero, papá...

JAVIER – Sin reír. Contesta.

CLARA – ¿Y qué quieres que te diga?... *(Con una gran naturalidad.)* Si yo no fuera mujer... querría ser mujer.

JAVIER – No, no es eso... Quiero decir, si fueras un chico, ¿qué te gustaría ser el día de mañana? ¿No te atraen[2] los viajes, las aventuras?

CLARA – Si fuera un muchacho, no sé. Tal como soy... no...

JAVIER – ¿No te gustaría ser una artista..., un escritor... como Gustavo Ferrán, por ejemplo?

CLARA – No te canses[3], papá; si vas buscando en mí una página literaria sentiré[4] desengañarte[5], pero yo me siento, ¡terriblemente burguesa[6]! Por hoy me bastan mis clases y mi laboratorio. Y para mañana, una casa con árboles, muy tranquila, muy mía... y si es posible, con tres hijos; dos niños y una niña. *(Vuelve a reír.)* Es vergonzoso[7] hablar así a mi edad, ¿verdad?

JAVIER – ¡Oh, no!...

CLARA – Dicen que a los diecisiete años la poesía es un deber. Pero está visto que soy toda prosa.

Alejandro Casona, *Las tres perfectas casadas*, 1941.

1. *que voudrais-tu être ?*
2. *inf.* atraer : *attirer.*
3. *Ne te fatigue pas.*
4. *inf.* sentir [ie] : *regretter.*
5. *ici, te décevoir.*
6. *bourgeoise.*
7. *C'est honteux de.*

Vídeo

"¿Por qué quieres ser torero?", Pedro Almodóvar, *Matador*, 1986.

1. ¿Qué pregunta le hace repetidas veces Javier a su hija?

2. A vuestro parecer, ¿por qué le preocupará tanto el asunto? ¿Qué razones puede tener cuando alude a su amigo Gustavo Ferrán? (A lo mejor, el padre **desea que** su hija..., **le parece interesante que**... / o, al contrario, **teme** *(il craint)* **que**..., porque...).

3. ¿A qué se dedica Clara de momento? ¿Con qué sueña para el porvenir? ¿Qué revelan esos sueños de su carácter?

4. En resumidas cuentas, ¿cómo vemos que es feliz la joven con lo que tiene y no le da vergüenza confesarlo?

◄

1. ¿De qué se trata en este artículo de prensa?

2. El reportero ha elegido *(a choisi)* cuatro ejemplos muy distintos:
- Sin mirar el texto, recordad lo que cuenta cada uno de ellos.
- ¿Qué tienen en común? ¿En qué difieren?

3. Al fin y al cabo, ¿está el motociclismo exclusivamente reservado a una categoría de personas? ¿Qué les permite a sus adeptos? ¿Qué aptitudes y cualidades desarrolla?

4. El adjetivo "andantes", en el título, puede recordar a Don Quijote, "caballero andante" sobre Rocinante. ¿Qué reflexión os sugiere la metáfora?

- Rappel : **La défense**
"No te canses, papá", p. 77 : *Ne te fatigue pas, papa.*
Cf. profundiza 3, p. 70.
Cf. gram. 46.A.3, p. 269.

5. **L'irréel du passé**
"Si **fueras** un chico, ¿qué te **gustaría** ser...?", p. 77 : *Si tu étais un garçon, qu'aimerais-tu être ... ?*

►practica

Ejecutivos andantes

1. Traduce al español:
- Il y a longtemps que je pratique ce sport.
- Il y a des passionnés de la moto dans tous les milieux sociaux.
- À vingt-deux ans, Sandro Pelucca vient d'acheter sa première Harley.

2. Invierte *(inverse)* el orden de las palabras en negrilla: **moto** o **coche** – **ocho** o **siete** años – **joven** o **viejo** – vida de **oficina** o **aula** – una **pasión** o **afición** – una afición de **hombre** o **mujer**.

Te pido que me contestes

1. Apreciar la poesía / escribir poemas / tener gustos literarios / parecerse a Gustavo Ferrán.

Redacta cuatro frases empezando por:
A lo mejor, Javier (no) desea que su hija...

2. "Por hoy... muy mía".

Escribe estas frases en estilo indirecto empezando por:
Clara le dice a su padre que...

3. Traduce al francés las dos frases del recuadro (ejercicio n° 2).

►recuerda

– volver a reír: *rire de nouveau.*
– ¿Verdad?: *N'est-ce pas ?*

Amazonas

▶ profundiza

1. Le superlatif absolu : **-ísimo, a, os, as**
"... bosques **grandísimos**", p. 78 = bosques **muy** grandes.
Cf. profundiza 1, p. 32 / 3, p. 72.
Cf. gram. 16.A, p. 256.

2. **Rappel** : L'apocope de l'indéfini **Cualquiera**
"... **cualquier** cosa", p. 66 : *n'importe quoi*.
Cf. profundiza 2, p. 66.
Cf. gram. 18, p. 257.

▶ el superlativo absoluto **-ísimo**
▶ la apócope del adjetivo indefinido **cualquiera**

la selva

Clementina está hablando con su novio que quiere marcharse a América del Sur.

En algunos sitios –le decía a Clementina–, el Gobierno regala tierras a quien las quiera cultivar. Necesitan colonos, ¿comprendes? Claro que están en medio de la selva.
– ¿Qué es la selva, Andrés?
– Bosques, bosques grandísimos donde no ha pisado[1] todavía nadie. Ríos que bajan rugiendo como fieras[2]. Tienes que entrar allí hacha en mano. Hay de todo: bichos salvajes[3], plantas de veneno[4], mosquitos de las fiebres, de todo. Pero luego dicen que las tierras son buenas; puedes sembrar[5] cualquier cosa si estás dispuesto a luchar[6] contra la selva.
Clementina sentía estremecimientos[7] de temor y de emoción. Para sus diecisiete años la selva era como un monstruo legendario, terrible y, a la vez, fascinante.

Blanca Valdecasas, *Clementina en su jardín,* 1977.

1. *inf.* pisar : *fouler.*
2. *des fauves.*
3. *des bêtes féroces.*
4. *vénéneuses.*
5. *semer.*
6. *lutter, se battre.*
7. *des frissons.*

1. ¿De qué se trata en este texto?

2. ¿A qué selva hace alusión y dónde se sitúa? ¿En qué país o países pensará Andrés al hablar así?

3. Volved a leer la definición que da Andrés de la selva: ¿cómo se mezclan en ella lo real y lo maravilloso *(le merveilleux)*?

4. Clementina era aún una jovencita muy sensible: ¿cómo se nota en el último párrafo?

5. A principios del siglo XX, muchos países latinoamericanos daban tierras a colonos voluntarios. A vuestro parecer, ¿por qué obraban *(procédaient-ils)* así?

Choza solitaria en plena Amazonia.

Amazonia posee una red *(un réseau)* de mil ríos con 25.000 km navegables que surcan *(qui sillonnent)* la mayor parte de la selva. La densidad de población no supera los 3h/km², en medio de inmensas zonas, muchas veces desconocidas e inexplotadas.

A orillas del río – abrirse paso con el machete – roturar: *défricher* – un claro: *une clairière* – edificar una choza – cultivar plátanos y yuca – una piragua: *une pirogue.*

1. ¿Dónde fue sacada la foto? ¿Qué representa?

2. Fijaos en esta choza solitaria: ¿de qué vivirán sus habitantes? ¿Cuáles son los medios de comunicación en esta inmensidad vegetal?

3. ¿Por qué vienen tan lodosas *(boueuses)* las aguas del río? ¿Qué sabéis acerca del clima de esta región?

4. ¿Qué pasa hoy día con esos pueblos que vivían tradicionalmente en las márgenes del Amazonas y de sus afluentes?

Juan O'Gorman, *Desarrollo urbano en México*, 1942.

Juan O'Gorman: arquitecto, escultor y pintor mexicano. En esta pintura, representó el centro de la capital federal, tal como se veía desde lo alto del monumento a la Revolución.
1942: Después de los Estados Unidos, México declara la guerra a Alemania y a sus aliados. El desarrollo de la industria del armamento acarrea **un éxodo rural** muy importante y la población de la capital va creciendo rápidamente.

El águila y el nopal.

On raconte qu'un jour, un aigle se posa sur un nopal pour signifier au peuple mexicain d'arrêter sa migration à l'ombre du Popocatepetl. Ainsi naquit le Mexique aztèque, celui de Ferdinand Cortez. Ainsi demeure encore de nos jours un Mexique de légende où « comme partout dans les régions traditionnelles du Mexique, l'homme tout à coup, au détour d'un chemin, devient centaure ».

Jean-Marie Le Clézio

Tenochtitlán fue fundada por los Aztecas en 1325.

"Repasando la geografía de México", Elena Poniatowska, *La "flor de lis"*, 1988.

1. Presentad la pintura, destacando sus tres términos.

2. a. ¿Qué impresiones se desprenden de la ciudad a nivel **de las líneas**? ¿Qué **colores** dominan en el terreno?
b. Si nos fijamos en la topografía dibujada por el arquitecto, ¿qué diferencias podemos notar entre el plano y la realidad?

3. a. Observad las alegorías en el cielo: ¿a qué remiten *(renvoient-elles)?*
b. Fijaos en las dos "mujeres" alegóricas y en los personajes del primer término: ¿qué vínculos *(liens)* se pueden establecer entre ellos?

4. En esta pintura, Juan O'Gorman se vale de procedimientos cinematográficos: **el picado** *(la plongée)* y **el racor** *(le raccord)*. ¿Cómo ponen de manifiesto las diferencias entre la teoría y la práctica (dimensiones / jerarquía social...)?

▸practica

La selva

1. Da el superlativo absoluto:
– una selva **inmensa**
– tierras **fértiles**
– una vida **difícil**
– monstruos **peligrosos**

2. Escribe en singular:
– En algunos sitios, los gobiernos regalan tierras.
– Ríos que bajan rugiendo como fieras.

Cuadro de O'Gorman

He aquí *(voici)* las cifras que muestran la evolución de la población y la superficie del área metropolitana de la Ciudad de México:

1921: 1.000.000 habitantes / 4.638 hectáreas.
1940: 1.800.000 hab. / 11.754 ha.
1960: 4,9 millones de hab. / 33.300 ha.
1980: 15.000.000 hab. / 109.230 ha.
1986: 18.000.000 hab. / 133.691 ha.
1997: 23.000.000 hab.

Después de repasar la numeración (*cf.* gram. 9.A, p. 254), vuelve a copiar los datos del recuadro escribiendo las cifras en letras.

Amazonas

►profundiza

Futuro de indicativo regular

	-é
Estar	-ás
Traer	-á
Acudir	-emos
	-éis
	-án

Cf. p. 68.

Futuro de indicativo irregular

Decir → diré
Tener → tendré
Hacer → haré
Querer → querré
Poder → podré
Poner → pondré

Cf. pp. 80-81.

Presente de subjuntivo irregular

Irse *(s'en aller)*
yo me vaya..., p. 80.

Les noms de continents, de pays

- "... marcharse a América", p. 80.
- "... saben más de Francia o de Inglaterra que de México", audio, p. 79.
- "la América del Norte", audio, p. 79.

Cf. gram, 10.4, p. 254.

►practica

Unos planes utópicos

1. Pasa al estilo indirecto las líneas 6 y 7, empezando por: Andrés le dice a Clementina que...

2. Escribe en 1ª persona de plural de futuro: "Cortar los árboles, preparar la mezcla, poner los ladrillos".

3. Traduce al francés desde: "Bueno, la casa la haré yo..." hasta el final del texto.

►recuerda

– tener prisa por: *avoir hâte de.*
– A mí no me hace ninguna gracia: *Je n'apprécie pas du tout.*

►el futuro de indicativo regular / irregular ►el uso del artículo con nombres de continentes y países

unos planes utópicos

Andrés, en la aldea no aguanta más. Necesita espacio. Así que, con Clementina, forman el proyecto de marcharse a América (véase texto p. 78).

– Nuestra casa nos la tendremos que hacer nosotros. Cortar los árboles, preparar la mezcla[1], poner los ladrillos[2]...
– Yo no voy a poder; no tengo fuerzas. ¿Es que allí no hay albañiles?
– ¿Albañiles? Allí no hay nada. Son tierras salvajes, mujer, nosotros tendremos que acudir a[3] todo. Bueno, la casa la haré yo. Pero en otras cosas tendrás que ayudarme.
– Pues te ayudaré, no te creas. Pronto[4] se aprende cuando se es joven.
– Sí, tenemos toda la vida por delante. Ahora, que yo tengo prisa por[5] empezar; aquí no hacemos nada.
– Lo principal es el dinero para el barco.
– Eso, que si tu padre quisiera[6]... él nos lo podría adelantar[7].
– No querrá; no le hace ninguna gracia[8] que yo me vaya tan lejos.

Blanca Valdecasas, *Clementina en su jardín,* 1977.

1. *le mortier.* 2. *les briques.* 3. *ici, pourvoir à.* 4. *Vite.* 5. *j'ai hâte de.* 6. *si ton père voulait.* 7. *avancer.* 8. *cela ne lui plaît pas du tout.*

1. Al llegar a América, Andrés y Clementina **construirán** su casa. Pero antes...

2. Primero a Clementina le parece aquello *(cela)* imposible porque... Entonces, Andrés le afirma que...

3. Pero al oír el tono autoritario de su novio ("**Tendrás que** ayudarme"), ella reacciona y...

4. Al fin y al cabo comprendemos que, para concretar sus sueños,... y la única persona que podría *(pourrait)* ayudarles..., pero...

1. Repartíos los papeles (aquí se trata de una joven y de su hermano).

2. Antes de empezar a declamar, **reparad en:**
• **la puntuación** (signos de admiración ¡...! / signos de interrogación ¿...? / puntos suspensivos...) que da la entonación y por consiguiente señala las palabras que el actor acentuará más.
• **las acotaciones escénicas** colocadas en el mismo texto: os indicarán el ritmo, el tono de la voz o aún un ademán, una acción, una intención, una expresión, un sentimiento...

3. ¡Manos a la obra! ¡**A leer...** antes de estudiar el papel que os corresponde a cada uno para representarlo en clase!

►

¡me lo compro!

Charlie Chaplin en *Candilejas**.

Sala-comedor. Derecha del espectador: mesa redonda, cuatro sillas. Izquierda: un sofá, dos sillones. Frente: librero[1]*; encima del librero un busto en yeso*[2] *de Beethoven. A la derecha: puerta de la calle. Al fondo: puerta que da a un cuarto. A la izquierda: cocina, de la que se verá sólo una parte. Una reproducción de* La madre, *de Whistler sobre la pared izquierda. Del techo cuelga una lámpara de cuatro bombas.*

LUZ MARINA – ¡Qué calor! *(Pausa.)* ¡Qué caloor!

ÓSCAR – ¿Ya vas a empezar con el calor?

LUZ MARINA – ¿Qué quieres? ¿Que hable del frío? Ya lo ves: estamos en pleno noviembre y seguimos **achicharrándonos**[3]. *(Pausa.)* Hasta enero...

ÓSCAR *(La interrumpe.)* – **Sí,** Luz Marina, es la **quinta vez** que lo dices...

LUZ MARINA *(Lo interrumpe.)* – Pues lo diré aunque no te guste[4]. *(Pausa.)* Hasta enero no podremos respirar. ***(Se vuelve a abanicar.)*** Y para eso, no será frío, frío, pero al menos respiraremos. *(Pausa.)* A ver... ¿diciembre? Bueno, pongamos[5] diciembre. *(Pausa.)* **Diciembre,** enero, febrero y **marzo,** se respira. *(Pausa.)* **Abril, mayo, junio, julio...**

ÓSCAR *(La interrumpe.)* – ¡Por lo que más **quieras**[6], Luz Marina! No me dejas escribir. Si tienes **tanto calor** date una ducha[7]...

LUZ MARINA – No puedo, me daría una embolia. La digestión son **tres horas.** Y me quedo corta[8]... Con estos calores las digestiones son muy lentas. ***(Pausa.)*** **Abril, mayo, junio, julio** ***(Acentuando más.)*** **agosto,** septi**embre,** octubre, novi**embre** y di**ciembre**: uno se asa[9]. Así como suena: asados y **requete**asados. *(Pausa.)* Por h o por b nunca puedo acabar de comprarme el ventilador. *(Pausa.)* Estoy **muy** cansada... *(Pausa.)* Pero este mes, pase lo que pase[10], **me lo compro.** ***(Subiendo la voz.)*** ¿Lo oyen? **¡Me lo compro!** Y al contado, **nada de plazos**[11]. Y **grande.** Ya le tengo echado el ojo a uno de diez y ocho pesos. *(Pausa.)* **A mí** el calor no me va a **matar**[12].

Virgilio Piñera (Cuba), *Aire frío,* 1958.

1. *amér. étagères.*
2. *plâtre.*
3. *inf.* achicharrarse : *fig. cuire, rôtir.*
4. *même si ça ne te plaît pas.*
5. *mettons.*
6. ¡Por favor!
7. *prends une douche.*
8. Y no exagero.
9. *fig. on grille.*
10. *quoi qu'il arrive.*
11. *à crédit, pas question !*
12. *me tuer.*

* *"Les feux de la rampe".*

Candilejas

• Una lectura expresiva supone una comprensión previa *(préalable)* de la escena. Ya la habéis estudiado en clase y ahora os toca a vosotros. ¿Estáis listos?

▸profundiza

Dos formas del futuro de indicativo
Ser *(être)*
seré → he de ser
serás → has de ser

Futuro de indicativo irregular
Venir, p. 83 → vendré

1. Haber de + infinitif
• "... he de comenzar a tejer", p. 82 = comenzaré a tejer.
• "... has de ir ", p. 82 = irás, tienes que ir.
• "El año ha de ser malo", p. 82 = será, tiene que ser malo.
Cf. gram. 40.B, p. 267.

2. Autre forme de l'obligation personnelle
• "... y debo reunir dinero", p. 82 : *je dois mettre de l'argent de côté.*
Cf. gram. 40.B, p. 267.

3. La condition réalisable
• "Si quieres dormir, seré tu almohada", p. 83.
Cf. gram. 37.A.3, p. 265.

▸futuro de indicativo: ser, venir ▸la obligación personal: **haber de / deber + infinitivo**

nunca jamás

De loma[1] en loma
has de ir
y mi rastro[2] buscarás
ah ah ah (ter)
bis
la huella[3] de las vicuñas[4]
eso sólo encontrarás
pero a mí nunca jamás (bis).
Hasta mi choza[5]
has de ir
purita[6] piedra no más[7]
ah ah ah (ter)
bis
el viento zumba[8]
que zumba
eso sólo encontrarás
pero a mí nunca jamás (bis).
Al Antigal
has de ir
y mi tumba[9] buscarás
silencio de la alta sierra
eso sólo encontrarás
pero a mí nunca jamás (bis).
De loma en loma
has de ir... (etc.)

Atahualpa Yupanqui.
Interpretada por
César Isella (Argentina),
20 Grandes Éxitos.

1. cerro, monte. – 2. *ma trace.* – 3. *l'empreinte.* – 4. *les vigognes.* – 5. *ma chaumière.* – 6. sólo piedra. – 7. nada más. – 8. *gronder.* – 9. *ma tombe.*

despedida[1]

El lago Titicaca se sitúa en el Altiplano (a 3.500 m. de altura) y sirve de frontera entre Bolivia y Perú.

La escena pasa en una hacienda a orillas del lago Titicaca. El joven Agiali se va al valle con otros peones a trocar los productos de la sierra por frutos tropicales.

– Me voy, Wata-Wara –le dijo–. El año, como ves, ha de ser malo y debo reunir dinero para casarnos en la próxima cosecha[2]. Cuida[3] bien de los ganados[4] y no los lleves a la pampa, donde atrapan el *muyumuyu*[5].
– Vete y trabaja. Yo también he de comenzar a tejer[6] tu ropa. ¿De qué color quieres el poncho?
Agiali vaciló[7] un momento:
– Plomo, con raya morada[8].
– ¿Y el gorro?
– Verde.
– El traje será azul –opinó ella, sonriendo.

Alcides Arguedas (Bolivia), *Raza de bronce,* 1945.

1. *Adieux.*
2. *récolte.*
3. *inf.* cuidar de : *soigner.*
4. *le bétail.*
5. enfermedad del ganado (palabra aimara).
6. *tisser.*
7. *hésita.*
8. violeta.

1. Presentad a los dos personajes: ¿quiénes son? ¿A qué se dedican?
2. ¿Qué detalles nos sitúan en el altiplano boliviano? Recordando su altitud y su clima, decid por qué afirma Agiali que "el año ha de ser malo".
3. Agiali habla como un hombre del campo: mostradlo.
4. Durante la ausencia *(l'absence)* de Agiali, ¿qué hará Wata-Wara?
5. ¿A quiénes designa la "raza de bronce"? ¿Qué detalles del texto remiten a sus costumbres y a su lenguaje?

el sueño[1] de dos años

A su derecha, se levantaba una hirsuta geografía perpendicular de enhiestas rocas[2], abismos y quebradas[3]. Delante del viejo ómnibus era ya de noche y había comenzado a enfriar. Brillaban algunas estrellas en el cielo azul añil[4].

– Brrr... –se encogió la *petite* Michèle–. Ahora entiendo por qué viajan todos tan abrigados[5]. Cómo cambia el clima en los Andes. En la mañana un calor que ahoga[6] y, en la noche, hielo[7].

– Este viaje será lo más importante que nos pasará en la vida, ya verás –dijo Albert.

Alguien había prendido[8] una radio y, luego de una cadena de tartamudeos[9] metálicos, irrumpió[10] una música triste, monótona.

– Charangos y quenas –reconoció Albert–. En Cusco[11] compraremos una quena. Y aprenderemos a bailar los huaynos[12].

– Daremos una función de gala[13], allá[14] en el colegio –fantaseó la *petite* Michèle–. *La nuit péruvienne !* Vendrá *le tout* Cognac.

– Si quieres dormir un poco, seré tu almohada[15] –le propuso[16] Albert.

– Nunca te he visto tan contento –le sonrió[17] ella.

– Es el sueño de dos años –asintió él[18]–. Ahorrando[19], leyendo sobre los incas y el Perú. Imaginando esto.

Mario Vargas Llosa (Perú), *Lituma en los Andes,* 1993.

1. *Le rêve.*
2. *rochers dressés.*
3. *ravins.*
4. *bleu indigo.*
5. *de* abrigarse : *se couvrir.*
6. *étouffante.*
7. *le gel.*
8. *ici, avait allumé.*
9. *littéralt, bégaiements ; ici, grésillements.*
10. *ici, s'éleva.*
11. antigua capital de los Incas.
12. *danse typique.*
13. *une soirée.*
14. *là-bas.*
15. *ton oreiller.*
16. *proposa.*
17. *sourit.*
18. *acquiesça-t-il.*
19. *inf.* ahorrar : *épargner.*

1. Presentad el marco *(le cadre)* de la acción. ¿Quiénes son los personajes? ¿Qué están haciendo?

2. ¿Por qué les extraña a los jóvenes este contexto peruano? (Pensad en el relieve, el clima, las costumbres...)

3. Este viaje resulta muy importante para Albert: mostradlo.

4. Al fin y al cabo, ¿qué podemos pensar acerca de este maestro? (Cuando quiere irse de viaje... / durante el viaje, él piensa... / al volver... y en este caso, bien vemos que...).

Toffoli, *Bavardages*, 1996. Litografía, 46 × 61,5 cm.

▸practica

Nunca jamás

1. Pon en primera persona de singular la primera copla (como si hablara la mujer).

2. Respetando la lógica de la letra, redacta una frase con la negación **"nunca jamás"**.

Despedida

1. ¿Qué **hará** *(que fera)* Wata-Wara durante la ausencia de Agiali?

2. Completa las frases respetando la lógica del texto:
– Bien se ve que Wata-Wara es una india ya que...
– Se suele llamar "raza de bronce" a los indios porque...

El sueño de dos años

1. Escribe en presente las tres primeras frases del texto.

2. En Cusco compraremos una quena.
Aprenderemos a bailar los huaynos.

Pasa estas frases al estilo indirecto empezando por:
Albert le dice a la *petite* Michèle que...

3. Construye la frase de otra manera:
Nunca te he visto tan contento.

4. ¿Cómo ha preparado Albert su viaje al Perú?

▸recuerda

– ¡Nunca jamás!: *Jamais ! Au grand jamais !*
– **Era ya de noche**: *Il faisait déjà nuit.*

▸profundiza

Presente de indicativo irregular
Aunar *(réunir)*, p. 84.
aúno
aúnas...
Cf. **situar**, p. 56.

Sustituir *(remplacer)*, p. 84.
sustituyo
sustituyes...
Cf. **huir**, p. 38 / **contribuir**, p. 66.

Reconocer *(reconnaître)*, p. 85.
reconozco
reconoces...
Cf. **conducir**, p. 38 / **pertenecer**, p. 62.

Salir *(sortir)*, p. 85.
salgo
sales...

Presente de subjuntivo
Cf. pp. 86-87.
Cf. gram. 46.A.1, p. 268.

1. Rappel : L'emploi de l'article **el** devant un nom féminin
el aula *(le cours, la salle de classe)* → **las** aulas, p. 85.
Cf. profundiza 1, p. 57.
Cf. gram. 10.2, p. 254.

2. La conjonction adversative **Sino que**
"La tecnología **no** se convierte en el centro del aprendizaje **sino que** se emplea como una herramienta...", p. 84 : *La technologie ne devient **pas** le centre de l'apprentissage mais s'emploie **plutôt** comme un outil...*
Cf. gram. 43, p. 267.

▸el presente de indicativo de verbos irregulares
▸el empleo de **el** en lugar de **la** ▸la conjunción

escuelas de futuro

La institución educativa SEK (Colegios San Estanislao de Kostka) tiene más de un siglo de experiencia en la labor docente y más de 30 años en la organización de cursos en el extranjero. En España tiene dos colegios en Madrid, uno en Barcelona, otro en Pontevedra.

La INSTITUCIÓN EDUCATIVA SEK ha desarrollado un innovador método de enseñanza que durante el curso 95-96 y con el beneplácito[1] del Ministerio de Educación se ha venido practicando con gran éxito[2] en varios de sus centros.

El proyecto, denominado Aula Inteligente, aúna[3] las últimas técnicas en psicología, pedagogía y ciencias sociales, con los más recientes avances tecnológicos para dar una respuesta satisfactoria a las necesidades de formación de los estudiantes del siglo XXI.

El método empleado difiere diametralmente del tradicional. En primer lugar se sustituye[4] el aula compartida por un espacio abierto de unos 400 metros cuadrados donde todos los profesores del curso están presentes a todas horas y pueden dar una asistencia personalizada a cada alumno.

Esta situación elimina el clásico horario rígido en el que cada profesor exponía su materia; aquí, tras una pequeña explicación, cada alumno tiene que organizar sus horas lectivas, de tal forma que puede dedicar menos tiempo a las asignaturas[5] que domina y más a aquellas en las que presenta algún problema.

Además de las evaluaciones oficiales, el niño tiene que realizar unas pruebas[6] periódicas de autoevaluación a través del ordenador que determinarán su nivel. Si éste es muy bajo recibirá la ayuda de otro compañero que destaque[7] en esa asignatura; si el nivel es alto se dedicará a trabajos de investigación[8] o de ayuda.

Aquí la tecnología no se convierte en el centro del aprendizaje sino que se emplea como una herramienta[9] más dentro del proceso[10] de asimilación de las materias, al igual que los cuadernos o los libros.

El eje[11] del proyecto es una red[12] local (Windows NT) mediante la cual alumnos y profesores están comunicados y pueden observar mutuamente sus labores.

Todo esto contribuye a que los niños se familiaricen rápidamente con los elementos y situaciones que más tarde van a encontrar en el mundo laboral.

Roberto Hernández, *Cambio 16*, 22/07/1996.

1. *l'agrément.* – 2. *succès.* – 3. *inf.* aunar ; *ici*, reunir. – 4. *inf.* sustituir : reemplazar. – 5. *les disciplines.* – 6. *des épreuves, des tests.* – 7. *inf.* destacar : *se distinguer, briller.* – 8. *recherche.* – 9. *un outil.* – 10. *le processus.* – 11. *l'axe.* – 12. *un réseau.*

1er y 2° §:
• Según el periodista, ¿quién patrocinó *(a parrainé)* este método de enseñanza en España?
• ¿En qué ciencias se basa este sistema? ¿Qué pretende?

3er y 4° §:
• ¿En qué difiere de los métodos tradicionales el "Aula Inteligente"?
• Ya no es un "horario rígido" sino un "self-servicio": explicad en qué consiste.

5° §: ¿Qué relaciones se van creando así entre todos los participantes?

6° §: Comentad la frase: "Aquí la tecnología… los libros."

7° y 8°§: Destacad la participación activa del alumno y el avance que le permite adquirir para su futuro profesional.

Síntesis: ¿Cuáles son las ventajas e inconvenientes de este sistema educativo?

habrá derecho

Quino

1. los deberes: *les devoirs.* – 2. pasar al frente: *mil. monter au front.* – 3. ¿hay derecho a...?: *a-t-on le droit de... ?* – 4. protagonizando: *inf.* protagonizar ; *ici, se donner en spectacle.*

soy muy vago[1]

Siempre encuentro tiempo para todo. Para el cine, la lectura, la discoteca. Menos mal[2]. «¿Mis aficiones? La lectura, me gusta mucho leer. En mi casa siempre se han comprado muchos libros. Yo mismo los compro con bastante frecuencia. Lo que más me gusta es la literatura, narrativa, poesía... La música, clásica y no clásica, sobre todo Madonna, Mecano, Alaska. El cine todo, desde el cine mudo[3], las películas en blanco y negro, hasta los últimos estrenos. Posiblemente sea mi mayor afición. También salgo a discotecas. Televisión veo poca, está que da pena[4]. No soy aficionado al deporte[5]. Soy una nulidad. Tampoco sé nada de fútbol. ¿La informática? No. No me atraen los ordenadores, aunque reconozco que me van a hacer falta[6]. En el de casa sólo escribo trabajos del instituto y siempre con dos dedos, porque no sé escribir a máquina. También me gusta escribir, aunque escribo poco. Soy muy vago.»

Javier Badía, *ABC*, 08/09/1996.

1. *fam., fainéant.*
2. *(C'est) encore heureux !*
3. *le cinéma muet.*
4. *c'est d'un navrant !*
5. *sport.*
6. me van a ser necesarios.

1. Recordad lo que sabéis de Antonio Luque (*cf.* p. 63).
2. Recapitulad sus aficiones. Mostrad que tiene una cultura ecléctica.
3. ¿Por qué no le gustan la televisión, los deportes y la informática?
4. Finalmente, el joven se justifica afirmando "Soy muy vago": ¿cómo lo comprendéis? ¿No será algo exagerado?

"Mi biblioteca", Manuel Vázquez Montalbán, *Cuarteto*, 1987.

3. Rappel : La concession, **Aunque + ind.**
"No me atraen los ordenadores, **aunque reconozco**...", p. 85 : *Les ordinateurs ne m'attirent pas, **bien que je reconnaisse**...*
Cf. profundiza 4, p. 72.
Cf. gram. 37.A.3, p. 265.

4. Emplois du **subjonctif**
a. "**No hay derecho a que** lo **tengan** a uno ahí...", p. 85 : ***Il n'est pas juste qu'on vous fasse venir**...*
b. "… **recibirá** la ayuda de otro compañero **que destaque**", p. 84 : *il recevra l'aide d'un camarade qui sera plus fort.*
c. "**Posiblemente sea**…", p. 85 : *C'est sans doute…*

▶practica

Escuelas de futuro

1. En el 5°§ ("Además de las evaluaciones oficiales... ayuda"), sustituye el sujeto "el niño" por "yo".
2. Imagínate por unas horas en un "aula inteligente": ¿a qué asignaturas dedicarás más tiempo? ¿Qué materias dejarás de lado? ¿Por qué razones?
3. Completa la frase respetando la lógica del artículo:
En estas escuelas de futuro, los alumnos no tienen el horario clásico sino que...
4. Traduce el 4°§.

Soy muy vago

1. Escribe en estilo indirecto desde "No me atraen los ordenadores..." hasta el final del texto.
Empieza por:
Antonio Luque dice que…
Añade que… Termina diciendo que…
2. Traduce: "En mi casa siempre... frecuencia."
3. A la manera de Antonio Luque, di a qué te dedicas en tus ratos libres.

▶ pres. de subj. ▶ valores y usos del subj. en oraciones subordinadas ▶ usos del imperativo: órdenes y prohibiciones

internet

Pierda el miedo a la red[1] que está cambiando el mundo

España ya está enredada[2]. En los últimos seis meses, la Internet ha crecido más que en los 10 últimos años. Más de 130 proveedores[3] dan acceso a un creciente colectivo de usuarios[4]: instituciones, empresas[5] o universidades, tiendas[6], bancos y muchos usuarios de a pie están saltando a la red.

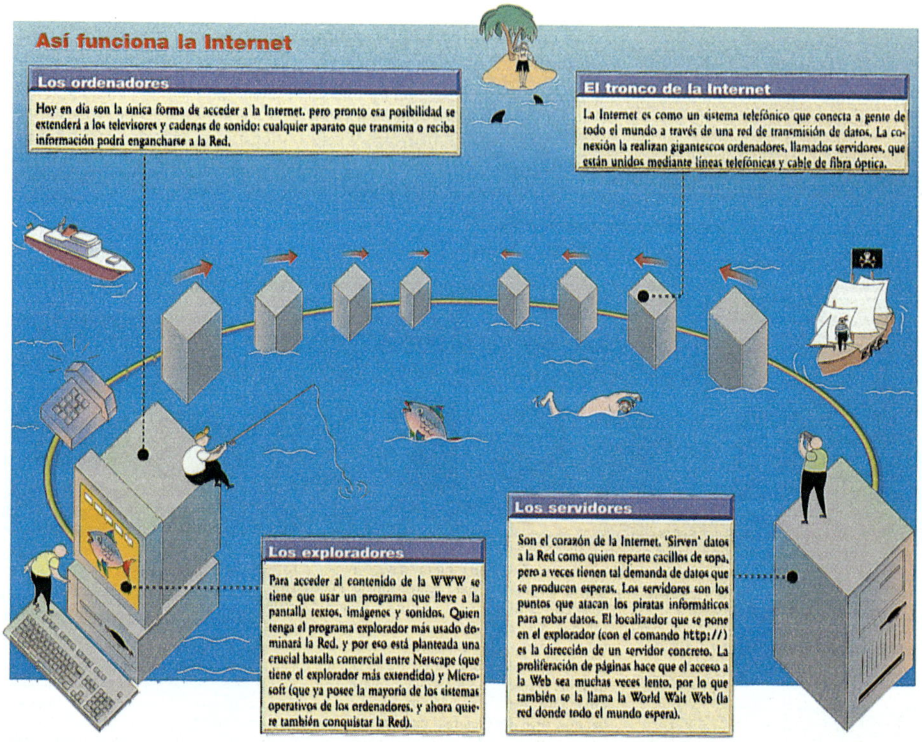

Humberto Blanco

Un océano baña la puerta de todas nuestras casas. Ese océano contiene peces grandes y pequeños, algas y restos de naufragios, pero también tesoros. Además es un océano mágico; todos sus habitantes están al alcance de la mano[7]. Y otra maravilla más: nadie puede agotar[8] sus recursos; una concha[9], una perla pueden ser recogidas una vez, un millón de veces; siempre estarán disponibles para el siguiente que quiera recogerlas.

El océano es la Internet, su localización: al otro lado de nuestros aparatos telefónicos, sus habitantes: palabras, sonidos, imágenes, datos[10]. ¿Quién los ha puesto allí?: cualquiera. ¿Quién los puede coger?: cualquiera. ¿Qué utilidad tienen?: depende de cada uno. ¿Cuánto cuesta coger alguna cosa?: nada, lo que cuesta es el acceso. ¿Quién manda en la Internet? Nadie. ¿Y cómo es posible que exista algo así en nuestro mundo?

¿Qué contiene la Internet? Imaginemos un tablón de anuncios gigantesco y abierto a todos. Las instituciones oficiales lo utilizan para difundir[11] sus puntos de vista; las empresas, para darse a conocer; las universidades, para proyectar su enseñanza; los jóvenes, para ponerse en contacto; los locos[12], para sus locuras; los coleccionistas, para localizar a otros; los artistas, para exhibir su obra; los que quieren estar a la moda, para no quedarse atrás; los periódicos, para ensayar[13] nuevos sistemas de información; los poetas, para aumentar sus lectores; los graciosos[14], para contar chistes; los investigadores[15], para unirse a la comunidad internacional; los ociosos[16], para divertirse; los trabajadores, para trabajar; los vendedores, para vender; los consumidores, para comprar; los ladrones[17], para intentar robar a unos y a otros. Como en la vida misma.

José Antonio Millán,
El País semanal, 20/10/1996.

1. *le réseau.* – 2. *ici, reliée.* – 3. de proveer : *fournir.* – 4. *usagers.* – 5. *entreprises.* – 6. *magasins.* – 7. *à portée de main.* – 8. *épuiser.* – 9. *un coquillage.* – 10. *les données.* – 11. *diffuser.* – 12. *les fous.* – 13. *tester.* – 14. *les comiques.* – 15. *les chercheurs.* – 16. *les gens oisifs.* – 17. *les voleurs.*

▶ profundiza

Presente de subjuntivo
Estudiar *(étudier)*, p. 87.
yo estudi**e**
tú estudi**es**...
Cf. **llamarse**, p. 52 / **levantarse**, p. 60.

Subir *(monter)*, p. 87.
sub**a**
sub**as**...

Entender [ie] *(comprendre)*, p. 87.
ent**ie**nd**a**
ent**ie**nd**as**
ent**ie**nd**a**
entend**amos**
entend**áis**
ent**ie**nd**an**

1. Emplois du subjonctif
a. "Voy a **pedir** al bedel **que** me **suba**", p. 87 ← inf. subir *(monter)*.
• "ordenadores... **para que** los clientes **conduzcan**", p. 87 ← inf. conducir *(conduire)*.
• "**Es mejor que** te **distraigas**", p. 87 ← inf. distraerse *(se distraire)*.
• "... **me gusta que** os **divirtáis**", p. 87 ← inf. divertirse *(s'amuser)*.
b. "... **mientras esté** (inf. estar) ausente", p. 87 : *pendant que je **serai** absent.*
• "... cualquier aparato **que transmita** (inf. transmitir) o **reciba** (inf. recibir) información **podrá** engancharse a la red", p. 86 : *tout appareil **qui transmettra** ou **recevra** des informations **pourra** être branché sur le réseau.*

2. L'impératif
– L'ordre
• "Pierda (Vd.) el miedo", p. 86 ← inf. perder *(perdre)*.

exámenes

– Voy a pedir al bedel que me suba un refresco, hace calor. ¿Les apetece a ustedes tomar algo?
Y nosotros meneamos negativamente la cabeza:
– Gracias, don Ginés, nada. Y él:
– Confío en su seriedad, no intercambien ni una sola palabra mientras esté ausente.

Jorge Ferrer-Vidal

> La Ciberteca y el Café de Internet son los dos únicos locales de ocio que existen en España con ordenadores conectados a la red Internet y dispuestos para que los clientes "conduzcan" por las autopistas de la información por un precio de seiscientas pesetas la media hora.
> *Tiempo,* 10/07/1995.

hay examen

Luis fue hacia el despacho[1] de su padre.
– ¿Vas a hablar por teléfono?
– No. Podéis usarlo. ¿Qué os pasa, que armáis ese alboroto[2]?
– No sé. Estamos todos excitados. Hay examen. Y los apuntes[3] no hay quien los entienda.
– Bueno, hijo. Pero si esto se repite, me parece que sería mejor que estudiases solo[4].
– No te preocupes, papá. Hoy no sé qué nos pasa. Pero en general todo va bien. ¿No es así?
– Sí, si es así. Pero ya sabes: cuando se pierde el ritmo es difícil recuperarlo.
– Sí. Ya se arreglará[5]. No te preocupes. Oye, me parece que voy a irme al cine. De todos modos hoy ya no podemos hacer nada.
– Bueno. Sí, es mejor que te distraigas[6] un poco. Ya sabes que me gusta que os divirtáis, siempre que[7] estudiéis. Así mañana estarás más descansado[8].
– Gracias.

Juan Antonio Payno, *El Curso,* 1961.

1. *le bureau.*
2. *inf.* armar alboroto : *faire du raffut.*
3. *les notes (de cours).*
4. *il serait préférable que tu études seul.*
5. *Ça ira mieux après.*
6. *inf.* distraerse : *se distraire.*
7. *à condition que.*
8. *reposé, dispos.*

"Tú no harías eso", anuncio publicitario.

1. Resumid en unas pocas palabras el motivo de la conversación entre padre e hijo.

2. ¿Cómo se comprende que Luis acostumbra estudiar con sus compañeros? ¿Está conforme el padre **con que** trabaj**en** juntos?

3. ¿En qué es diferente **hoy** de los otros días? ¿Cuál es la única solución para los jóvenes? (De momento, la única solución **es que**... y mañana...)

4. A vuestro parecer, ¿qué ventajas ofrece el hecho de estudiar en grupos? ¿Cuáles pueden ser los inconvenientes?

"¡Por favor, llámame!", Carmen Martín Gaite, *Lo raro es vivir*, 1996.

- **Imagin<u>emos</u>** (nosotros), p. 86 → inf. imagin**ar** *(imaginer)*.

– **La défense**
- "**No** te preocup**es** (tú)", p. 87 → inf. preocup**arse** *(se faire du souci)*.
- "**No** intercambi**en** (Vds.)", p. 87 → inf. intercambi**ar** *(échanger)*.

Cf. gram. 46.A.3, p. 269.

▸practica

Exámenes

Traduce el texto al francés.

Hay examen

1. Conjuga a todas las personas:
Dejar el trabajo.
Empieza por:
Es mejor que...

2. Pasa al estilo indirecto:

> – Me parece que voy a irme al cine. Hoy ya no podemos hacer nada.
> – Es mejor que te distraigas un poco. Me gusta que os divirtáis, siempre que estudiéis. Mañana estarás más descansado.

Empieza por:
Luis le dice a su padre que...
y el padre...

▸recuerda

– armar alboroto: *faire du tapage.*
– No te preocupes: *Ne t'en fais pas.*
– (estar) al alcance de la mano: *à portée de main.*

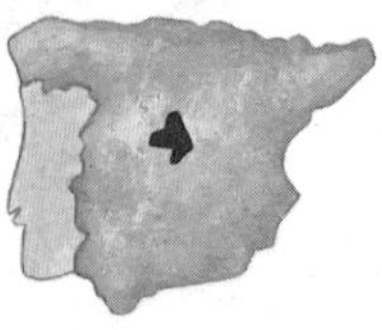

▸profundiza

Presente de indicativo
Soler *(avoir l'habitude de)* + infinitivo, p. 89.
suelo ser caprichoso.
sueles...

Presente de subjuntivo
Traer *(apporter)*, p. 89.
traiga
traigas...

1. Le genre du nom Arte
• El séptimo arte, p. 89 : *Le septième art.*
• Las bellas artes, p. 88 : *Les Beaux-Arts.*
Cf. gram. 8.A, p. 254.

2. Le pronom indéfini COD
• "... lo supervisó **todo**" : *elle a tout supervisé.*
• "... se lo organizaba **todo**", p. 88 : *elle organisait tout.*
Cf. gram. 17.3, p. 257.

3. L'apocope de Grande
• "... un **gran** universo de intereses", p. 88 : *un vaste champ d'intérêts.*
• "... una **gran** defensora", p. 88 : *une protectrice convaincue.*
• "... **grandes** superproducciones", p. 89.
Cf. gram. 18, p. 257.

4. Le verbe Soler + infinitif : habitude
"Los actores **suelen ser** los más caprichosos", p. 89 : *les acteurs sont **généralement** les plus capricieux.*
Cf. gram. 41, p. 267.

5. L'emploi du subjonctif après un verbe d'ordre, de conseil...
"que éste (= Michael) le aconseje **que haga** también lo mismo", p. 89 : *que celui-ci lui conseille d'en faire autant.*
Cf. gram. 37.A.2, p. 264.

▸presente de subjuntivo: traer ▸el pronombre indefinido todo (COD) ▸la apócope del adjetivo **grande** ▸**soler** +

la profesión de reinar

La Reina, mi compañera de viaje
Don Juan Carlos cuenta en el libro *La Reina*, de la periodista Pilar Urbano, que reinar es una profesión, que la corona[1] hay que trabajársela cada día de cada mes de cada año y que un "piernas[2]" no puede ser rey.

El Rey me lanza un discurso magnífico. –La Reina es una mujer con un gran universo de intereses: es una gran defensora de las bellas artes, de la música, de la filosofía, de muchas empresas humanitarias[3]... Le preocupa, pero le preocupa de verdad, la violencia, la droga, la marginación de cualquier tipo, la crueldad en la televisión, el Tercer Mundo, las mujeres rurales...
Tiene una vida muy rica. No sabe lo que es aburrirse[4] porque está abierta a muchísimas inquietudes y aficiones. A ella lo que no le divierten nada son las cosas de la casa. –Se echa a reír con picardía[5].– Yo a veces se lo digo, para hacerla rabiar[6]: "Mujer, ocúpate un poco de la casa." Y me contesta: "No me gusta." Lo que sí le gusta es ir de compras. Eso sí. Comprar cosas para la casa, para los hijos, para mí... Pero lo del coser o lo del guisar[7], eso, nada, no le gusta nada. Que las cosas estén bien hechas, bien servidas... eso sí. Por ejemplo, para la boda de mi hija Elena, se fue a Sevilla y lo supervisó todo, mirando las mesas y las copas y hasta la última cuchara[8]. Lo que se iba a servir, lo que no se iba a servir...
Pero, sobre todo, es una mujer muy de familia. Disfruta con[9] las fiestas familiares, las celebraciones, los cumpleaños... Tenernos a todos juntos. Eso le pirra[10]. Ahora ya no tanto, porque los chicos se van por su cuenta, a su aire; pero, cuando eran más pequeños, los guateques[11], las fiestas con baile, eso ella se lo organizaba todo aquí, para que no tuvieran que irse por ahí. No porque quisiera mangonear[12], pero sí para tenerles más a la vista. Siempre ha querido saber qué hacían sus hijos, dónde estaban sus hijos, si les faltaba algo de algo a sus hijos... Una madraza tremenda[13].

Pilar Urbano,
El Mundo, 22/11/1996.

1. *la couronne.* – 2. *un triste sire.* – 3. *ici, œuvres humanitaires.* – 4. *s'ennuyer.* – 5. *d'un air espiègle.* – 6. *enrager.* – 7. *coudre ou cuisiner.* – 8. *cuillère.* – 9. *Elle prend un vif plaisir à.* – 10. *l'emballe.* – 11. *les boums.* – 12. *régenter.* – 13. *Une sacrée mère poule.*

La Reina y yo somos unos padres satisfechos. Nuestros hijos son, cada uno por separado, personas fuera de lo común.

Video
"Paseo por Cartagena de Indias", reportaje.

1. ¿Qué forma tiene el libro *La Reina* de Pilar Urbano? ¿Qué estilo anuncia ya la introducción?
2. El Rey destaca tres aspectos de la vida de la Reina: ¿cuáles son?
3. ¿Cómo habla de su "compañera de viaje"?
4. Definid en qué consiste la profesión de esposa de jefe de estado.

el zapatero prodigioso

La familia Tenorio "viste" los pies de famosos[1] de todo el mundo desde hace más de un siglo.

Durante más de cien años la familia Tenorio ha mantenido la tradición de fabricar, de manera totalmente artesanal, calzado de caza y campo[2]. Sus libros de registro son muy distintos a los de cualquier otra empresa. Bucear[3] en ellos es como abrir una caja de sorpresas[4] en las que se guardan y archivan las plantillas y medidas[5] de los pies de los personajes más dispares[6].

"El Rey Juan Carlos lleva 35 años encargándonos[7] su calzado de campo –dice Félix García Tenorio–. Guardamos su horma[8] y también las de las infantas. La fama de los artesanos de la Zapatería Tenorio ha dado la vuelta al mundo[9]. Reciben encargos de los puntos más remotos[10] ("hemos ido hasta África para tomar medidas"), aunque sus principales clientes internacionales viven en EE UU, México, Alemania, Francia e Italia.

"El 40% de los encargos que recibimos son para clientes extranjeros. Nos recomiendan entre ellos, y así vamos ampliando nuestra clientela. Los actores suelen ser los más caprichosos. Basta que Anthony Quinn le enseñe a Michael York unas botas que se ha hecho en España, para que éste nos encargue inmediatamente otras parecidas, y encima se lo comente a Catherine Deneuve y le aconseje que haga también lo mismo."

La relación de la Zapatería Tenorio con el mundo del cine es muy estrecha y no se limita a encargos de particulares. Han estado presentes también en los rodajes[11] de grandes superproducciones de la historia del séptimo arte.

La zapatería tiene un *filon* inacabable[12] en el mundo de los toros.

"Esperamos que con las corridas de San Isidro[13] aumente el turismo y nos traiga[14] más clientela. Dentro del mundillo de los toros nos conocen bien y suelen recomendarnos."

La familia Tenorio conoce perfectamente de qué pie cojean[15] políticos, artistas y famosos.

Ana María Benito, *El Sol*, 05/05/1991.

1. gente célebre. – 2. *des pataugas.* – 3. *ici, plonger.* – 4. *une boîte à surprises.* – 5. *les semelles et mesures.* – 6. diversos. – 7. *inf.* encargar : *commander.* – 8. *sa forme.* – 9. *le tour du monde.* – 10. *lointains.* – 11. *les tournages.* – 12. *inépuisable.* – 13. San Isidro (fiesta el 8 de mayo) es Santo Patrono de Madrid. – 14. *inf.* traer ; *ici, amener partout.* – 15. *inf.* cojear : *boiter.*

---

1. Justificad el empleo del adjetivo **"prodigioso"** para presentar a la familia Tenorio; fijaos en el empleo metafórico de "bucear".

2. ¿A qué "mundos" pertenecen los ilustres clientes de la zapatería? ¿Cómo se va divulgando *(se propage)* su fama?

3. Explicad la última frase del artículo. Mostrad cómo la expresión "saber de qué pie cojea una persona" cobra todo su sentido.

4. El título del artículo recuerda el de la obra de García Lorca: La *zapatera prodigiosa* (p. 144). A vuestro parecer, ¿es fortuita la elección de este título? Justificad.

▶ practica

La profesión de reinar

1. Señala en el texto cuatro verbos que se construyen como **"gustar"**. Emplea uno de ellos en una frase personal respetando la lógica del texto.

2. Escribe en estilo indirecto: El Rey a veces le dice a la Reina: "Mujer, ocúpate un poco de la casa" y ella contesta: "No me gusta."

3. Traduce desde "A ella lo que no le divierten..." hasta "... no le gusta nada".

El zapatero prodigioso

1. Completa las frases respetando la lógica del texto:
– Anthony Quinn enseña sus botas a otros artistas para que ellos...
– Feliz García Tenorio lo apunta todo en los libros de registro para que...
– El zapatero les aconseja a sus hijos que...

2. Introduce la noción de costumbre (**soler**) :
– La familia Tenorio lo **apunta** todo en sus libros de registro.
– **Reciben** encargos de los puntos más remotos.
– "El 40% de los encargos que **recibimos** son para clientes extranjeros. Nos recomiendan entre ellos."
– "La relación de la zapatería con el mundo del cine **es** muy estrecha."

3. Da una estructura equivalente:
"El Rey Juan Carlos **lleva** 35 años encargándonos su calzado de campo."

4. Imagina otro(s) título(s) para este artículo.

5. Traduce desde "La fama de los artesanos..." hasta "...e Italia" (l. 15-22).

▶ recuerda

– echarse a reír: *se mettre à rire.*
– ir de compras: *aller faire les courses.*
– irse por su cuenta: *voler de ses propres ailes.*

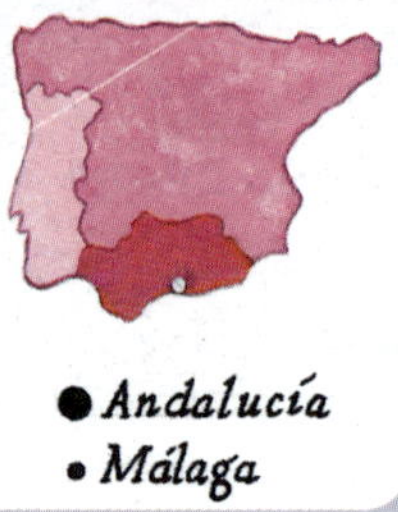

▸profundiza

Imperfecto de indicativo regular, p. 91.
Estar → estaba
Tener → tenía
Decir → decía

Los tres irregulares, p. 91.
Ser → era
Ir → iba
Ver → veía

Gerundio, p. 90.
Ir → yendo

1. Le pronom réfléchi de la 3e personne : **Sí.**
• "Guadiana abierta... –dijo Ferreras **para sí**", p. 91 : *se dit-il (dans son for intérieur).*
Mais :
• "Hablaba solo..." –le dijo **Ferreras a él (al inspector).**
Cf. gram. 20.G, p. 258.

2. **La concession : Aunque**
Rappel :
• "... **aunque** sus principales clientes **viven** en EE.UU", p. 89 : ***bien que** leurs principaux clients vivent aux U.S.A.* (concession sur un fait réel).
• "**Aunque** nunca **lleguemos**...", p. 90 : ***même si** nous n'arrivons jamais* (concession sur un fait supposé).
Cf. gram. 37.A.3, p. 265.

3. La dérivation
• **adjectif → nom :**
solo → la sol**edad**.
(des) igual → la (des) igual**dad**.
humano → la humani**dad**.
rebelde → la rebel**día**.
viejo → la ve**jez**.
• **nom → adjectif :**
poeta → poét**ico**.
drama → dramát**ico**.
lluvia → lluvi**oso**.
Cf. gram. 6, p. 252.

▸el imperfecto de indicativo de verbos regulares e irregulares ▸uso del pronombre reflexivo **sí**

el pintor de la soledad[1]

1. *la solitude.*
2. *Même si nous n'arrivons jamais.*
3. *l'esprit de révolte.*
4. *l'inégalité.*
5. *une aura.*
6. *terrible.*
7. *inf.* desaparecer : *disparaître.*
8. *le défi.*
9. diferente.

Aunque nunca lleguemos[2], siempre estamos yendo hacia alguna parte.

Cristóbal Toral nació en Antequera (Málaga) hace 56 años. Hijo de campesinos, conserva la rebeldía[3] del andaluz que conoció la desigualdad[4] y la injusticia. Sevilla, Madrid, Nueva York, han sido sus aulas de aprendizaje artístico. Admirador del Greco, Velázquez, Goya, Rembrandt o Van Gogh, dice que su pintura es poética; él no tiene nada que ver, dice, con los pintores que fotografían la realidad. A la realidad le añade un clima, un aura[5] poética y dramática, *"porque nadie puede escapar, y menos un artista, a la realidad de nuestro tiempo, que es tremenda[6]".*

– Al ver sus cuadros, no se sabe si empieza o acaba un viaje.

– Es verdad. En todo viaje hay algo metafísico, casi religioso. El hombre nace en un punto y desaparece[7] en otro; y entre ambos puntos se produce un tránsito, un viaje. Mis figuras están en el mundo, pero hacen un viaje cósmico, un viaje en el espacio. La humanidad vive en estos momentos el desafío[8] del espacio. Me atrae, sí, la inmensidad cósmica (...)

– ¿Y qué les pasa a los pintores con la fruta?

– Es un tema permanente en la historia de la pintura. Goya, Zurbarán, Velázquez, Sánchez Cotán, también pintaron bodegones. Lo que pasa es que yo he querido hacer algo distinto[9].

Rafael Plaza, *Ronda Iberia,* agosto de 1997.

1. Describid la foto... y el lienzo.

2. Leed el artículo y observad el cuadro.
• El pintor tiene orígenes campesinos: ¿en qué se nota?
• Nació en los años de la postguerra: ¿qué simbolizará la atomización de los elementos?
• ¿En qué difiere Toral de los pintores que "fotografían la realidad"?
• ¿Cuál es su visión de la vida y del hombre?

campesinos andaluces

Están hablando el inspector y Ferreras, el forense[1].

Estaba empezando a amanecer[2]. Hacia el este, entre la sierra todavía oscura y la capa[3] de nubes, había surgido un fulgor[4] rojizo que iba volviéndose dorado.

– Guadiana abierta, agua en la puerta[5] –dijo Ferreras para sí, de espaldas al inspector, mirando el valle que ya tenía una grisura de mañana lluviosa de invierno.

– ¿Cómo dices?

– Hablaba solo. (...) Me acordaba de un refrán que decía antes la gente del campo, cuando se madrugaba[6] tanto para ir a la aceituna que todo el mundo se echaba a los caminos cuando era todavía de noche. Bajaban por los caminos hacia el valle, veían esa mancha roja encima de la sierra y decidían que era un aviso seguro de la lluvia. Guadiana abierta...

Estaba aterido[7] de humedad y de frío, le dolían las rodillas y el costado, como avisándole del reúma[8] de la vejez (...) Pensó que no había visto los amaneceres del barrio de San Lorenzo y del valle del río desde los tiempos de su adolescencia en los que aprovechaba las vacaciones de Navidad para ganar jornales[9] como aceitunero y pagarse los estudios de Medicina.

Antonio Muñoz Molina, *Plenilunio,* 1997.

1. *le médecin légiste.*
2. *poindre (le jour).*
3. *la couche.*
4. *une lueur.*
5. frase proverbial: *Rouge levant, pluie ou vent.*
6. *on se levait tôt.*
7. *transi.*
8. *rhumatisme.*
9. el jornal: *le salaire (journalier).*

Vareando la aceituna, Málaga.

▸practica

El pintor de la soledad

1. Construye de otra manera:
• "Él **no** tiene **nada** que ver..."
• "**Nadie** puede escapar a la realidad..."

2. Da otra construcción:
"**Al ver** sus cuadros, no se sabe si empieza o acaba un viaje."

Campesinos andaluces

1. Escribe en presente el último párrafo (l. 14-20).

2. Al contemplar el cielo del amanecer, Ferreras se acuerda de un refrán que solía decir la gente del campo:
• ¿Qué visión nos da de los campesinos andaluces?
• ¿Qué recuerdo personal le trae a la mente? ¿Por qué?

3. Traduce las dos primeras frases.

▸recuerda

– No tiene nada **que** ver: *Cela n'a rien à voir.*
– algo distinto: *quelque chose de différent.*
– acordarse [**ue**] de un refrán: *se souvenir d'un proverbe.*
– Era **de** noche: *Il faisait nuit.*

▸profundiza

Pretérito indefinido irregular
Dar *(donner)*, p. 92.
di
diste
dio...

Imperativo irregular
(2ª persona de singular)
Tener → **ten** (tú)
Hacer → **haz** (tú)

1. Le pronom personnel après une préposition
• "¿Ha preguntado alguien **por mí**?"
• "... había hecho con amor **para mí**", p. 92.
Cf. profundiza 1, p. 90 / 4, p. 132.
Cf. gram. 20.G, p. 258.

2. Le subjonctif dans la subordonnée de temps
"Cuando (yo) me muera, recuerda (tú)...": *Quand je mourrai, souviens-toi...*
Cf. profundiza 1b, p. 86.
Cf. gram. 37.A, p. 265.

3. L'enclise à l'impératif
• **Dale** merluza **(al perro)**.
• **Quítale** las espinas **(a la merluza)**, p. 92.
Cf. profundiza 4, p. 60.
Cf. gram. 20.F, p. 258.

▸practica

¡Que te aproveche!

1. Pon en presente la 1ª frase del texto.

2. Escribe en estilo indirecto las réplicas:

> "Dale a Bleda merluza a la sidra. Pero quítale bien las espinas". Ten cuidado con las espinas.

Empieza por:
Pepe le pide a Biscuter que...
Insiste diciéndole que...

3. Pasa al estilo directo la 1ª frase (l. 1-2).

▸pretérito indefinido: dar ▸el imperativo irregular ▸los pronombres personales con preposición

¡que te aproveche!

Robert Doisneau, Picasso et Françoise Gilot à *La Galloise*, 1952.

El detective Pepe Carvalho está investigando sobre un crimen en el ámbito* (le milieu) *de la alta burguesía barcelonesa.

Llamó a Biscuter para que subiera a Vallvidrera* a darle de comer a *Bleda*.
– No tengo nada para un perro.
– En Vallvidrera hay cosas. ¿Qué habías hecho para mí?
– Una merluza[1] a la sidra.
– ¿De dónde has sacado la sidra?
– El dueño del colmado[2] de la esquina es asturiano.
– Dale merluza a la sidra. Pero quítale bien las espinas.
– ¿Al perro? ¿Merluza a la sidra al perro?
– Conviene educarle el paladar[3]. ¿Ha preguntado alguien por mí?
– La de siempre.
– ¿La chica?
– La chica.
– Pasaré temprano[4] por el despacho[5].
– ¿Se lo digo si vuelve a llamar?
– No. Ten cuidado con las espinas. No vaya a clavarse[6] el perro una en la garganta.
– ¿Insiste en lo de la merluza a la sidra?
– Haz lo que quieras.
– ¿No le puedo localizar en ninguna parte?
– No me he llevado la brújula[7] para darte la latitud y la longitud.
Cortó la pregunta de Biscuter sobre la merluza a la sidra y *Bleda*. Que te aproveche, *Bleda*. Asómate al[8] mundo de los

* Valvidrera: barrio de Barcelona situado en una colina donde vive el detective.
1. *un merlu.*
2. *le patron du bistrot.*
3. *le palais.*
4. *tôt.*
5. *le bureau.*
6. *enfoncer, planter.*
7. *la boussole.*
8. *Penche-toi sur.*

▶ uso del subjuntivo en la subordinada temporal
▶ posición enclítica del pronombre personal

hombres civilizados a través de una cocina digna y cuando me muera recuerda que un día te di de cenar lo que Biscuter había hecho con amor para mí.

Manuel Vázquez Montalbán, *Los mares del Sur,* 1979.

1. ¿Por qué llama Pepe Carvalho a Biscuter? ¿Qué le pide?

2. Los dos hombres discuten mucho a propósito de la comida del perro: analizad los **argumentos** de cada uno.

3. ¿Cómo vemos que el perro cobra para el detective más importancia que su trabajo?

4. De momento, Pepe Carvalho necesita libertad: ¿en qué se nota?

5. Fijaos en el monólogo interior (últimas dos frases): ¿cómo traducen el tono y el vocabulario **el desengaño** *(la vision désabusée)* de Carvalho?

tres recetas

merluza a la sidra

Ingredientes:
750 g de merluza
1/2 vaso de sidra
harina
cebollas
perejil y sal.

Se prepara la merluza en rodajas un poco gruesas. **Se sazonan** las rodajas con sal, pasándolas por harina. **Se colocan** en una cazuela de barro y **se doran** ligeramente. En el aceite sobrante **se refríe** la cebolla picada muy fina, **se añade** una cucharada grande de harina, **se rehoga** un poco y a continuación **se agrega** un vaso pequeño de sidra y unas hojitas de perejil muy picado. **Se le añade** un poquito de agua, la necesaria para cubrirlo. **Se cuece** durante 10 a 15 minutos.

migas aragonesas

Ingredientes:
jamón cortado en trocitos
chorizo y longaniza cortados en dados
una patata
una cebolla picada
2 ajos
pan duro de bolo.

Poner en una sartén aceite de oliva en cantidad. Cuando está caliente, **echar** el jamón, luego **añadir** la patata y **removerlo** todo en la brasa del fuego en la chimenea. **Agregar** la cebolla, la longaniza, el chorizo y **dar** vueltas. Cuando todo está dorado, **coger** los panes de bolos, **cortarlos** en migajas finísimas y **echarlas** poco a poco en la sartén removiendo. **Echar** la sal, **verter** uno o dos vasos de agua, **añadir** los dientes de ajo. **Remover** en la brasa. ¡Cuidado! Las migas no tienen que estar muy secas.

gazpacho a la andaluza
(plato frío)

Ingredientes:
5 pimientos verdes
2 pepinos
4 tomates grandes maduros
una cebolla pequeña
1/4 kg de pan
un diente de ajo
aceite, vinagre y sal.

En el mortero **poner** el ajo picado con la sal, un pepino cortado en trozos, dos pimientos y la mitad de la cebolla. **Machacar** durante unos minutos, y **añadir** el tomate pelado y troceado así como el pan que se habrá puesto a remojar previamente. A esta mezcla, **agregar** un chorro de aceite, medio vasito de vinagre y litro y cuarto de agua fresca. **Remover** bien y **rectificar** la sal. **Pasarlo** todo por el colador chino. Como guarnición, **poner** cortados en cuadraditos los restos del pepino, tomate, pimiento y cebolla. **Servir** bien frío con unos cubitos de hielo.

• A tu elección *(au choix)*, pasa los verbos de una de las recetas a la 2ª persona de singular de imperativo.

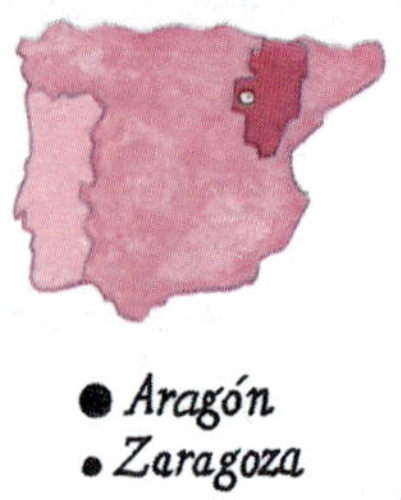

▸profundiza

Presente de subjuntivo
Crecer *(grandir)*, p. 95.
crezca
crezcas...

1. Le vocatif
"Duérmete, lucero **mío**", p. 95 : *Endors-toi, mon trésor.*

2. La forme passive
"... **eran tenidos por** grandes especialistas (por los andaluces)", p. 94 : *ils étaient considérés comme d'éminents spécialistes (par les Andalous).*

La forme passive exprimant un état
"La cosecha (...) **estaba** siempre **amenazada por** la sequía", p. 94 : *La récolte **était** toujours **menacée par** la sécheresse.*
Cf. gram. 28.A, B, p. 260.

3. L'optatif
"... **quiera** Dios que tu suerte no sea la mía", p. 95 : *Dieu **veuille** que ton sort ne soit pas comme le mien.*
Cf. gram. 34, p. 263.

4. Le subjonctif dans la subordonnée
a. relative
"... duro **seguirá** el otoño **para quien** no **encuentre** tajo", p. 95 : *dur **sera** l'automne **pour celui qui ne trouvera** pas de travail.*
b. conjonctive de temps
"... que **cuando crezcas** tu suerte no sea la mía", p. 95 : *que, **lorsque** tu **grandiras**, ton sort ne soit pas comme le mien.*
Cf. profundiza 1b, p. 86 / 2, p. 92.
Cf. gram. 37.A.2, B, pp. 264-265.

5. La valeur causale de Que
"Duérmete (...) **que** al alba vendrán los hombres" = **porque...**

▸ presente de subjuntivo: crecer ▸ el adjetivo posesivo detrás del nombre ▸ la voz pasiva ▸ el uso del subjuntivo en oraciones

el mejor aceite

El Bajo Aragón produce el mejor aceite de oliva de España y quizá del mundo. La cosecha[1], espléndida algunos años, estaba siempre amenazada por la sequía[2] que podía dejar los árboles sin hojas. Algunos campesinos de Calanda[3] iban todos los años a Andalucía para la poda[4] de los árboles en las provincias de Córdoba y Jaén, ya que eran tenidos por grandes especialistas. A principios de invierno empezaban a cosecharse las aceitunas. Durante el trabajo, los campesinos cantaban la *Jota*[5] *Olivarera*. Los hombres, subidos a las escaleras[6], golpeaban las ramas con la vara[7] y las mujeres recogían el fruto que caía al suelo. La *Jota Olivarera* es dulce, melodiosa y delicada. Por lo menos, en mi recuerdo.

Luis Buñuel,
Mi último suspiro,
1982.

1. *La récolte.*
2. *la sécheresse.*
3. pueblo aragonés, tierra de Buñuel.
4. *la taille.*
5. baile / copla de Aragón.
6. *échelles.*
7. *la gaule.*

Joteros bailando delante de la iglesia del Pilar, Zaragoza.

1. ¿Qué recuerda Luis Buñuel acerca de su tierra aragonesa y de sus compatriotas?

2. Este fragmento pone de manifiesto varios sentimientos del autor: ¿cuáles son?

3. ¿Cómo se mezclan *(se mêlent)* en esta evocación la visión distanciada del hombre viejo y el recuerdo infantil?

su fuente: *ici, sa source.* – se nutren: *inf.* nutrirse : *se nourrir.* – mana: *inf.* manar : *jaillir.* – cuide: *inf.* cuidar (de) : *s'occuper de, prendre soin de.* – apartado de correos: *boîte postale.*

1. ¿Quién promueve esta publicidad? ¿Qué alaba?

2. Describid la publicidad mostrando cómo se completan sus diferentes elementos.

3. Recordad otras publicidades francesas o españolas que alaban productos alimenticios: ¿en qué difiere ésta?

"El villano", Labordeta, *Recuento*, 1995.

nana[1] para dormir...

Duérmete niño pequeño
duérmete sobre la sierra
que al alba[2] vendrán los hombres
que vuelven de la ribera[3].

Traerán higos[4] y mengranas[5]
pan blanco de harina blanca
y vendrán con la alegría
del hombre que vuelve a casa.

Duro ha sido este verano
dura su ausencia y trabajo[6]
duro seguirá el otoño
para quien no encuentre tajo[7].

Duérmete, lucero mío[8]
que ya se aproxima el día
quiera Dios que cuando crezcas[9]
tu suerte no sea la mía.

Duérmete niño pequeño
duérmete sobre la sierra
que al alba vendrán los hombres
que vuelven de la ribera.

Labordeta,
Recuento, 1995.

1. *berceuse.*
2. *à l'aube.*
3. tierra fértil al margen de un río.
4. *des figues.*
5. En Aragón, granada.
6. *durs ont été l'absence et le labeur.*
7. *tâche, travail.*
8. *mon chéri.*
9. *inf.* crecer : *grandir.*

▶practica

El mejor aceite

Justifie l'emploi des prépositions
- Algunos campesinos iban todos los años **a** Andalucía **para** la poda.
- Los hombres, subidos **a** las escaleras golpeaban las ramas **con** la vara y las mujeres recogían el fruto que caía **al** suelo.

Publicidad

1. Traduce el eslogan y el texto de la publicidad.
2. Imagina otro eslogan bajo la forma de una orden a un futuro consumidor.

Nana para dormir

Pasa la cuarta copla al estilo indirecto empezando por: La madre le dice al niño que...

▶recuerda

– ¡Tiene **tanto** que ofrecerte!: *Elle a tant à t'offrir !*
– Deja **que cuide** de ti: *Laisse-la **prendre soin** de toi.*
– a principios de invierno: *au début de l'hiver.*

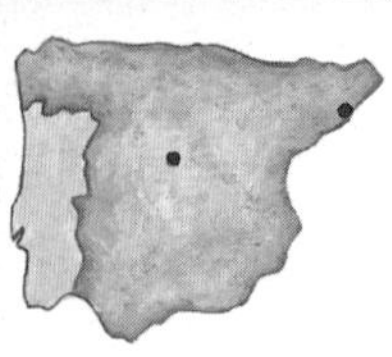

▸ el pretérito indefinido regular ▸ la formación del adverbio de modo ▸ la apócope de **grande** y **recientemente**

• En 1561 **Felipe II** había elegido a Madrid como **capital de España.** "La Villa y Corte" se desarrolló poco a poco (iglesias, hospitales, monasterios).
• **La Plaza Mayor** se edificó bajo el reinado de **Felipe III**, en **1617-1619.** Aquí se ve al rey paseando a caballo con su comitiva por la plaza recién construida.

Perspectiva de la *Plaza Mayor de Madrid*, anónimo, siglo XVII. Museo municipal, Madrid.

soy poeta

– Bueno, es que he venido hace unos días del pueblo y todavía no conozco bien las costumbres de la ciudad. He pensado que quizá[1] pueda reunir las condiciones que usted exige.

– Lo que buscamos es un chico, un aprendiz.

– Yo puedo hacerlo mejor por el mismo precio –dijo Gregorio, sin abandonar el tono de disculpa[2]. Póngame a prueba[3] unos días. Si quiere, puedo empezar ahora mismo. Verá, le voy a ser sincero –y sacó el libro–. ¿Ve? Son versos. Los he escrito yo. Me dieron un premio[4] por las fiestas. Soy poeta y he venido aquí, a la ciudad, en busca de fortuna literaria. Allí en el pueblo trabajaba precisamente en una tienda. Era dependiente[5]. La vida en los pueblos, ¿sabe usted?, es más tranquila, pero no quería morirme sin conocer esta bella ciudad. Nunca pensé que fuese[6] tan grande. ¡Y esos rascacielos[7] tan altos! ¡Y las tiendas! ¡Y tantos coches! ¡Y esa multitud a todas horas! La verdad, no me atrevía a[8] entrar aquí, con esta pinta[9] de pueblerino[10]. Pero me dije: ¡Hombre, eres una persona honrada[11] y eso ya es importante! Además, ¡qué caramba![12], conoces el oficio. Así que le eché valor[13] y aquí estoy.

Luis Landero, *Juegos de la edad tardía,* 1989.

1. *peut-être.*
2. *d'excuse.*
3. *à l'épreuve.*
4. *On m'a décerné un prix.*
5. *vendeur.*
6. *qu'elle fût.*
7. *ces gratte-ciels.*
8. *je n'osais pas.*
9. *cet air.*
10. *villageois.*
11. *honnête.*
12. *diantre !*
13. *j'ai pris mon courage à deux mains.*

1. Narrad la anécdota del texto.

2. ¿Cuáles son las diferentes reacciones de Gregorio frente a la ciudad?

3. ¿Cómo revela su tono el cambio de estado de ánimo?

4. En realidad, Gregorio cuenta patrañas *(bourdes, mensonges)* porque nunca fue un auténtico poeta. A vuestro parecer, ¿por qué se inventa otra personalidad?

▸ profundiza

Presente de indicativo
Conocer *(connaître)*, p. 96.
conozco
conoces...
Rappel : **reconocer**, p. 84.

Pretérito indefinido regular
Pensar

pensé	pensamos
pensaste	pensasteis
pensó	pensaron

1. Rappel : La formation de l'adverbe de manière
preciso → precisamente, p. 96.
especial → especialmente, p. 97.
cómodo → cómodamente, p. 97.
Cf. profundiza 1, p. 44 / 2, pp. 56, 74.
Cf. gram. 19, p. 257.

2. L'apocope
a. adjectif : **Grande**
"La **gran** Aula", p. 97.
Mais : "... que fuese tan **grande** (la ciudad)", p. 96.
b. l'adverbe : **Recientemente**
"... la plaza **recién** construida", p. 96.
Cf. gram. 18 / 19, p. 257.

3. **La condition réalisable**
"**Si quiere, puedo** empezar ahora mismo", p. 96 : *Si vous voulez, je peux commencer tout de suite.*
Cf. profundiza 3, p. 82.
Cf. gram. 37.A.3, p. 265.

4. Un emploi du subjonctif
"... **quizá pueda** reunir las condiciones", p. 96 : *peut-être puis-je réunir les conditions.*
Cf. gram. 42, p. 267.

5. La locution impersonnelle : **Il y a**
"... he venido **hace** unos días", p. 96 : *je suis arrivé* ***il y a*** *quelques jours.*
Cf. gram. 23.A, p. 259.

BARCELONA una lección divertida

La gran Aula donde observar, analizar, descubrir y aprender

Asómate a una gran ciudad como Barcelona. Hay muchas cosas para ver y visitar. Expresiones culturales, historia, crecimiento, nuevas soluciones urbanísticas, instituciones y servicios públicos, organizaciones financieras, comerciales e industriales...

Barcelona Aula Abierta te propone durante todo el curso un completo programa de visitas para conocer la ciudad. 12 itinerarios elegidos especialmente para cubrir las necesidades temáticas del curso y presentar las diferentes realidades que forman una ciudad.

Sin olvidar los aspectos más lúdicos; el viaje, **dormir cómodamente en un hotel de la ciudad** y las salidas turísticas son una experiencia nueva y divertida que fomenta la convivencia y la vida en grupo.

Barcelona Aula Abierta te ofrece la oportunidad de aprender observando directamente la realidad. Una lección inolvidable.

BARCELONA
Aula Abierta

Un programa de TURISME DE **BARCELONA**
Organización pedagógica: Institut Municipal d'Educació de Barcelona. Ajuntament de Barcelona.
Información y Reservas:
Teléfono 93/423 18 00 - Fax 93/423 26 49

una lección divertida: *un cours amusant.* – el aula: *littéralt, la classe.* – *inf.* asomarse (a la ventana): *se pencher.* – el crecimiento: *la croissance.* – el curso: *le cours ; ici, le stage.* – elegidos: *choisis.* – las salidas: *les sorties.* – *inf.* fomentar: *développer.* – la convivencia: *ici, le sens de la cohabitation.* – inolvidable: *inoubliable.* – Turisme / Ajuntament: palabras catalanas; en castellano se dice: Turismo / Ayuntamiento.

"Oiga, señora, ¿está Soledad?", D. Renaud y S. Chiabrando, *El profesor Micrón*, 1990.

1. Presentad la publicidad.

2. Situad y describid cada uno *(chacun)* de los elementos que la componen.

3. Recordando la situación y las actividades de la capital de Cataluña, decid qué tipo de estudios les puede ofrecer a los jóvenes. Mostrad cómo se resuelve *(se résout)* la paradoja "una lección divertida".

4. Al fin y al cabo, ¿cómo llega a ser esta experiencia "una lección inolvidable" para el futuro ciudadano? (Último párrafo del texto / simbolismo de las ventanas abiertas...)

▶ practica

Soy poeta

1. Justifie l'emploi des démonstratifs :
• "... no quería morirme sin conocer **esta** bella ciudad".
• "Nunca pensé que fuese tan grande. ¡Y **esos** rascacielos tan altos! ¡Y **esa** multitud a todas horas!"
• "... no me atrevía a entrar aquí, con **esta** pinta de pueblerino".

2. Traduce al español:
Dans mon village, on dit qu'à la ville il est difficile de trouver un travail.

3. Conjuga a todas las personas:
• "Soy poeta y he venido aquí en busca de fortuna literaria".
• "Le eché valor y aquí estoy".

▶ recuerda

– Le voy a ser sincero: *Je vais vous parler franchement.*
– ir en busca de: *aller en quête de...*
– Aquí estoy: *Me voici.*

▸profundiza

1. Rappel : La tournure emphatique
• "... aquí es ese personaje vestido de aldeano **el que** roba la atención en Nochebuena", p. 98.
Cf. profundiza 2, p. 30 / 3, p. 60 / 2, p. 62 / 3, p. 66.

2. Rappel : Différents aspects de l'action
• "Pero se **están perdiendo** otras muchas tradiciones", p. 98.
• "Papá Noel **está restando** protagonismo a los Reyes Magos", p. 98.
Cf. profundiza 4, p. 26 / 5, p. 29 (estar / ir + gerundio).
• "También se **siguen llenando** las iglesias"
Cf. profundiza 3, p. 30.

3. Autre substitut du verbe Être : Resultar
• "... José y María, (...) **resultan** siempre más reales", p. 99.
Cf. gram. 29, p. 261.

4. La proposition concessive (sur un fait supposé)
"**Aunque** diciembre nos **cubra** (*inf.* cubrir) de pesebres", p. 99 : ***Même si** en décembre nous **sommes** inondés de crèches.*
Cf. profundiza 2, p. 90.

1. ¿Cuál es el sentido religioso profundo de la Navidad?
¿Cómo se vive en el País Vasco (y en España) esta fiesta sagrada?
2. ¿Qué otras costumbres se implantan hoy día? ¿De dónde vienen?
3. Los dos últimos párrafos mencionan las diferentes costumbres navideñas: destacad lo típicamente vasco y lo tradicional.

▸es el que ▸estar / seguir + gerundio precisa la duración de la acción

Bartolomé Esteban Murillo, *La Sagrada Familia con San Juan niño*, 1665-1670. Museo de Bellas Artes de Budapest.

1. Definid el asunto del cuadro. ¿Cómo se organiza la escena?
2. Describid a los personajes mostrando cómo supo Murillo **humanizar lo divino**.
3. Estudiad las líneas y la luz. ¿Qué impresiones se desprenden de esta **escena sin artificio**?

costumbres navideñas vascas

La Navidad es en el País Vasco, como en el resto de España, un tiempo de reencuentro para muchas familias. Vuelven a casa los hijos que viven fuera y se alargan las conversaciones de sobremesa[1]. La calidad de la cocina vasca se hace patente especialmente en estas fechas, en las que todavía se cantan villancicos[2] en las calles.

Pero se están perdiendo otras muchas tradiciones en torno a estas fiestas, tomándoles el relevo otras no relacionadas con la celebración religiosa, que cobran fuerza cada año, como el personaje del "olentzero", un pastor vasco que baja en Nochebuena de los caseríos[3] de las montañas para repartir juguetes a los niños. Así como en otras regiones españolas Papá Noel está restando protagonismo[4] a los Reyes Magos, aquí es ese personaje vestido de aldeano[5] el que roba la atención en Nochebuena.

En todas las localidades vascas el "olentzero" recorre las calles la víspera de la Navidad repartiendo golosinas[6]. Al final del recorrido, el muñeco[7] arde[8] en una gran hoguera. La representación del "olentzero" sustituye incluso a los "Belenes"[9] y a otros adornos navideños en los escaparates[10] de las tiendas.

No es frecuente que eso ocurra en las casas, donde se instalan Belenes y se adornan árboles de Navidad. También se siguen llenando las iglesias en la Misa del Gallo[11].

M. Luisa G. Franco, *ABC*, 25/12/1993.

1. *en fin de repas.* – 2. cantos de Navidad. – 3. *des fermes.* – 4. *enlever le premier rôle à.* – 5. pueblerino, campesino. – 6. *des friandises.* – 7. *le pantin.* – 8. *inf.* arder : *brûler.* – 9. *les crèches.* – 10. *les vitrines.* – 11. *la messe de minuit.*

Tito Salas (Venezuela), *Nacimiento*, 1936. Óleo sobre tela, 232 x 370 cm.

diciembre

Aunque diciembre nos cubra de pesebres[1]
todas las casas,
ninguno muestra tantas cosas de Dios
como un nido de pájaros.
Basta mirar cualquiera[2] a la intemperie:
en su interior José y María,
con diminutos[3] cuerpos
resultan siempre más reales[4],
y en el silencio se entregan a velar[5]
mientras las ramas mecen[6] compasivas
el huevo[7] que guarda los cantos.
No hay buey ni mula sino estrellas,
ni corderos[8] que pasten en las nubes;
tan sólo esa inocente desnudez[9]
que junto con su amor se balancea
al ritmo de los astros.
Nunca sabrán qué es Navidad
ni por qué los hombres dividen el tiempo
si al fin todas las horas son iguales.
En vela noche y día,
aguardan[10] que la fuerza que expande la raíz[11],
la que muda las hojas y mueve[12] los planetas,
ascienda[13] por el árbol hasta el nido
y rompa la cáscara[14].

Eugenio Montejo (Venezuela), *Alfabeto del mundo*, 1986.

1. el pesebre, el belén: *la crèche.*
2. *n'importe lequel.*
3. *tout petits.*
4. *réels, vrais.*
5. *veillent sans relâche.*
6. *bercent.*
7. *l'œuf.*
8. *des agneaux.*
9. *nudité.*
10. esperan.
11. *littéralt, que la racine diffuse* (*inf.* expandir).
12. *inf.* mover [ue] : desplazar.
13. *inf.* ascender [ie] : *monter.*
14. *brise la coquille.*

Vídeo: "Saber mirar es saber amar", J.L. Garci y H. Valcárcel, *Canción de Cuna*, 1994.

1. El poeta venezolano introduce el asunto (v. 1 a 4) gracias a una comparación: ¿cuál es? ¿Cómo se justifica?

2. Leed detenidamente los versos 5 a 16: ¿cómo desarrolla la metáfora Eugenio Montejo? (¿Semejanzas / diferencias?)

3. ¿Qué tendencia innata de los "padres-pájaros" se trasluce en los versos 17 a 19? ¿Qué sentimientos del poeta se hacen patentes?

4. Última frase:
- ¿Con qué asocia el poeta la eclosión del huevo? (*Cf.* verso 22.)
- Fijaos en el estilo del poema (las palabras empleadas, los artículos, el metro de los versos, la puntuación...): ¿cómo ilustra el **milagro** de la Natividad?

1. Presentad el lienzo (asunto, composición).

2. Describidlo detalladamente recalcando el significado de su composición circular.

3. La construcción piramidal así como la luz y los colores confieren nobleza y dulzura a la escena: mostradlo.

▸practica

Costumbres navideñas

Transforma las frases empleando la construcción de profundiza 1:
- **El "olentzero"** reparte juguetes a los niños.
- **En el País Vasco** únicamente existe el personaje del "olentzero".
- **La víspera de Navidad** se reúne la familia para celebrar estas fiestas.

La Sagrada Familia / Costumbres navideñas

En las frases siguientes, sustituye el verbo en negrilla por **estar / ir / seguir + gerundio.**
- La Virgen **teje** mientras vigila a los niños.
- En estas fechas navideñas, todavía **se cantan** villancicos en las calles.
- En todas las localidades vascas el "olentzero" **recorre** las calles la víspera de Navidad.

▸recuerda

– la víspera de Navidad: *la veille de Noël.*
– las conversaciones de **sobremesa**: *les conversations en fin de repas.*
– repartir juguetes a los niños: *distribuer des jouets aux enfants.*
– **basta** mirar: *il suffit de regarder.*

▸profundiza

El participio pasado regular
Hornear → **horneado**
Vestir → **vestido**, p. 100.

El participio pasado irregular
(En)volver → en(vuelto)
Cubrir → cubierto
Absorber → absorto, p. 100.
Cf. pp. 62, 64, 70.

La subordonnée de temps
• "… **cuando** las lluvias se van y las tardes se vuelven soleadas", p. 100 : ***quand** les pluies cessent et **que** les après-midi deviennent ensoleillés.*
• "… **tan pronto** la familia regresa", p. 100 : ***dès que** la famille revient.*
Cf. gram. 37.A.3, p. 265.

▸recuerda

– soñar [ue] **con** los regalos: *rêver aux cadeaux.*
– **en medio del** ajetreo cotidiano: *au milieu de l'agitation habituelle (quotidienne).*
– **Sacan tiempo para** planear una cena: *Ils trouvent du temps pour organiser un dîner.*
– **a los pocos minutos**: *au bout de quelques minutes.*

▸el participio pasado regular / irregular
▸la subordinada temporal

Costa Rica, el trópico, sol y paz

Belén en la Plaza de Armas, Santiago de Chile.

A diferencia de lo que ocurre[1] en el Viejo Continente, en Costa Rica la Navidad llega cuando las lluvias se van y las tardes se tornan soleadas[2].
Los más entusiastas en esta fiesta de la alegría son los niños que desde días antes comienzan a soñar con los regalos[3] que el "Niñito Dios" les dejará la mañana del 25 de diciembre.
Los mayores, por su parte, en medio del ajetreo[4] cotidiano sacan tiempo para planear una cena de Navidad, que se celebra tan pronto[5] la familia regresa de la Misa del Gallo[6], y en la que el "tamal" –una pasta de maíz rellena[7] de patata, arroz y cochinillo[8], envuelta en hojas de plátano[9]– será el platillo principal.
Desde los primeros días de diciembre se ha instalado "el portal"[10], para el cual en este país suelen mezclarse las figuras tradicionales con imágenes[11] de monjas y campesinos.
La "corona de adviento"[12] ocupa un lugar central en los días previos de la Navidad, lo mismo que las "Posadas", una actividad tradicional en la que los niños, vestidos a la usanza de pastores, recorren las calles de su barriada[13] cantando villancicos.

Guillermo Méndez, *ABC*, 25/12/1993.

1. lo que pasa.
2. *ensoleillées.*
3. *rêver aux cadeaux.*
4. *l'agitation.*
5. *dès que.*
6. *la messe de minuit.*
7. *farcie.*
8. *cochon de lait.*
9. *bananier.*
10. el belén, el pesebre.
11. *statues ; ici, santons.*
12. *de l'Avent.*
13. *leur quartier.*

---

1. ¿De qué habla este artículo de la revista española ABC?

2. Situad Costa Rica y decid lo que comprendéis de su clima gracias al 1er párrafo.

3. Reconstituid **la cronología** de los preparativos navideños. (Desde los primeros días de diciembre, los costarricenses suelen... / Los días previos de la Navidad...)

4. Destacad **el mestizaje cultural** que asoma tras esta relación de Guillermo Méndez.

almuerzo de Navidad

1. *amér. la treille.*
2. *des nappes.*
3. *des noix.*
4. *de la dinde.*
5. *laitue.*
6. *rôti (cuit au four).*
7. *de l'oignon.*
8. *On apporta.*
9. *avec la queue.*
10. *amér. des pêches.*
11. *les plateaux.*
12. *littéralt, pétri ; ici, fait à la maison.*
13. *étranger à l'agitation.*
14. un pimiento.
15. *cousins.*

Almorzábamos siempre en el patio de las hortensias, bajo el parrón[1], en torno a una mesa grande cubierta con manteles[2] blancos. Ese día estaba la familia completa celebrando la Navidad, había guirnaldas colgadas, ramas de pino sobre la mesa y platillos con nueces[3] y frutas confitadas. Sirvieron los restos del pavo[4] de la noche anterior, ensalada de lechuga[5] y tomate, maíz tierno y un congrio gigantesco horneado[6] con mantequilla y cebolla[7]. Trajeron[8] el pescado entero, con cola[9], una cabezota con ojos suplicantes y la piel intacta como un guante de plata manchada que mi madre retiró con un solo gesto, exponiendo la carne reluciente. Pasaban de mano en mano las jarras de vino blanco con duraznos[10] y las bandejas[11] con pan amasado[12], todavía tibio. Como siempre, todos hablaban a gritos. Mi abuelo, en mangas de camisa y con un sombrero de paja, era el único ajeno al alboroto[13], absorto en la tarea de quitar las semillas a un ají[14] para rellenarlo con sal, a los pocos minutos conseguía un líquido salado y picante capaz de perforar cemento, que él bebía con deleite. En un extremo de la mesa estábamos los niños, cinco primos[15] bulliciosos arrebatándonos los panes más dorados.

Isabel Allende

Isabel Allende (Chile), *Paula,* 1994.

---

1. ¿Qué recuerda la autora en este fragmento autobiográfico?

2. Fijaos en los tiempos empleados: ¿cómo permiten destacar dos momentos en este relato? (Primero la novelista evoca..., ya que... Luego, piensa en... y, por consiguiente, ...).

3. La familia solía comer fuera: ¿cómo se explica? ¿Qué le daba al patio su apariencia festiva?

4. ¿En qué consistió el menú de ese almuerzo que recuerda Isabel Allende?

5. Entre los comensales *(les convives)*, destacaban el abuelo y los nietos: comparad sus actitudes y reacciones.

6. A vuestro parecer, ¿por qué evoca la autora con tanto deleite ese almuerzo navideño?

los peces

La Virgen se está peinando[1]
entre cortina[2] y cortina,
los cabellos son de oro
y los peines de plata fina.

Estribillo
Pero mira cómo beben
los peces en el río,
pero mira cómo beben
por ver a Dios nacido.

Beben y beben
y vuelven a beber
los peces en el agua
por ver a Dios nacer. } bis

La Virgen va caminando
y va caminando solita
y no lleva pa compaña
que[3] el niño de su manita.

Estribillo
La Virgen lleva una rosa
en zu divina pechera[4]
que se la dio[5] San José
antes que el niño naciera.

Estribillo
La Virgen lava pañales
y los tiende[6] del romero[7],
los pajarillos cantando
y el romero y floreciendo.

Estribillo

La llorona,
Lhasa, 1997.

1. *inf.* peinarse : *se peigner.* – 2. *rideau.* – 3. por compañía más que. – 4. *poitrine.* – 5. *que lui a donnée.* – 6. *inf.* tender [ie] : *étendre.* – 7. *le romarin.*

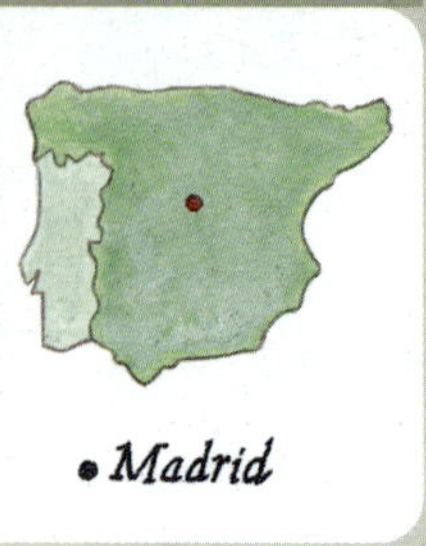

▶ el pretérito indefinido regular de los verbos en **-ar**
▶ el superlativo absoluto

Nochebuena

el abeto de Navidad

Mique Beltrán, *Marco Antonio*, 22/12/1996.

▸profundiza

Pretérito indefinido regular
Comprar *(acheter)*, p. 103.
compré
compraste
compró
compramos
comprasteis
compraron
Cf. pensar, p. 96.

1. Rappel : **Le superlatif absolu**
• buen**ísimo** = muy bueno
• fresqu**ísimo** = muy fresco, p. 103.
Cf. profundiza 1, p. 32 / 2, p. 72.

2. **L'interrogation indirecte**
• "... hay que saber **quién** compró las uvas."
• "... tienes que decirme **quiénes** eran los invitados."
• "... se plantearon **qué** hacer con los excedentes", p. 103.

3. Rappel : **L'obligation**
a. impersonnelle
"... **hay que** saber", p. 103 : *il faut savoir.*
Cf. profundiza 2, pp. 44, 48.
b. personnelle
"... **tienes que** decirme", p. 103 : *il faut que tu me dises, tu dois me dire.*
Cf. profundiza 2, p. 22.

4. **La réitération**
"...comienza a nevar **de nuevo**", p. 102 : *il recommence à neiger.*

deberías: *tu devrais.* – sus raíces: *ses racines.* – imprescindible: *indispensable.* – la tala: *la coupe.* – el entorno, el medio ambiente: *l'environnement.* – la sequía: *la sécheresse.* – me marcho, *inf.* marcharse : *s'en aller.* – ¡Qué guay!: *C'est super !* – no tuvo valor: *il n'a pas eu le courage.*

1. Presentad y resumid la historieta en sus principales etapas. (Para celebrar la Navidad, Marco Antonio... ; pero su amigo Bertín... Así que... y a la hora de la cena...)

2. ¿Cómo suelen celebrar la Navidad en casa de Marco Antonio? ¿Qué clase de persona es su padre?

3. ¿Cómo vemos (dibujo / texto) que le choca mucho a Bertín el hecho de que coja el hacha su amigo? ¿Qué método adopta para impedir que corte el árbol?

4. El paso de la 2ª tira a la 3ª supone una larga **elipsis**: reconstruid los hechos *(les faits)*.

5. ¿Cuáles son las ventajas e inconvenientes de esta cena al aire libre? Analizad las reacciones de los comensales: los padres, la cocinera, el niño.

6. ¿Qué mensaje se trasluce a través de esta anécdota humorística?

cena de Nochevieja

– Rosario, ¿quién hizo[1] la cena de Nochevieja[2]?
– Yo. ¿Quién si no? La señorita nunca entraba en la cocina –dijo Rosario medio llorando[3] todavía.
– ¿Y quién hizo la compra?
– También yo. De primero, unas ostras[4]. Luego, langosta con mayonesa y, después, claro, pavo[5]. Y turrón, naturalmente.
Rosario deja de llorar un momento pensando en la cena.
– ¿Lo compraste todo tú?
– Sí, y todo estuvo buenísimo. Yo creo que lo del envenenamiento[6] no es verdad. No puede ser. Todo me quedó buenísimo. Las ostras eran fresquísimas, las langostas, congeladas, lo confieso[7]... Pero es que, al precio que van... ¡Ah! Las uvas no las compré yo. Las trajo[8] alguien.
– ¿Quién?
– No sé... Sólo sé que hoy, en la cocina, con la policía allí y todo... Ese inspector Romerales, tan tonto y tan pesado[9]... Pues que en la nevera[10] había unas bolsitas de uva. Pepe, tiene usted que encontrar al asesino.
– Entonces, hay que saber quién compró las uvas –dice Susi.
– Ahora, Rosario, tienes que decirme quiénes eran los invitados.
– Tenga, aquí tiene la lista. La policía también me la ha pedido. He puesto las profesiones y direcciones. Doce personas.

Loreto de Miguel y Alba Santos,
Doce a las doce o el misterio de las doce uvas, 1987.

1. *fit → a fait.*
2. *la Saint Sylvestre.*
3. *inf.* llorar : *pleurer.*
4. *des huîtres.*
5. *de la dinde.*
6. *l'empoisonnement.*
7. *inf.* confesar [ie] : *avouer.*
8. *apporta → a apporté.*
9. *pénible.*
10. el frigorífico.

---

1. ¿Qué personajes hablan en este diálogo? ¿De qué se trata?

2. ¿Qué **cenaron** la Señorita Natalia y sus invitados? ¿Cómo notamos que la cocinera **preparó** la cena con mucho esmero *(avec beaucoup de soin)*?

3. Sin embargo, ¿por qué le parece a Rosario importantísimo que se encuentre al asesino?

4. ¿Qué indicios se le presentan al detective para llevar a cabo *(mener à bien)* su investigación?

5. Justificad el título de la novela.

▶ practica

El abeto de Navidad

1. Conjuga en pretérito: Abrigarse bien y cenar fuera. *Cf.* profundiza, p. 106.

2. Vuelve a escribir las frases siguientes en pretérito indefinido:
• Bertín **alecciona** a su amigo y **se marcha** enfadado.
• Marco Antonio no **corta** el árbol y lo **adorna** con guirnaldas.
• Toda la familia **cena** fuera mientras **empieza** a nevar.

Cena de Nochevieja

1. Conjuga en pretérito: Preparar la cena.

2. Construye la frase de otra manera:
La señorita **nunca** entraba en la cocina.

3. Da la otra forma del superlativo absoluto:
• La langosta es **muy cara.**
• La cena estaba **muy rica.**
• Romerales es un hombre **muy pesado.**
• Pepe Rey es un detective **muy agudo.**

4. Completa las frases respetando la lógica del texto:
Pepe Rey le preguntó a la cocinera **cuántas... / qué... / de dónde... / cuándo...**

▶ recuerda

– **nada de:** *pas question de...*
– No es **lo mismo:** *Ce n'est pas la même chose.*
– **por eso:** *c'est pour cela que.*
– por no hablar de: *sans parler de.*
– ¡Al precio que van!: *Au prix où elles sont !*
– **¡Tenga!, aquí tiene** la lista: *Tenez, voici la liste.*

▶el sufijo **-ada** ▶el superlativo absoluto
▶el comparativo de igualdad

¡protagonista... por fin!

Hace frío pero el cielo está muy azul. ¡Ese cielo tan azul de Madrid! Verónica y Pepe van andando en silencio hacia la calle Huertas. Delante de una tienda[1] un hombre alto y gordo está arreglando[2] cajas de frutas y verduras[3].

– Buenos días, señorita Verónica y Feliz Año Nuevo.

– Igualmente, Don Juan.

– Por cierto, ¿qué tal la uva de Nochevieja? Era buenísima, ¿verdad? Moscatel auténtico.

Verónica calla y mira al suelo. Pepe la mira y dice:

– Buenísima y peligrosísima.

– Yo creía que en realidad los detectives no eran tan listos[4] como en el cine. Lo sabe todo, ¿no?

– Sí, casi todo. Hay algo que no sé: ¿por qué, Verónica?

Nerviosa, casi llorando, hablando muy bajo, Verónica contesta a Pepe:

– Natalia fue Dulcinea, fue Melibea, fue Doña Jimena, fue Fortunata, fue Mariana Pineda[5], ... Y no podía ser Carmen. ¡Carmen no! ¡Carmen tenía que ser yo! Esta vez sí. Esta vez yo tenía que ser la protagonista.

Loreto de Miguel y Alba Santos,
Doce a las doce o el misterio de las doce uvas, 1987.

1. *un magasin.*
2. *inf.* arreglar ; *ici, disposer.*
3. *légumes.*
4. inteligentes.
5. heroínas de grandes obras de la literatura española.

1. Recordad el texto de la página 103 y presentad el argumento (personajes, circunstancias).

2. Estamos a principios de enero: ¿cómo se nota?

3. ¿Le resulta difícil a Pepe confundir a la asesina? Justificad vuestra respuesta.

4. ¿Cómo se ve que Natalia **fue** una actriz famosísima?

5. Entonces, ¿comprendéis por qué motivos Verónica se convirtió en *(devint)* una asesina? Decid qué valor cobra la palabra "protagonista".

▶profundiza

1. Le suffixe **-ada**
la campana: *la cloche.*
las doce campanadas: *les douze coups (de minuit).*
Cf. gram. 7.C, p. 253.

2. Rappel : Le superlatif absolu
"... el cielo está **muy** azul" /
"... hablando **muy** bajo", p. 104.
(La uva era) "buen**ísima** y peligros**ísima**", p. 104.
Cf. profundiza 1, p. 102.
Cf. gram. 16.A, p. 256.

3. Le comparatif d'égalité
"... los detectives no eran **tan** listos **como** en el cine", p. 104.
Cf. gram. 15, p. 256.

▶recuerda

– ¡Feliz Año Nuevo!: *Bonne année !*
– ser listo: *être intelligent.*
– (Él) lo sabe **todo**: *Il sait tout.*

Nochevieja

Es tradición despedir el año en familia y besarse[1] tras las 12 campanadas. En España y Latinoamérica se toma una uva por cada campanada y en el resto de los países se brinda[2] con champán. En Italia la cena de fin de año la protagonizan las lentejas[3]. En Londres es tradición despedir el año en Trafalgar Square y en España hacerlo en la Puerta del Sol, donde se reúne una gran multitud de personas.

1. *s'embrasser.*
2. *inf.* brindar : *trinquer.*
3. *les lentilles.*

las uvas

En 1909, la cosecha[1] de uva en la región de Alicante fue excepcional. Los cosecheros se plantearon[2] qué hacer con los excedentes e idearon promocionar el consumo[3] de doce uvas con las campanadas[4] que señalan el fin de año. La idea, originalmente acogida[5] en Alicante, se extendió con los años por toda España hasta generalizarse y convertirse en un símbolo de fortuna[6].

Susana Fernández de Córdoba, *Tiempo,* 02/01/1997.

1. *la récolte.*
2. se preguntaron.
3. *la consommation.*
4. *les douze coups de minuit.*
5. *accueillie.*
6. *bonheur.*

dulces[1]

Las fiestas navideñas son endulzadas. En Francia, se come el *bûche de Noël* (una especie de brazo gitano); en España, el turrón, el mazapán, y los polvorones[2], de origen árabe. Los fabricantes españoles exportan anualmente cuatro millones de kilos de turrón a Estados Unidos, Puerto Rico y América Latina. Un turrón de cacahuete es la alternativa sudamericana al turrón español.
El día 6 de enero el roscón de reyes español y la *galette des rois* francesa esconden en su interior una sorpresa. Quien la encuentra es el rey de la fiesta.

Carla Pulin, *Cambio 16,* 01/01/1996.

1. los dulces: *les sucreries.*
2. los tres se hacen con almendra.

Georges Bizet, escenificación de la ópera *Carmen*.

– Tu veux me tuer, je le vois bien, dit-elle ; c'est écrit, mais tu ne me feras pas céder.
– Je t'en prie, lui dis-je, sois raisonnable. Écoute-moi ! tout le passé est oublié. Pourtant, tu le sais, c'est toi qui m'as perdu ; c'est pour toi que je suis devenu un voleur et un meurtrier. Carmen ! ma Carmen ! laisse-moi te sauver et me sauver avec toi.
– José, répondit-elle, tu me demandes l'impossible. Je ne t'aime plus ; toi tu m'aimes encore et c'est pour cela que tu veux me tuer.
(...)
Je me jetai à ses pieds, je lui pris les mains, je les arrosai de mes larmes. Je lui rappelai tous les moments de bonheur que nous avions passés ensemble. Je lui offris de rester brigand pour lui plaire. Tout, monsieur ; je lui offris tout, tout, pourvu qu'elle voulût m'aimer encore !
Elle me dit :
– T'aimer encore, c'est impossible. Vivre avec toi, je ne le veux pas.
La fureur me possédait. Je tirai mon couteau. J'aurais voulu qu'elle eût peur et me demandât grâce, mais cette femme était un démon.
– Pour la dernière fois, m'écriai-je, veux-tu rester avec moi ?
– Non ! non ! non, dit-elle en frappant du pied.
Et elle tira de son doigt une bague que je lui avais donnée, et la jeta dans les broussailles.
Je la frappai deux fois.

Prosper Mérimée, *Carmen*, 1845.

Exposición Universal de Sevilla: 20 de abril - 12 de octubre de 1992.
Quinto Centenario 1492-1992.

Karmen de Illinois

La artista norteamericana, de paso por España para presentar su último vídeo, *Karmen*, un trabajo de encargo[1] para el Programa de Nuevos Realizadores de la Expo 92, se muestra solícitamente comunicativa. La cinta[2], una versión moderna del clásico de Mérimée, que culmina[3] en final feliz y tiene más de *spot* televisivo para una marca de tabaco que de otra cosa, ha sido acogida con frialdad[4]. Pero eso a ella no parece importarle demasiado. Se prodiga en alabanzas[5] hacia el autor de la banda sonora, un compositor sevillano de nombre Eduardo Rodríguez, y describe la exposición universal como "un acontecimiento[6] único, lleno de posibilidades".
Con el pelo erizado a base de vaselina, la cara apenas maquillada y esa vestimenta (vaqueros[7], zapatillas, camiseta) estudiadamente informal[8], esta creadora polifacética, niña mimada[9] de la *inteligentsia* neoyorquina, no aparenta en absoluto la edad que tiene: 44 años.

Juan Manuel Bellver, *Cambio 16*, 04/05/1992.

1. *sur commande.* – 2. *la bande, la cassette.* – 3. *s'achève.* – 4. *froideur.* – 5. elogios. – 6. *un événement.* – 7. *des jeans.* – 8. *décontractée.* – 9. *gâtée.*

1. **Recordad el argumento de la obra de Mérimée y describid la foto.**

2. **Leed el artículo.**
- **¿Con qué motivo *(à quelle occasion)* presentó la artista norteamericana este tema tan español?**
- **¿Cómo se puede explicar la acogida *(l'accueil)* fría que le reservó Sevilla?**
- **¿Os parece importante saber que era un encargo? ¿Qué visión nos da de los organizadores de la Expo 92? (A lo mejor deseaban demostrar que...)**

niña prodigio

Laurie Anderson, niña superdotada, a los 5 años ya empezó a recibir lecciones de violín.
Joven iconoclasta, se matriculó en Bellas Artes y terminó impartiendo clases de escultura egipcia y asiria en el City College neoyorquino.
Mujer cambiante, durante los años 70 ejerció como crítico de arte para la revista Artnews y decidió retomar el violín. Pero no para tocarlo a la manera clásica. (...)
Interesada por la electrónica, pronto comenzó a experimentar: "Utilizaba cualquier cosa que funcionase e hiciera ruido", comenta.
Aunque ha grabado excelentes discos y vídeos, su fuerte siguen siendo los conciertos: obras caracterizadas por el uso de la más avanzada tecnología musical *(vocoder, synclavier, sampler)*, en las que cabe cualquier cosa: mimo, cine, proyección de diapositivas, decorados cambiantes, sonidos animales alterados maquinalmente y letras de autores como Shakespeare, William Burroughs o Melville.

Las anteriores actuaciones en España de Laurie Anderson han sido espectaculares.

▶profundiza

Pretérito indefinido regular
Nacer *(naître)*, p. 106.
nací
naciste
nació
nacimos
nacisteis
nacieron

Llegar *(arriver)*, p. 106.
llegué
llegaste...

Querer / Poder

quis pud	-e -iste **-o** -imos -isteis -ieron

1. **Les noms de continents et de pays**
África : *l'Afrique*
Portugal : ***le** Portugal*
Cf. profundiza, p. 80.
Cf. gram. 10.4, p. 254.

2. **L'adjectif démonstratif**
• "... todas las rutas de **estos** mares."
• "¿Qué nos esperaba al final de **aquel** viaje?", p. 106.
Cf. gram. 14, p. 256.

3. **La formation du plus-que-parfait de l'indicatif**
Haber (à l'imp. de l'ind.) + participe passé
• "¿A dónde **había llegado** la Santa Susana?"
• "... aquel hombre **se había vuelto** loco", p. 106.
Cf. gram. 46.A.4, p. 269.

▶el pretérito indefinido de los verbos en **-er** / querer, poder ▶la omisión del artículo con nombres de

el increíble[1] viaje

1. *incroyable.*
2. *je devins.*
3. *nous voulûmes.*
4. *soudain.*
5. *ne pûmes.*
6. *prendre peur.*
7. *pourtant.*
8. *Peut-être.*
9. *inf.* volverse loco : *devenir fou.*

Nací en un pequeño pueblo de pescadores y era muy joven cuando empecé a trabajar como marinero en Portugal. Yo fui de los primeros en viajar por África, hacia Guinea, y en conocer todas las rutas de estos mares. Así llegué a ser[2] piloto de la *Santa Susana.* Hace dos años, a la vuelta de un viaje a Guinea, quisimos[3] encontrar una nueva ruta hacia Portugal, más rápida que las otras. Pero, ya cerca de Cabo Verde, los vientos cambiaron de una manera muy extraña. El barco tomó de repente[4] la dirección del oeste y nosotros no pudimos[5] hacer nada para cambiarla. El barco iba más rápido que nunca, siempre hacia el oeste. Después de quince días así, mis hombres empezaron a asustarse[6]. Sabían que nos encontrábamos en algún lugar del mundo que no conocía nadie, y que ya no era posible volver atrás. Cada mañana me preguntaban lo mismo: ¿qué nos esperaba al final de aquel viaje? Yo no lo sabía, no podía contestarles. La comida ya nos faltaba, estábamos preparados para morir, cuando entonces... Entonces, después de veinte o más días en aquel barco que no podíamos conducir... ¡vimos tierra!

Colón escuchaba en silencio la extraña historia, sin saber qué pensar. ¿A dónde había llegado la *Santa Susana* en su increíble viaje? ¿A Asia? Y, sin embargo[7], todo el mundo sabía que el mar era demasiado ancho entre Portugal y Asia... Tal vez[8] aquel hombre se había vuelto loco[9], después de tantos días perdido en el mar. Pero, ¿y si lo que contaba era verdad? ¿Y si era posible encontrar tierra al otro lado del gran Atlántico?

Luis María Carrero, *El secreto de Cristóbal Colón,* 1994.

1. Observad **el sujeto** del primer verbo de cada párrafo (l. 1 y 20) y aclarad la situación. ¿Qué revela el relato del piloto de la Santa Susana?

2. ¿Qué detalles nos permiten afirmar que los recuerdos del hombre eran muy precisos? (líneas 5-10).

3. Demostrad que el viaje fue muy arriesgado *(risqué)* y deducid cuál era el estado de ánimo de la tripulación *(l'équipage)*.

4. A vuestro parecer, ¿en qué momento de la vida de Colón ocurrió tal episodio? (líneas 20-27) ¿Qué efecto tuvo sobre él tal testimonio *(un tel témoignage)*?

5. ¿Qué reflexión os sugiere el título de la obra de Luis María Carrero?

Cabral y Aguado Beja, *Partida de Colón desde La Rábida.* Monasterio de La Rábida, Huelva.

El viernes, 3 de agosto de **1492**, al amanecer, en Palos de Moguer, **Cristóbal Colón** se despide del franciscano Juan Pérez. (Él fue quien le permitió al **navegante genovés** ser recibido por la reina Isabel La Católica.)

1. Presentad los diferentes planos de esta pintura. ¿Cómo patentizan *(mettent en évidence)* los colores que se trata de **un día señalado**?

2. Describid la escena del primer término (lo que pasa en el bote / en las carabelas) destacando los diferentes sentimientos que se revelan.

3. Observad a los personajes que se despiden desde la orilla: ¿qué os llama la atención?

4. Al "genovés loco" *(fou)*, desesperado por los rechazos sucesivos, lo acogieron los frailes del Monasterio de La Rábida.
• ¿Qué lugar ocupa el edificio en la pintura?
• ¿Qué valor simbólico cobra?

▶practica

El increíble viaje

1. "... **no** pudimos hacer **nada**".
"... nos encontrábamos en algún lugar que **no** conocía **nadie**".

Da otra construcción posible.

2. Vuelve a escribir en presente de indicativo desde "Pero, ya cerca de Cabo Verde..." hasta "... volver atrás".

3. Transforma el relato autobiográfico en 3ª persona desde "Cada mañana..." hasta "... vimos tierra".
("Cada mañana los hombres **le** preguntaban lo mismo **al capitán**...")

4. Traduce al francés desde el principio del texto hasta "... cambiarla".

▶recuerda

– ser de los primeros **en** viajar: *être parmi les premiers à voyager.*
– a la vuelta de un viaje **a** Guinea: *au retour d'un voyage en Guinée.*
– **Ya no** era posible volver atrás: ***Il n'était plus** possible de revenir en arrière.*
– **lo mismo**: *la même chose.*
– estar preparado **para** morir: *être prêt à mourir.*

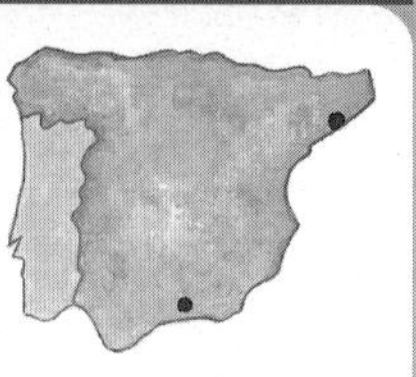

▸profundiza

Pretérito indefinido irregular
Producir *(produire)*, p. 108.
produje
produjiste
produjo
produjimos
produjisteis
produjeron

Ponerse *(se mettre)*, p. 108.
me puse
te pusiste
se puso
nos pusimos
os pusisteis
se pusieron

Participio pasado
Traer –› traído, p. 109.
(Des)cubrir –› (des)cubierto, pp. 108-109.
Volver –› vuelto, p. 109.

1. L'article neutre : **Lo** (pour substantiver un adjectif)
Lo extraordinario, p. 108 : *littéralt, la chose extraordinaire –› le miracle.*
Cf. gram. 11, p. 255.

2. Rappel : La préposition de **caractérisation**
El navegante **de** la capa raída, p. 108 : *Le navigateur à la cape élimée.*
Cf. profundiza 2, p. 28 / 1, p. 64.
Cf. gram. 32.C, p. 262.

▸el pretérito indefinido irregular: **producir, ponerse**
▸el participio pasado irregular

¡tierra! ¡tierra!

El autor cubano imagina las confesiones de Colón antes de morir.

Lo extraordinario se produjo el jueves 11, con la pesca, por mi gente, de una maderilla[1] curiosamente labrada[2] por mano humana. Los de la *Niña,* por su lado, hallaron[3], flotando un palillo[1] cubierto de escaramujos[4]. Estábamos todos en espera, ansiosos, expectantes. Algunos decían que la brisa olía a tierra. A las diez de la noche, me pareció divisar unas lumbres[5] en la lejanía. Y por estar más seguro, llamé al veedor[6] Rodrigo Sánchez, y al repostero de estrados[6] del Rey, que fueron de mi parecer... Y a las dos de la madrugada del viernes, lanzó Rodrigo de Triana su grito de: *"¡Tierra! ¡Tierra!"* que a todos nos sonó a música de Tedéum[7]... Al punto amainamos todas las velas[8], quedando sólo con el treo[9], y nos pusimos a la corda[8], esperando el día. Pero, ahora a nuestra alegría, pues no sabíamos lo que íbamos a hallar, se añadían preguntas curiosas. ¿Ínsula? ¿Tierra firme? ¿Habíamos alcanzado[10], de verdad, las Indias?

Alejo Carpentier (Cuba), *El arpa y la sombra,* 1978.

1. *un morceau de bois.*
2. *sculpté.*
3. *inf.* hallar : *trouver.*
4. *églantier.*
5. *feux / lueurs.*
6. *officiers de la Maison Royale.*
7. *ici, qui nous plongea dans une extase mystique (ironie de l'auteur).*
8. *mar. inf.* amainar las velas / ponerse a la corda : *réduire les voiles.*
9. vela cuadrada.
10. *inf.* alcanzar : *atteindre.*

1. Jueves, 11 de octubre de 1492: Recoged los indicios que testimonian *(témoignent de)* la presencia humana. Analizad las sensaciones y sentimientos del Almirante *(Amiral)* y sus tripulantes.

2. Viernes, 12: ¿Qué efecto produjo el grito de Rodrigo de Triana sobre la tripulación y Colón? ¿Comprendéis por qué? ¿Qué diversos sentimientos se apoderaron de los marineros en espera de que amaneciese?

3. ¿Cómo se puede justificar la ironía de Carpentier, sabiendo que en Cuba fueron diezmados *(décimés)* los indios?

Cristóbal Colón el 12 de octubre de 1492.

quedar al pairo: *mar. mettre en panne.* – echar anclas: *mar. jeter l'ancre.* – el mástil: *le mât.* – el marinero de la cofa *(de la hune).* – divisar: *apercevoir.* – arribar: *aborder.* – hincar la rodilla: *mettre un genou à terre.* – la espada: *l'épée.*

▶el artículo neutro **lo** + adjetivo = nombre
▶la preposición **de** expresa la cualidad

la tierra es redonda

1. nuevas o noticias: *des nouvelles.*
2. *la cape élimée.*
3. *inf.* regresar : *revenir.*
4. *ignorées.*
5. nombre antiguo del Japón.
6. Katay o Catay: nombre dado a la China.
7. *aux sonorités étranges.*
8. esperan.
9. *comme s'il était devenu fou.*
10. admiración, asombro.
11. sorprenden.

Boabdil, el último sultán que había abandonado Granada en enero de 1492, se pasaba el tiempo inmerso en libros de ciencia, astronomía y náutica.

Desde Granada nos han traído nuevas[1] milagrosas. El navegante de la capa raída[2] ha regresado[3] de la mar después de unos meses de ausencia. Todos se figuraban que había naufragado. Nada de eso: ha descubierto ignotas[4] tierras del Cipango[5] y del Katay[6], con hombres distintos de nosotros, de color diferente a los que conocemos, que usan lenguas de sones peregrinos[7], menosprecian el oro y adoran a ídolos numerosos y extraños. Ahora va camino de Barcelona, donde los reyes lo aguardan[8].

El mundo, como si se hubiese vuelto loco[9], nos llena de pasmo[10] y de alegrías; pero las alegrías sobrecogen[11] más que las penas al desacostumbrado corazón de los humanos.

Antonio Gala, *El manuscrito carmesí,* 1990.

1. ¿A qué "nuevas **milagrosas**" aludía Boabdil en este fragmento de manuscrito? Aclarad los hechos *(les faits).*

2. ¿A quién designaba **la perífrasis** "el navegante de la capa **raída**"? ¿De dónde provenía ese apodo **despreciativo** *(ce surnom méprisant)*?

3. Insiste Boabdil en **la inversión de valores** entre el mundo conocido y las "ignotas tierras": mostradlo.

4. ¿Qué sentimientos del sultán se traslucen en el último párrafo? ¿Qué idea se formaría *(devait-il se faire)* del navegante?

Los viajes de Colón.

◀ **1.** Narrad lo que pasa a bordo de la nave capitana (1ª y 2ª viñetas). ¿Qué pone de relieve el **contrapicado** *(la contre-plongée)*?

2. ¿Qué órdenes da el almirante? (Colón manda **que**...)

3. Describid la postura que adopta Colón al arribar. ¿Qué dimensión le dan a aquel descubrimiento las palabras así como la presencia del fraile?

▶practica

¡Tierra! ¡Tierra!

Vuelve a escribir en 3ª persona de plural desde "Al punto amainamos..." hasta el final.

Textos

Forma el adverbio de manera a partir de los adjetivos: ansioso / curioso / milagroso. Elige **dos** de ellos y empléalos en una frase en relación con el tema de la doble página.

▶recuerda

– huele / olía a tierra: *ça sent / sentait la terre.*
– ir camino de...: *faire route vers...*
– volverse [ue] loco: *devenir fou.*

▶ la formación del condicional
▶ la conjunción **sino** indica una oposición

el tratado de Tordesillas, 7 de junio de 1494

Hace cinco siglos, dos potencias[1] mundiales se repartían el globo terráqueo en plena fiebre descubridora: Castilla y Portugal. Y para ello[2], acordaban trazar una línea en el mar, que partía al planeta en dos, según se desprendía del Tratado de Tordesillas.

(…)

Aquella suerte de Telón de Acero[3], de invisible muralla, tendida por castellanos y portugueses de polo a polo, dividía el mundo en dos partes enfrentadas, como lo ha hecho en pleno siglo XX, el Telón de Acero de la Guerra Fría. Pero entonces no eran dos enemigos ideológicos los que pactaban[4] un precario equilibrio sino dos feroces enemigos comerciales. El enemigo ideológico de ambos[5] estaba en la orilla sur del Mediterráneo, en el Islam, y el nuevo Telón de Acero del siguiente siglo se tendería[6] de Gibraltar a Constantinopla, enfrentando la Europa cristiana al Imperio turco. El reparto de la tarta terráquea, acordado en Tordesillas por los negociadores hispanolusitanos y refrendado[7] luego por los reyes, levantaba los recelos[8] de otras potencias. Quizá la frase más elocuente sea la atribuida al rey Carlos de Francia: "Antes de aceptar ese reparto quiero que el Papa me muestre en qué claúsula[9] del testamento de Adán se dispone que el mundo pertenezca a españoles y portugueses".

Una pregunta que seguramente se harían también los pueblos que sufrieron las consecuencias del invisible Muro del Atlántico. Porque aquel muro, como el muy visible muro que ha simbolizado en Berlín la Guerra Fría durante casi 30 años, no sólo se cobró[10] víctimas entre muchos que trataron de cruzarlo desoyendo[11] la prohibición sino que sentó[12] el principio de legalidad para la conquista de un amplio número de naciones y culturas, muchas de las cuales fueron destruidas por los conquistadores en su ansia[13] de poder y riqueza.

J. M. Fajardo,
El Mundo (Viajes),
verano 1994.

1. *puissances.*
2. *pour cela.*
3. *Rideau de Fer.*
4. *établissaient (par un pacte).*
5. *littéralt, des deux.*
6. *qui allait s'étendre.*
7. ratificado.
8. *la méfiance craintive.*
9. *clause.*
10. *se paya en.*
11. *inf.* desoír : *braver.*
12. *inf.* sentar : *asseoir.*
13. el ansia : *l'avidité.*

Colón ignoraba que, al regreso de sus viajes a América, Castilla y Portugal terminarían firmando el primer acuerdo destinado a regir las relaciones entre países y al reparto de territorios.

▶ profundiza

Potencial regular

Terminar Tender Partir	-ía -ías -ía -íamos -íais -ían

Potencial irregular
Hacer → haría

1. La conjonction adversative **sino / sino que**
"… no eran dos enemigos **ideológicos** sino dos feroces enemigos **comerciales**", p. 110 : *ce n'étaient pas…, mais plutôt…*
"… aquel muro de acero no sólo **se cobró** víctimas sino que **sentó** el principio de legalidad", p. 110 : … *ne se paya pas seulement…, mais encore il assit…*
Cf. profundiza 2, p. 84.
Cf. gram. 43, p. 267.

2. Le pronom relatif **Dont**
"… un amplio número de naciones y culturas, **muchas de las cuales** fueron destruidas", p. 110 : … *dont beaucoup furent détruites.*
Cf. gram. 25.A, p. 259.

3. **La tournure passive**
"… **fueron destruidas por** los conquistadores", p. 110 : *furent détruites par les conquistadors.*
Cf. gram. 28.A, p. 260.

4. Les emplois du **mode conditionnel** (el potencial)
• "… el nuevo Telón de Acero **se tendería**", p. 110 : *le nouveau Rideau de Fer allait se tendre…*
• "Una pregunta que **se harían** los pueblos…", p. 110 : *Une question que devaient se poser les peuples.*
Cf. gram. 35.2, 3, p. 263.

1. Este mapa fue dibujado con motivo del Quinto Centenario del Tratado de Tordesillas: recordad las circunstancias históricas que motivaron ese pacto.

2. Aquella época se caracteriza por **la mezcla de saber** (conocimientos geográficos, técnicos...) y de **ignorancia** e ingenuidad (viejas leyendas...). ¿Cómo lo sugiere la representación de los mares?

3. Recordando los grandes viajes hispanolusitanos, ¿qué rutas evocan las tres carabelas?

4. ¿En qué estriba la diferencia entre la "Terra Incógnita" y el mundo conocido?

5. Identificad los ideogramas representados a ambos lados del "pergamino": ¿qué sintetizan?

6. Justificad el título "Un telón de acero" dado por los autores modernos.

Carabela y estatua de Cristóbal Colón en el puerto de Barcelona.

▸ practica

Mapa y artículo

1. Escribe las frases empleando **el giro enfático:**
- **En 1453**, los turcos cerraron la ruta de las especias.
- **El papa Alejandro VI** dictó una bula que dividió de polo a polo las tierras de España y Portugal.
- España recibió **así** gran parte del nuevo continente.

2. Completa las frases respetando la lógica de los documentos:
- En virtud del Tratado de Tordesillas, Portugal se quedaría con las tierras situadas al este de la línea, mientras que…
- Los (navegantes) portugueses no sólo recorrieron el océano Atlántico sino (que)…
- Al elegir este título, el dibujante del mapa moderno quiere que...

3. Pasa a la voz pasiva:
El Telón de Acero repartió el mundo en dos partes enfrentadas.

▶el futuro de indicativo irregular: saber
▶las oraciones negativas ▶algunos valores del futuro:

conquista

Alonso Sánchez Coello, *Retrato de Hernán Cortés,* ≈ 1580. Óleo sobre lienzo, 112 × 102 cm. Col. particular.

▶profundiza

Futuro de indicativo irregular
Saber *(savoir)*
sabré
sabrás...

1. La négation : omission de No
"... **tampoco** quiero alargarme mucho" = **no** quiero alargarme **tampoco** mucho : *je ne veux pas m'étendre non plus beaucoup.*
Cf. gram. 44, p. 268.

2. Rappel : Emplois du **futur**
a. "**Verás**" : *tu vas voir (= tu verras).*
b. "... eso ya lo **sabrás**" : *ça, tu dois déjà le savoir* (futur de conjecture).
Cf. profundiza 4, p. 68.

3. La subordonnée de comparaison
"... es **como si** a ti me empeño en cortarte el rabo."
Attention : L'emploi du présent de l'indicatif ici (à la place de l'imparfait du subjonctif) est parlé (et relâché).
Cf. texte p. 58.
Cf. gram. 37.A.2, p. 264.

La narradora se dirige a su gato (son chat), *Gerundio.*

– Verás, Gerundio... Bueno, España conquistó América, que era un país inmenso lleno de indios, andaban por allí libres con sus propios ritos y danzas y costumbres, llega Colón con las carabelas y los mete en vereda[1], según voluntad de los Reyes Católicos, en fin, eso ya lo sabrás, viene[2] en todas las enciclopedias y tampoco quiero alargarme[3] mucho. Transcurren[4] dos siglos, el afán de avasallar[5] a los indios y hacerlos súbditos[6] obedientes del rey de España crece a medida que se descubren más países y más minas de oro, no se da abasto[7] a gobernarlos y venga a mandar[8] allí tan lejos a militares, virreyes[9] y administradores de mano dura que no se entendían bien con los nativos, imposible, es como si yo a ti me empeño en[10] cortarte el rabo[11] para que seas menos gato, surgen una enormidad de problemas.

Carmen Martín Gaite, *Lo raro es vivir,* 1996.

1. *et les met au pas.*
2. *cela est dit.*
3. *m'étendre.*
4. *inf.* transcurrir : pasar.
5. *le désir d'asservir.*
6. *des sujets.*
7. *on n'arrive pas.*
8. *allons-y ! Envoyons...*
9. *des vices-rois.*
10. *inf.* empeñarse en : *s'obstiner à.*
11. *la queue.*

1. ¿A qué **épocas** de la historia de España alude sucesivamente la narradora? ¿Qué **siglos** abarca *(englobe)* esta evocación?

2. Adopta ella **un tono festivo** *(enjoué)* / **falsamente desenfadado** *(faussement insouciant)* para hablarle de un asunto serio a su gato: mostradlo.

3. Comentad el empleo de los tiempos verbales en este relato "histórico".

4. Además del tono, ¿de qué **recursos estilísticos** se vale la narradora para hacer una amarga *(amère)* crítica de la historia y de los hombres? ¿En qué medida la comparación final da aún más fuerza a **esta denuncia**?

Estatua de Pizarro en Trujillo, Extremadura.

Colón, la vuelta

Kal, *Le Courrier International*, 1992.

El jubón *(le pourpoint)* / los gregüescos *(les grègues)* / la gorguera *(la fraise)* / el sombrero de alas anchas – enarbolar *(brandir)* un estandarte – pisar tierra: *fouler le sol* – ponerse en jarras: *mettre les poings sur les hanches* – una mirada *(un regard)* altiva, arrogante – un tripulante / un conquistador – aplastar: *écraser* – un letrero: *une pancarte* – una representación caricaturesca – un eufemismo / una sátira.

Descubrimiento:
12 de octubre de 1492 (Cristóbal Colón).
Conquista:
• 1519-21: Imperio Azteca (Hernán Cortés).
• 1532: Guatemala, Centroamérica.
• 1532-37: Imperio Inca (Francisco Pizarro, Diego de Almagro).
Colonización:
Véase recuadro, p. 162.

1. Presentad el documento, explicitando la palabra "vuelta" en relación con la fecha de 1992. (Os ayudará el recuadro de la p. 107.)

2. Identificad los elementos que recuerdan el acontecimiento histórico del 12 de octubre de 1492.

3. Fijaos en la historieta de la p. 108 y señalad los anacronismos que revelan la mezcla de épocas en el dibujo de Kal.

4. Definid el humorismo del dibujante.

▶profundiza

Futuro de indicativo

• regular

Dar
Ser | -é, -ás...
Permitir

• irregular

Haber → habrá (verbe impersonnel)

Hacer → haré
harás...

En espagnol, l'imparfait du subjonctif (-ra) a parfois en français, la valeur du plus-que-parfait.

> "**Sevilla** quiso aprovechar los terrenos que en su día **utilizara** *(avait utilisés)* la Expo 92."

▶recuerda

– pasar calor: *avoir chaud.*
– lo justo para...: *juste ce qu'il faut pour.*

vídeo "Banco de Galicia". Anuncio publicitario.

▶ el futuro de indicativo regular / irregular

la Isla del Nuevo Mundo

La Exposición Universal, "Expo 92", tuvo lugar en la isla de la Cartuja en Sevilla, entre el 20 de abril y el 12 de octubre de 1992, con motivo del quinto centenario del Descubrimiento.
Fue inaugurada por S.M. el Rey el 28 de junio de 1992.

Sevilla se ha montado en la máquina del tiempo y viaja estos días hacia la realización de un sueño. Isla Mágica es una fantasía ideada hace unos años para aprovechar[1] los terrenos que en su día utilizara[2] la Expo 92 y un proyecto que dará sus primeros frutos en junio de este año.

El tema principal de este parque es la exploración del Nuevo Mundo por los pioneros españoles en los siglos XVI y XVII.

– Queremos que nuestros visitantes se conviertan en[3] exploradores para que puedan vivir de cerca aquel gran momento histórico –afirma Torrado (director del parque).

Para ello, Isla Mágica se ha dividido en varios nudos temáticos: Sevilla, Puerto de Indias, Puerta de América, Amazonia, La guarida[4] de los piratas, La fuente de la juventud y El Dorado, siete mundos rescatados[5] del pasado donde la aventura queda garantizada.

El parque permitirá al visitante –se espera una media[6] de 9.000 por día– viajar en antiguos barcos, presenciar luchas de piratas y corsarios, lanzarse en canoa por la catarata de Iguazú (Amazonas) y adentrarse[7] en los secretos de la Ciudad Perdida, donde la leyenda cuenta que hasta las herraduras[8] de los caballos eran de plata[9]. Isla Mágica, que ocupa una superficie de 200.000 metros cuadrados y en la que se han invertido cerca de 14.000 millones de pesetas, es un conjunto de islas y penínsulas en las que la presencia del agua y la vegetación son elementos primordiales, sobre todo cuando llega el verano. Todo está previsto para que los visitantes no pasen calor.

La estrella más brillante de Isla Mágica es El Jaguar, una montaña rusa invertida que coloca los pies del osado aventurero colgando[10] en el aire, al tiempo que realiza rizos, sacacorchos, *loopings,* mariposas[11] y demás piruetas.

Otra de las novedades es el Cine Dinámico, un simulador colectivo con pantalla gigante[12] en el que se proyectará *El templo perdido,* una aventura de cuatro minutos de duración, según Torrado "lo justo para no marear[13] al visitante".

Y fuera, en la calle, se pasearán los personajes del Siglo de Oro: hidalgos[14] a punto de embarcar para las Indias, marineros, poetas, piratas, pícaros, duquesas... con vestidos de época especialmente diseñados para la ocasión.

También habrá restaurantes y tiendas, para que el visitante pueda degustar platos típicos de la época y comprar curiosos recuerdos. Los días de más afluencia, trabajarán en el parque cerca de mil personas.

"Hemos contratado[15] principalmente gente joven –comenta Torrado–. Todos los empleados serán actores que harán participar al público en cada obra y en cada lugar".

Ya falta poco para que sea una realidad. Todo marcha a buen ritmo para su inauguración en el mes de junio.

Marisa Casado, *Cambio 16,* 27/01/1997.

1. *littéralt, profiter de ; ici, tirer parti de.* – 2. había utilizado. – 3. *inf.* convertirse [ie] : *se transformer.* – 4. *le repaire.* – 5. *rachetés, récupérés.* – 6. *une moyenne.* – 7. penetrar. – 8. *les fers-à-cheval.* – 9. *en argent.* – 10. *inf.* colgar [ue] : *littéralt, pendre.* – 11. *aviat., des boucles / des tire-bouchons / des papillons.* – 12. *écran géant.* – 13. *donner le mal de mer.* – 14. *gentilshommes.* – 15. *inf.* contratar : *embaucher.*

Machu-Picchu, Perú.

▲

- 2.500 metros de altura / entre el Machu-Picchu (cerro viejo) y el Huayna Picchu (cerro joven), río Urubamba al pie / andenes donde se cultivaba maíz.
- Vestigios descubiertos en 1911 por Hiram Bingham, arqueólogo norteamericano.
- Ciudad sagrada (templo del Sol y de la Luna / necrópolis con más de 1.000 mujeres → las Vírgenes del Sol).

Cataratas del Iguazú, frontera entre Argentina, Paraguay y Brasil.

Torres del Paine, Chile.

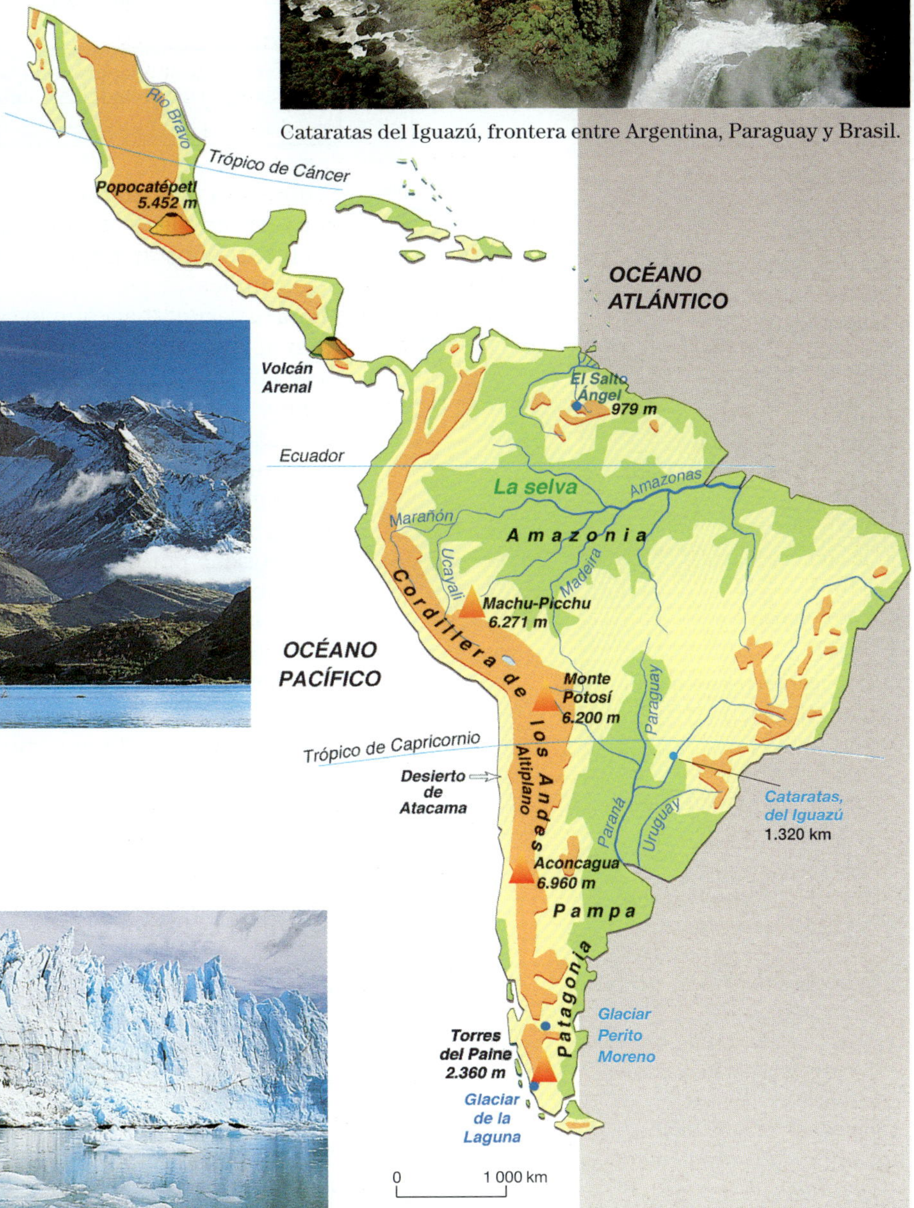

Glaciar Perito Moreno, Argentina.

▶el pretérito indefinido regular / irregular
▶la formación del superlativo relativo ▶la obligación

el cielo en sus manos

Ramón Portilla en el Aconcagua. Allí se encontró con un vasco que soñaba con descender la cumbre en bici.

> "El ser humano se adapta a todo: a vivir en el hielo, entre salvajes e incluso a la vorágine[1] urbana."
> Ramón Portilla

Durante 14 días, Ramón Portilla permaneció solo, cautivo[2] de una terrible tormenta[3] en una tienda[4] de campaña a los pies del monte Vinson. Esperaba una avioneta "que parecía no llegar nunca".

Mientras esperaba a que le sacaran de ese desierto de hielo[5], Ramón leyó cinco veces el único libro que tenía. "Pero lo que peor llevaba no era la soledad sino la monotonía del mal tiempo. Me gusta estar conmigo mismo." Portilla pertenece a una raza especial. Forma parte de una elite. Sólo 19 hombres en el mundo han escalado los techos[6] más altos de cada continente. Ramón Portilla es uno de ellos.

A los 13 años fue tabernero[7], después ayudó a su padre en la carnicería[8] y por último fue botones[9] en una notaría madrileña. A los 23 años dejó ese trabajo y desde entonces no ha parado de ascender. El cielo es su meta[10]. Ahora, con 36 años, cada vez que llega a un país y ha de rellenar formularios, en el apartado en el que pone profesión no sabe qué escribir:

– No soy electricista ni periodista. Sólo soy una persona normal a la que le gusta subirse a las montañas y viajar.

En su currículum vitae figura la primera ascensión de la arista noreste del Chogolisa (7.654 metros de altura) en el Himalaya, el Mont-Blanc con esquís, el Pirulí de Televisión Española en Madrid y el Everest, que con sus 8.848 metros de altitud es la montaña más alta del Planeta. Fue allí, el 15 de mayo de 1992, al subir el último peldaño de su escalada hacia el cielo, cuando se planteó un insólito desafío[11]: ascender a la cumbre más alta de cada continente.

Yolanda Aguilar, *Cambio 16,* 13/06/94.

1. la selva.
2. *prisonnier.*
3. *orage.*
4. *une tente.*
5. *glace.*
6. *les toits.*
7. *cabaretier.*
8. *la boucherie.*
9. *groom.*
10. *son but.*
11. *défi.*

1. Leed el artículo. Luego, con el libro cerrado, recordad las tres etapas del relato de la biografía de Ramón Portilla.

2. Comentad la frase del propio Ramón Portilla:
"Sólo soy una persona normal a la que le gusta subirse a las montañas y viajar."

3. ¿Qué reflexiones os inspira el título del reportaje?

▶profundiza

Pretérito indefinido

Leer	Comenzar
(lire), p. 116.	*(commencer)*, p. 117.
leí	comencé
leíste	comenzaste
leyó	comenzó
leímos	comenzamos
leísteis	comenzasteis
leyeron	comenzaron

Despedirse
(prendre congé), p. 117.
me despedí
te despediste
se **despidió**
nos despedimos
os despedisteis
se **despidieron**

Irse *(s'en aller)*, p. 117.
Cf. Ir, profundiza, p. 118.

1. Rappel : Omission de l'article devant le **superlatif relatif**
• "**los** techos **más** altos..."
• "**la** cumbre **más** alta...", p. 116.
Cf. profundiza 2, p. 50.
Cf. gram. 16.B, p. 256.

2. L'obligation personnelle
"**ha de** rellenar", p. 116 :
il doit remplir.
Cf. profundiza 1, p. 82.
Cf. gram. 40.B, p. 267.

3. Le pronom relatif
• sujet
"Esperaba una avioneta **que** parecía no llegar nunca", p. 116 : *Il attendait un petit avion **qui** semblait ne devoir jamais arriver.*
• COI
"Sólo soy una persona normal **a la que** le gusta subirse a las montañas", p. 116 : *Je suis quelqu'un de normal **à qui** l'alpinisme plaît (= qui aime...).*
Cf. gram. 25, p. 259.

el capitán pedales

Juan José Alonso Checa, 37 años, escalador y ciclista.

Cuando era pequeño se aficionó a la montaña, y en eso gastó[1] sus energías hasta que apareció en escena la bici de montaña. Comenzó a realizar algunas *excursiones*: la ruta transpirenaica, el Atlas, los Alpes... Pero se le quedaron pequeñas y en agosto de 1990 se despidió[2] de sus padres y sus dos hermanos y con 100.000 pesetas en el bolsillo[3] se fue a dar la vuelta al mundo sobre dos ruedas. Checa, a diferencia del Phileas Fogg de Julio Verne, no tenía fijada[4] una fecha de llegada. "Yo sólo sentí que sería para mucho tiempo. Me afeité[5] la cabeza y comencé mi particular aventura. Se trataba más bien de un viaje iniciático." Juanjo cree que para ser un aventurero hay que tener un gran espíritu y que éste, al igual que el cuerpo, requiere un duro entrenamiento. "Hay que saber arriesgarse[6], pero lo fundamental es saber liberarse."
A su llegada a Cádiz en otoño de 1992, después de haber recorrido[7] 70.000 kilómetros pedaleando, en el puerto le esperaban autoridades locales, cámaras de televisión y decenas de personas: "¡Me trataron como a un héroe!" En febrero de 1998 piensa descender los casi 6.000 metros del Kilimanjaro sobre su bicicleta.

Yolanda Aguilar y Chema Conesa, *El Mundo*, 23/11/1997.

1. *inf.* gastar : *dépenser.* – 2. *inf.* despedirse : *prendre congé.* – 3. *la poche.* – 4. *n'avait pas fixé.* – 5. *inf.* afeitar : *raser.* – 6. *prendre des risques.* – 7. *inf.* recorrer : *parcourir.*

4. Rappel : **La tournure emphatique**
"**Fue allí, el 15 de mayo de 1992**, (...) **cuando** se planteó un insólito desafío", p. 116 : *Ce fut là, le **15 mai 1992**, qu'il se lança un défi extraordinaire.*
Cf. profundiza 3, p. 60.
Cf. gram. 26, p. 260.

5. La concordance des temps
• présent
"Ramón **espera a que** le **saquen** de ese desierto de hielo" : *Ramón **attend qu'on** le **sorte** de ce désert de glace.*
• passé
"... **esperaba a que le sacaran** de ese desierto de hielo", p. 116 : *il **attendait qu'on** le **sortît** de ce désert de glace.*
Cf. gram. 38, p. 266.

▶ practica

El cielo en sus manos

1. Conjuga a todas las otras personas del presente de indicativo:
Soy una persona a la que le gusta superarse *(se dépasser)*.

2. Escribe en letras:
23 años / 36 / 7.654 metros / 8.848 metros / 1992.

3. Sustituye la estructura en negrilla por otra equivalente:
• Ramón **ha de** rellenar formularios.
• **Al subir** el último peldaño de su escalada, Ramón se planteó un insólito desafío.

4. Pon en pasado:
Ramón se lleva siempre un libro para que le pese menos la soledad.

5. Haz el retrato moral de Ramón Portilla.

El capitán pedales

Poned en presente de indicativo desde "Comenzó..." (l. 3) hasta "... iniciático" (l. 11).

● Chile
Los Andes

▸ el pretérito indefinido irregular: **ser**, **ir**, **interponerse** ▸ la formación del plural

▸ profundiza

Pretérito indefinido irregular

Ser *(être)* / **Ir** *(aller)*: fui, fuiste, fue, fuimos, fuisteis, fueron

Cf. pp. 119, 117.

Interponerse *(s'interposer)*, p. 119.
me interp**use**
te interp**usiste**
se interp**uso**
nos interp**usimos**
os interp**usisteis**
se interp**usieron**
Cf. p. 108.

Rappel : **Formation du pluriel**
Una oda elemental → odas elementa**les**, p. 119.
Attention aux modifications orthographiques :
una cicatriz → cicatri**ces**
un volcán → volcan**es**, p. 119.
Cf. gram. 8.B, p. 254.

La Cordillera de los Andes alcanza una longitud de más de 7.500 km, 4.270 de los cuales sirven de frontera entre la Argentina y Chile.

• Después de analizar la publicidad, decid cómo recalca este testimonio *(ce témoignage)* del mundo moderno la huella indeleble *(l'empreinte indélébile)* dejada por Pablo Neruda en Chile.

oda
a la cordillera andina

De nuevo desde arriba[1],
desde el cielo
volando,
apareciste, cordillera
blanca y oscura de la patria mía.
Antes el grande avión[2]
cruzó[3] los grandes mares,
las selvas, los desiertos.
Todo fue simetría,
todo sobre la tierra
preparado,
todo desde la altura
era camino
hasta que en medio
de la tierra y del cielo
se interpuso[4]
tu nieve planetaria
congelando las torres[5] de la tierra.
Volcanes, cicatrices,
socavones[6],
nieves ferruginosas,
titánicas alturas
desolladas[7],
cabezas de los montes,
pies del cielo,
abismos del abismo,
cuchilladas[8]
que cortaron
la cáscara[9] terrestre
y el sol
a siete mil
metros de altura...

Pablo Neruda, *Nuevas odas elementales,* 1955.

1. *d'en haut.*
2. el **gran** avión.
3. *inf.* cruzar : *traverser.*
4. *inf.* interponerse : *s'interposer.*
5. *les tours.*
6. *galeries de mines.*
7. *pelées, écorchées.*
8. *coups de couteau.*
9. *l'écorce.*

Pablo Neruda, 1904-1973.
Poeta chileno. Obtuvo el premio Nobel de Literatura en 1971.
Hombre político (cónsul, embajador): hizo muchos viajes entre su país y otros continentes.

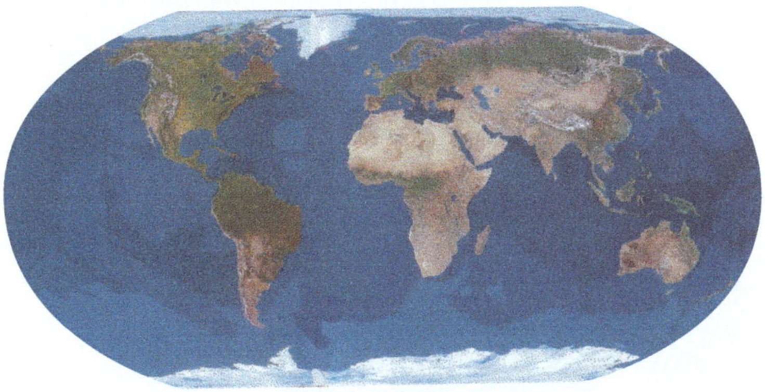

1. ¿Qué canta Pablo Neruda a través de este recuerdo personal?

2. Versos 1-18: Analizad los sentimientos del chileno mientras viajaba y cuando, por fin, divisó las primeras cumbres.
Fijaos en el vocabulario empleado, las repeticiones, la puntuación...

3. Versos 19-32: En esta larga frase, el poeta se vale de **varios procedimientos estilísticos** para ensalzar este portento *(exalter ce prodige)*, este milagro de la naturaleza: ¿cuáles son? ¿Qué sensaciones y sentimientos revelan?

4. Mostrad en qué el tema de esta oda (versos 27-29) ilustra perfectamente el título del libro de poemas. (Definición de las palabras **oda, Titanes,** etimología del adjetivo **elemental.**)

▸practica

Oda a la cordillera andina

1. Escribe en singular:
los grandes mares / las selvas / los desiertos / socavones (n.m.) / nieves ferruginosas / titánicas alturas desolladas / cabezas de los montes.

2. Algunas de las más altas cumbres (volcanes) de la cordillera chilena son, de norte a sur:
- Ojos del Salado, 6.100 m.
- Tacora, 5.980 m.
- Llullaillaco, 6.723 m.
- Tupungato, 6.800 m.
- Maipo, 5.323 m.
- Fitzroy, 3.375 m.
- Osorno, 2.660 m.

Escribe el nombre de los montes y la altura de cada uno en letras.

3. ¿Qué recuerda en estos versos el poeta? ¿Cómo traduce su veneración por su patria?

4. Después de definir la palabra **oda**, muestra cómo se unen en este poema lo **mitológico** (Titanes) y lo **geológico** (alusión a los elementos naturales).

● Chile

▸el pretérito indefinido irregular
▸las preposiciones por, con

El Mercurio, 05/05/1996.

1. Esta publicidad fue publicada en un diario chileno para anunciar un espacio televisivo *(une émission de télévision)*.
Después de situar la Antártica (o Antártida) en el mapa, decid cómo se organiza el documento.

2. El fotograma nos brinda el espectáculo maravilloso de una tierra virgen: describidlo recalcando su índole artística *(son caractère artistique)*.

3. La presencia del helicóptero sugiere el interés del hombre por esa “última frontera de la humanidad”: ¿qué razones motivarán su actuación *(son rôle)* allí?

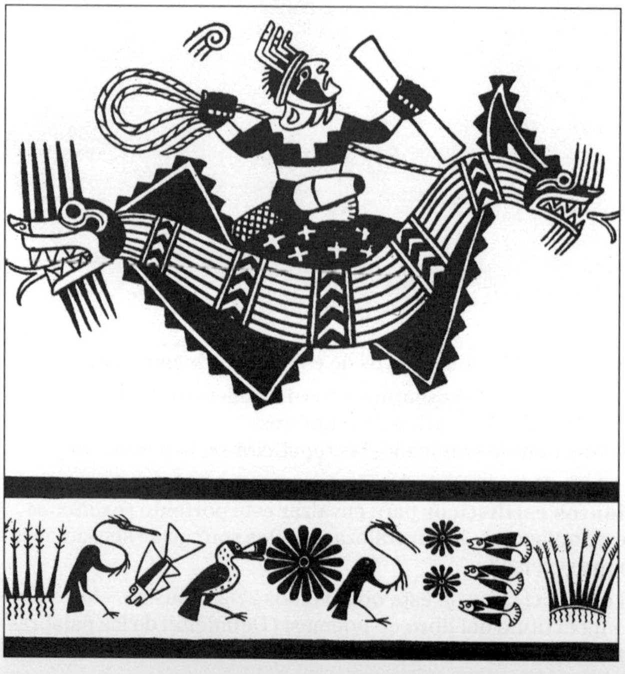

Motivo realista de cerámica mochica. **Los mochicas** vivieron en la costa norte del Perú entre 300 y 1000. Ciertos pescadores indios siguen fabricando embarcaciones de este tipo, **los caballitos de totora.**

▸profundiza

Pretérito indefinido irregular

Saber	Poder
(savoir)	*(pouvoir)*
supe	pude
supiste	pudiste
supo...	pudo...

Hacer	Traer
(faire)	*(amener)*
hice	traje
hiciste	trajiste
hizo	trajo
hicimos	trajimos
hicisteis	trajisteis
hicieron	**trajeron**

1. La préposition **Por**
• “... trepé **por** la cadena.”
• “... el velamen del buque hinchado **por** el fuerte viento” “...corriendo a doce millas **por** hora”, p. 121.
Cf. gram. 32.F, p. 262.

2. La préposition **Con** pour introduire une **apposition**
“...contestó el niño **con** la cabeza alta”: *répondit l'enfant, la tête haute.*
Cf. gram. 32.B, p. 262.

3. Le subjonctif dans la relative
“... **cumpliré** con el castigo que me **impongan**, p.121 : *j'exécuterai la punition que vous m'imposerez.*
Cf. profundiza 4b, p. 85 / 1b, p. 86.
Cf. gram. 37.B, p. 265.

4. La (règle de) **concordance des temps**
Mi madre “**hizo** lo que **pudo** para que (yo) **ingresara**...”.
Cf. profundiza 5, p. 117.
Cf. gram. 38, p. 266.

► el uso del subjuntivo en las subordinadas de relativo
► la concordancia de los tiempos

¡déjeme a bordo!

Acaban de encontrar a un niño que se embarcó de polizón (clandestinamente) en el buque de guerra escuela, La Baquedano.

– Quién eres tú?

– Soy Alejandro Silva Cáceres, tengo quince años de edad, alumno del Liceo de Talcahuano –contestó el niño con la cabeza alta, voz clara, firme y respetuosa.

– ¿Por qué has venido?

– Deseaba ser marinero, mi madre está anciana, es lavandera, y pronto ya no podrá trabajar. Hizo lo que pudo para que ingresara a la Escuela de Grumetes[1], pero no lo conseguimos. Supe que la *Baquedano* hacía su último viaje, no pude contenerme y me decidí a partir escondido[2]; dejé todo arreglado[3], señor: una carta a mi madre y otra a mis profesores, pidiéndoles perdón.

– ¿Cómo entraste? –inquirió[4] el capitán de corbeta[5], un poco más apaciguado[6].

– Un muchachito del puerto, uno de esos que llaman los marinos "pistoleros"[7] y que viven de lo que los barcos les regalan, me trajo en su chalana[8], y aprovechando una ocasión trepé[9] por la cadena, subí a la proa y me escondí donde acaban de encontrarme. Sé que no me echarán al agua; cumpliré con el castigo[10] que me impongan, señor, pero déjeme a bordo; quiero ser marino de la *Baquedano,* serviré en algo, barriendo[11], baldeando[12], limpiando papas[13] o en lo que me quieran enseñar.

El capitán lo quedó mirando un rato y luego se dirigió a la popa y descendió al interior del buque.

El niño, rodeado de la ronda[14], respiró con placer el viento salobre que venía del mar, miró las olas que aparecían y desaparecían como lomos[15] de negras y grandes bestias en la noche, y sus ojos se agrandaron de asombro al contemplar el espectáculo impresionante del velamen del buque hinchado por el fuerte viento del noroeste, escorado[16] peligrosamente por el lado de babor y corriendo a doce millas por hora en la inmensidad del mar y de la noche.

Francisco Coloane (Chile),
El último grumete de la Baquedano, 1977.

1. *L'École des Mousses.*
2. *caché.*
3. *en règle.*
4. *inf.* inquirir [ie] : preguntar.
5. *le capitaine de corvette.*
6. *rasséréné.*
7. niños que vagan en la bahía de Talcahuano.
8. *sa barque.*
9. *inf.* trepar : *grimper.*
10. *le châtiment.*
11. *inf.* barrer : *balayer.*
12. *inf.* baldear : *briquer.*
13. *amér.* patatas.
14. *ronde, guet* (patrulla).
15. *l'échine (d'un animal).*
16. *mar.* inclinado.

---

1. Narrad la anécdota en **tiempo pasado**.

2. Analizad las motivaciones del muchacho y su actitud frente al capitán. ¿Qué podemos deducir de su personalidad?

3. ¿Por qué se fue finalmente el capitán sin decir nada?

4. ¿Cómo se nota al final del fragmento la fascinación que ejercían el mar y la navegación sobre el muchacho?

5. Francisco Coloane habla como navegante que fue: mostradlo.

► practica

Al sur del mundo

> Antártida: vasto continente helado de unos 14.000.000 de km² que está repartido entre 7 países.

a. Escribe en letras la superficie de la Antártida.
b. Di entre qué países está repartida.

¡Déjeme a bordo!

1. Después de indicar los infinitivos de estos tres verbos **regulares**, conjuga a las otras personas del pretérito indefinido:
"**Trepé** por la cadena, **subí** a la proa y **me escondí**."

2. "Deseaba **ser** marinero, mi madre **está** anciana, **es** lavandera."
Justifie l'emploi de **ser** et **estar**.

3. Justifie la place du pronom : enclise / proclise
• "No pude **contenerme** y **me decidí** a partir; dejé una carta a mi madre y otra a mis profesores, **pidiéndoles** perdón."
• "Cumpliré con el castigo que **me impongan**, señor, pero **déjeme** a bordo."

4. Sustituye el complemento de manera por el adverbio:
(*Cf.* profundiza 3, p. 74.)
• Cumpliré de **manera escrupulosa y humilde** el castigo que me impongan.
• El niño le contestó al capitán **con la voz clara, firme y respetuosa.**

5. Traduce al francés desde "Sé que no me echarán..." hasta la línea 23.

6. Haz el retrato moral del joven.

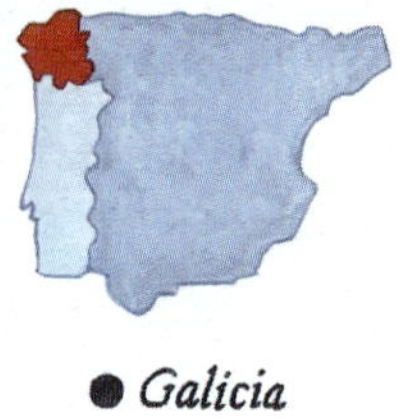

▶ el imperativo regular ▶ el valor del verbo **andar** + participio pasado ▶ la probabilidad (deber de + infinitivo)

▶ profundiza

Imperativo
Abrir, p. 123.
abre tú
abra Ud
abramos nosotros
abrid vosotros
abran Uds

Informarse, p. 122.
infórmate
infórmese
informémonos
informaos
infórmense
Cf. gram. 46.A.3, p. 269.

1. Substitut du verbe Être
"Debe de **andar** perdida", p. 123 : *Elle doit s'être égarée.*
Cf. profundiza 2, p. 58 / 5, p. 75.
Cf. gram. 29, p. 261.

2. La conjecture
• "**Debe de andar** perdida", p. 123.
• "**Será** algún caminante", p. 123.
Cf. gram. 42, p. 267.

incansablemente: *inlassablement.* – remotos: *lointains.* – una ermita: *un ermitage.* disfrutar: *profiter.* – pazos: *manoirs.* – el linaje: *la lignée.*

• Un castaño: *un châtaignier* – un castañar: *une châtaigneraie* – las hojas secas, la hojarasca: *les feuilles mortes* – un lugar ameno *(agréable)*, sosegado *(paisible)* – la España verde / húmeda.
• La letra *(l'écriture)* gótica – en bastardilla: *en italique.*
• Una botella y una copa – un cesto de pan – una bandeja: *un plateau.*

1. Después de situar Galicia, presentad el tema de esta publicidad.

2. Describid sus diferentes elementos, mostrando cómo se completan. (Fijaos particularmente en la disposición del lema.)

3. Justificad el eslogan de esta campaña publicitaria: ¿a qué remite "Pórtico de la Gloria"? (Véase foto, p. 124.)
Mostrad cómo el texto y la foto lo ilustran. (El texto le propone al lector... El castañar de la foto le ofrece al paseante...)

4. Conociendo las expresiones "saber a gloria" *(être délicieux)*, estar en la gloria *(être aux anges)*, decid qué sentido profundo cobra este eslogan.

5. ¿Os parece lograda esta publicidad? ¿Qué puede sorprender / encantar / desagradar... en ella?

José Benlliure y Gil, *La ofrenda,* 112 × 87 cm. Col. particular.

la peregrina

TELVA – Mucho ladra[1] el perro.

ABUELO – Y nervioso. Será algún caminante. A los del pueblo los conoce desde lejos.

(Entran corriendo los niños, entre curiosos y atemorizados[2].)

DICHOS Y LOS NIÑOS

DORINA – Es una mujer, madre. Debe de andar perdida.

TELVA – ¿Viene hacia aquí o pasa de largo[3]?

FALÍN – Hacia aquí.

ANDRÉS – Lleva una capucha y un bordón[4] en la mano, como los peregrinos.

(Llaman al aldabón[5] de la puerta. Telva mira a la Madre, dudando[6].)

MADRE – Abre. No se puede cerrar la puerta de noche a un caminante. *(Continúa.)*

Alejandro Casona, *La dama del alba,* 1944.

1. *aboie.*
2. *effrayés.*
3. *inf.* pasar de largo : *passer son chemin.*
4. *bourdon, bâton de pèlerin.*
5. *heurtoir.*
6. *ici, hésitant.*

1. Explicitad las circunstancias y resumid el diálogo.

2. Justificad las palabras de la madre. Recordad **el principio** *(ici, la loi)* **de la hospitalidad:** ¿en qué consistía?

▸practica

Publicidad

1. Justifie l'emploi des prépositions
   - para alimentar el espíritu.
   - pasear por lugares remotos.
   - retirarse a descansar.
   - infórmate en Turgalicia.
2. Escribe el texto publicitario en imperativo **(vosotros).**

▸recuerda

– estar en la gloria: *être aux anges.*
– saber a gloria: *être délicieux.*
– disfrutar del sosiego: *jouir de la tranquillité.*
– merece la pena visitar Galicia: *cela vaut la peine de visiter la Galice.*

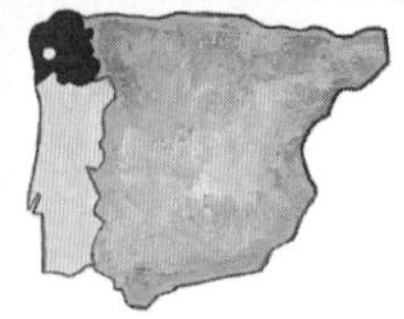

▸profundiza

1. **La réitération**
"Telva vuelve a cerrar", p. 124 : *Telva referme la porte.*
Cf. profundiza 4, p. 102.
Cf. gram. 41, p. 267.

2. **L'obligation personnelle**
"**No hace falta**" (que me **indique** el camino), p. 124 : *Il n'est pas nécessaire que vous m'indiquiez le chemin.*
Cf. gram. 40.B, p. 267.

3. **L'ordre et la défense**
"**Déjala** (tú) **entrar**", p. 124 : ***Laisse-la** entrer.*
"**No les haga** (Vd) **caso**", p. 124 : ***Ne faites pas** attention à eux.*
Cf. profundiza 3, p. 70 / 4, p. 77 / 2, p. 87.
Cf. gram. 46.A.3, p. 269.

4. **Rappel : L'enclise**
• "... puedo **indicarle**" : *je peux vous indiquer.*
• "**Viéndola**..." : *En la voyant.*
• "**Déjala** entrar", p. 124 : *Laisse-la entrer.*
Cf. profundiza 4, p. 60.
Cf. gram. 20.F, p. 258.

5. **Le subjonctif à valeur d'optatif**
"Dios **guarde** esta casa y **libre** del mal...!", p. 124 : *Que Dieu protège cette maison et délivre du mal... !*
Cf. profundiza 3, p. 94.
Cf. gram. 34, p. 263.

▸la frecuencia ▸la obligación personal ▸dar órdenes y prohibir

El pórtico de la Gloria (siglo XII) de la catedral de Santiago de Compostela, Grabado.

Camino de Santiago

(Telva abre la hoja[1] superior de la puerta, y aparece la Peregrina.)

PEREGRINA – Dios guarde esta casa y libre del mal a los que en ella viven.
TELVA – Amén. ¿Busca posada[2]? El mesón[3] está al otro lado del río.
PEREGRINA – Pero la barca no pasa a esta hora.
MADRE – Déjala entrar. Los peregrinos tienen derecho al fuego y traen la paz a la casa que los recibe. *(Pasa la Peregrina. Telva vuelve a cerrar.)* (...)
ABUELO – Si va a Compostela puedo indicarle el camino.
PEREGRINA – No hace falta; está señalado en el cielo con polvo[4] de estrellas.
ANDRÉS – ¿Por qué señalan ese camino las estrellas?
PEREGRINA – Para que no se pierdan los peregrinos que van a Santiago.
DORINA – ¿Y por qué tienen que ir todos los peregrinos a Santiago?
PEREGRINA – Porque allí está el sepulcro del Apóstol[5].
FALÍN – ¿Y por qué está allí el sepulcro del Apóstol?
LOS TRES –¿Por qué?
ABUELO – No les haga caso[6]. Más pregunta un niño que contesta un sabio[7]. *(Viéndola cruzar las manos en las mangas.)* Se está apagando el fuego. ¿Siente frío aún?
PEREGRINA – En las manos, siempre.
ABUELO – Partiré unos leños[8] y traeré ramas de brezo[9] que huelen al arder.

Alejandro Casona, *La dama del alba*, 1944.

1. *le battant.*
2. *un endroit où passer la nuit.*
3. *L'auberge.*
4. *de la poussière.*
5. *l'Apôtre.*
6. *inf.* hacer caso : *prêter attention.*
7. *un sage, un savant.*
8. *quelques bûches.*
9. *la bruyère.*

1. Leed / recordad el fragmento de la página anterior y aclarad las circunstancias.

2. Comparad la reacción de Telva, la criada y la de la madre.

3. La peregrina se muestra, desde un principio, muy bien informada: ¿por qué será?

4. ¿Por qué le hacen tantas preguntas los niños a la recién llegada?

5. El abuelo se muestra **solícito:** ¿comprendéis por qué?

▶la posición enclítica del pronombre personal ▶el uso del subjuntivo para expresar deseo o exhortación

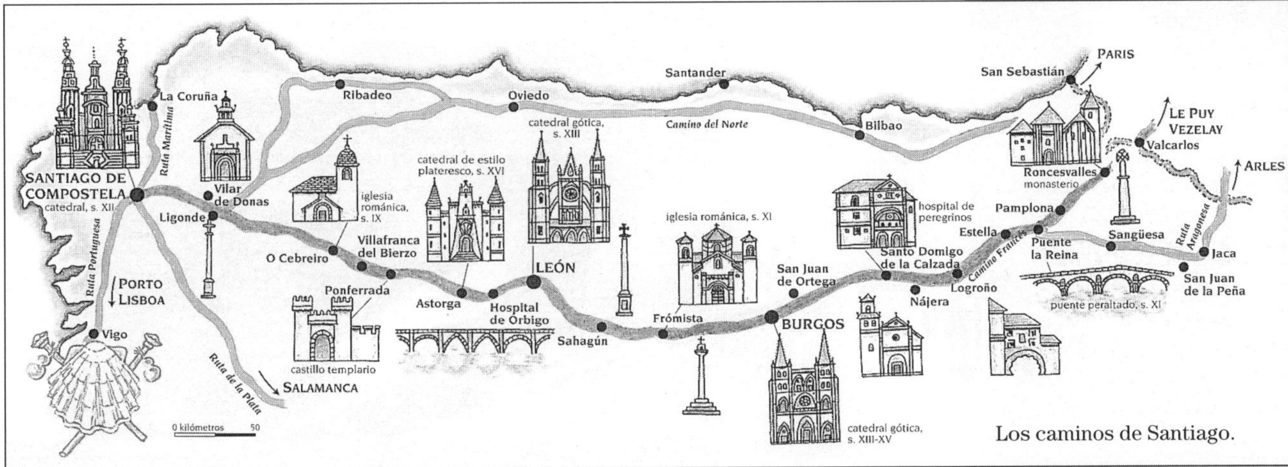

Los caminos de Santiago.

Patrimonio de la Humanidad

A punto de finalizar, el Año Santo de 1993 ha traído al Camino de Santiago su declaración oficial como Patrimonio de la Humanidad. Así lo decidió la Unesco en su última reunión, celebrada en la ciudad colombiana de Cartagena de Indias, en la que se otorgó[1] también el mismo título a los conjuntos históricos de Mérida, Badajoz, y Guadalupe, Cáceres.

Ésta es la primera vez que la Unesco declara una ruta Patrimonio de la Humanidad, calificación reservada hasta ahora a ciudades o conjuntos históricos. El acuerdo[2] adoptado en Cartagena de Indias se refiere sólo al tramo[3] español de la ruta, desde los Pirineos hasta Galicia.

Xosé Hermida,
El País, 13/12/1993.

1. *inf.* otorgar : *octroyer.* – 2. *L'accord.* – 3. *la partie.*

1. ¿Qué es la Unesco? ¿Cuál es su función?

2. Buscad en un diccionario los nombres de las cuatro ciudades de Extremadura mencionadas en el artículo: decid por qué fueron declaradas Patrimonio de la Humanidad.

3. ¿Cuáles son las **diferentes razones** por las que se ha declarado el Camino de Santiago Patrimonio de la Humanidad?

▶practica

Camino de Santiago

1. Vuelve a escribir en estilo indirecto la primera réplica de la peregrina empezando por: La peregrina dijo que deseaba que Dios...

2. Indica otra estructura equivalente:
• El abuelo va a buscar ramas de brezo que huelen **al arder**.
• ¿Por qué **tienen que** ir todos los peregrinos a Santiago?

3. Traduce al francés desde "Si va a Compostela..." (l. 11) hasta "... el sepulcro del Apóstol" (l. 20).

Los peregrinos hacen un alto en el camino delante de la fuente de vino de las bodegas Irache, Navarra.

1. Presentad la escena de la foto. (¿Quiénes? ¿Dónde?)

2. Describid a los personajes. ¿Adónde irán?

3. ¿Por qué se detienen *(s'arrêtent-ils)* en el camino?

4. Esta bodega *(cette cave)* es una casa antigua: ¿cómo se ve?

5. ¿Por qué razón hacen este viaje? ¿Por qué lo hacen andando *(à pied)*?

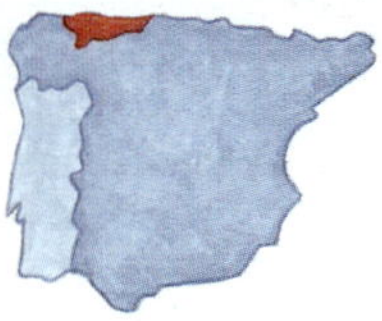

▸ profundiza

1. Rappel : Les prépositions **A**, **Por** → mouvement.
- echarse **al** agua, p. 126 : *se jeter à l'eau.*
- Van **a** bajar los 17 kms, p. 127 : *Ils vont descendre les 17 km.*
- pasear **por** las calles, p. 127 : *se promener dans les rues.*

Cf. gram. 32.A, F, pp. 261-262.

2. La condition réalisable
- **"Si le gusta (a Vd) hacer deporte, (...) podrá elegir... "**, p. 126 : ***Si** vous aimez faire du sport, vous **pourrez** choisir.*

Cf. profundiza 3, p. 82.
Cf. gram. 37.A.3, p. 265.

▸ las preposiciones **a**, **por**
▸ la condición realizable

deporte: *du sport.* – Los Picos de Europa / La Sierra del Aramo → cordillera Cantábrica. – hacerse a la mar: *prendre la mer.* – piragua: *pirogue.* – hurgar en sus entrañas: *explorer ses entrailles.* – bolos: *quilles.* – recinto: *littéralt, enceinte.* – Guapa: *jolie, belle.*

el descenso del Sella

1. *doucement.*
2. **el** paragu**as**: *le parapluie.*
3. *une cornemuse.*
4. *amusant.*
5. *un costume.*

Hoy, primer sábado de agosto, en Arriondas es día de fiesta. Hoy, como todos los años, ha llegado el momento del Descenso del Sella: más de ochocientas piraguas van a bajar los diecisiete kilómetros de río que hay desde el puente de Arriondas hasta el de Ribadesella. Las calles están llenas de gente; gente venida de toda España para seguir la aventura del Descenso.

En Arriondas empieza a llover suavemente[1]. A esta manera de llover los asturianos la llaman "orbayu". La gente del pueblo, sin paraguas[2], pasea por las calles, canta, baila... La música de una gaita[3] invita a todos los vecinos a la fiesta. Ya son las once de la mañana. Desde la ventana del bar tres jóvenes miran hacia fuera. La gente del pueblo está organizando un desfile muy divertido[4]: un viejo con un traje[5] largo de color azul pasea por la calle saludando a los demás. En la mano lleva un tridente.

– Ese abuelo del tridente es Neptuno, el rey del mar –les explica el camarero–. A su lado va don Pelayo, un viejo rey asturiano. Los siguen los piragüistas, los vecinos del pueblo, los turistas..., todo el mundo.

Victoria Ortiz González, *En piragua por el Sella,* 1991.

Puente de Ribadesellas.

▸practica

Publicidad

1.

> "Visitar Asturias es coronar los Picos, viajar por el cielo, hacerse a la mar, echarse al agua, descubrir la nieve, recorrer la naturaleza, jugar una partida de bolos."

Transforma esta frase imitando el modelo:
Si Vd **visita** Asturias, **coronará** los Picos, ...

2. Dale órdenes al lector **tratándole de usted**
Practicar deportes / volar en parapente / hacerse a la mar / descubrir la nieve / hurgar en las entrañas de la tierra / recorrer la naturaleza / jugar una partida de bolos / romper la rutina / no perderse la oportunidad de ir a Covadonga / no dejar de viajar por el Principado de Asturias.

Publicidad / texto

A partir de los elementos dados por los documentos, haz una breve presentación geográfica del Principado de Asturias. (No te olvides de consultar el mapa para situar la región.)

Santuario de Covadonga. La Santa Cueva, Asturias.

▶los numerales cardinales y ordinales
▶el adjetivo posesivo ▶las preposiciones **por / para**

cronología

La dama de Elche.

Siglo XI antes de Cristo: ocupación por los **iberos** y **fenicios** de la península ibérica.

Estatua de Esculapio (dios de la Medicina), Ampurias. S. IV a C.

S. VIII a. C.: colonización de la costa mediterránea por los **fenicios y griegos**.

S. III a. C.: invasión de la península por los **cartagineses.**

Teatro de Mérida, Badajoz. Arte romano Clásico.

218 a. C.: colonización **romana.**

El arco de Bará, Tarragona. Arte romano Imperial, s. II.

Iglesia de San Juan de Baños, Palencia. Basílica visigoda, s. VII.

409 después de C.: invasiones **germánicas** (suevos, vándalos y alanos; y en 415, visigodos).

Bajorrelieve, iglesia de Quintanilla de las Viñas. Arte visigótico, s. VII-VIII.

Columnas del Patio de los Leones de La Alhambra, Granada.

711: invasión **árabe:** conquista por los moros de toda la península, con excepción de Asturias.

La Giralda de Sevilla.

Iglesia de San Miguel de Escalada, León. Arte mozárabe, s. X.

718: Don Pelayo derrota a los árabes en la batalla de Covadonga y establece las bases del **reino cristiano** de Asturias. Es el principio de **la Reconquista.**

▶profundiza

1. Rappel : Les numéraux cardinaux et ordinaux
- 711: setecientos once.
- siglo VIII –› octavo.
- siglo XI –› undécimo u once.

Cf. profundiza 1, p. 68.
Cf. gram. 9, p. 254.

2. Rappel : L'adjectif possessif
- **mi** hermana, p. 129 / **su** ejército = de **él** / **nuestras** casas / **vuestros** antepasados / **su avanzar** = de **ellos; su** casa (de **ustedes**), p. 129.

Cf. gram. 13.A, p. 255.

3. Les prépositions : Por / Para
- **Por**

"colonización de la costa mediterránea **por** los griegos": la costa mediterránea **fue colonizada por** los griegos", p. 128.
- **Para**

"... había torres (...) **para** avisar", p. 129.
Cf. gram. 32.E, F, p. 262.

4. Rappel : L'indéfini Todo COD
"... lo conquistaron **todo**", p. 129 : *ils conquirent tout.*
Cf. gram. 17.3, p. 257.

5. Le participe passé
- **invariable dans les temps composés**

"... se han sucedid**o** tantas invasiones", p. 129.
(María) "... parecía haberse escapad**o** de un harén", p. 129.
Cf. profundiza 1, p. 62.
Cf. gram. 46.A.4, p. 269.

genealogía hispánica

Desde los iberos y los romanos –Calanda[1] fue un poblado romano– hasta los visigodos y los árabes, se han sucedido tantas invasiones sobre el suelo de España que hoy existe una mezcla de sangres[2] muy diversas. En el siglo XV no había en Calanda más que una familia de cristianos[3] viejos. Todas las demás eran moriscas[4]. En una misma familia pueden darse tipos muy distintos. Por ejemplo, mi hermana Conchita podía pasar por una guapa escandinava de pelo rubio y ojos azules, mientras que mi hermana, María, por el contrario, parecía haberse escapado[5] de un harén.

Luis Buñuel, *Mi último suspiro,* 1982.

1. pueblo aragonés donde nació Luis Buñuel.
2. *un mélange de sangs.*
3. *chrétiens.*
4. los moriscos: moros bautizados *(baptisés)* que se quedaron en España después de la Reconquista.
5. *inf.* escaparse : *s'échapper.*

1. ¿A qué acontecimientos de la historia de España alude Luis Buñuel?

2. ¿Cómo ilustra su propósito?

nuestros antepasados

– Cuando las huestes[1] de Tarik[2] desembarcaron en nuestras costas, cerca de Gibraltar, que precisamente quiere decir "montaña de Tarik" en árabe, éste llamó a la puerta de nuestra patria: "¡Toc! ¡Toc! ¿Se puede pasar? Miren, que de parte del moro Muza que si podríamos[3] invadir la península ibérica... Es que pasábamos por aquí y ya saben, como estamos en el setecientos once..., pues..., nosotros..., la verdad..., nos gustaría..." Hablaba así porque era muy tímido. "Pasen, pasen[4]... – contestó la Península –. Están ustedes en su casa. No faltaría más[5]." Porque siempre hemos sido un pueblo muy hospitalario. Y, en efecto, Tarik, que era el lugarteniente[6] del general Muza, irrumpió[7] con su ejército[8] de árabes, que acababan de conquistar Marruecos y estaban muy entrenados. En ocho años lo conquistaron todo y, ya puestos[9], se quedaron ocho siglos. Y poco después del desembarco, en su avanzar hacia el norte, arrasaron[10] estas tierras. En las costas había torres vigías o atalayas[11] –todavía se conservan muchas– para avisar cuando se veían "moros en la costa". Y aquí había otra torre parecida, la de este castillo, desde la cual vieron llegar las mesnadas[12] de árabes y beréberes[13], nómadas del norte de África que estaban echando una mano[14] para invadir esto, porque eran muy serviciales. Cuenta la historia que vuestros antepasados, que vivían en humildes chozas[15] al pie del castillo del señor feudal, se defendieron bravamente.

José Antonio del Cañizo, *El maestro y el robot,* 1983.

1. las tropas.
2. general árabe.
3. *nous pourrions.*
4. *Entrez, entrez.*
5. *ici, Je vous en prie.*
6. *le lieutenant.*
7. *inf.* irrumpir : *faire irruption.*
8. *son armée.*
9. *une fois installés.*
10. *ils dévastèrent.*
11. *des tours de guet ou beffrois.*
12. las tropas.
13. *berbères.*
14. *inf.* echar una mano : *donner un coup de main.*
15. *(d') humbles chaumières.*

1. ¿Qué acontecimiento histórico les relata el maestro a sus alumnos?

2. ¿Cómo logra poner esta lección de historia al alcance *(à la portée)* de los niños?

3. El moro Muza le habla a la Península como si conociera *(comme s'il connaissait)* la importancia histórica de la fecha 711: ¿cómo se explicará?

4. Comentad la frase del maestro "siempre hemos sido un pueblo muy hospitalario". (*Cf.* cronología, p.128.) ¿Qué tono se trasluce?

5. A vuestro parecer, ¿manifiesta el maestro una preferencia por uno u otro pueblo? Justificad vuestra respuesta.

▶practica

Cronología

1. Escribe en letras:
• 218 / 415 / 718.
• siglo III / siglo V.

2. Vuelve a escribir la frase de dos maneras (voz activa y voz pasiva) empleando los verbos **invadir y colonizar:** "711: invasión árabe... con excepción de Asturias".

3. Escribe en pasado: "En 718: Don Pelayo derrota... la Reconquista."

4. Recuerda la historia de Francia: ¿qué pasó en 732?

Genealogía hispánica

Traduce el texto al francés.

Nuestros antepasados

1. Conjuga en pretérito: Desembarcar en la costa e invadir la península.

2. Vuelve a escribir en presente desde "En las costas..." hasta "... serviciales".

3. Traduce desde el principio del texto (sin olvidar el título) hasta "... muy hospitalario".

▶recuerda

– No había **más que** una familia: *Il n'y avait qu'une famille.*
– ¿Se puede pasar?: *On peut entrer ?*
– Pasen, pasen: *Entrez, entrez.*
– ¡No faltaría más!: *Faites donc ! / Mais comment donc !*
– echar una mano: *donner un coup de main / prêter main forte.*

La ocupación de tierras habitadas por musulmanes, que tradicionalmente se conoce con el nombre de **Reconquista,** se hizo, alternativamente, a través de una colonización pacífica y de enfrentamientos bélicos.

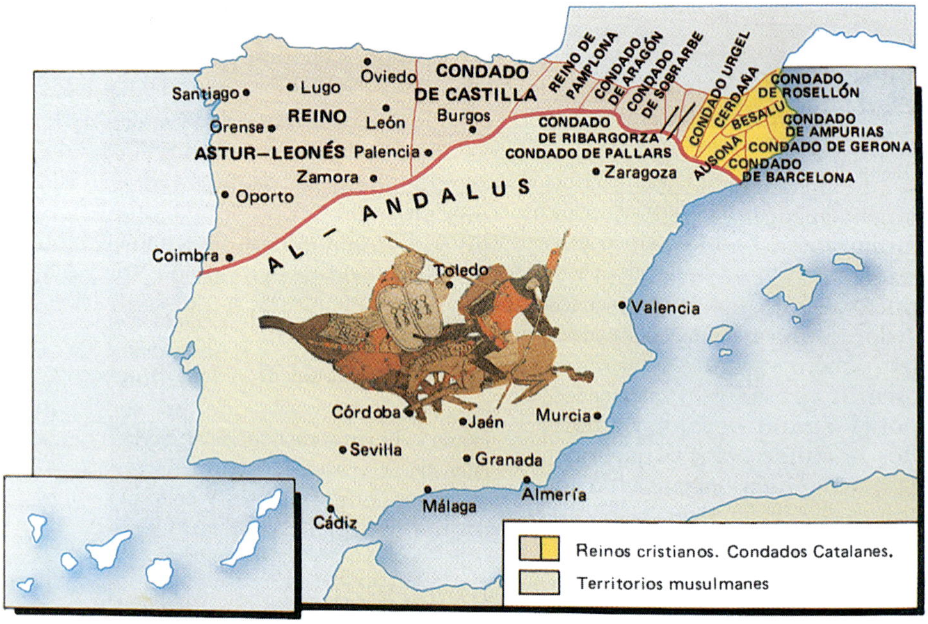

La península Ibérica a comienzos del siglo X. La consolidación de los territorios cristianos.

Rodrigo Díaz de Vivar (nacido en Burgos hacia **1043** – muerto en Valencia en **1099**), **Cid Campeador. Fue desterrado** *(exilé)* por el rey Alfonso VI de Castilla. Guerreó contra los moros y **conquistó en 1095 la ciudad de Valencia** que ofreció al Rey en señal de sumisión.

atraído: *attiré.* – quizá, tal vez: *peut-être.* – la Albufera, a orillas del Mediterráneo, en la región de Valencia, es una tierra de arrozales *(rizières).* – Quiso el Cid: *Le Cid voulut.*

1. Presentad la publicidad y decid cómo **están repartidos** los elementos que la componen.

2. Descifrad **el mensaje:**
- de izquierda a derecha (pasado → presente),
- de arriba abajo,

destacando **la relación** que existió entre Valencia y el héroe de la Edad Media. Estudiad particularmente **el juego de palabras** "Luna / Valencia" y **el retruécano** (inversión de términos) del eslogan.

3. Interpretando el posible **simbolismo** de la pareja de jóvenes / de la huerta / de la costa del azahar *(fleur d'oranger)*, destacad la originalidad de este **himno** a Valencia.

las tres cautivas[1]

1. *captives.*
2. *ici, le maure cruel.*
3. *les livra.*
4. *inf.* valer : *servir.*
5. *inf.* amasar : *pétrir.*
6. *inf.* cerner : *tamiser.*
7. *inf.* hallarse (con) : *rencontrer.*
8. *joie.*

En el campo moro,
entre las olivas,
allí cautivaron
tres niñas perdidas;
el pícaro moro[2]
que las cautivó
a la reina mora
se las entregó[3].
– Toma, reina mora,
estas tres cautivas,
para que te valgan[4],
para que te sirvan.
– ¿Cómo son sus nombres?
¿Cómo les decían?
– La mayor Constanza,
la menor Lucía,
y la más chiquita,
la llaman María.
Constanza amasaba[5],
Lucía cernía[6],
y la más chiquita
agua les traía.
Un día en la fuente,
en la fuente fría,
con un pobre viejo,
se halló[7] la más niña.
– ¿Dónde vas buen viejo,
camina, camina?
– Así voy buscando
a mis tres hijitas.
– ¿Cómo son sus nombres?
¿Cómo les decían?
– La mayor Constanza,
la menor Lucía,
y la más pequeña,
se llama María.
– Usted es mi padre.
– ¿Y tú eres mi hija?
– Yo voy a contarlo
a mis hermanitas.
– ¿No sabes Constanza:
no sabes, Lucía?
que he encontrado a padre
en la fuente fría.
Constanza lloraba,
lloraba Lucía,
y la más pequeña
de gozo[8] reía.

Anónimo.

Versificación
Hexasílabos asonantados en los pares:
- verso 4: tres ni-ñas per-di-das
  1 2 3 4 5+1
- verso 6: que las cau-ti-**vó**
  1 2 3 4 5+1

Cf. p. 57.

1. Narrad la anécdota (en tiempo pasado).

2. ¿Cómo se nota que el autor anónimo de este **romance** era cristiano? La acción pasaba en **Al-Andalus**: ¿qué detalles lo evidencian?

3. Los versos 23 a 30 ofrecen varias expresiones estereotipadas de la **tradición oral**: ¿cuáles son? ¿A qué otros tópicos se oponen (v. 1 - 8)?

4. Como en ciertos cantares de **juglares** *(troubadours)*, se observa la presencia de **un estribillo** *(refrain)*: ¿cuál es? ¿Qué sugiere?

5. ¿Qué subraya la elipsis en el relato (versos 40 - 41)? Comentad el desenlace poniendo de relieve los procedimientos estilísticos.

6. ¿Qué representación de los mundos cristiano y moro les da a **los oyentes** este romance? ¿Cómo lo confirma la versificación (metro, asonancias)?

El patio de los Leones, La Alhambra de Granada.

"Tres morillas me enamoran en Jaén". Romance anónimo interpretado por Fernand Fernandez Lavie.

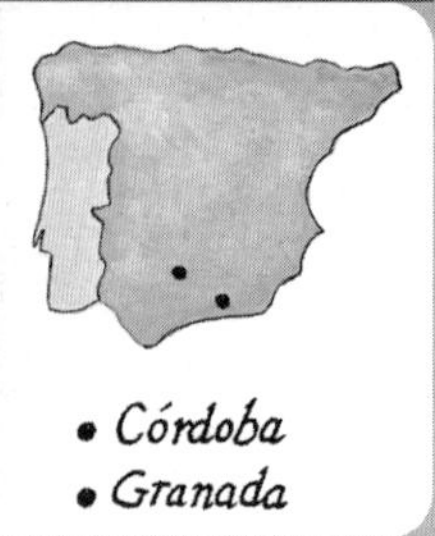

▸profundiza

Pretérito indefinido irregular
Tener

tuve	tuvimos
tuviste	tuvisteis
tuvo	tuvieron

1. L'emploi de l'article devant les noms de pays
Ninguna frontera delimitaba **la** España **musulmana** de **la** España **cristiana,** p. 133.
Cf. profundiza, p. 80 / 1, p.106.
Cf. gram. 10.4, p. 254.

2. Rappel : Le démonstratif de la 3e série : **Aquel, aquella**
• **Aquella** tierra, p. 133.
• **Aquel** funesto día, p. 135.
Cf. profundiza 2, p. 106.
Cf. gram. 14, p. 256.

3. Le **comparatif d'égalité**
"... yo hablaba castellano **tanto como** él mi idioma", p. 133.
Cf. profundiza 3, p. 104.
Cf. gram. 15, p. 256.

4. Rappel : **Le pronom réfléchi Sí** (après une préposition)
"(Oriente y Occidente) se exterminaban **entre sí**", p. 133 : *L'Orient et l'Occident s'exterminaient entre eux (réciproquement).*
Cf. profundiza 1, p. 90.
Cf. gram. 20.H, p. 258.

5. **La concordance des temps**
• **passé**
"A veces **transcurrían** muchos días (...) **sin que apareciese** un solo pueblo", p. 133.
• **présent**
A veces **transcurren** (...) **sin que aparezca** un solo pueblo.
Cf. profundiza 5, p. 117 / 4, p. 120.
Cf. gram. 38, p. 266.

6. L'équivalent de **depuis** (durée)
"**Desde hacía** cuatro siglos...", p. 133 : ***Depuis** quatre siècles.*
Cf. gram. 32.G, p. 262.

▸pretérito indefinido: **tener** ▸el uso del artículo con nombres de países ▸los adjetivos demostrativos

las minorías marginales

Junto a los musulmanes de Al-Andalus y los cristianos del norte de la Península, vivían otras gentes que se diferenciaban por su fe[1] religiosa.

Los mozárabes

Eran los hispanocristianos que vivieron en Al-Andalus. Formaron comunidades importantes en Toledo, Córdoba, Sevilla y Mérida. Vivían en barrios[2] especiales, de calles tortuosas y estrechas, y estaban organizados bajo la tutela del poder musulmán, con un jefe[3], el comes, que se encargaba de recaudar los impuestos[4].

Los judíos

Procedentes de Oriente, se instalaron en la Península en tiempos de los romanos (s. IV). La islamización les proporcionó una situación favorable, debido al respeto[5] que los musulmanes tenían para con[6] los que profesaban una religión basada en "el Libro" (la Biblia).

Los mudéjares

Eran los musulmanes que vivieron en tierras cristianas después de la conquista. Algunos habitaron en las ciudades, en barrios especiales llamados morerías. En ellos tenían sus mezquitas[7], zocos[8] y baños públicos. Conservaban sus costumbres musulmanas y se regían por sus propias leyes[9]. Sus actividades eran fundamentalmente artesanas: ceramistas, albañiles[10], herreros[11], tintoreros, etc. La mayoría de los mudéjares vivían en las zonas rurales y cultivaban ricas huertas.

Joaquín Prats, *Geografía e historia de España,* 1987.

1. *leur foi.*
2. *des quartiers.*
3. *un chef.*
4. *percevoir les impôts.*
5. *grâce au respect.*
6. *envers.*
7. *leurs mosquées.*
8. mercados *(souks).*
9. la ley : *la loi.*
10. *maçons.*
11. *forgerons.*

La Puerta del Sol de Toledo, siglo XIV, estilo mudéjar.
Grabado de A. Rouargue, 1858.

►el comparativo de igualdad ►el pronombre reflexivo sí ►la concordancia de los tiempos ►la prep. **desde**

1. *savant.*
2. *sauf.*
3. *vide.*
4. *les décombres.*
5. *inf.* soltar [ue] : *lâcher.*
6. *impuissants.*
7. *les tours de guet.*
8. *briques.*
9. *des créneaux.*
10. *meurtrières.*

Nacido en 1135 en Córdoba, en la época más brillante de la ciudad, Moisés Maimónides, médico judío, ha salido de su tierra para instruirse y ser sabio[1].

Tuve que caminar durante casi un mes por senderos de campo y montaña, a través de campiñas y bosques, hasta llegar a Toledo. Ninguna frontera delimitaba la España musulmana de la España cristiana, salvo[2] el profundo vacío[3] de un paisaje del que la actividad humana se había retirado. A veces transcurrían muchos días en la más absoluta soledad, sin que apareciese en el horizonte un solo pueblo. Por aquí y por allí emergían casas de entre los escombros[4]; la gente se ocultaba y soltaba[5] los perros.
Desde hacía cuatro siglos Oriente y Occidente se enfrentaban en aquella tierra de fuego, abandonada a la desolación. Se exterminaban entre sí en breves accesos impotentes[6] y sin concederse la más mínima ventaja. Sobre todos los promontorios lejanos se erguían sin orden las atalayas[7]: si eran cuadradas, de ladrillos[8] rosa y almenas[9] en su corona, recibían el nombre de *ribats* y eran árabes; si eran redondas, de piedras azuladas y llenas de aspilleras[10], se llamaban castillos y eran españolas.

Herbert Le Porrier, *El médico de Córdoba,* 1974.

1. *prisonnier.*
2. *chancelle.*
3. dinastía musulmana que reinó en Granada del siglo XIII al siglo XV.
4. *un soupçon.*
5. *élémentaire.*
6. suministrar: dar.
7. *à cela ; ici, n'y fit pas allusion.*

Don Gonzalo Fernández de Córdoba, capitán de los Reyes Católicos, está hablando con Boabdil, último rey moro (siglo XV), preso[1] de los cristianos.

– Vuestro trono se tambalea[2], señor.
– Puede que mi trono sí; pero no el de los nazaríes[3]. Mi padre fue un gran rey.
Sus ojos se abrillantaron con un asomo[4] de malicia, o eso me pareció.
– Lo es, señor.
La conversación transcurría en un árabe despojado[5], pero comprensible. El capitán lo pronunciaba bien. Se echaba de ver que era un hombre nacido en la frontera: eso me unía a él. Balbuceaba a veces, y yo le suministraba[6] la palabra oportuna. Sin duda descubrió que yo hablaba el castellano tanto como él mi idioma, pero no aludió a ello[7]: eso me unía más.

"Recuerdos de Boabdil". Antonio Gala, *El manuscrito carmesí*, 1990.

Antonio Gala, *El manuscrito carmesí,* 1990.

1. *se référa.*
2. *racine.*
3. *le fleuve de l'oubli.*
4. *le royaume.*

Esta mañana, mientras tomábamos el aperitivo en la penumbra de la biblioteca, Márquez me dijo el nombre del río, Guadalete, y apeló[1] a un par de diccionarios geográficos para explicarme su etimología. "Palabra compuesta de una doble raíz[2] griega y árabe", dijo Márquez, leyendo.
El río se llama Guadalete. Es una palabra árabe que viene del griego. Los antiguos le llamaban Leteo, el río del olvido[3], porque era la frontera entre el reino[4] de los vivos y el de los muertos. Quien lo cruza pierde la memoria.

Antonio Muñoz Molina, *Nada del otro mundo,* 1993.

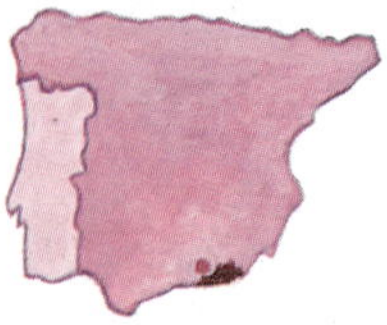

▸ profundiza

Pretérito indefinido irregular
Saber *(savoir)*, p. 135.

supe	supimos
supiste	supisteis
supo	supieron

Cf. p. 120.

Poner *(mettre)*, p. 134.
puse
pusiste
puso...
Cf. p. 108.

1. L'origine arabe de certains substantifs
(certains d'entre eux ont conservé l'article arabe **Al**) : el **Al**cázar, *le palais* – la mezquita, *la mosquée* – el minarete, *le minaret* – la **al**munia, *le jardin* – el **Guad**alquivir (Oued el Khebir = *le grand fleuve*) – el **Guad**alfeo – **Al**-Andalus, etc.
Cf. gram. 5, p. 252.

2. La personne de courtoisie au XVe siècle
"Tened (vos) por cierto" → "**vuestros** antepasados...", p. 134.

3. Ser / Estar
• **Forme passive : Ser**
"... **hemos sido** designados **por** Dios...", p. 134.
• **Forme passive exprimant un état (faux passif) : Estar**
"Ya **estaban** las más altas cumbres doradas **por** el sol", p. 135.
Cf. profundiza 3, p. 110.
Cf. gram. 28, p. 260.

4. La concordance des temps
"... temí que la resistencia de los dos se derrumb**ara**", p. 134 : *je craignis que leur résistance à tous deux ne s'effondrât.*
Cf. profundiza 5, p. 117 / 4, p. 120 / 5, p. 132.
Cf. gram. 38, p. 266.

▸ el pretérito indefinido irregular
▸ sustantivos de origen árabe

dolorosa despedida[1]

– Hijo mío, en vuestra mano está que esta guerra que vuestros antepasados y los nuestros han sostenido muy cerca de ochocientos años, y que ahora sostenemos vos y nos, se interrumpa. Los reyes hemos sido designados por Dios para conducir a nuestros pueblos por el camino de la felicidad, no de la perdición. Pensadlo bien. A la reina y a mí nos cabe la honra[2] de convertir a España en la nación más grande de Europa.

Eso, o algo similar, me dijo el rey en los Reales Alcázares cuando Moraima y yo nos despedíamos de nuestro hijo, y ambos reyes se presentaron sin anunciarse.

Yo, en tanto[3] el rey hablaba, sentía clavados en mí, haciéndome daño[4], los bellísimos ojos, candorosos y enormes, de Ahmad. Respondí:

– No hay guerra que dure ocho siglos, señor. Lo que durante tanto tiempo hemos traído entre manos vosotros y nosotros es evidentemente una cosa distinta.

Cuando Moraima se inclinó para besar[5] a Ahmad, temí que la resistencia de los dos se derrumbara[6]. No fue así. Ella con la voz un poco quebrada[7], pero serena, le dijo, acariciando su carita llena de estupor:

– Sé dócil, cumple con tus deberes de buen musulmán, y recuérdanos siempre. Tu padre y yo no te olvidaremos ni un solo instante.

El niño volvió de nuevo sus ojos hacia mí.

La reina Isabel puso una mano no del todo limpia[8] sobre el brazo de Moraima:

– Tened por cierto[9] que yo en persona velaré por la educación de este morito, y que será tratado como si fuera un infante de Castilla. Id tranquilos.

Acto seguido, en silencio, emprendimos el camino de Vélez. Yo ya no era ni un rey en exilio, ni un rey preso. Acaso no era un rey. No sabía lo que era.

Antonio Gala,
El manuscrito carmesí, 1990.

1. *adieux.*
2. *il nous revient l'honneur de.*
3. mientras.
4. *inf.* hacer daño : *faire mal.*
5. *embrasser.*
6. *ne s'effondrât.*
7. *brisée.*
8. *propre.*
9. *soyez assurée.*

Fiesta de moros y cristianos.

1. Presentad a los personajes y aclarad las circunstancias.
2. Los dos pueblos **convivieron** durante ocho siglos: ¿cómo percibe cada uno de los reyes ese período?
3. ¿Qué **acontecimientos** se están preparando para la familia de Boabdil? ¿Comprendéis por qué no se va Ahmad? (Fijaos en la narración y en las réplicas de las dos reinas.)
4. Analizad los **sentimientos** del niño y de sus padres.
5. ¿Qué visión nos da el narrador Boabdil de los Reyes Católicos: ideología / costumbres / actos? (Fijaos en la cronología de la página 137.)
• ¿Con qué tono analiza su propia **decadencia**?

aquel funesto día...

1. *ici, disparaît.*
2. *inf.* dividirse : *se diviser, se partager.*
3. *une brume.*
4. *littéralt, plongeait dans la torpeur.*
5. *des villas (à Grenade).*
6. *des fermes.*
7. huertos.
8. todo lo que.
9. *la convoitise.*
10. *ses maîtres.*
11. *chagrin.*
12. *poursuivi.*

El Rey Chico entregó las llaves de Granada a los Reyes Católicos el 2 de enero de 1492. El día 25 de enero...

Hay un punto, camino de las Alpujarras, en las alturas del Padul, desde donde por última vez se divisa Granada y se deja luego de ver[1]. En él se dividen[2] las aguas del Genil y las del Guadalfeo; en él se dividía mi ayer y mi mañana. Ya estaban las más altas cumbres doradas por el sol, y una niebla[3], anunciadora de una mañana hermosa, sumergía en pereza[4] la Vega. Mi intención era haber llegado antes a ese punto, o pasar por él sin advertirlo. Sabía y sé a la perfección, con ojos ciegos, lo que desde él se ve: colinas, caseríos[5], cármenes, alquerías[6], mezquitas, minaretes, almunias[7], arboledas, murallas: cuanto[8] Granada tiene de incitación a la codicia[9] para quienes no son sus amos[10]; cuanto tiene de placentero para los que lo son; cuanto tiene de pesadumbre[11] para los que han dejado de serlo. Ibn al Jatib también lo supo:

Aquel funesto día en que me obligaron a alejarme de ti,
acosado[12] por la adversidad,
no hacía sino mirar hacia atrás en el viaje de la separación.
Hasta que me preguntó mi compañero: "¿Qué es lo que te
has dejado?
"Mi corazón", le respondí.

Antonio Gala, *El manuscrito carmesí,* 1990.

1. ¿Qué **recuerda** Boabdil en estas líneas?

2. ¿Por qué dice el narrador que su intención "era haber llegado antes a ese punto, o pasar por él sin advertirlo"?

3. Los elementos del paisaje y sus nombres testimonian *(témoignent)* la **mezcla de culturas:** mostradlo.

4. ¿Qué sentimientos profundos experimentó Boabdil **al abandonar Granada**? ¿Qué reflexión le sugiere el recuerdo de esta despedida? (*cf.* 2ª frase).

▶ practica

Dolorosa despedida

Vuelve a escribir en presente:
- Yo, en tanto el rey hablaba, sentía clavados en mí los bellísimos ojos de Ahmad.
- Cuando Moraima se inclinó para besar a Ahmad, temí que la resistencia de los dos se derrumbara.
- Yo ya no era un rey en exilio. No sabía lo que era.

Aquel funesto día...

1. Completa las frases:
- Mi intención era haber llegado antes a ese punto porque...
- Al alejarse de Granada, el Rey Chico...

2. Dans les phrases suivantes, indique s'il s'agit d'une forme passive ou d'un faux passif.
- Los árabes fueron vencidos por los cristianos.
- Boabdil estaba embargado por la emoción.
- Estaba la Vega sumergida por la niebla.

3. Traduce las palabras de Ibn al Jatib.

▶ recuerda

– **cumplir con** sus deberes: *s'acquitter de ses devoirs.*

Antonio Ferrandis recibió un emotivo homenaje durante el transcurso del XIX Festival de Cine Iberoamericano de Huelva. Ciento cincuenta "moros y cristianos" se desplazaron desde Valencia para desfilar en su honor. El actor valenciano recibió el Premio Colón de Oro en un gran acto celebrado en el Gran Teatro de la capital onubense.

Diez minutos, 10/12/1993.

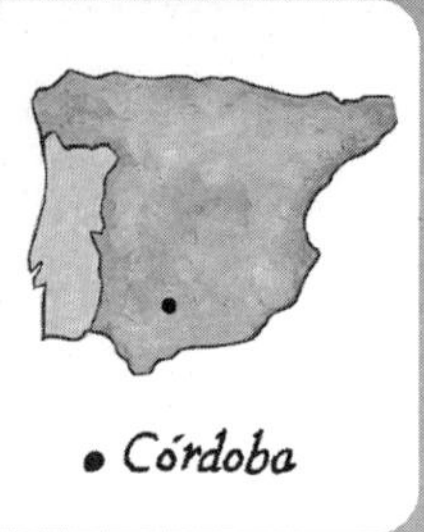

▶los numerales ordinales ▶el pronombre relativo **cuyo** ▶algunos sustantivos de origen árabe

una civilización relevante[1]

En dos años se enseñorearon[2] de lo que luego costó siete siglos arrebatarles[3]. El principio de la libertad religiosa iba con ellos. En las ciudades dominadas, aceptaban la iglesia del cristiano y la sinagoga del judío. La mezquita no temía[4] a los templos que encontraba en el país: los respetaba colocándose entre ellos, sin envidia ni deseo de dominación. Del siglo VIII al XV se fundaba y se desarrollaba[5] la más elevada y opulenta civilización de Europa en la Edad Media. La población de España se elevaba a más de treinta millones. Y en esta fecunda amalgama de pueblos y razas, entraban todas las ideas, costumbres y descubrimientos conocidos hasta entonces en la tierra; todas las artes, ciencias, industrias, inventos y cultivos de las antiguas civilizaciones, brotando[6] del choque nuevos descubrimientos y creadoras energías. La seda[7], el algodón, el café, el papel, la naranja, el limón, la granada, el azúcar venían con ellos del Oriente, así como las alfombras[8], los tisús, los tules, los adamasquinados[9], la pólvora[10]. Con ellos también la numeración decimal, el álgebra, la alquimia, la química, la medicina, la cosmología y la poesía rimada. Aristóteles reinaba en la famosa universidad de Córdoba.

Vicente Blasco Ibáñez, *La Catedral,* 1903.

1. *brillante.*
2. *inf.* enseñorearse : *s'emparer.*
3. *leur arracher.*
4. *inf.* temer : *craindre.*
5. *inf.* desarrollarse : *se développer.*
6. *inf.* brotar : *jaillir.*
7. *La soie.*
8. *les tapis.*
9. *damasquinage (incrustation d'or, d'argent, de cuivre dans du fer ou de l'acier).*
10. *la poudre.*

▶profundiza

1. Les numéraux ordinaux
• Del siglo VIII (octavo) al XV (quince), p. 136.
• a finales del siglo X (décimo), p. 137.
Cf. gram. 9.B, p. 254.

2. Le relatif "dont" (complément de nom)
"... es la capital de los libros, cuyo número es tan incalculable", p. 137 :
c'est la capitale des livres dont le nombre est si incalculable.
Cf. gram. 25.A, p. 259.

3. L'origine arabe de certains substantifs
• el algodón: *le coton.*
• la naranja: *l'orange.*
• el azúcar: *le sucre.*
Cf. profundiza 1, p. 134.
Cf. gram. 5, p. 252.

1. Decid cuál es el tema de este fragmento.

2. Primer y segundo párrafos (l. 1-6 / 7-9):
• A vuestro parecer, ¿por qué permaneció esta civilización tantos siglos en tierras hispánicas?
• ¿Qué le trajo *(apporta-t-elle)* a la España medieval?

3. Tercer párrafo (l. 10-21):
• ¿Qué cambios introdujeron los árabes a nivel de **la vida cotidiana**?
• Estimad los progresos que acarrearon sus aportaciones en **la vida social y cultural**.

4. Tres expresiones se destacan de este **elogio**: "(est**a**) fecund**a** amalgam**a**" / "brotar del choque" / "creadoras energías". ¿Se pueden aplicar a la historia y a la cultura de otros pueblos? Dad ejemplos.

Arco de herradura, Mezquita de Córdoba.

la unificación peninsular

1479	Casamiento de Isabel de Castilla y León con Fernando de Aragón.
1483	Restablecimiento de la Inquisición.
1492	Rendición de Granada (final de la Reconquista). Expulsión de los judíos. Descubrimiento de América.
1494	Tratado de Tordesillas con Portugal.
1502	Cuarto viaje de Colón.
1504	Muere Isabel I.
1506	Regencia y muerte de Felipe el Hermoso.
1516	Muere Fernando el Católico.
1517	Le sucede su nieto Carlos I de España.

la capital de los libros

Córdoba no es sólo la ciudad de las columnas[1], del laberinto de los callejones[2] y los rostros innumerables, de las voces que murmuran o gritan en varias lenguas simultáneas, de las campanas cristianas y los cuernos[3] judíos confundiendo su llamada litúrgica con la del muecín: también es la capital de los libros, cuyo número es tan incalculable como el de las gentes que viven en ella o el de las columnas y los arcos que se despliegan[4] en las mezquitas y en los palacios. Sesenta mil libros se publicaban anualmente en Córdoba. En un solo arrabal[5] había a finales del siglo X ciento setenta mujeres consagradas a copiar manuscritos: las más veloces calígrafas podían terminar en dos semanas la copia de un Corán. En la mezquita mayor, los discípulos de cada maestro preparan el papel y el cálamo[6] para guardar detallada memoria de sus explicaciones.

Antonio Muñoz Molina, *Córdoba de los Omeyas*[7], 1994.

1. *colonnes.*
2. *ruelles.*
3. *schofars (sorte de trompe pour le rituel israélite).*
4. *inf.* desplegarse [ie] : *se déployer.*
5. *faubourg.*
6. *ici, la plume.*
7. dinastía árabe que reinó sobre Córdoba en los siglos VIII-XI → los Califas.

1. Antonio Muñoz Molina ensalza las riquezas humanas y culturales de la Córdoba de los Omeyas: enumeradlas y decid qué idea de aquella sociedad os formáis.

2. Córdoba, cuyo esplendor culminó en el siglo X, era la capital del **saber**: ¿qué personas contribuían a transmitirlo? ¿En qué marco *(cadre)* y con qué fin?

▸practica

Una civilización relevante

1. Vuelve a escribir en presente el primer párrafo.
2. Justifie la différence d'article : la amalgama / la alfombra / el álgebra.
3. Cita otras palabras de origen árabe.
4. Entre tantas aportaciones citadas por Blasco Ibáñez, di cuál(es) te parece(n) tener más influencia en tu vida. Explica por qué.

La capital de los libros

1. Escribe en singular:
Los callejones / las voces / varias lenguas / las columnas y arcos / las más veloces calígrafas.
2. ¿Qué siglos abarca *(englobe)* la dominación de Córdoba por los Omeyas? (*Cf.* nota 7 / profundiza 1).
3. Reduce a una sola frase empleando el relativo **cuyo, a, os, as** para evitar la repetición.
• Ciento setenta mujeres copiaban manuscritos. El valor **de aquellos manuscritos** sería inestimable.
• En Córdoba, el barrio de la Judería se concentraba en torno a la Mezquita. Los callejones **de ese barrio** rebosaban de gente.
4. Traduce la primera frase ("Córdoba... en los palacios").

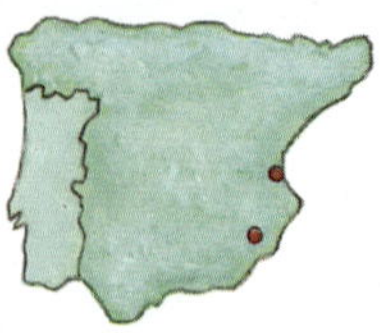

▸ profundiza

1. **Ambos, as**: los dos, las dos
• "... **ambas** riberas del río", p. 138 : *les deux rives du fleuve.*
• "**ambos** reyes", p. 134 : *les deux rois (ici, le roi et la reine).*

2. **Les suffixes diminutifs**
• **-ito** (valeur affective)
"una casita pintada de azul", p. 138 : *une maisonnette peinte en bleu.*
• **-uelo**
una calle –› una calleja –› una callejuela, p. 138.
Cf. profundiza 2, pp. 55, 64.
Cf. gram. 7.A, p. 253.

3. Rappel : La notion d'habitude (**Soler + infinitivo**)
"La felliniana parada **suele** concluir", p. 139 : *La parade fellinienne s'achève **généralement**.*
Cf. profundiza 4, p. 88.
Cf. gram. 41, p. 267.

4. **Como si + subjonctif imparfait**
"... respiró con amplitud **como si quisiera**...", p. 138 : *il respira profondément comme s'il voulait...*
Cf. gram. 37.A.2, p. 264.

▸ **ambos, as**: adjetivo / pronombre
▸ los sufijos: **-ito**, **-uelo** ▸ el verbo **soler** + infinitivo

entre naranjos

Las dos de la tarde. Casi hacía calor, aunque era el mes de marzo. Rafael, habituado al viento frío de Madrid y a las lluvias de invierno, aspiraba con placer la tibia brisa que esparcía[1] el perfume de los huertos[2] por las estrechas callejuelas de la ciudad vieja.

Y embriagado[3] cada vez más por la luz meridional y aquellos perfumes primaverales en pleno invierno, torció por una callejuela, dirigiéndose al campo.

Al salir del antiguo barrio de la Judería y verse en plena campiña, respiró con amplitud como si quisiera encerrar en sus pulmones toda la vida, la frescura y los colores de su tierra.

Los huertos de naranjos extendían sus rectas filas de copas verdes y redondas en ambas riberas del río; brillaba el sol en las barnizadas[4] hojas; sonaban como zumbidos[5] de lejanos insectos los engranajes de las máquinas de riego[6]; la humedad de las acequias[7] formaba en el espacio una neblina[8] sutilísima.

A un lado alzábase[9] la colina de San Salvador, con su ermita en la cumbre rodeada de pinos, cipreses y chumberas[10].

Era algo más que la belleza del campo lo que le atraía fuera de la ciudad. Cuando los rayos del sol naciente le despertaron[11] por la mañana en el vagón, lo primero que "vio" antes de abrir los ojos fue un huerto de naranjos, la orilla del Júcar y una casita pintada de azul, la misma que asomaba[12] ahora, a lo lejos, entre las redondas capas de follaje, allá en la ribera del río.

¡Cuántas veces la había visto en los últimos meses con los ojos de la imaginación!

Vicente Blasco Ibáñez, *Entre naranjos*, 1900.

1. *inf.* esparcir : *répandre.*
2. *les vergers.*
3. *enivré.*
4. *vernies.*
5. *vrombissement.*
6. *irrigation.*
7. *canaux d'irrigation.*
8. *brume.*
9. *se dressait.*
10. *figuiers de barbarie.*
11. *le réveillèrent.*
12. *qui apparaissait.*

Barraca de la huerta valenciana.

1. Presentad al personaje y precisad las circunstancias de la acción.
2. ¿Cómo se justifica el placer del protagonista al llegar a su tierra? ¿Qué sensaciones le **invadían** al joven mientras **se paseaba**?
3. La acción transcurre en una región de clima seco:
• ¿Cuál es la vegetación espontánea?
• ¿Qué cultivo cita el autor varias veces? ¿Cómo se explica? *Cf.* p. 41.
4. Volved a leer las l. 21-29. ¿Adónde se dirigía el joven? ¿Por qué motivo?

"Sequía". Reportaje.

la alegría de la huerta

Al llegar la primavera, los huertanos acuden[1] a la capital, Murcia, para compartir la juerga[2] y los frutos de la tierra.

Un carnaval disfrazado[3] para la ocasión

Sobre el origen de tanta generosidad colectiva hay distintas versiones. Algunos sostienen que el Bando[4] no es más que una celebración de carnavales, convenientemente enmascarada[5] para evitar las prohibiciones de otras épocas. Otros se remontan a los tradicionales bandos estudiantiles, de mediados del siglo pasado, que eran complementados por un desfile de carrozas, jinetes[6] y huertanos de a pie.

Los bandos se escriben en panocho, algo que para unos es un idioma y para otros simplemente la forma de hablar en la zona. Un tema que exponía Francisco Medina Martín en un bando de 1993:

"No es cuestión e descutir
si llengua es u no es llengua,
plática, dialeuto u qué,
poique no es ese er poblema.
Lo c'a mí me bustaría,
y me quema la concencia,
es que por fin er panocho
sea tenío por tos en cuenta..."

La felliniana parada suele concluir cuando ya ha anochecido[7]. Entonces el escenario de la juerga se traslada a las barracas, a los bares, tascas[8] y mesones[9]. La diversión dura tanto como el cuerpo de cada uno aguante[10]. Aunque eso sí, hay que reservar algo de fuerzas para el resto de la semana de fiestas de primavera.

Jorge Churba, *Grandes Viajes*, abril 1995.

1. *inf.* acudir : *aller, se rendre.*
2. *fam., faire la fête.*
3. *déguisé.*
4. el Bando de la Huerta: nombre de la fiesta primaveral.
5. *masquée.*
6. *chars, cavaliers.*
7. *à la nuit noire.*
8. *tavernes.*
9. *auberges.*
10. *ici, jusqu'à épuisement.*

▸practica

1. Justifica el uso del verbo **ser**, p. 139 :
"Los tradicionales bandos estudiantiles... **eran** complementados por..."

2. Introduce el verbo **ser** o **estar** en estas frases:
- La ermita rodeada de pinos.
- Embriagado por la luz meridional.
- Una casita pintada de azul, p. 138.

3. Sustituye por una estructura equivalente:
- **Al salir** del antiguo barrio de la Judería y **verse** en plena campiña, (él) **respiró** con amplitud, p. 138.
- **Al llegar** la primavera, los huertanos **acuden** a la capital, p. 139.

4. Traduce al francés las l. 13-20, p. 138.

▸recuerda

– **cada vez más:** *de plus en plus.*
– ¡Cuántas veces!: *Que de fois !*
– a mediados del siglo pasado: *au milieu du siècle dernier.*

Hoy comanos y bebamos, murcianos. A bordo de elegantes carruajes sobre la hierba del parque y hasta en las esquinas, todos están entregados a una actividad común: beber y comer bien.

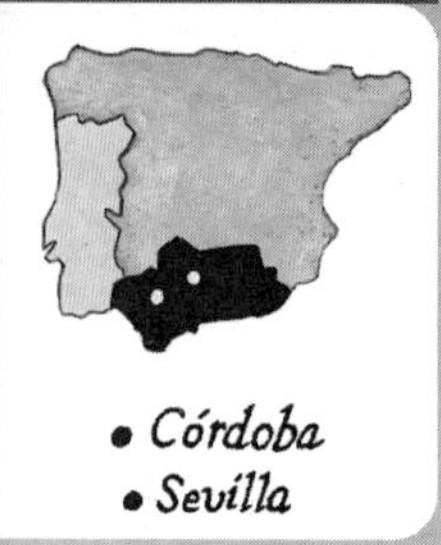

▶ el pretérito indefinido irregular: **caer**
▶ el pronombre personal de 3ª persona (COD)

Pablo Picasso

Manolete

"Manolete", nacido en Córdoba en 1917 en el seno de una familia torera, tomó la alternativa[1] en 1939 en Sevilla, de manos de "Chicuelo", alternativa que le sería confirmada en Madrid por Marcial Lalanda. Pronto se convirtió en una figura indiscutible del toreo español e iberoamericano, llegando a participar en más de setenta corridas en un solo año. Su muerte, a los 30 años de edad a consecuencia de una cogida[2] en la plaza[3] de Linares, lo elevaría a la categoría de leyenda de la tauromaquia. Su estilo, personal, elegante y sobrio[4], dio nombre a un pase de muleta popularizado por él: la manoletina.

Javier Linares, *Blanco y negro,* 15/06/1997.

1. *taurom., alternative.*
2. *un coup de corne.*
3. la plaza de toros.
4. *sobre.*

▶ profundiza

Pretérito indefinido irregular
Caer *(tomber)*, p. 141.
caí
caíste
cayó
caímos
caísteis
cayeron
Cf. Leer, p. 116.

Gerundio irregular
Seguir [i] → siguiendo

Participio pasado irregular
Envolver [ue] → envuelto.

1. Le pronom personnel COD de la 3ᵉ **personne**
• "... **lo** subieron en hombros", p. 141.
• "... **le** empujaban", p. 141.
Cf. gram. 20.D, p. 258.

2. Le conditionnel, futur du passé
• "... le **sería** confirmada", p. 140 = **iba a serle** confirmada.
Cf. gram. 35.2, p. 263.

torero en ciernes

en ciernes: *en herbe* – descolgar [ue] el teléfono – el auricular – la montera: *la toque* / la capa – a modo de *(en guise de)* muleta – una tortuga.

¡qué torero más bárbaro!

1. *littéralt, repu, rassasié.*
2. *volait.*
3. reuniones entre amigos.
4. sin sabor, soso.
5. *littéralt, une vague.*
6. *l'arène.*
7. *inf.* empujar : *pousser.*
8. *saisirent.*
9. *sur les épaules.*
10. *casquettes.*
11. *la voiture.*
12. banderillero de la cuadrilla.
13. *le coup de corne.*
14. *sa chute effroyable*

El público pareció delirar de entusiasmo. ¡Hermosa corrida! Estaba ahíto[1] de emociones. Aquel Gallardo no robaba[2] el dinero: correspondía con exceso al precio de la entrada. Los aficionados iban a tener materia para hablar tres días en sus tertulias[3] de café. ¡Qué valiente! ¡Qué bárbaro...! Y los más entusiastas, con una fiebre belicosa, miraban a todos lados como si buscasen enemigos.

– ¡El primer matador del mundo! Y aquí estoy yo, para el que diga lo contrario.

El resto de la corrida apenas llamó la atención. Todo parecía desabrido[4] y gris tras las audacias de Gallardo.

Cuando cayó en la arena el último toro, una oleada[5] de muchachos, de aficionados populares, de aprendices de torero, invadió el redondel[6]. Rodearon a Gallardo, siguiéndole en su marcha desde la presidencia a la puerta de salida. Le empujaban[7], queriendo todos estrechar su mano, tocar su traje, y al fin, los más vehementes, agarraron[8] al maestro por las piernas y lo subieron en hombros[9], llevándolo así por el redondel y las galerías hasta las afueras de la plaza.

Gallardo, quitándose la montera, saludaba a los grupos que aplaudían su paso. Envuelto en su capote de lujo, se dejaba llevar como una divinidad, inmóvil y erguido sobre la corriente de sombreros cordobeses y gorras[10] madrileñas, de la que salían aclamaciones de entusiasmo.

Al verse en el carruaje[11], calle de Alcalá abajo, saludado por la muchedumbre que no había presenciado la corrida, pero estaba ya enterada de sus triunfos, una sonrisa de orgullo, de satisfacción en las propias fuerzas, iluminó su rostro sudoroso, en el que perduraba la palidez de la emoción.

El *Nacional*[12], conmovido aún por la cogida[13] del maestro y su tremendo batacazo[14], quería saber si sentía dolores y si era asunto de llamar al doctor Ruiz.

–Na: una caricia no más... A mí no hay toro que me mate.

Vicente Blasco Ibáñez, *Sangre y arena,* 1908.

Vídeo

"¿Por qué quieres ser torero?"
P. Almodóvar, *Matador*, 1986.

1. Presentad el asunto del texto.

2. Señalad en la narración de la corrida los elementos que traducen el **entusiasmo delirante** de los aficionados (palabras, puntuación...).

3. ¿Qué sintió el espada en el redondel / al bajar la calle de Alcalá? Justificad sus **sentimientos** pensando que los toreros solían "surgir del subsuelo social".

4. Analizad la actitud del banderillero y la respuesta que le hizo el matador. ¿Qué **dimensión** le confieren al oficio de torero?

▶ practica

Manolete

1. Pon el texto en presente.
2. Traduce el artículo.

¡Qué torero más bárbaro!

1. Justifie les emplois de la préposition **Por** :
- "Agarraron al maestro **por** las piernas y lo subieron en hombros, llevándolo así **por** el redondel."
- "Al verse en el carruaje saludado **por** la muchedumbre."

2. Pasa a la voz pasiva:
"Los muchachos y aficionados rodearon a Gallardo."

3. Indica una estructura equivalente:
- "**Cuando cayó** en la arena el último toro, una oleada de muchachos (...) invadió el redondel."
- "**Al verse** en el carruaje (...), una sonrisa de orgullo iluminó su rostro."

▶ recuerda

– ser aficionado **a** los toros.
– a consecuencia de...: *à la suite de...*
– ir calle abajo / arriba: *descendre / monter la rue.*

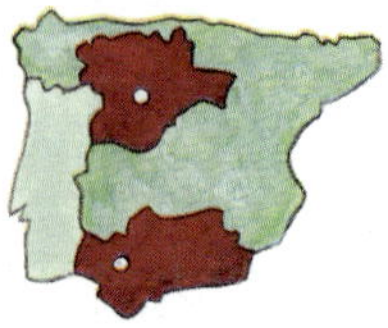

▸ algunas conjugaciones irregulares
▸ oraciones impersonales

esperar a que: *attendre.* – un paso: *un pas.* – paradores: *chaîne d'hôtels d'État.* – iguales: *pareils.*

▸ profundiza

Gerundio irregular
Creer *(croire)* → creyendo
Invertir *(investir)* → invirtiendo, p. 143.

Futuro irregular
Poder *(pouvoir)* → **podré**
Haber *(v. impersonnel)* → **habrá**, p. 143.

Condicional
• **regular**
Llevar → **llevaría**
Ir → **iría**
• **irregular**
Poner *(mettre)* → **pondría**

Imperativo irregular
Venir → ven (tú)
Irse → vete (tú)

1. Les équivalents du pronom indéfini : **On**
• "Se trataba **uno** con gente muy buena", p. 143 : *On fréquentait des gens bien.*
• "... en todo el barrio no **se** hablaba de otra cosa", p. 143 : *dans tout le quartier on ne parlait pas d'autre chose.*
• "... **decían** en los corrillos", p. 143 : *... disait-on dans les groupes.*
Cf. profundiza 3, p. 42 / 3, p. 44 / 2, p. 46 / 1, p. 52.
Cf. gram. 21.A, B, D, pp. 258-259.

2. **Por + infinitif : sens causal** (= porque + verbe à un mode personnel)
• Bien se lo debía a la Virgen, **por** haberle salvado, p. 143 = **porque** le había salvado.
Cf. gram. 32.F, p. 262.

Vídeo
• "España oculta", reportaje.
• "Procesión" (RENFE), anuncio publicitario.

1. Presentad la publicidad: ¿Quién la promueve? ¿A quién se dirige? ¿Qué alaba?

2. Describid la foto (el paso *Camino del Calvario*, los sacerdotes y encapuchados que lo acompañan) destacando **el papel de la luz** y de **los colores**.

3. El texto alaba **varios aspectos** de la autonomía de Castilla y León: ¿cuáles son? ¿Cómo se pone la Junta **al alcance** *(à la portée)* de las diferentes categorías de visitantes?

4. ¿Qué relación se puede establecer *(établir)* entre esta foto y el texto? Imaginad qué otras fotos han podido acompañar el mismo texto a lo largo de esta **campaña publicitaria**.

▶ **por + infinitivo** tiene un valor causal y forma oraciones subordinadas

el torero y la Macarena

1. *un frisson.*
2. *la statue.*
3. *cette confrérie.*
4. el torero.
5. *inf.* alegrarse : *se réjouir.*
6. *inf.* salvar : *sauver.*
7. los pobres.
8. *inf.* despreciar : *mépriser.*
9. *ses bijoux.*
10. *inf.* lucir : *arborer.*
11. *inf.* invertir [ie] : *investir.*
12. *Sur la poitrine.*
13. pendiendo.
14. *ses bagues.*
15. Jesús.
16. *paie tous les frais.*
17. rabiar : *littéralt, enrager.*

Gallardo era entusiasta del Señor del Gran Poder. Él sentía un escalofrío[1] de emoción al contemplar la imagen[2] poderosa de Jesús, "la primera escultura del mundo", y ver la majestad con que marchaban los encapuchados. Además, en esta cofradía[3] se trataba uno con gente muy buena.

A pesar de esto, el espada[4] decidió abandonar este año a los del Gran Poder, para salir con los de la Macarena, que escoltaban a la milagrosa Virgen de la Esperanza.

La señora Angustias se alegró[5] mucho al conocer su decisión. Bien se lo debía a la Virgen, por haberle salvado[6] de la última cogida.

– Ca uno con los suyos, Juaniyo. Güeno que te trates con el señorío, pero piensa que los probes[7] te quisieron siempre, y que ya hablaban contra ti, creyendo que los despresias[8].

Había llamado a los cofrades más influyentes de la Macarena para manifestarles que iría en la procesión. Nada de dar la noticia a la gente. Él lo hacía como devoto, y quería que su acto quedase en secreto.

Pero a los pocos días, en todo el barrio no se hablaba de otra cosa, con un orgullo de vecindad. ¡Y poco hermosa que iba a salir este año la Macarena...!

– Habrá que ve a la Macarena –decían en los corrillos comentando la decisión del torero–. La señá Angustias va a llená el "paso" de flores. Lo menos se gasta sien duros. Y Juaniyo va a ponerle a la Virgen toas sus alhajas[9]. ¡Un capitá...!

Así era. Gallardo reunía todas sus joyas y las de su mujer para que las luciese[10] la Macarena. En las orejas le pondrían unos pendientes de Carmen que había comprado el espada en Madrid, invirtiendo[11] en ellos el precio de varias corridas. Al pecho[12] llevaría una cadena de oro doble del torero, y pendiente[13] de ella todas sus sortijas[14].

– ¡Josú[15]! ¡Y qué reguapa va a salí nuestra morena! –decían las vecinas hablando de la Virgen–. El señó Juan corre con todo[16]. Va a rabiá[17] media Seviya.

Vicente Blasco Ibáñez, *Sangre y arena*, 1908.

1. Según Blasco Ibáñez, el Señor del Gran Poder y la Macarena tenían **sus admiradores:** ¿quiénes eran los de uno y otra?

2. Era "Juaniyo" Gallardo el **prototipo del torero,** un héroe de origen humilde y un hombre piadoso *(pieux)*: mostradlo.

3. ¿Cómo se nota que **la rivalidad** existente entre las dos cofradías daría ese año la ventaja a los de la Macarena? (Reparad en las palabras empleadas, la puntuación, el tono.)

4. ¿Qué observáis a propósito del **acento sevillano**? ¿Qué efecto produce aquí la transcripción del **habla popular**?

▶ practica

Publicidad

1. Escribe en futuro:
Vas a esperar.
Vamos a demostrarte.

2. Escribe en estilo indirecto las seis primeras frases del texto de la publicidad (hasta "... casas rurales").
Empieza por:
El publicista le **preguntaba** al lector de la publicidad... / Le **sugería** que... / Le **afirmaba** que...

El torero y la Macarena

1. Sustituye por el tiempo apropiado:
- "La señá Angustias **va a llena(r)** el paso de flores."
- "Juaniyo **va a ponerle** a la Virgen to(d)as sus alhajas."
- "¡Y qué reguapa **va a sali(r)** nuestra morena!"
- "¡Y poco hermosa que **iba a salir** la Macarena!"

2. Escribe en **presente** respetando la concordancia:
- "(Gallardo)... quería que su acto quedase en secreto."
- "Gallardo reunía todas sus joyas (...) para que las luciese la Macarena."

▶ recuerda

– **a los** pocos días : ***au bout de** quelques jours.*
– ¡Qué **reguapa** va a **salir**!: *Comme elle va être belle !*
– **correr con los gastos:** *payer les frais.*

▶ el gerundio irregular ▶ los sufijos **-ito, -ín, -ote**
▶ la forma apocopada del adverbio **recientemente**

Federico García Lorca (Fuendetodos, 1898 - Viznar, 1936)
- Poeta y dramaturgo (*cf.* pp. 144-147, 218).
- Estudió música y recuperó canciones populares de Andalucía.
- Fundó **"la Barraca"**, primer teatro popular.
- Fue fusilado el 22 de agosto de 1936 por la Guardia Civil.

mujer andaluza

La zapatera es una joven de 18 años recién casada con un hombre de 56.

ZAPATERA[1] –Ya está la comida... ¿me estás oyendo? *(Avanza hacia la puerta de la derecha.)* ¿Me estás oyendo? Pero ¿habrá tenido el valor[2] de marcharse al cafetín, dejando la puerta abierta... y sin haber terminado los borceguíes[3]? Pues cuando vuelva ¡me oirá! ¡Me tiene que oír! ¡Qué hombres son los hombres, qué abusivos y qué..., qué... vaya! *(En un repeluzno[4].)* ¡Ay, qué fresquito hace! *(Se pone a encender el candil[5] y de la calle llega el ruido de las esquilas[6] de los rebaños que vuelven. La* ZAPATERITA *se asoma a la ventana.)* ¡Qué primor de rebaños![7] Lo que es a mí, me chalan[8] las ovejitas. Mira, mira... aquella blanca tan chiquita que casi no puede andar. ¡Ay!... Pero aquella grandota y antipática se empeña en pisarla[9] y nada... *(A voces.)* Pastor, ¡asombrado! ¿No estás viendo que te pisotean[9] la oveja recién nacida? *(Pausa.)* Pues claro que me importa... ¿No ha de importarme? ¡Brutísimo!... Y mucho... *(Se quita de la ventana.)* Pero, señor, ¿adónde habrá ido este hombre desnortado? Pues si tarda siquiera dos minutos más, como yo sola, me basto y me sobro[10]... ¡Con la comida tan buena que he preparado!... Mi cocido[11], con sus patatas de la sierra, dos pimientos verdes, pan blanco, un poquito magro de tocino[12], y arrope[13] con calabaza[14] y cáscara de limón para encima, ¡porque lo que es cuidarlo, lo que es cuidarlo, lo estoy cuidando a mano!

(Durante todo este monólogo da muestras de gran actividad, moviéndose de un lado para otro, arreglando las sillas, despabilando el velón[15] y quitándose motas del vestido.)

Federico García Lorca, *La Zapatera prodigiosa,* 1930.

1. *Savetière.*
2. *fam. l'audace.*
3. *les guêtres.*
4. *un frisson.*
5. *la lampe à huile.*
6. *les sonnailles.*
7. *ici, Quel troupeau magnifique !*
8. *j'adore.*
9. *inf.* pisar/pisotear : *piétiner.*
10. *ici, je n'ai besoin de personne.*
11. *pot-au-feu.*
12. *lard.*
13. del árabe *ar-rurb,* jugo de frutas cocido.
14. *de la citrouille.*
15. *ravivant la chandelle.*

1. Aclarad las circunstancias y decid el asunto del monólogo de la Zapatera. ¿De qué **se queja**?

2. ¿Qué hace mientras espera? Mostrad que es a la vez **juvenil e impetuosa**.

3. Al quitarse ella de la ventana, ¿por qué se impacienta cada vez más?

4. A vuestro parecer, ¿corresponde ella perfectamente al estereotipo de la mujer andaluza de los años 30? Justificad vuestra respuesta.

▶ profundiza

Gerundio irregular
Oír → oyendo

1. Les suffixes
- -ito, a...
la oveja *(la brebis)* → la ovejita
fresco *(frais)* → fresquito
Cf. profundiza 2, p. 55 / 2, p. 64.
- -ín, -ina
el café → el cafetín *(le bistrot).*
- -ote, -ota
grande → grandota.
Cf. gram. 7.A, B, p. 253.

2. L'apocope de l'adverbe Recientemente
La oveja recién nacida : *L'agneau nouveau-né.*
Cf. gram. 19, p. 257.

3. Rappel : L'obligation
- "¡Me tiene que oír!"
Cf. profundiza 2, p. 22 / 3b, p. 102.
- "¿No ha de importarme?"
Cf. profundiza 1, 2, p. 82 / 2, p. 116.
Cf. gram. 40.B, p. 267.

4. Les verbes de prière
"te ruego (que) me mandes...", p. 145 : *je te prie de m'envoyer...*
Cf. profundiza 4, p. 76 / 5, p. 88.
Cf. gram. 37.A.2, p. 264.

▶ la obligación personal
▶ el uso del subjuntivo para dar órdenes

Rebaño de ovejas en Sierra Nevada, Granada.

correo urgente

1. *le faire imprimer.*
2. *instamment.*
3. *inf.* mandar : *envoyer.*
4. título de una obra de teatro.

Madrid. Agosto 1935.

Sr. D. Miguel Benítez,

Queridísimo Miguel: Estoy poniendo a máquina mi libro de Nueva York para darlo a las prensas[1] el próximo mes de octubre; **te ruego** encarecidamente[2] **me mandes**[3] **a vuelta de correo** el poema "Crucifixión" puesto que tú eres el único que lo tienes y yo me quedé sin copia. Desde luego irá en el libro dedicado a ti.
Por primera vez en mi vida dicto una carta que está escrita por mi secretario.
Miguel, **ten la bondad de** ser bueno y **mandarme** ese poema, porque es de los mejores que llevará el libro. Estoy trabajando mucho, ya terminé *Rosita la soltera*[4]. **Nos veremos pronto** por Barcelona. Abrazos y... *(ilegible)*.

Federico,
Contesta de verdad a Alcalá, 102.

▶ practica

Mujer andaluza

1. A tu parecer, ¿por qué "habrá tenido **el valor** de marcharse al cafetín" el Zapatero?

2. Recordando el carácter y los sentimientos sucesivos de la joven y fijándote en la puntuación, prepara una lectura expresiva del monólogo.
¡Ten cuidado con la pronunciación!

Correo urgente

A imitación de esta carta, escribe otra sobre un tema semejante *(semblable)*. Vuelve a utilizar las expresiones en negrita.

▶ recuerda

– Cuando vuelva, ¡me oirá!: *Quand il rentrera, il va m'entendre !*
– a vuelta de correo: *par retour de courrier.*

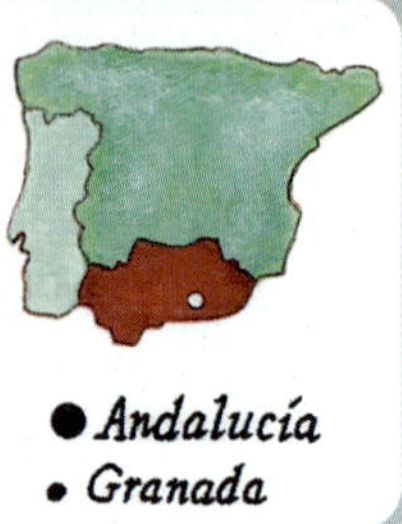

▸ los nombres masculinos en **-a** ▸ la preposición **de** (materia) ▸ las subordinadas concesivas en subjuntivo

herencias[1]

– *¿Qué has heredado, vitalmente, de tu padre?*
– La pasión.
– *¿Y de tu madre?*
– La inteligencia.
– *Dame más datos para tu solución de herencias.*
– Yo no soy gitano.
– *¿Qué eres?*
– Andaluz, que no es igual, aun cuando todos los andaluces seamos algo gitanos. Mi gitanismo es un tema literario y un libro. Nada más.
– *Más datos.*
– Mi padre, agricultor, hombre rico, emprendedor[2], buen caballista[3]. Mi madre, de fina familia. Mi familia hizo crac en el siglo pasado. Ahora resurge otra vez.
– *Gracias a ti.*
– Bueno, gracias a mí.
– *Dime tu infancia.*
– Mi padre se casó viudo[4] con mi madre. Mi infancia es la obsesión de unos cubiertos de plata. Mi infancia es aprender letras y música con mi madre, ser un niño rico en el pueblo, un mandón[5].
– *¿Te desplazas pronto de tu pueblo?*
– A un colegio de Almería, en seguidita. Pero me sorprende un tremendo flemón[6] y mis padres creen en mi próxima muerte y me llevan al pueblo otra vez a cuidarme[7].
– *¿A qué te gustaba jugar de chico?*
– A eso que juegan los niños que van a salir "tontos puros"[8], poetas. A decir misas, hacer altares[9], construir teatritos...
– *¿Qué más estudiaste?*
– Estudié mucho. Estuve en el Sagrado Corazón de Jesús, en Granada. Yo sabía mucho, mucho. Pero en el Instituto me dieron cates[10] colosales. Luego, en la Universidad. Yo he fracasado[11] en Literatura, Preceptiva e Historia de la Lengua castellana. En cambio, me gané una popularidad magnífica poniendo motes y apodos[12] a las gentes.

Federico García Lorca,
Entrevistas y Declaraciones.

1. *Héritages.*
2. *entreprenant.*
3. *cavalier.*
4. *veuf.*
5. de mandar : *commander.*
6. *flegmon.*
7. *me soigner.*
8. *littéralt, « de vrais idiots ».*
9. el altar : *l'autel.*
10. *inf.* dar cates *(fam.) : recaler qqn à un examen → j'ai ramassé de ces vestes !*
11. *inf.* fracasar : *échouer.*
12. *des sobriquets et des surnoms.*

1. Valiéndoos de los datos de la p. 144 y de las respuestas de Lorca al periodista, decid lo que sabéis sobre los orígenes del poeta.

2. Lorca recibió una educación de señorito *(fils de famille)*: mostradlo.

3. ¿Qué rasgos de la personalidad de Lorca se transparentan a través de sus palabras? (Fijaos en el tono.)

4. ¿Pensáis que en esta entrevista menciona Lorca todas sus dotes *(ses dons)*? Reparad en los documentos de las págs. 144-147.

▸profundiza

1. Les noms masculins en -a
• **el tema, el poeta** (mots grecs).
• **el caballista, el guitarrista.**
Cf. gram. 5, p. 252.

2. La préposition De (matière)
" ... unos cubiertos **de** plata", p. 146 : *des couverts en argent.*
" ... rosas **de** papel", p. 147 : *des roses en papier.*
Cf. gram. 32.C, p. 262.

3. **La concession** sur un fait supposé
"**aun cuando** todos los andaluces seamos...", p. 146 = aunque + subjuntivo *(même si...).*
Cf. profundiza 2, p. 90 / 4, p. 98.
Cf. gram. 37.A.3, p. 265.

4. **La réitération**
"Ahora resurge **otra vez**", p. 146 : *Maintenant elle refait surface.*
Cf. gram. 41, p. 267.

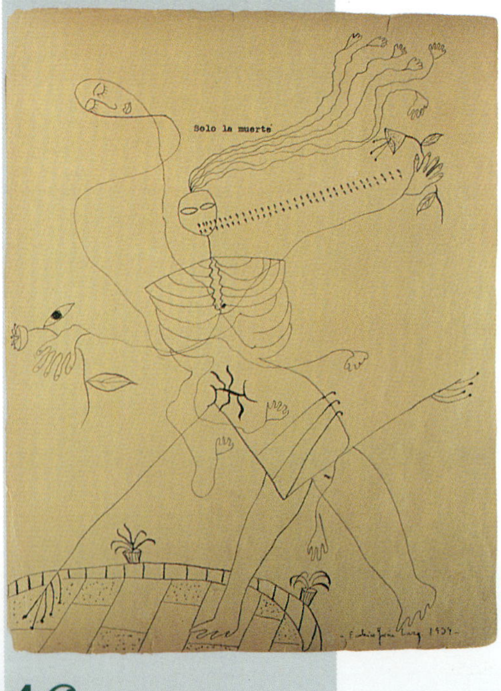

▸ para definir la frecuencia de una acción

Compañía del bailarín Joaquín Cortés interpretando *Pasión gitana*.

danza

En el huerto[1] de La Petenera[2]

En la noche del huerto,
seis gitanas,
vestidas de blanco
bailan.

En la noche del huerto,
coronadas,
con rosas de papel
y viznagas[3].

En la noche del huerto,
sus dientes de nácar[4],
escriben la sombra
quemada[5].

Y en la noche del huerto,
sus sombras se alargan,
y llegan hasta el cielo,
moradas[6].

Federico García Lorca,
Poemas del Cante Jondo, 1921.

1. *le jardin.* – 2. aire popular andaluz con que se cantan coplas de cuatro versos (aquí una mujer). – 3. ramilletes *(bouquets)* de jazmines. – 4. *nacre.* – 5. *brûlée.* – 6. violeta.

las seis cuerdas

La guitarra,
hace llorar[1] a los sueños.
El sollozo[2] de las almas
perdidas,
se escapa por su boca
redonda.

Y como la tarántula[3]
teje[4] una gran estrella
para cazar[5] suspiros,
que flotan en su negro
aljibe[6] de madera.

Federico García Lorca,
Poemas del Cante Jondo, 1921.

1. *pleurer.* – 2. *Le sanglot.* – 3. *la tarantule.* – 4. *inf.* tejer : *tisser.* – 5. *chasser.* – 6. árabe: pozo *(puits),* cisterna.

- "Almoraima" (bulerías). Paco de Lucía.
- "Loko" (rumba-salsa). Ketama.

Lo mejor del Nuevo Flamenco, 1997.

1. Describid la foto entresacando del poema *Danza* los elementos que remiten al **espectáculo visual** (juegos de luz y sombra / colores / movimientos...).

2. Imaginad la **música** que acompaña el baile así como el **taconeo** de los "bailaores". Para definir el **ritmo** y la **tonalidad** os ayudarán el poema *Las seis cuerdas* y la música (audio).

3. ¿Cómo logra la foto **dar vida** al espectáculo *Pasión gitana*? Fijaos en el semblante del bailarín, en las actitudes de las "bailaoras", la pasión que emana del grupo...

4. ¿Qué visión da del mundo gitano?

▸ practica

Herencias

1. Escribe en pretérito indefinido desde "¿Te desplazas..." hasta "... a cuidarme".
2. Pon en estilo indirecto las líneas 5 a 10 empezando por: El periodista le pidió / preguntó... y Lorca le contestó...

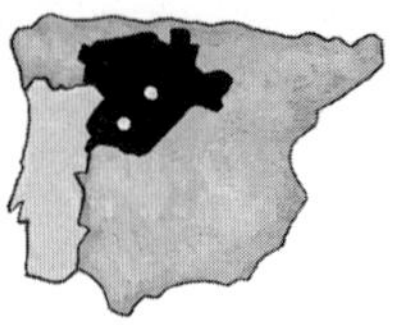

▶el condicional regular / irregular
▶presente de subjuntivo: **saber** ▶una forma de

Después de las guerras de la Reconquista y de la expulsión de los judíos y árabes, una parte de la economía (agricultura, comercio) quedó desatendida. Creció la miseria. Algunos escritores contaron las andanzas y desventuras de esa gente mísera. Así nació la **novela picaresca**.

• **El pícaro** es un vagabundo que va de pueblo en pueblo y de **"amo en amo"**: gente pobre (ciegos, mendigos, nobles / escuderos arruinados).

• En aquella España de estructura feudal, **la HONRA prohíbe a los nobles que trabajen**.

amo y criado[1]

El pícaro Lázaro y su nuevo amo (maître) *están trabando conocimiento. Habla el escudero.*

– Eres mochacho y no sientes las cosas de la honra[2], en que el día de hoy está todo el caudal[3] de los hombres de bien. Pues te hago saber que yo soy, como vees, un escudero. (...) No soy tan pobre que no tengo en mi tierra un solar[4] de casas que, a estar ellas en pie y bien labradas, dieciséis leguas[5] de donde nací, en aquella Costanilla de Valladolid, valdrían más de docientas veces mil maravedís[6], según se podrían hacer grandes y buenas. Y tengo un palomar[7] que, a no estar derribado[8] como está, daría cada año más de docientos palominos[9]. Y otras cosas que me callo, que dejé por lo que tocaba a mi honra. Y vine a esta ciudad pensando que hallaría un buen asiento[10], mas[11] no me ha sucedido[12] como pensé.

Anónimo, *Lazarillo de Tormes* (Tratado III), 1547.

1. *serviteur.*
2. *l'honneur.*
3. *la richesse.*
4. *des propriétés* (casas y tierras).
5. *lieues.*
6. *maravédis (monnaie ancienne).*
7. *un pigeonnier* (privilegio feudal de los hijosdalgo).
8. *démoli.*
9. *pigeonneaux.*
10. *ici, je me ferais une place.*
11. pero.
12. *inf.* suceder : pasar.

1. Después de leer el recuadro, decid cómo comprendemos que habla un hidalgo.

2. ¿En qué consiste el caudal del escudero? ¿En qué estado *(dans quel état)* se encuentra? (Fijaos en el **potencial**.)

3. ¿Cómo se explica entonces la llegada del noble a la ciudad? A vuestro parecer, ¿en qué consistiría el papel de criado?

4. Mostrad el desfase *(le décalage)* que existe entre el discurso del escudero y la realidad.

▶profundiza

Potencial regular
Dar *(donner)*, p. 148.
daría
darías
daría
daríamos
daríais
darían

Hallar *(trouver)*, p. 148.
hallaría
hallarías...

Presente de subjuntivo irregular
Saber *(savoir, avoir le goût, la saveur de)*, p. 149.
sepa
sepas...

Potencial irregular
Poder *(pouvoir)*, p. 148 →
podría...
Valer *(valoir)*, p. 148 →
valdría...

1. La valeur conditionnelle de la préposition A
• "... a no estar derribado (...), daría", p. 148 = si no estuviera derribado...
Cf. profundiza 5, p. 77.
Cf. gram. 32.A, p. 261.

2. La proposition consécutive + la double négation
"No soy tan pobre que no tengo (...) un solar de casas" = *Je ne suis pas si pauvre que je n'aie pas... (= j'ai des propriétés).*

al servicio de un escudero

Le han regalado[1] al pícaro una uña de vaca[2] y algunas tripas cocidas. Mientras empieza a comer Lázaro, su nuevo amo, un escudero pobre, se le queda mirando...

– Dígote, Lázaro, que tienes en comer la mejor gracia[3] que en mi vida vi a hombre, y que nadie te lo verá hacer que no le pongas gana[4] aunque no la tenga.

"La muy buena que tú tienes –dije yo entre mí[5]– te hace parescer la mía hermosa."

Con todo[6], parescióme ayudarle[7], pues[8] se ayudaba y me abría camino para ello, y díjele:

– Señor, este pan está sabrosísimo, y esta uña de vaca tan bien cocida y sazonada[9], que no habrá a quien no convide con su sabor.

– ¿Uña de vaca es?

– Sí, señor.

– Dígote que es el mejor bocado[10] del mundo, y que no hay faisán que ansí me sepa[11].

–Pues pruebe[12], señor, y verá qué tal está.

Póngole en las uñas[13] la otra, y tres o cuatro raciones de pan de lo más blanco. Y asentóseme al lado y comienza a comer como aquel que lo había gana, royendo[14] cada huesecillo[15] de aquellos mejor que un galgo[16] suyo lo hiciera.

Anónimo, *Lazarillo de Tormes,* 1547.

1. *inf.* regalar : ofrecer, dar.
2. *un pied de bœuf.*
3. elegancia.
4. *ici, envie → faim.*
5. *en mon for intérieur.*
6. *Malgré tout.*
7. *ici, je voulus bien l'aider.*
8. *puisque.*
9. preparada, aderezada.
10. *le meilleur morceau.*
11. *inf.* saber : *paraître délicieux.*
12. *inf.* probar [ue] : *goûter.*
13. *littéralt, les ongles.*
14. *inf.* roer : *ronger.*
15. *de* hueso : *os.*
16. *un lévrier.*

---

1. ¿Quién es **el narrador** en este fragmento? ¿Qué comprendemos acerca de **su vida** y **sus recursos** *(ressources)*?

2. El escudero entabla la conversación con su criado **halagándolo** *(en le flattant)*: mostradlo.

3. ¿Cómo vemos que Lázaro es un joven a la vez **despabilado** / astuto *(éveillé / rusé)* y "servicial"?

4. "El mozo de muchos amos" va aprendiendo la vida: ¿Qué **visión** nos da **de la sociedad** de su tiempo? (Fijaos en particular en las frases narrativas.)

5. Al final, ¿cómo vemos que el pícaro se convierte en **verdadero héroe**?

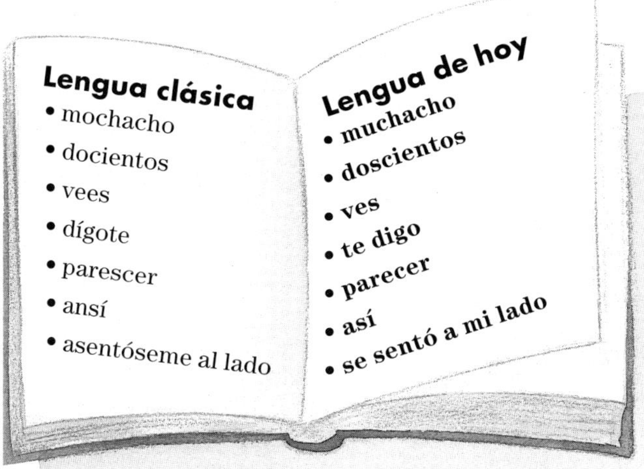

▸ recuerda

el sabor / sabroso / saber bien: *la saveur / savoureux / avoir bon goût, être délicieux.*

Diego Velázquez, *El almuerzo* (1618-1619). Museo de Budapest.

Diego Rodríguez de Silva y Velázquez (Sevilla, 1599 – Madrid, 1660).

- Estudió en Sevilla (desde los diez años) donde pintó sobre todo **bodegones** (naturalezas muertas) y **escenas costumbristas** o **de género** *(des scènes de genre)* que reflejaban la vida de la gente menuda.
- En 1622, se fue a Madrid donde llegó a ser pintor de la Corte de Felipe IV de Habsburgo (en 1623).

1. Presentad este cuadro de la primera época de Velázquez recalcando la mezcla de dos géneros pictóricos.

2. Fijaos en **la luz y los colores** (técnica del **claroscuro** que recuerda a los pintores flamencos) así como en **las líneas**: ¿cómo le dan vida a esa gente humilde *(humble)*?

3. El bodegón del primer término pone de realce *(met en valeur)* el interés del pintor por este grupo social: mostradlo.

la taberna[1] del turco

Habla el mozo del capitán Diego Alatriste.

En tiempos de nuestro Cuarto Felipe[2] la taberna era una de las cuatrocientas donde podían apagar su sed[3] los 70.000 vecinos de Madrid –salíamos a una taberna por cada 175 individuos–, sin contar mancebías[4], garitos de juego[5] y otros establecimientos públicos de moral relajada[6] o equívoca, que en aquella España paradójica[7] se veían tan frecuentados como las iglesias, y a menudo por la misma gente.

La del Turco era en realidad un bodegón de los llamados de comer, beber y arder[8], situado en la esquina de las calles de Toledo y del Arcabuz[9], a quinientos pasos de la Plaza Mayor. Al capitán le gustaba sentarse allí a matar el tiempo cuando no tenía nada mejor que hacer, que eran las más de las veces. A pesar del olor a fritanga[10] y el humo de la cocina, la suciedad[11] del suelo y las mesas, y los ratones[12] que correteaban perseguidos por el gato o a la caza de migas de pan[13], el lugar resultaba confortable.

Arturo Pérez Reverte, *El capitán Alatriste,* 1996.

1. la taberna o el bodegón : *la taverne.*
2. Felipe IV de Habsburgo fue rey desde 1621 hasta su muerte, 1665.
3. *étancher leur soif.*
4. *des lupanars.*
5. *des tripots.*
6. *relâchée.*
7. *paradoxale.*
8. pelear *(se quereller, se bagarrer).*
9. *de l'Arquebuse.*
10. *friture.*
11. *la saleté.*
12. *les souris.*
13. *miettes de pain.*

▸profundiza

Numération
- **ciento** setenta y cinco vecinos.
- cuatrocient**as** taberna**s**.
- **quinientos** pasos.

Cf. gram. 9, p. 254.

▶los adjetivos numerales cardinales

1. ¿Qué papel desempeñaba la taberna en Madrid, en tiempos de Felipe IV?

2. Volved a leer la primera frase y explicad la expresión "aquella España **paradójica**".

3. Destacad la situación privilegiada de la taberna del Turco (1ª frase del 2° párrafo / grabado, p. 96). ¿Cuáles eran sus otras características?

4. A vuestro parecer, ¿por qué **le gustaría** tanto este lugar al Capitán Alatriste?

5. ¿Qué género literario puede recordar esta página? (Fijaos en la introducción, en los detalles que remiten al ambiente del Siglo de Oro.)

▶recuerda

– no tener nada que hacer: *n'avoir rien à faire.*
– las más veces: *le plus souvent.*
– el olor a fritanga: *l'odeur de friture.*

Bartolomé Esteban Murillo, *Antonio Salcedo Hurtado Mendoza Marqués de Legarda.* Óleo sobre lienzo, 258 × 186 cm. Col. particular, Vitoria.

Bartolomé Esteban Murillo (Sevilla, 1617-1682).
- Estudió en Sevilla.
- Asimiló influencias de varios pintores: españoles (Velázquez, ...) y flamencos (Rubens, ...).
- Estilo fluido. Coloridos vaporosos. Pintó **cuadros de devoción** (*cf.* p. 98), **retratos, escenas de género**.

pedir [i], encargar *(commander)* un retrato – borroso, a *(flou, e)* ≠ nítido, a – líneas rectas ≠ curvas – posar, servir [i] de modelo / la postura – el traje de cazador (el jubón / las calzas) – el arcabuz: *l'arquebuse* – la cruz de la Orden de Santiago – los harapos: *les haillons* / harapiento, a – el escudo: *l'écusson, le blason* – erguirse (se yergue): *se dresser.*

1. Presentad y describid el lienzo.

2. Este retrato fue **un pedido** del propio don Diego Hurtado al pintor: destacad la pose del noble. Fijaos particularmente en **las líneas**.

3. Alrededor del gentilhombre, podemos observar sus "bienes": ¿cuáles son? Describidlos poniendo de realce **el contraste** que forman con el señor.

4. ¿Qué simbolizará el **castillo** que se divisa a lo lejos así como la **tonalidad general** del cuadro?

5. A vuestro parecer, ¿en qué estriba **el arte** del pintor?

"El señor Mayorazgo". Pío Baroja, *El Mayorazgo de Labraz*, 1943.

▶ profundiza

1. Le **genre** de certains noms communs (vocabulaire du portrait) :
- la frente: *le front.*
- la nariz: *le nez.*
- **las** cejas: *les sourcils.*
- **los** labios: *les lèvres.*
- **los** dientes: *les dents.*
- la barbilla: *le menton.*
- la tez: *le teint.*

Remarque :
- la mano: *la main.*

2. La dérivation : **adj.** → **nom**
- hermoso → **la** hermos**ura**.
- bello → **la** bell**eza**.
- honesto → **la** honest**idad**.
- cortés *(poli)* → **la** cort**esía**.

Cf. profundiza 3, p. 90.
Cf. gram. 6.A, p. 252.

3. Rappel : Les adjectifs numéraux ordinaux
- Felipe III → **tercero**.
- siglo XVII → **diecisiete**.
- 450 aniversario → cuatrocientos cincuenta aniversario.

Cf. profundiza 1, pp. 68, 128.
Cf. gram. 9.B, p. 254.

▶ practica

Escribe en letras :
2.000 ptas / 1547 / 1616 / 1508 / siglo IX / siglo XXI / 454 aniversario.

▶ el género de algunos nombres ▶ la formación de las palabras derivadas ▶ los adjetivos numerales ordinales

Miguel de Cervantes Saavedra (Alcalá 1547 – Madrid 1616).
- **Vida azarosa:** paje de eclesiástico, soldado, prisionero de los turcos en Argel.
- Cultivó **todos los géneros narrativos: novela** pastoril *(La Galatea)*, novela corta *(Novelas Ejemplares)*... Culmina el genio cervantino en *El ingenioso hidalgo don Quijote de la Mancha*, **compendio** de todas las corrientes y tendencias: novela de caballerías en su concepción inicial de sátira, pastoril, picaresca, de costumbres, filosófica...
- Fue también Cervantes autor de comedias.
- Hombre infeliz y escritor mal comprendido, murió miserable.

1. ¿Con qué motivo se promovió esta publicidad? ¿Cómo se organiza?

2. Describidla, insistiendo en la representación gráfica de los **dos famosos personajes**.

3. Analizad **el juego de palabras:** "Lo mejor del Siglo de Oro en Plata."

4. A vuestro parecer, ¿cómo se explicará el que se celebre tal aniversario tantos siglos después?

Dulcinea del Toboso

Sólo sé decir que su nombre es Dulcinea, su patria el Toboso, un lugar de la Mancha, su calidad por lo menos ha de ser princesa, pues es reina y señora mía; su hermosura[1] es sobrehumana, pues en ella se vienen a hacer verdaderos[2] todos los imposibles y quiméricos[3] atributos de belleza que los poetas dan a sus damas: que sus cabellos son de oro, su frente campos elíseos, sus cejas arcos del cielo, sus ojos soles, sus mejillas rosas, sus labios corales, perlas sus dientes, alabastro[4] su cuello, mármol su pecho, marfil[5] sus manos, su blancura nieve. (...) I, 13

(...)

La contemplo como conviene que sea una dama: hermosa sin tacha, grave sin soberbia, amorosa con honestidad, agradecida por cortés, cortés por bien criada, y, finalmente, alta por linaje[6]. II, 32

Miguel de Cervantes Saavedra,
El ingenioso hidalgo Don Quijote de la Mancha, 1605-1615.

1. *sa beauté.*
2. *vrais.*
3. *chimériques.*
4. *albâtre.*
5. *ivoire.*
6. *lignée.*

Pablo Picasso,
Don Quijote y Sancho Panza,
1955.

1. ¿A qué **"modelo"** se refiere don Quijote cuando describe a la dama de sus pensamientos? Según él, ¿qué particularidad tiene Dulcinea del Toboso?

2. Analizad los elementos del retrato físico de Dulcinea: ¿cuáles son los **procedimientos literarios** utilizados? ¿A qué remiten los **tópicos** *(lieux-communs)* empleados?

3. Dulcinea reúne todas las cualidades: mostrad que es **la dama perfecta**.

4. Sabiendo quién era don Quijote, ¿os parece **verosímil** *(vraisemblable)* tal retrato? ¿En qué **lecturas** se inspiraba?

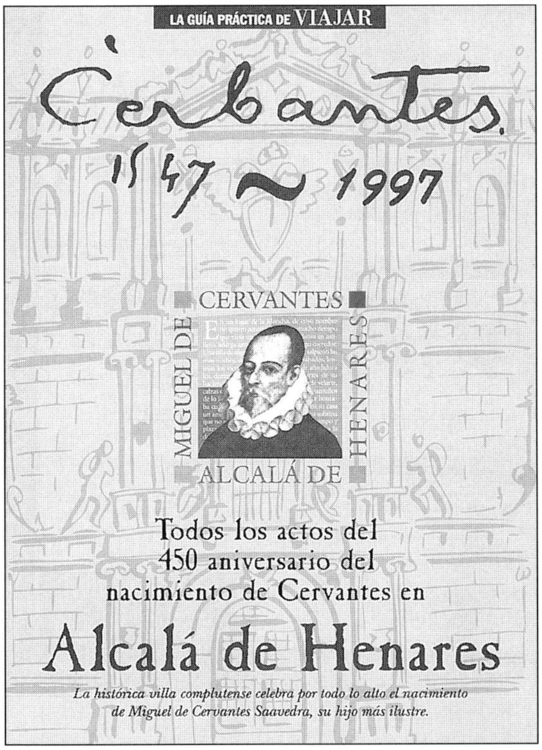

Desde 1508, cuando el Cardenal Cisneros fundó en esta ciudad la Universidad Complutense, Alcalá ha vivido por, para y de sus estudiantes.

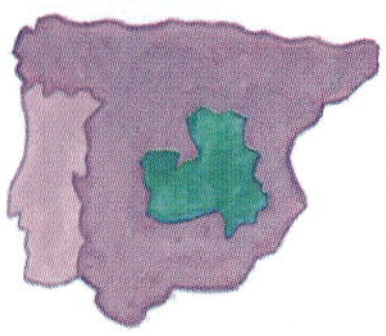

▸profundiza

Pretérito indefinido regular
Preguntar *(demander)*
preguntá
preguntaste
preguntó...

Responder *(répondre)*	**Escribir** *(écrire)*
respondí	escribí
respondiste	escribiste
respondió...	escribió...

Pretérito indefinido irregular

(Pro)seguir *(poursuivre)*	**Reír** *(rire)*
(pro)seguí	reí
(pro)seguiste	reíste
(pro)**siguió**	**rió**
(pro)seguimos	reímos
(pro)seguisteis	reísteis
(pro)**siguieron**	**rieron**

Dar *(donner)*	**Decir** *(dire)*
di	dijo
diste	dijiste
dio	dijo
dimos	dijimos
disteis	dijisteis
dieron	dijeron

1. La conjecture : Deber de
"eso **debió de** ser..." : *cela dut être...*
Cf. profundiza 2, p. 122.

2. La négation : formules restrictives
"... **no** era **sino** rubión",
p. 154 : *ce n'était **que** du blé commun.*
Cf. gram. 44.4, p. 268.

3. L'opposition : No... sino
"**No** la hallé (ensartando) perlas **sino** ahechando...",
p. 154 : *Je **ne** la trouvai **pas** en train d'enfiler des perles **mais** en train de vanner...*
Cf. profundiza 5, p. 17 / 1, p. 110.
Cf. gram. 43, p. 267.

▸ el pretérito indefinido regular / irregular
▸ la probabilidad: **deber de** + infinitivo

Castillo de Consuegra y molinos de viento, provincia de Toledo.

sabroso diálogo

1. *beauté.*
2. *inf.* hallar : *trouver.*
3. *inf.* ensartar : *enfiler.*
4. *inf.* ahechar : *vanner.*
5. *boisseaux.*
6. *cour, basse-cour.*
7. especie de trigo cuyos granos son de color encendido.
8. *du pain de froment.*
9. *ici, elle se démenait, secouant avec fougue.*
10. *le tamis.*
11. *sac (de blé).*
12. *Avisée, ingénieuse.*
13. *l'envoyer au moulin.*
14. *mais plutôt.*
15. *inf.* rasgar : *déchirer.*
16. *votre grâce.*

– Prosigue adelante –dijo don Quijote–. Llegaste, ¿y qué hacía aquella reina de la hermosura[1]? A buen seguro que la hallaste[2] ensartando[3] perlas o bordando.

– No la hallé –respondió Sancho–, sino ahechando[4] dos hanegas[5] de trigo en un corral[6] de su casa.

– Pues haz cuenta –dijo don Quijote–, que los granos de aquel trigo eran granos de perlas, tocados de sus manos.

– No era sino rubión[7] –respondió Sancho.

– Pues yo te aseguro –dijo don Quijote–, que ahechado por sus manos hizo pan candeal[8] sin duda alguna. Pero pasa adelante: cuando la diste mi carta, ¿besóla? ¿qué hizo?

– Cuando yo se la iba a dar –respondió Sancho–, ella estaba en la fuga del meneo de[9] una buena parte de trigo que tenía en la criba[10], y díjome: "Poned, amigo, esa carta sobre aquel costal[11], que no la puedo leer hasta que acabe de acribar todo lo que aquí está".

– Discreta[12] señora –dijo don Quijote–, eso debió de ser por leerla despacio y recrearse con ella. Adelante, Sancho: ¿qué te preguntó de mí? ¿Y tú qué le respondiste? Acaba, cuéntamelo todo.

– Ella no me preguntó nada –dijo Sancho–.

– Y bien –prosiguió don Quijote–, he aquí que acaba de limpiar su trigo y de enviallo al molino[13]. ¿Qué hizo cuando leyó la carta?

– La carta –dijo Sancho–, no la leyó, porque dijo que no sabía leer ni escribir, antes[14] la rasgó[15] y la hizo menudas piezas, diciendo que no la quería dar a leer a nadie, que bastaba lo que yo le había dicho de palabra acerca del amor que vuestra merced[16] le tenía. Y finalmente me dijo, que dijese a vuestra merced, que le besaba las manos, y que allí quedaba con más deseo de verle que de escribirle. Rióse mucho cuando le dije cómo se llamaba vuestra merced el caballero de la Triste Figura.

Miguel de Cervantes Saavedra, *El ingenioso hidalgo Don Quijote de la Mancha,* 1605. Primera parte, capítulo XXXI.

▸ la locución de coordinación **no... sino** indica una oposición

1. Decid el asunto del diálogo y resumid en pasado la anécdota.

2. ¿Qué nos revela Sancho acerca de **la identidad** de aquella "reina de la hermosura"?

3. Estudiad **el retrato** que hace el caballero **de la dama**. Mostrad que, a cada prenda (cualidad) citada por don Quijote, le opone Sancho una **visión prosaica**.

4. A vuestro parecer, ¿qué debió de pensar la mujer del "caballero de la Triste Figura"?

5. El capítulo XXXI se titula "De los **sabrosos** razonamientos que pasaron entre don Quijote y Sancho Panza, su escudero...": apreciad el uso del adjetivo "sabrosos" *(savoureux)*.

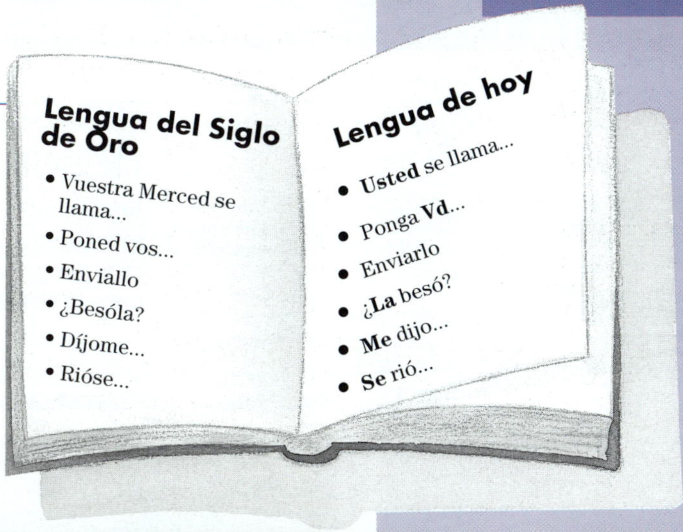

refranes

«Cada loco con su tema.»

«Al pan, pan y al vino, vino.»

Después de explicar estos refranes, decid a qué personaje de Cervantes se podría aplicar cada uno de ellos.

Tutéame Sancho

1. ¿Cuándo y dónde pasa la escena? ¿Qué están haciendo los personajes?

2. ¿Os parece posible que, en aquel entonces, un escudero / criado pudiera tutear a un hidalgo / su amo? Justificad vuestra respuesta.

3. ¿Qué quiso dar a entender el humorista?

Ortuño, *El Globo*, 27/11/1987.

escribo novelas para descubrir al hombre

1. *ici, faire des recherches sur.*
2. *au moyen de.*

Los grandes novelistas de este tiempo no escriben ni por puro juego ni por simple placer de la belleza, sino para indagar[1] y descubrir mediante[2] el pensamiento racional y el mito la condición del hombre en un mundo apocalíptico.

Ernesto Sábato (Argentina), *Sol a Sol,* nov./dic./1993.

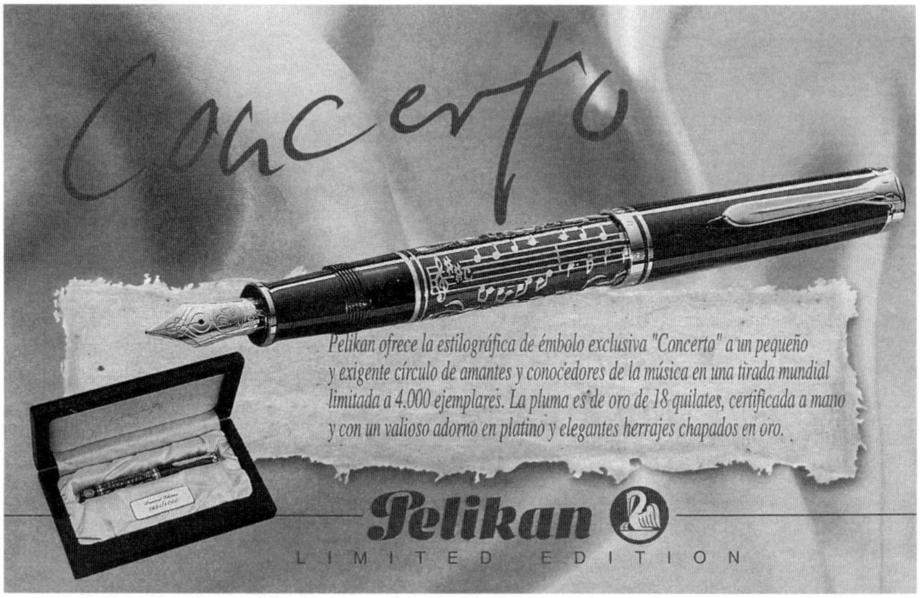

émbolo: *piston.* – quilates: *carats.* – con un valioso adorno: *richement décoré.*

«Cuando dije que quería ser escritor me respondieron: "Comerás papel."»

Gabriel García Márquez

El premio Nobel colombiano firmando ejemplares de sus libros en la Escuela de Periodismo de *El País*.

1. *artisan.*
2. *crayon.*
3. *encrier.*

Se entusiasma al describir su evolución como artesano[1]: "Empecé a escribir mis libros con lápiz[2] de dibujar. Luego vinieron la pluma de tintero[3], el bolígrafo, la Parker, la máquina de escribir, la máquina electrónica, el ordenador y el ordenador portátil".

Carlos Arroyo, *El País,* 31/12/1995.

los académicos

Las cámaras de televisión entran por primera vez en las reuniones de los académicos de la Lengua.

"Limpia, fija y da esplendor[1]." Todavía es válido para los reales académicos de la Lengua este viejo lema[2] de la institución, pero su instrumental hoy es muy distinto al de hace 300 años: ordenadores, diccionario electrónico, CD-ROM... Todos los jueves se reúnen en Madrid los 44 jueces[3] de las palabras, a puerta cerrada. Las cámaras del programa de Canal + *Abierto en canal* han logrado[4] entrar por primera vez en el *santa sanctórum* de la Real Academia Española y emite hoy (a las 15.05) lo descubierto en medio año de curiosear por las veteranas dependencias y seguir el trabajo de los académicos.

El País, 21/04/1996.

Más de once millones de palabras se han acumulado a lo largo de su existencia en este templo de la lengua castellana, cuyos nuevos oficiantes han sustituido papel y pluma por medios avanzados que aseguran al idioma "buena salud[5]" y "proyección internacional", según afirman los escritores y recién estrenados[6] académicos Antonio Muñoz Molina y Mario Vargas Llosa.

1. *éclat.*
2. *devise.*
3. el juez: *le juge.*
4. *ont réussi à.*
5. *santé.*
6. *récemment nommés.*

la literatura que rompe fronteras

Reunir el éxito comercial y la calidad: ése es uno de los grandes méritos de la novela reciente en España. El prestigio internacional de nuestros escritores es cada vez más sólido, y el número de traducciones, cada vez mayor. Buena prueba de ello son Molina –traducido a 17 lenguas– y Marías, cuyo triunfo en Alemania ha sido espectacular.

Antonio Muñoz Molina y Javier Marías leyendo cada uno el libro del otro en los jardines del Museo Reina Sofía, Madrid, 07/04/1997.

la biblioteca

– Si vieras –dijo Manuel– la expresión de sus ojos cuando entró por primera vez en la biblioteca. Mi madre había ido a pasar unos días en "La Isla de Cuba"[1] y mi padre estaba en Madrid, en el Congreso de los Diputados, y durante una semana la casa entera fue para nosotros. Teníamos once o doce años, y Solana, al entrar en el patio, se quedó muy quieto y callado, como si le diera miedo[2] seguir avanzando. Esto es como una iglesia, me dijo, pero en realidad no era la casa lo que le interesaba, sino el lugar de donde salían los libros que yo le dejaba a escondidas[3] de mi madre, y que él leía con una rapidez que a mí siempre me desconcertó, porque lo hacía de noche y a la luz de una vela[4], cuando sus padres se acostaban. En su casa había un solo libro. Se llamaba, me acuerdo, *Rosa María o la Flor de los amores*, un folletín en tres volúmenes que Solana leyó a los diez años y por el que guardó siempre una especie de gratitud. "Que más quisiera yo que escribir algo parecido a esas dos mil páginas de infortunios", me decía. Entró en la biblioteca como si se internara en la cueva[5] de un tesoro, y no se atrevía[6] a tocar los libros, sólo los miraba, o les pasaba la mano delicadamente, como si acariciara a un animal.

Antonio Muñoz Molina, *Beatus Ille*, 1986.

1. casa de campo de la familia de Manuel.
2. *inf.* dar miedo : *faire peur.*
3. *en cachette.*
4. *une bougie.*
5. *la caverne.*
6. *inf.* atreverse a : *oser.*

"Una familia entregada a la cultura".
L. Díaz, *Cambio 16*, 1911.

"Saber mirar es saber amar".
J.L. Garci, *Canción de cuna*, 1994.

1. Elige dos documentos (uno iconográfico, otro textual). Preséntalos brevemente y di por qué te han llamado la atención.

2. Los documentos de la página 156 evocan la evolución de los utensilios necesarios para escribir.
- ¿Cuáles son?
- ¿Puede modificar el utensilio la creación? Explica tu respuesta.
- En España, existe **la Real Academia** como en Francia, *l'Académie Française*: ¿qué personas la componen? ¿Cuál es su función?
- Imagina un diálogo entre dos escritores: el uno partidario de la pluma (Pelikan, por ejemplo) y el otro del ordenador portátil.

3. Documentos de la página 157:
- ¿Cómo puede nacer la vocación de escritor?
- ¿Cómo se nutre *(se nourrit-elle)*?
- ¿Qué placeres y sufrimientos le infundirá *(peut inspirer)* al autor el acto de escribir?

4. Comenta la frase de Ernesto Sábato:
"Escribo novelas para **descubrir** al hombre."

5. ¿Sigue siendo necesario leer hoy día? Justifica tu respuesta.

ESCRITURA

▸profundiza

1. Lo / cuán + adjectif + que
Él "sabía **lo** ambiciosa que era", p. 159 : *Il savait* ***combien*** *elle était ambitieuse.*
Cf. profundiza 1, p. 108.
Cf. gram. 11, p. 255.

2. Rappel : **L'obligation personnelle**
"... no solamente **tiene que** quedarse callado, sino que **debe** (...) poner música a su desgracia."
Cf. profundiza 2, p. 22 / 2, p. 82 / 3b, p. 102.
Cf. gram. 40.B, p. 267.

3. La négation : formules restrictives
"... todo **no** fue **más que** un torbellino", p. 159 : *tout* ***ne*** *fut* ***qu'****un tourbillon.*
Cf. profundiza 2, p. 154.
Cf. gram. 44.4, p. 268.

4. Le futur dans la temporelle : concordance du **passé**
"... **había ahorrado** (...) para la boda –**cuando** Cecilia, finalmente, **decidiese** casarse con él", p. 159 : *il avait économisé pour la noce –pour le jour où, finalement, Cecilia se* ***déciderait*** *à l'épouser.*
Cf. Concordance du présent, profundiza 1b, p. 86 / 2, p. 92 / 4b, p. 94.
Cf. gram. 37.A.3, p. 265 / 38, p. 266.

"Sensemayá. Canto para matar una culebra". Recitado por Nicolás Guillén.

▸ la construcción **lo / cuán** + adjetivo + que
▸ la obligación personal

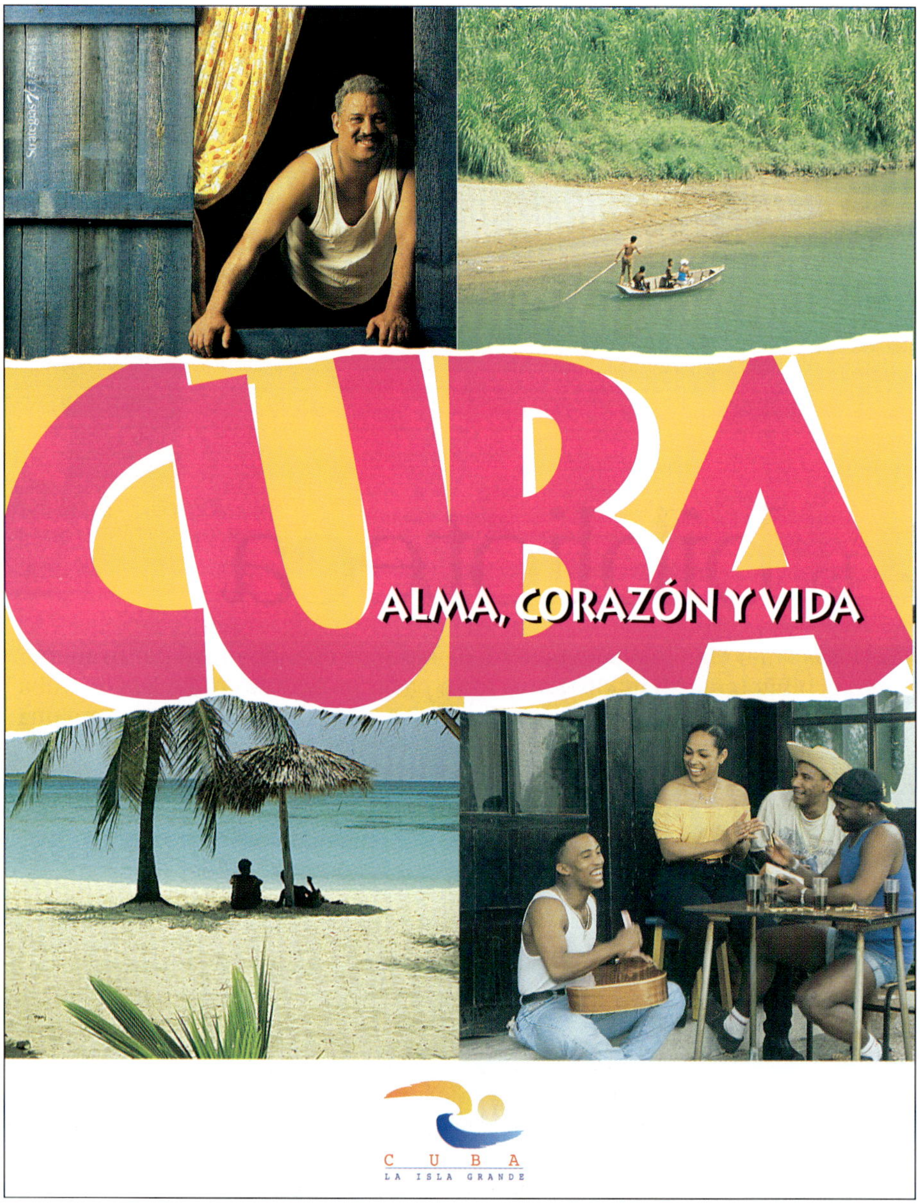

un son para niños antillanos

Por el Mar de las Antillas
anda un barco de papel:
anda y anda el barco barco,
sin timonel[1].

De La Habana a Portobelo,
de Jamaica a Trinidad,
anda y anda el barco barco,
sin capitán.

Una negra va en la popa,
va en la proa un español:
anda y anda el barco barco,
con ellos dos.

Pasan islas, islas, islas,
muchas islas, siempre más;
anda y anda el barco barco,
sin descansar[2].

Un cañón de chocolate
contra el barco disparó[3],
y un cañón de azúcar, zúcar,
le contestó.

¡Ay, mi barco marinero,
con un casco[4] de papel!
¡Ay, mi barco negro y blanco
sin timonel!

Allá va la negra, negra,
junto junto al español[5];
anda y anda el barco barco
con ellos dos.

Nicolás Guillén (Cuba),
El son entero, 1947.

1. *sans timonier.*
2. *sans repos.*
3. *inf.* disparar : *tirer (le canon).*
4. *coque.*
5. *tout près de l'espagnol.*

"Cándido Bidó, pintor del Caribe". Reportaje.

el baile

1. *tailleur.*
2. *de* tejer : *tisser ; ici, tresser.*
3. *espadrilles.*
4. *inf.* mantener : *nourrir.*
5. *inf.* ahorrar : *économiser.*
6. *le mulâtre.*
7. *son malheur.*
8. *un tourbillon.*
9. *ténèbres.*

La acción transcurre en La Habana, a mediados del siglo XIX. José Dolores dirige el grupo de los músicos.

Desde que era muchacho, José Dolores Pimienta se había enamorado de Cecilia Valdés, y, como sabía lo ambiciosa que era la joven, había aprendido varios oficios, desde sastre[1] hasta organista en la iglesia de La Loma del Ángel, desde director de orquesta hasta tejedor[2] de sombreros y vendedor de alpargatas[3]. Con todos esos trabajos mantenía[4] a Nemesia Pimienta y además había ahorrado[5] unas cuantas onzas de oro para la boda –cuando Cecilia, finalmente, decidiese casarse con él.

Y esta noche, precisamente cuando, según Nemesia, Cecilia estaba casi dispuesta a darle el sí, llega el señorito rico y blanco, y él, el mulato[6], no solamente tiene que quedarse callado, sino que debe, además ponerle música a su desgracia[7].

Y qué música. Unas contradanzas realmente estupendas y animadísimas que pusieron a todos los bailadores en movimiento. Luego se pasó a unas danzas cubanas, aún más movidas. De tal modo que todo no fue más que un torbellino[8] de pies que incesantemente se desplazaban.

Se bailaba en el gran salón iluminado, en las habitaciones menos iluminadas, en los oscuros corredores, en el patio y en el jardín, y, ahora, en la misma calle en tinieblas[9].

Reinaldo Arenas (Cuba), *La Loma del Ángel,* 1987.

"¿Qué será...?" (merengue). Wilfrido Vargas, *Planeta Salsa,* 1996.

1. ¿Quién era José Dolores? ¿Qué **retrato** hace de él el autor en el primer párrafo?

2. Esperaba casarse el joven con Cecilia: ¿comprendéis quién sería ella entonces?

3. En aquella **sociedad colonial,** ¿pensáis que "el señorito rico y blanco" iba a casarse con Cecilia Valdés? Justificad vuestra respuesta.

4. ¿Qué recursos estilísticos anuncian en este 2° párrafo **la desgracia** que le iba a suceder a José Dolores? Fijaos además en el nombre del joven.

5. ¿Qué punto de vista reflejan los últimos dos párrafos? ¿Qué sentimientos traducen?

6. ¿Cómo aparece en esta página **La Habana de aquella época**?

▶practica

1. Conjuga en pretérito indefinido:
Oír música y ponerse a bailar.

2. Vuelve a escribir el 1er § en presente, **como si hablara José Dolores:**
Desde la infancia, yo...

3. Completa las frases respetando la lógica del texto:
- José Dolores había aprendido muchos oficios para que...
- Aunque Cecilia era una joven de apariencia absolutamente blanca, ... Por eso José Dolores...
- Aquella noche, Cecilia no le dio el sí, como lo esperaba él, sino que...

4. Imaginad la vuelta a casa de José Dolores después del baile y el diálogo con su hermana Nemesia (amiga de Cecilia).

▶recuerda

– desde... hasta: *depuis... jusqu'à.*
– mantener [ie] a la familia: *nourrir la famille.*
– ahorrar **unas cuantas** onzas de oro: *économiser **quelques** onces d'or (monnaie du XIXe siècle).*
– **dar el sí:** *dire oui, accorder sa main (à un soupirant).*

◀ **El son**
- Balada popular cantada con acompañamiento de guitarras, maracas, bongos...
- Oposición constante entre un solista y un coro.

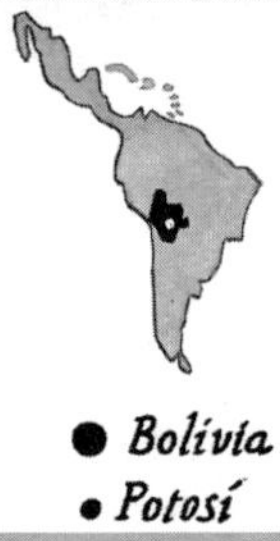

▶el pretérito indefinido: **haber, irse**
▶los adjetivos y pronombres demostrativos

el Padre Las Casas

Fray Bartolomé de Las Casas (Sevilla, 1474 - Madrid, 1566).
• En 1502, B. de Las Casas, joven letrado se embarcó para la isla Española en busca de fortuna...

Aprendió en España a licenciado[1], que era algo en aquellos tiempos, y vino a la isla Española[2] en un barco de aquellos de velas infladas y como cáscara de nuez[3]. Hablaba mucho a bordo, y con muchos latines[4]. Decían los marineros que era grande su saber. Iba alegre en el barco, como aquel que va a ver maravillas[5]. Pero desde que llegó, empezó a hablar poco. La tierra, sí, era muy hermosa, y se vivía como en una flor: ¡pero aquellos conquistadores asesinos debían de venir del infierno[6], no de España! Español era él también, y su padre, y su madre; pero él no salía por las islas Lucayas a robarse[7] a los indios libres: ¡porque en diez años ya no quedaba indio vivo de los tres millones, o más, que hubo en la Española!: él no los iba cazando[8] con perros hambrientos[9], para matarlos a trabajo en las minas: él no les quemaba[10] las manos y los pies cuando se sentaban porque no podían andar: él no los azotaba[11], hasta verlos desmayar[12], porque no sabían decirle a su amo donde había más oro: él no se ponía el jubón de lujo, y aquella capa que llamaban ferreruelo, para ir muy galán a la plaza a las doce a ver la quema que mandaba hacer la justicia del gobernador, la quema de los cinco indios. Él los vio quemar, los vio mirar con desprecio desde la hoguera[13] a sus verdugos[14]; y ya nunca se puso más que[15] el jubón negro, ni cargó caña de oro[16], sino que se fue a consolar a los indios por el monte, sin más ayuda que su bastón de rama de árbol.

José Martí, *La Edad de Oro,* 1889.

1. *licencié / clerc.*
2. *Haïti.*
3. *coquille de noix.*
4. *littéralt, mots latins.*
5. *des merveilles.*
6. *l'enfer.*
7. *capturer.*
8. *inf.* cazar : *chasser.*
9. *chiens affamés.*
10. *brûlait.*
11. *fouettait.*
12. *s'évanouir.*
13. *le bûcher.*
14. *leurs bourreaux.*
15. *et à partir de ce moment-là, il ne mit que.*
16. *ici, une canne à pommeau d'or.*

1. El cubano José Martí nos ofrece un retrato de Bartolomé de Las Casas: ¿sobre qué aspecto insiste?

2. Mostrad el **espíritu aventurero** de aquellos hombres que se embarcaban.

3. ¿Con qué **procedimientos estilísticos** denuncia Martí las atrocidades de las que era **testigo** el joven letrado? ¿Cómo contribuyen a mostrarnos su **progresiva toma de conciencia**?

4. ¿Qué acontecimiento particular encaminó al joven letrado hacia su papel **misionero y humanitario**?

5. *La Edad de Oro* era una revista que fundó Martí para educar a **los niños de América:** decid qué mensaje se trasluce a través de este retrato del **"defensor de los Indios"**.

▶profundiza

Pretérito indefinido irregular
Haber → hubo *(il y eut)*
Irse → me fui
te fuiste
se fue
nos fuimos
os fuisteis
se fueron

Participio pasado irregular
Romper → roto *(brisé)*

1. Les démonstratifs de la 3e série
• "**aquel** que va a ver..."
• "en **aquellos** tiempos, ..."
• "y **aquella** capa...", p. 160.
Cf. profundiza 2, pp. 106, 132.
Cf. gram. 14, p. 256.

2. La conjecture
"**debían de venir**...", p. 160 : *ils devaient venir...*
Cf. profundiza 2, p. 122 / 1, p. 154.
Cf. gram. 42, p. 267.

3. Les adjectifs et noms de nationalité (los gentilicios)
• Cuba → cubano.
• Bolivia → boliviano.
Cf. gram. 7.D.2, p. 253.

La controversia de Valladolid (1550-1551)

"En estas ovejas mansas (...) entraron los españoles (...) como lobos y tigres y leones crudelísimos de muchos días hambrientos."

F. Bartolomé de Las Casas, *Brevísima relación de la destrucción de las Indias,* 1514.

"...habiendo unos (hombres) que por naturaleza son señores, otros que por naturaleza son siervos".

Juan Ginés de Sepúlveda (¿1490?-1573), *Democrates alter.*

José Martí (1853-1895).
• **Poeta** en verso y prosa y revolucionario en el arte y la política – **apóstol de la independencia cubana**.
• Nace en **La Habana** de padres españoles de clase humilde.
• En 1895 es mortalmente herido por una bala de las tropas españolas durante las luchas por la independencia de Cuba.

el Cerro[1] Rico

1. monte.
2. *p.p. irrég.* de romper : *briser, déchirer.*
3. *argent* (metal precioso).
4. *inf.* excavar : *creuser.*
5. *ses flancs.*
6. *inf.* asarse : *rôtir, griller.*
7. *de chaux.*
8. *grattant du minerai.*
9. Carlos V.
10. *marchandait.*
11. *rengaine.*
12. Unidad monetaria de Bolivia.

A más de 4.000 metros de altura –más alto que el más elevado pico de España, el Teide– se extiende una de las ciudades más pobres del país, más rotas[2], más bellas y con un pasado más noble. Durante el siglo XVI, y aún el XVII, Potosí miraba de tú a tú a París o Londres. Una inmensa montaña, literalmente rellena de plata[3], era su tarjeta de presentación. Españoles, indios y negros han excavado[4] en sus laderas[5] más de 5.000 minas en las que se asan[6] a fuego lento los mineros. Solamente la hoja de coca, mezclada con calcio[7], mantiene en pie a los hombres y niños que pasan hasta catorce horas en las tripas de la montaña, rascando mineral[8], por menos de 800 pesetas diarias.
Potosí fue elegida por Carlos I de España[9] como Villa Imperial. Es lo menos que podía hacer por una de sus ciudades más rentables. Los potosinos no lo han olvidado y cuando uno de los expedicionarios regateaba[10] un precio en el mercado, surgía la vieja cantilena[11]: "Nos quitasteis la plata y ahora me quieres quitar dos bolivianos[12]."
El boliviano es pacífico, pero no perdona.

Ignacio Rodrigo, *El Mundo,* 1996.

1. El artículo vincula el pasado y el presente de Potosí: mostrad **la evolución de la ciudad**. ¿Qué recalca la repetición del superlativo?

2. Explicad la frase "Potosí miraba de **tú a tú** a París o Londres".

3. ¿A qué **acontecimientos históricos** remite la enumeración de pueblos "españoles, indios y negros"? ¿Cómo se ve en esta frase que las condiciones de vida de los mineros no han cambiado?

4. ¿Qué sentimientos de los **potosinos actuales** traducirá la frase: "es lo menos (que Carlos I)... rentables"? Justificad la definición que da finalmente el periodista del boliviano.

5. ¿Qué problema plantea / denuncia este artículo?

▶ practica

El Padre Las Casas

1. Justifie l'emploi des prépositions :
• "Pero él no salía por las islas Lucayas a robarse a los indios libres."
• "...él no se ponía el jubón de lujo... la quema de los cinco indios."

2. ¿Qué retrato hace José Martí del Padre Las Casas?

El Cerro Rico

1. Escribe a la voz activa: Potosí fue elegida por Carlos I de España como Villa Imperial.

2. Escribe en letras:
4.060 metros / los siglos XVI y XVII / 1545 / 80.000 habitantes / 5.000 minas / 800 pesetas / 160.000 habitantes en 1611.

Potosí, ciudad de Bolivia, situada a 4.060 metros de altura, al pie del Cerro Rico, célebre por sus **riquezas minerales** (**plata, estaño**).
• Fundada en **1545,** fue durante la época colonial la ciudad más importante del continente.
• Hoy, cuenta con **80.000 habitantes**, exactamente la mitad de los que allí vivían en 1611, cuando ni Madrid ni Roma ni París alcanzaban estas cifras.
• La UNESCO la inscribió en **el Patrimonio de la Humanidad** en 1988.

La colonización era regida por la *Ley de la Encomienda* (1502): repartimiento de los indígenas entre los **colonos o encomenderos** para que ayudaran a la labor de construcción de la colonia (agricultura, minería, transportes).
• Desde un principio, el indio era "**vasallo libre** y **no siervo**", y a cambio de su trabajo, el encomendero le debía **protección** y **educación** (incluso "en las cosas de la fe"). Pero hubo abusos...
• En 1509, empezó **el comercio triangular**.

Diego Rivera, *Plantación de azúcar en Morelos*, 1930. Mural, 435 x 282 cm. Palacio de Cortés, Cuernavaca, México.

Diego Rivera (1886-1957), pintor mexicano, autor de **murales** cuyos temas esenciales son la **historia** y la vida de su pueblo...

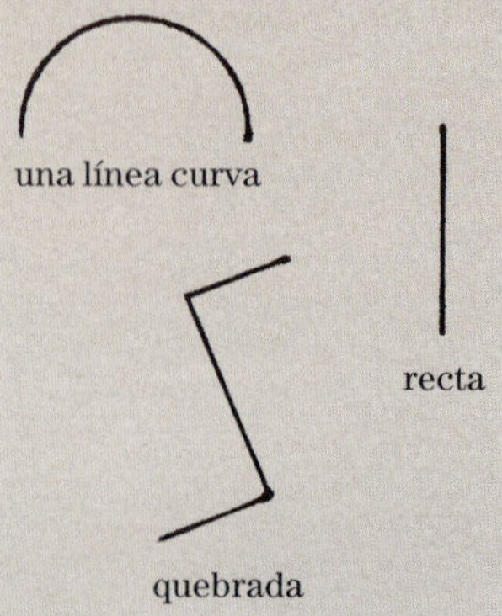

1. ¿Qué representa este mural? ¿Dónde y cuándo se desarrolla la acción?

2. Describid las diferentes escenas mostrando cómo **las líneas** y **los colores** recalcan la jerarquía social (indio / capataz / amo).

3. ¿En qué medida *(dans quelle mesure)* se puede decir que Rivera **dignifica** a los peones? (Fijaos en el contraste entre el dinamismo de los esclavos y la rigidez altiva de los dominadores.)

4. A vuestro parecer, ¿qué quiso Rivera al pintar tales escenas?

▸ el género de los nombres en -or

sudor[1] y látigo[2]

Látigo,
sudor y látigo.

El sol despertó[3] temprano[4],
y encontró al negro descalzo,
desnudo el cuerpo llagado[5],
sobre el campo.

Látigo,
sudor y látigo.

El viento pasó gritando:
–¡Qué flor negra en cada
mano!
La sangre le dijo: ¡vamos!
Él dijo a la sangre: ¡vamos!
Partió en su sangre,
descalzo.
El cañaveral, temblando,
le abrió paso[6].

Después, el cielo callado,
y bajo el cielo, el esclavo
tinto[7] en la sangre del amo[8].

Látigo,
sudor y látigo,
tinto en la sangre del amo;
látigo,
sudor y látigo,
tinto en la sangre del amo,
tinto en la sangre del amo.

Nicolás Guillén (Cuba),
El son entero, 1947.

1. el sudor: *la sueur.* – 2. *fouet.* – 3. *inf.* despertar [ie] : *se réveiller.* – 4. *tôt.* – 5. *de* llaga : *plaie.* – 6. abrirle paso a uno: *laisser passer qqn.* – 7. *rougi.* – 8. *le maître.*

1. ¿Cómo **define** Guillén **al negro** en el estribillo?

2. La primera estrofa **amplifica** esta definición: mostradlo.

3. Después de recordar algunos datos de la geografía de Cuba, decid qué **relaciones** existen entre el esclavo y los elementos y en qué **desembocan.**

4. ¿Cómo se organiza la última estrofa? Volved a leer el son y mostrad el **poder de encantamiento** *(incantatoire)* que se desprende de él.

5. Nicolás Guillén es un poeta **comprometido**: justificad.

Vídeo

"El inventor de caminos". Fernando Solanas, *El viaje*, 1991.

Un machetero. Zafra en el valle de San Luis, Cuba.

la caña de azúcar – la zafra: cosecha de caña de azúcar – cortar los tallos con un machete – (no) herirse [ie]: *(ne pas) se blesser* – los guantes / un sombrero: *un chapeau* – trabajar de sol a sol – una labor penosa.

▸profundiza

Rappel : Le genre des noms en -or

El sudor

Los colores

Mais :

La labor.

Cf. profundiza 1, p. 34.
Cf. gram., 8.A, p. 253.

Nicolás Guillén
(Camagüey, 1902 – La Habana, 1989).
• Cubano (mulato).
• Autor de **poesía negrista:** *Motivos de son,* 1930, *Songorocosongo,* 1931...
• Fue ministro de la cultura.

- Colombia
- Ecuador

▶profundiza

Pretérito indefinido
Conseguir *(réussir à)*, p. 164.
conseguí
conseguiste
consiguió
conseguimos
conseguisteis
consiguieron

1. La tournure emphatique
• "Fue entonces cuando cayó en la cuenta", p. 165 : *Ce fut alors qu'elle comprit...*
Rappel :
• "Es aquí donde mana la vitalidad...", p. 95.
Cf. gram. 26, p. 260.

2. La locution concessive
"Por duro que resulte...", p. 164 : *Aussi dur que ce soit (= même si cela est dur).*
Cf. gram. 37.A.3, p. 265.

▶practica

Un nuevo Robinsón

1. ¿Por qué motivos se fue el suizo de su país? ¿Comprendes por qué eligió las islas Galápagos?

2. ¿Te parece posible, hoy día, vivir como Robinsón? Explica tus razones.

3. Escribe en 1ª persona de singular:
"desde que leyó el libro... se echó al camino" (l. 4-7).

4. Pasa al estilo indirecto :
"Ese mar está lleno... lo que necesite" (l. 27-28).
Empieza por:
El suizo declaró que...

5. Justifie l'emploi des prépositions :
se echó al camino / esperar en Panamá / pasaba por las islas / miró al mar azul.

▶pretérito indefinido: **conseguir** ▶**es... cuando, es... donde** ▶una locución concesiva

un nuevo Robinsón

Galápagos: archipiélago volcánico del océano Pacífico, al oeste del Ecuador al cual pertenece.
• **Reserva natural:** galápagos o tortugas de mar, iguanas terrestres y marítimas, sobrevivientes de la fauna antediluviana.

1. *employé de bureau.*
2. *rêvé de.*
3. todo lo que.
4. *inf.* agenciarse : *se procurer.*
5. *une tente.*
6. *pénible.*
7. *Bien sûr.*
8. *ici, font des erreurs.*
9. *à moitié nu.*
10. *préparée.*
11. *des arbres fruitiers.*

– Es que llegué ayer, ¿sabe? –aclaró–. Y aún no conozco las costumbres.
Luego, me explicó que era suizo, oficinista[1] en Berna, y que desde que leyó el libro *Las Encantadas*, de Herman Melville, había soñado con[2] irse a vivir a las islas. Un buen día, vendió cuanto[3] tenía, se agenció[4] una tienda[5] de campaña y un fusil de pesca submarina y se echó al camino.
¡Y había llegado!
Después de dos meses de esperar en Panamá, consiguió, al fin, un yate chileno que pasaba por las islas. Lo aceptaron como ayudante del cocinero, y la tarde anterior lo habían desembarcado en Academy-Bay.
– Un largo viaje –comenté–. Y pesado[6]...
Miró a su alrededor, al mar azul y limpio, a la blanca playa, a las rocas negras y los altos cactos, a las iguanas que se paseaban tranquilamente junto a su tienda, y sonrió.
– Pero valía la pena, ¿no? –dijo.
– Eso depende. ¿Piensa quedarse definitivamente?
– Desde luego[7]. Ya he soportado cuarenta años de coches, de oficina, de jefes malhumorados, de máquinas calculadoras que siempre se equivocan[8], aunque eso sea oficialmente imposible... El resto quiero que sea paz, silencio, aire puro, bañarme en el mar a todas horas, andar semidesnudo[9]...
– ¿Y de qué piensa vivir?
Me mostró su fusil de pesca submarina –que, por cierto, era de fabricación española– y una caña ya aparejada[10].
– De esto. Ese mar está lleno de peces. Luego, me buscaré un terreno y plantaré patatas, maíz, frutales[11]... Lo que necesite.
– ¿Cómo un nuevo Robinsón?
– ¿Por qué no? Por duro que resulte, no lo será más que la vida en la ciudad.

Alberto Vázquez Figueroa,
Viaje al fin del Mundo - Galápagos.

¡despedido!

1. Describid el marco de la acción y decid a qué categoría pertenece el restaurante.

2. ¿Qué acaba de suceder en la cocina? ¿Qué nos dan a entender las palabras del cocinero que está saliendo?

3. ¿Cómo reaccionan los clientes al oír sus quejas *(ses plaintes)*? ¿Comprendéis por qué?

4. ¿Por qué se refiere el cocinero a **Gabriel García Márquez**? ¿En qué se parecen la obra del escritor y la suya? En opinión del hombre, ¿qué beneficio saca de ella cada **"creador"**?

5. A vuestro parecer ¿qué caracteriza este dibujo? ¿El humorismo?, ¿la sátira?, ¿un homenaje *(un hommage)* a un gran escritor latinoamericano?

¡Despedido!: *Renvoyé !* – las cebollas: *les oignons.* – mariposas: *papillons.* – se quema, *inf.* quemarse : *se brûler.* – moscas: *des mouches.*

Quino, *El País semanal*, 18/05/1997.

Realismo mágico:
movimiento literario hispanoamericano surgido a mediados del siglo XX, caracterizado por la introducción de elementos fantásticos inmersos en una narrativa realista.

las mariposas[1]

La protagonista es una joven que se llama Meme.

Fue entonces cuando cayó en la cuenta[2] de las mariposas amarillas que precedían las apariciones de Mauricio Babilonia. Las había visto antes, sobre todo en el taller[3] de mecánica, y había pensado que estaban fascinadas por el olor de la pintura. Alguna vez las había sentido revoloteando sobre su cabeza en la penumbra del cine. Pero cuando Mauricio Babilonia empezó a perseguirla, como un espectro que sólo ella identificaba en la multitud, comprendió que las mariposas amarillas tenían algo que ver[4] con él. Mauricio Babilonia estaba siempre en el público de los conciertos, en el cine, en la misa mayor[5], y ella no necesitaba verlo para descubrirlo porque se lo indicaban las mariposas.

Gabriel García Márquez (Colombia), *Cien años de soledad,* 1967.

1. *Les papillons.*
2. *inf. (fam.)* caer en la cuenta : *se rendre compte, comprendre.*
3. *l'atelier.*
4. *avaient quelque chose à voir.*
5. *la grand-messe.*

1. Fijándoos en los pronombres personales, aclarad la situación.

2. ¿Qué indicios permiten definir a Mauricio Babilonia a la vez como **un ser real y fantástico**?

6. Justifie l'emploi du subjonctif.
- "quiero que sea paz..."
- "plantaré patatas, maíz, frutales... Lo que necesite."

7. Traduce desde "¿Piensa quedarse...?" hasta "... andar semidesnudo".

Las mariposas

- Pon en presente desde "Pero cuando Mauricio Babilonia..." hasta "... algo que ver con él".

▸recuerda

– caer en la cuenta (fam.): *se rendre compte, avoir compris.*
– tener algo que ver: *avoir quelque chose à voir.*

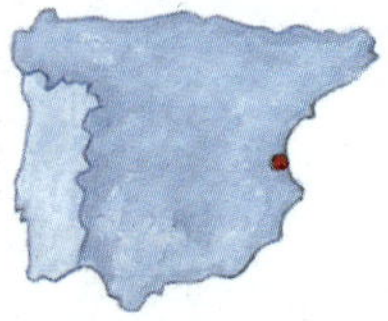

• Valencia

▸ los verbos en **-uir** cambian i → y delante de a, e, o
▸ presente de subjuntivo: **haber**

el arte de rumiar[1]

Antonio de Felipe no se anda por las ramas[2]. Sus cuadros son directos y están cargados de guiños[3] al público. La obra de este joven valenciano, colaborador de esta revista, surge de una mezcla bien rumiada: arte y publicidad. Su última serie tiene a la vaca como protagonista.

Se define a sí mismo como el "Rey del reciclaje". La obra de Antonio de Felipe (Valencia, 1965) se nutre[4] de hechos, de ideas, de imágenes: "Chupo[5] mucha información de todo tipo de revistas; gracias a ellas estoy al día de lo que pasa en el mundo en todos los campos. De manera inconsciente absorbo ciertas experiencias que después plasmo[6] en los cuadros."

Con 20 años, a la vez que iniciaba sus estudios en la Facultad de Bellas Artes de San Carlos, De Felipe empezó a trabajar en una agencia de publicidad. "La labor de director de arte ha influido de manera evidente en mi obra. No sólo en la utilización de elementos como logotipos y marcas, sino sobre todo en la expresión: mis cuadros tienen un lenguaje claro y directo, llegan a todo tipo de público", explica.

En los cuadros de Antonio de Felipe hay constantes guiños al público: "Reflejan la ironía que tenemos los valencianos: le sacamos punta a todo[7]."

De Felipe afirma que el arte que gusta a un público poco formado, no tiene por qué ser malo. "La gente no es tonta[8]. Puedes ser inculto y no tener demasiadas nociones de pintura, pero sí sabes si una cosa te gusta o no. Soy muy respetuoso con todo arte: me parece fenomenal que haya gente que haga instalaciones que no entienda nadie. Estamos en una sociedad donde todo debe estar permitido."

Luis de Zubiaurre, *Cambio 16*, 09/09/1996.

1. *ruminer.*
2. *n'y va pas par quatre chemins.*
3. *clins d'œil.*
4. *inf.* nutrirse : *se nourrir.*
5. *inf.* chupar : *ici, avaler.*
6. *inf.* plasmar : *concrétiser.*
7. *inf.* sacar punta a una cosa : *ici, considérer tout avec une pointe de malice.*
8. idiota.

1. Leed el artículo y presentad al pintor: ¿quién es? ¿De dónde le viene su estilo?

2. ¿Por qué se define a sí mismo como "el rey del reciclaje"?

3. ¿Qué relaciones quiso establecer así con su público?

4. Según Antonio de Felipe, en nuestra sociedad "todo debe estar permitido": discutid esta afirmación. ¿Pensáis que este pintor se muestra respetuoso con todo arte?

5. Él se siente genuinamente valenciano: definid su carácter y decid qué expresiones del artículo lo ilustran.

▸ profundiza

Presente de indicativo irregular
Influir *(influencer)*, p. 167.
influyo
influyes
influye
influimos
influís
influyen

Presente de subjuntivo irregular
Haber *(verbe impersonnel : y avoir)*, p. 166.
Parece fenomenal que **haya**...

1. **Rappel** : Le genre des **noms en -or**
el color... Mais : **la labor**.
Cf. profundiza 1, p. 34 / p. 163.
Cf. gram. 8.A, p. 253.

2. **Rappel** : Le pronom personnel réfléchi
(Él) "Se define a **sí mismo**..." :
Il se définit lui-même...
Cf. profundiza 1, p. 90.
Cf. gram. 20.H, p. 258.

3. **Ser + adjectif** → définition (qualités)
• "Soy muy **respetuoso**", p. 166.
• "Mi pop **es diferente**", p. 167.
Cf. gram. 28.A, p. 260.

▸ practica

1. Transforma el complemento de manera o el adjetivo en adverbio:
de manera inconsciente / de manera evidente / claro / constante / irónico / respetuoso.

• Emplea uno de los adverbios en una frase personal en relación con esta pintura.

▶ el género de los nombres en **-or** ▶ el pronombre personal reflexivo **sí** ▶ **ser** + adjetivo (la cualidad)

Antonio de Felipe, *La granja.* Tríptico, 390 x 195 cm.

1. Presentad **la escena** del cuadro (¿dónde?, ¿cuándo?, ¿quiénes?) diciendo qué elementos os permiten, de buenas a primeras, identificar **su estilo**.

2. Observad más atentamente: ¿qué **productos** sois capaces de identificar? ¿A qué aspectos de la vida remiten estos **logotipos**?

3. A vuestro parecer, ¿cuál es **el propósito** del artista? ¿Arte o publicidad? ¿Cuál de los dos se sirve del otro?

4. ¿Qué puede seducir en este tipo de arte? ¿Os parece que se dirige a todos los públicos? Justificad vuestra respuesta.

2. Escribe en estilo indirecto la frase: "Soy muy respetuoso... entienda nadie".
Empieza por:
El pintor le afirmó al periodista que...

3. Traduce el párrafo de introducción del artículo (l. 1-5).

4. Di tus impresiones **sucesivas** frente al cuadro (a primera vista / después del estudio).

▶recuerda

– no andarse por las ramas: *ne pas tourner autour du pot, ne pas y aller par quatre chemins.*
– hacer un guiño: *faire un clin d'œil.*
– estar al día: *être au courant de.*

"Mi pop es diferente, es mediterráneo. Como valenciano, me influye el contacto con la luz, el color, la ironía de la Falla*. Mi arte es una mezcla de admiración a la pintura y la publicidad. Un guiño para el espectador."
Antonio de Felipe en la Galería Seiquer, *Cambio 16*, 24/02/1997.

* Las Fallas: fiestas tradicionales de Valencia el día de San José (19 de marzo) en las que se exponen y queman figuras caricaturescas de cartón piedra *(carton-pâte)*.

▶profundiza

1. **La notation de l'attitude**
"Adela recita **con** los ojos lejanos..." : *Adèle récite, le regard lointain.*
Cf. gram. 32.B, p. 262.

2. Rappel. Un équivalent de **On : la tournure réfléchie (fait d'ordre général)**
"Son romances viejos que **se aprenden** de niña..." : *Ce sont des* romances *anciens que l'on apprend lorsqu'on est enfant.*
Cf. profundiza 1, p. 52 / 1, p. 142.
Cf. gram. 21.A, p. 258.

3. **Proclise / enclise** du pronom personnel
a. **Proclise obligatoire** avec le verbe **mandar** suivi d'un infinitif.
"La reina... **los mandó** matar" = La reina mandó **que los mataran** : *La reine les fit tuer.*
b. **Enclise obligatoire** pour tout autre verbe (sauf un auxiliaire ou semi-auxiliaire) suivi d'un infinitif
"Pero tampoco así **consiguió separarlos**" : *Elle ne parvint pas non plus de cette façon à les séparer.*
Cf. gram. 20.F, p. 258.

4. **L'imparfait du subjonctif à valeur de plus-que-parfait de l'indicatif**
"... de ella **naciera** una garza" = de ella **había nacido** una garza, *cf.* p. 114.
Cf. gram. 34, p. 263.

"Madrugaba el Conde Olinos". Romance interpretado por Joaquín Díaz.

▶la preposición **con** (el modo) ▶el pronombre reflexivo **se** ▶la posición del pronombre personal:

esos romances viejos

(Adela se sienta a trabajar en el bastidor[1].)

DORINA – Cuando bordas, ¿puedes hablar y pensar en otra cosa?
ADELA – Claro que sí. ¿Por qué?
DORINA – Angélica lo hacía también. Y cuando llegaba la fiesta de hoy nos contaba esas historias de encantos[2] que siempre ocurren en la mañana de San Juan.
ANDRÉS – ¿Sabes tú alguna?
ADELA – Muchas. Son romances viejos que se aprenden de niña y no se olvidan nunca. ¿Cuál queréis?
DORINA – Hay uno precioso[3] de un conde[4] que llevaba su caballo a beber al mar.

(Adela suspende un momento su labor[5], levanta la cabeza y recita con los ojos lejanos[6].)

ADELA

"Madrugaba[7] el Conde Olinos
mañanita de San Juan
a dar agua a su caballo
a las orillas del mar.

Mientras el caballo bebe
él canta un dulce cantar;
todas las aves del cielo
se paraban[8] a escuchar;
caminante que camina
olvida su caminar;
navegante que navega
la nave[9] vuelve hacia allá..."

ANDRÉS – ¿Por qué se paraban los caminantes y los pájaros?
ADELA – Porque era una canción encantada como la de las sirenas.
ANDRÉS – ¿Y para quién la cantaba?
ADELA – Para Alba-Niña, la hija de la reina.
FALÍN – ¿Se casaron?
ADELA – No. La reina, llena de celos[10], los mandó matar a los dos. Pero de ella nació un rosal blanco; de él un espino de albar[11]. Y las ramas fueron creciendo hasta juntarse...
DORINA – Entonces la reina mandó cortar también las dos ramas. ¿No fue así?
ADELA – Así fue. Pero tampoco así consiguió[12] separarlos:

"De ella naciera una garza[13],
de él un fuerte gavilán[14].
Juntos vuelan por el cielo.
¡Juntos vuelan, par a par!"

ANDRÉS – Esas cosas sólo pasaban antes. Ahora ya no hay milagros.
ADELA – Éste sí; es el único que se repite siempre. Porque cuando un amor es verdadero, ni la misma muerte puede nada contra él.
DORINA – Angélica sabía esos versos; pero los decía cantando. ¿Sabes tú la música?
ADELA – También. *(Canta.)*

"Madrugaba el Conde Olinos
mañanita de San Juan
a dar agua a su caballo
a las orillas del mar..."

NIÑOS *(Acompañando el estribillo.)* – A las orillas del mar...

Alejandro Casona, *La Dama del Alba*, 1944.

1. *le métier à broder.* – 2. *enchantements.* – 3. *merveilleux, très beau.* – 4. *un comte.* – 5. *son ouvrage.* – 6. *le regard lointain.* – 7. *inf.* madrugar : *se lever matin.* – 8. *s'arrêtaient.* – 9. el barco. – 10. llena de envidia: *jalouse.* – 11. *une aubépine.* – 12. *inf.* conseguir [i] : *réussir.* – 13. *un héron.* – 14. *épervier.*

◀ **1.** Presentad este fragmento de teatro: circunstancias, asunto de la conversación.

2. Líneas 1-10: ¿Qué le piden los niños a Adela? ¿Por qué?

3. Líneas 11-24: ¿Cómo aparece **el héroe** del romance? Comentad las circunstancias.

4. Líneas 25-38:
• Las preguntas de los niños nos informan sobre sus edades respectivas: decid cómo.
• ¿Cuál es **el tema del romance**?
• ¿Qué reflexiones os sugieren **las metamorfosis** sucesivas de los dos enamorados?

5. Líneas 39-49:
• ¿Cómo se comprueba *(constate-t-on)* **el hechizo** que ejercen esas "historias de encanto" sobre las generaciones?
• Esos romances fueron transmitidos por los **juglares** desde la Edad Media: ¿cómo se verifica aquí esta **transmisión oral**?
• ¿Cómo participa el teatro de esta transmisión?

6. Recordad lo que es un romance (*cf.* p. 131): estudiad su versificación (metro / asonancia). ¿Qué observáis en el empleo de los tiempos?

érase una vez...

Quino, *¡Qué mala es la gente!*, 1997.

• **Charles Perrault:** escritor francés (1628-1705), autor de cuentos *(Contes de ma mère l'Oye)*.
• Quino (Joaquín Salvador Lavado) nacido en 1932. Dibujante y humorista argentino que se hizo naturalizar español en 1990.

Desenlace de Caperucita Roja de Juan Ferrándiz:
"Y este cuento ha concluido:
aprended, pues, su lección:
Niños, mucha precaución
si halláis un desconocido."

• "Érase una vez", José Agustín Goytisolo. Interpretada por Paco Ibáñez, *España de hoy y de siempre*, 1997.
• "Inolvidable Piedad". Almudena Grandes, *Madres e hijas.*

1. Narrad la anécdota de la historieta empezando por: **Érase una vez...**

2. ¿En qué **difiere** la historieta del cuento de Perrault? ¿Qué detalles anunciaban el cambio (en la 3ª viñeta por ejemplo)?

3. Comparad el desenlace *(le dénouement)* del cuento y del tebeo.

▶ imperativo: **reconocer** ▶ las oraciones concesivas en subjuntivo (acción no verificada)

Fray Luis de León, religioso y poeta ascético español (1527-1591).
• Fue **catedrático** en **Teología** en la universidad de Salamanca. Lo destituyó la Inquisición durante 5 años por sus escritos.
• **Tradujo** a Horacio y Virgilio.
• **Sus poesías** revelan el influjo de los latinos y de sus lecturas bíblicas *(A la vida retirada, La morada del cielo...).*

descansada, *de* descansar : *se reposer, trouver la quiétude.* – el huerto: *le jardin.* – el sosiego: la paz. – transcurren: *inf.* transcurrir, pasar. – encanto: *charme.* – (la) sabiduría: *(le) savoir, (la) sagesse.* – el riesgo: *le risque.* – senderos: *sentiers.*

«Beatus ille qui procul negotiis,
Ut prisca gens mortalium
Paterna rura bobus exercet suis...»
Horace, *Epodes II.*

Heureux celui qui loin des affaires,
comme les hommes des premiers âges,
tourne et retourne les champs de ses pères avec ses bœufs.

1. Presentad el documento destacando su organización.

2. Después de situar Salamanca, decid qué aspectos de esta provincia evidencian las fotos.

3. Leed el texto:
• ¿Cómo sugiere el 1er § el ambiente espiritual que reina en Salamanca? ¿Qué impresión tiene el viajero de sus visitas?
• El 2° § dice que "**esta** tierra" tiene **ese** encanto y **esa** sabiduría tan difíciles de encontrar **hoy... en vacaciones**: mostrad cómo logra esta frase recordarnos **lo terrenal y lo concreto**.
• En el 3er §, ¿qué palabra sugiere la unión de lo espiritual y lo terrenal? ¿Cómo obran los patrocinadores de este **mensaje comercial** para suscitar el interés del / de los lector(es)?

4. ¿Qué confirma el lema ("Tiempo para vivir")?

5. Leed el eslogan y fijaos que termina con una serie de palabras que serpentean *(qui serpentent)* por el bosque. Es el principio del **poema místico** *A la vida retirada* de Fray Luis de León: ¿qué ponen de relieve?

6. Recalcad la habilidad del publicista al jugar sobre **el doble sentido** de ciertas palabras como "huerto", "sosiego", "descansada vida", "escondida senda"...

poesía escolar

Gregorio Olías habla por teléfono con Gil.

A Gregorio se le vino a la memoria una poesía escolar.
– "Qué descansada vida." ¿Conoce los versos?
– No.
– "Qué descansada vida la del que huye del mundanal ruido y sigue la escondida senda por donde han ido los pocos sabios que en el mundo han sido."
– ¿Los ha hecho usted?
– Y eso que importa.

Luis Landero, *Juegos de la edad tardía,* 1989.

Mingote

▸profundiza

(Presente de) imperativo
Reconocer
reconoce (tú)
reconozca (usted)
reconozcamos (nosotros)
reconoced (vosotros)
reconozcan (ustedes)

• **Rappel : La concession sur un fait supposé**
"Aunque corramos el riesgo...", p. 170 : ***Même si*** *nous courons le risque.*
Cf. profundiza 2, p. 90 / 4, p. 98 / 3, p. 146.
Cf. gram. 37.A.3, p. 265.

▸recuerda

– correr el riesgo: *prendre le risque.*
– incluso: *et même, voire.*

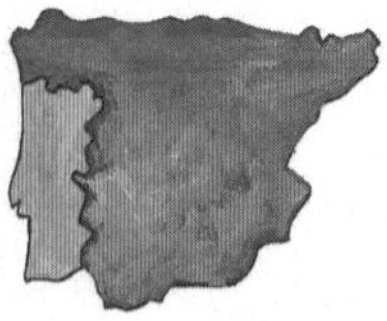

▶el artículo determinado: valor pronominal / formación de sustantivos ▶el atributo del verbo **ser**: nombre / adjetivo

dos generaciones de caminantes

Por una noche de invierno, el Mayorazgo[1] que se ha refugiado con Marina en una borda[2], entabla la conversación con un mendigo joven.

– ¿Hace mucho tiempo que vives errante?

– Desde que nací. Mi padre andaba de pueblo en pueblo comerciando con baratijas[3] que llevaba en un carro[4]; yo he suprimido el carro y el comercio.

– ¿Pero no echas de menos[5] las casas?

– No; prefiero los matorrales[6] y las cuevas[7], la hermosa libertad y el campo. A vosotros, los que vivís en las ciudades, la gana de poseer os pierde; queréis tener vuestra casa, vuestra mujer, vuestros hijos; si no tuvierais nada y no desearais nada, seríais felices.

– ¿De manera que te consideras más feliz que esos que viven en las ciudades?

– Sí; ésos son desdichados[8] que no tienen fuerza para vivir la vida natural.

– Me asombra[9] tu discurso; yo creía que los vagabundos eran casi todos ladrones[10], más que filósofos.

– Se puede ser las dos cosas al mismo tiempo.

– Me admira el oírte.

– ¡Claro! Has vivido lleno de preocupaciones, entre gente supersticiosa. Eres esclavo de la sociedad.

– Es cierto.

– Yo, no; por no juntarme, no quiero habitar las ciudades; prefiero el campo. En invierno duermo en las cunetas[11] de la carretera, o debajo de algún puente; en verano me tiendo[12] en la tierra y fumo mi pipa contemplando las estrellas.

– También tú, veo, eres esclavo, esclavo de tu libertad –murmuró el Mayorazgo.

– Es posible –repuso el vagabundo.

– Es seguro.

– Yo no trato de convencerte con mis ideas. ¡Buenas noches! Voy a dormir.

Pío Baroja, *El Mayorazgo de Labraz,* 1903.

1. *fils aîné, héritier d'un Majorat.*
2. *cabane, bergerie (dans les Pyrénées).*
3. *la camelote.*
4. *ici, une carriole.*
5. *tu ne regrettes pas.*
6. *les terrains broussailleux.*
7. *grottes.*
8. infelices.
9. me admira.
10. *voleurs.*
11. *les fossés.*
12. *inf.* tenderse [ie] : *s'étendre, se coucher.*

1. ¿De qué van hablando los dos hombres? Observad cómo se desarrolla el diálogo.

2. ¿Cómo presenta el joven su vida? ¿De dónde le vino su **anhelo de libertad**?

3. ¿Qué idea tenía hasta entonces el Mayorazgo de los vagabundos? ¿Qué descubre al oír al joven?

4. ¿Por qué piensa cada uno que el otro es esclavo de su modo de vida? ¿Cómo reacciona frente a la crítica del otro?

5. ¿Qué idea os formáis del **carácter** de los personajes?

▶profundiza

1. L'emploi pronominal de l'article défini
"A vosotros, **los que** vivís en las ciudades..." = a vosotros, **los (hombres) que** vivís...
Cf. gram. 10.3, p. 254.

2. L'article El, signe de substantivation
"Me admira **el oírte**", p. 172 : *Ce que tu me dis là m'étonne beaucoup.*
Cf. gram. 36.3, p. 263.

3. L'emploi de Ser
a. Lorsque l'**attribut** est **un nom** : "Se puede **ser las dos cosas.**"
b. Lorsque l'**adjectif attribut** se réfère à **un état constant**
"... **seríais felices**" / "... ésos **son desdichados**"
"... **eres esclavo** de tu libertad."
Cf. gram. 28.A, p. 260.

4. Rappel : **Locution impersonnelle Il y a**
"¿**Hace** mucho tiempo que vives errante?" : *Y a-t-il longtemps que tu mènes une vie errante ?*
Cf. profundiza 5, p. 96.
Cf. gram. 23.A, p. 259.

5. Formation du subjonctif imparfait en **-ra**
Desear

Pretérito indefinido	Imperfecto de subjuntivo
deseé	dese**ara**
deseaste	dese**aras**
deseó	dese**ara**
deseamos	desé**áramos**
deseasteis	dese**arais**
dese**aron**	dese**aran**

6. L'irréel du passé
"... si no **tuvierais** nada y no **desearais** nada, **seríais** felices" : *si vous n'aviez rien et ne désiriez rien, vous seriez heureux.*
Cf. gram. 37.A.3, p. 265.

▶el verbo impersonal **hacer** ▶formación del imperfecto de subjuntivo (**-ra**) ▶la condición posible en el futuro

un enredo diabólico

Quino, *¡Qué mala es la gente!*, 1997.

> "¿Dónde va Vicente? Donde va la gente."
> *Faire comme les moutons de Panurge.*

1. Contad la anécdota.

2. Destacad la habilidad del empleo de las tiras y viñetas:
Mientras el pastor.../ De repente, a hurtadillas.../ Así que... y poco a poco.../ Finalmente...

3. Describid la **progresiva** transformación del pastor. ¿Qué expresión proverbial ilustra su metamorfosis?

4. Estudiad el **simbolismo** del diablo, del televisor, de la flauta.

▶practica

1. Conjuga a todas las personas del presente de indicativo:
Ser esclavo de su libertad.

2. > "... yo creía que los vagabundos **eran** casi todos ladrones, más que filósofos".

Justifie l'emploi de Ser.
Cf. profundiza 3.

3. Escribe en estilo indirecto la 2ª réplica del vagabundo ("prefiero los matorrales... seríais felices").
Empieza por:
El vagabundo le **contestó** al Mayorazgo que...

4. Traduce desde el principio del texto hasta "... vivir la vida natural" (l. 1-14).

5. Contesta la cuarta pregunta (¿Por qué piensa cada uno...?).

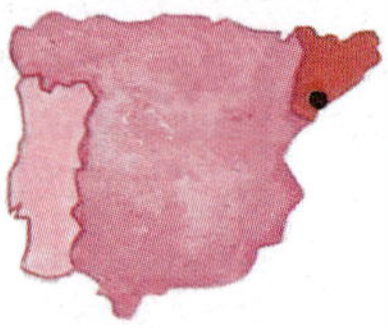

- Cataluña
- Barcelona

Joan Miró: Barcelona **(20/04/1893)**.

- **1907:** ingresa en la escuela de Bellas Artes de Barcelona, pero tiene que cursar estudios comerciales.
- **1912:** abandona ese trabajo odiado y se refugia en la casa de campo familiar de **Montroig**.
- **1919:** va a París donde **traba amistad con los dadaístas y surrealistas**. Adhiere al movimiento surrealista en 1924. Pinta *La tierra labrada*.
- **1937:** ardiente republicano, realiza un cartel titulado *Ayudad a España*. Hizo también esculturas y cerámicas.
- **1983:** muere el 25 de diciembre a los 90 años de edad.

Fragmento de "Tierra labrada"

El 21 de Abril empieza el siglo.

El mismo que, en este año, se cumple el nacimiento del gran pintor catalán.

Y a cuya conmemoración ha querido el BBV unirse, como Patrocinador Privado Exclusivo de una muestra antológica, en la que se reúnen por primera vez casi 500 obras clave, hasta ahora dispersas en colecciones y museos de todo el mundo.

La venta anticipada de entradas se realizará, de forma exclusiva, a través de las oficinas de la Red BBV en España y el extranjero. Allí también, le concertarán día y hora a fin de hacerle más cómoda la visita a una exposición irrepetible. La Exposición del siglo.

Fundación Joan Miró
Parque de Monjuïc
(Barcelona).
21 de Abril a 30 de Agosto de 1993.

Patrocinador Privado Exclusivo

BBV
BANCO BILBAO VIZCAYA

Con la colaboración de Generalitat de Catalunya Departament de Cultura · MINISTERIO DE CULTURA · Ajuntament de Barcelona

Con la cooperación de IBERIA

Exposición organizada por Fundació Joan Miró

El mismo: el mismo siglo. – a cuya conmemoración: *à la commémoration duquel*. – Patrocinador: *sponsor*. – una muestra: *un échantillonage* → *une exposition*. – clave: *clef*. – las oficinas: *les succursales*.

◀ **1.** Esta publicidad fue patrocinada por **varias entidades** con motivo de un **gran acontecimiento**: precisadlo.

2. Situad sus tres elementos poniendo de relieve cómo introducen la idea de **centenario** sin pronunciar nunca la palabra.

3. Observad detenidamente el cuadro:
a. Identificad sus elementos esenciales mostrando cómo se organiza la vida alrededor de la masía *(la ferme)*.
b. Recordando **el clima** de Cataluña, decid qué sugiere lo áspero de la vida allí. (Fijaos en los colores y las líneas que evocan púas y garras *(des piquants et des griffes)*.
c. ¿**Cómo cobra vida** la tierra del pintor y qué **sentimientos** traduce esta representación?
d. Fijaos en la oposición luz / sombra: ¿cómo se inscribe en **el tiempo** esta visión?
e. Entresacad de esta visión alegórica los elementos **surrealistas**.

4. Leed el texto y decid cómo contribuyó el BBV en esa conmemoración.

5. ¿Cómo **rinde homenaje** *(rend hommage)* esta publicidad excepcional a la vez al gran artista catalán y a los clientes del banco?

Joan Miró, *La Masía*, 1921-1922 (Surrealismo figurativo). Óleo sobre lienzo, 132 × 147 cm. Galería Nacional Caller, Washington.

▸profundiza

Presente de indicativo irregular
Reunir *(réunir)*, p. 174.
reúno
reúnes…

1. La préposition **De**
"21 de abril" : *21 avril.*
"30 de agosto", p. 174 : *30 août.*

2. La numération
a. Les centaines
• 1893: mil **ochocientos** noventa y tres.
• 1983: mil **novecientos** ochenta y tres.
• 500 obras: **quinientas** obras.
b. Emploi de la conjonction **Y**

miles	centenas	decenas	unidades
1	9	9	3
1	9	0	7

1993: mil novecientos noventa y tres.
Mais :
1907: mil novecientos siete.
Cf. gram. 9.A, p. 254.

3. **Les langues** (*cf.* p. 217)

Catalan	Castillan
Catalunya	→ Cataluña
Joan	→ Juan
Ajuntament	→ Ayunta**miento**
Generalitat de Catalunya (p. 174)	→ **Junta** de Castilla (pp. 142, 179)

▸practica

• Traduce al español.
« La campagne, peinte de façon encore réaliste dans *La Ferme,* devient dans cette toile une transposition fantastique qui transforme et idéalise chaque chose, sans renoncer à la vision ironique typique de Miró et caractéristique des surréalistes. »
Regards sur la peinture : Miró.

▶profundiza

Presente de indicativo irregular
Criar *(élever)*, p. 176.
crío
crías...

1. Rappel : Les noms de pays, de régions
"... la Cataluña rural", p. 176.
Cf. profundiza 1, p. 10 / p. 80.

2. Rappel : La tournure emphatique
"... ahora **el que** más disfruta **soy yo**", p. 177 : *maintenant c'est moi qui en profite le plus.*
Cf. profundiza 2, p. 62 / 3, p. 66 / 1, p. 98.

3. Formation du subjonctif imparfait en -se
Vender

Pretérito indefinido	Imperfecto de subjuntivo
vendí	vendie**se**
vendiste	vendie**ses**
vendió	vendie**se**
vendimos	vendié**semos**
vendisteis	vendie**seis**
vendie**ron**	vendie**sen**

Cf. gram. 46.A.1, p. 268.

4. Les 2 formes de l'imparfait du subjonctif
• Desear:
desea**ra** / desea**se**, p. 172.
• Vender:
vendie**ra** / vendie**se**, p. 176.
Cf. gram. 46.A.1, p. 268.

5. Rappel : L'hypothèse réalisable / irréalisable
a. "... cuando (=si) la tierra **muere** no **puedes** devolverle la vida".
b. "**si expusiera** mi situación a un gestor (él) me **recomendaría** que (yo) **vendiese** la casa y la finca y me **fuera** a vivir..."
Cf. profundiza 5, p. 77 / 6, p. 172.
Cf. gram. 37.A.3, p. 265.

▶presente de indicativo: **criar** ▶el uso del artículo con nombres de países y regiones ▶**el que** ▶formación del

un payés[1]

Josep Puigpelat vive en la comarca[2] del Solsonès, en el corazón de la Cataluña rural, en Can Puigpelat, una masía[3] de 500 metros cuadrados con 14 habitaciones.
Allí vive con su familia. Está afiliado al sindicato Unió de Pageses[4] y creó una de las primeras asociaciones de defensa forestal existentes en Cataluña. Sus fincas[5] ocupan 400 hectáreas, a caballo entre las provincias de Barcelona y Lleida[6]. Cría cerdos[7], cultiva cereales, tiene un rebaño de ovejas[8] y explota el bosque. "Todo funciona, pero, seguramente, si expusiera mi situación a un gestor[9] me recomendaría que vendiese la casa y la finca y me fuera a vivir a un espléndido piso en el centro de Barcelona; pero no quiero. La tierra es algo vivo y cuando muere no puedes devolverle[10] la vida."

El País semanal, 19/11/1995.

1. en Cataluña, campesino.
2. *la région.*
3. casa de campo y de labor.
4. en catalán, unión de payeses.
5. sus tierras.
6. en castellano, Lérida.
7. *des porcs.*
8. *un troupeau de moutons.*
9. *un administrateur de biens.*
10. *lui rendre.*

1. ¿Qué comprendemos acerca de esta familia de "payeses"?

2. Recordad **la situación y el clima** de Cataluña: ¿cómo se justifican las actividades a las que se dedica Josep Puigpelat? ¿Qué le permitirá **la diversificación**?

3. ¿Comprendéis por qué le aconsejaría un gestor que dejara el campo y se fuera a la gran ciudad? Explicad.

4. En vuestra opinión, ¿por qué rechaza la vida holgada *(oisive, aisée)* que podría brindarle la ciudad?

imperfecto de subjuntivo (-se) ▸la condición realizada / posible en el futuro ▸la oración subordinada temporal

inmigrante andaluz

Monasterio de Montserrat, Barcelona.

(Pepe Carvalho) Se dejó caer en un taxi e inició la investigación de la ideología del taxista. Estaba la Virgen de Montserrat. Las fotografías de una familia bastante fea[1]. No corras, papá[2]. Un lacito[3] con los colores del Barça[4]. El taxista hablaba andaluz y a los dos minutos de conversación ya le había dicho que en las pasadas elecciones generales había votado por los comunistas del PSUC[5].

– ¿Y la Virgen qué dice de su voto?

– Son cosas de mi mujer.

– ¿Es religiosa?

– ¡Qué va! Pero le gusta Montserrat, ya lo ve usted. Cada año tengo que alquilar[6] unas celdas del monasterio, bueno, celdas, las llaman celdas, pero son habitaciones de hotel, sencillas, pero muy limpias. Pues cada año tengo que alquilarlas en mayo y subirme con ella y los niños tres días. Dirá usted que es una chaladura[7]. Pero le gusta la montaña. Y le diré a usted: ahora el que más disfruta soy yo. Porque hay una paz allí arriba, una paz. Me cogen ganas de meterme a fraile[8]. Y qué preciosa es la montaña. Parece cosa de magia. Aquellas piedras cómo se aguantan[9]. Y durante siglos, oiga, durante siglos. Antes de que naciese mi abuelo y el abuelo de mi abuelo.

–Y el abuelo del abuelo de su abuelo.

–La naturaleza nos enseña cada cosa. En cambio, mire, mire alrededor. ¡Si supiéramos lo que respiramos!

Manuel Vázquez Montalbán, *Los mares del sur,* 1979.

1. *laide.*
2. *(inscription sous les photos, conseil de prudence).*
3. *Un ruban.*
4. Club de fútbol barcelonés.
5. partido comunista catalán.
6. *ici,* reservar.
7. *fam. une tocade.*
8. *devenir moine.*
9. *ici,* resisten.

1. Aclarad las **circunstancias** del diálogo (personajes, lugar).

2. Las primeras líneas demuestran que Carvalho es un **detective**: ¿qué indicios permiten deducirlo?

3. ¿Cuál es el origen de este taxista? Imaginad por qué vino a Cataluña. Apreciad su **integración**.

4. A la mujer del taxista “le gusta Montserrat”: ¿qué comprendéis acerca de este lugar?

5. A pesar de su aparente indiferencia, ¿qué siente el taxista en Montserrat? ¿Cómo logra este hombre del pueblo expresar sus sentimientos?

6. La subordonnée temporelle “Antes de que naciese mi abuelo”, p. 177 : *Avant que mon grand-père ne naisse. Cf.* gram. 37.A.2, p. 264.

▸practica

Un payés

1. Escribe en letras: 500 metros / 400 hectáreas.
2. Vuelve a escribir cada una de las frases de “profundiza 5” en la otra forma de la hipótesis.
3. Traduce desde “Sus fincas ocupan...” hasta “... devolverle la vida”.

Inmigrante andaluz

1. Completa las frases respetando la lógica del texto:
   - Si supiéramos lo que respiramos...
   - Los barceloneses no disfrutarían de la paz si...
   - Antes de que naciese mi abuelo...
2. Emplea la estructura en negrita en una frase personal respetando la lógica del texto: **“el que** más disfruta **soy yo”**.
3. Traduce desde “Y le diré a usted...” hasta “... de mi abuelo”.

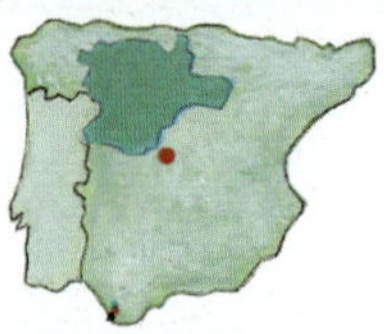

- Castilla-León
- Toledo

el "Greco" que estaba escondido[1]

El Greco: Domenico Theotocopulos. (Creta, 1541 ó 1542 – Toledo, 1614.) Su obra es de un gran **realismo místico**. Alargó y estilizó las figuras.

1. *caché.*
2. *étonnants.*
3. *manchot.*
4. *hiératisme.*
5. *netteté.*
6. *les traits (du visage).*

De un caballero a otro. La restauración de Rafael Alonso ha ofrecido resultados asombrosos[2]. "El caballero de la mano en el pecho" parece otro: el fondo de antes era oscuro, prácticamente negro, y se ha transformado en una riquísima gama de grises. Otro de los cambios afecta al tamaño de la obra, que se ve reducido en 3,5 centímetros por cada uno de sus cuatro lados, recobrando así su formato original. Tras la restauración, se ve que el personaje no sólo no es manco[3] (como parecía antes), sino que pierde su antiguo hieratismo[4] frontal. Los detalles aparecen con mayor nitidez[5] tanto en la ropa como en la espada y las facciones[6].

Javier Mazorra, *El Mundo*, 17/12/1996.

la restauración del acueducto de Segovia

1. *inf.* gastar(se) : *dépenser.*
* Presidente de Castilla y León.
2. *la reconnaissance.*
3. *envisage.*
4. *la mise en valeur.*
5. *des ermitages.*

La fundación Caja de Madrid se gastará[1] un total de 300 millones de pesetas en la restauración del Acueducto de Segovia, realizada hasta ahora en solitario por la Junta de Castilla y León.

En una breve intervención, Juan José Lucas* mostró el agradecimiento[2] de su Gobierno hacia esta fundación madrileña por la sensibilidad mostrada con esta obra emblemática declarada por la Unesco Patrimonio de la Humanidad.

Entre otros proyectos, el programa de conservación de la fundación Caja de Madrid contempla[3] la restauración integral de la muralla de Toledo, la puesta en valor[4] de las murallas de Ávila y la recuperación de pinturas murales en ermitas[5] e iglesias del norte de Palencia.

Aurelio Martín, *El País*, 13/04/1995.

El símbolo más emblemático de Segovia, el acueducto romano, fue erigido en el primer siglo de nuestra era para llevar agua del río Acebeda a la parte alta de la ciudad. Se trata de una obra hidráulica compuesta por 128 pilares cuadrados, 167 arcos, 813 metros de longitud y una altura máxima de 28,5 metros. En la actualidad, se está realizando un profundo trabajo de restauración. Dos milenios han pasado ya bajo el grandioso acueducto imperial.

1. *paisible.* – 2. *Offre-lui.* – 3. *repartir.*

1. Presenta y describe uno de los documentos.

2. Di por qué lo elegiste y por qué te parece importante que pueda(n) perdurar la(s) obra(s) presentada(s).

3. ¿Cómo puede justificarse la presencia de la publicidad en este tema de la "recuperación del pasado"?

4. Imagina un diálogo entre dos personas: una **a favor** de la recuperación del pasado y la otra **en contra**.

5. ¿Qué obra del siglo XX **salvarías si tuvieras** un puesto de responsabilidad en el Ministerio de Cultura? Da tus argumentos.

▶profundiza

Gerundio irregular
Convertir → **convirtiendo**

Potencial irregular
Haber → **habría**

1. Rappel : L'article neutre **Lo**
• **Lo** importante, p. 180 → **El hecho / la cosa** importante.
• "... iban a **lo** suyo", p. 181 → cuidaban de **sus intereses**, de **su provecho**.
Cf. profundiza 1, pp. 108, 158.
Cf. gram. 11, p. 255.

2. L'indéfini **Unos** équivalent du français **Des**
"... **unos** salvajes con plumas", p. 181 : *des sauvages avec des plumes.*
Cf. gram. 12, p. 255.

3. Rappel : Le conditionnel
"La cédula **habría de** dar vida...", p. 180 = daría vida.
Cf. profundiza 2, p. 140.
Cf. gram. 35.2, p. 263.

▶gerundio: **convertir** ▶condicional: **haber**
▶el artículo neutro **lo** + adjetivo

un **rincón**[1] centroeuropeo en plena Andalucía

En la provincia de Jaén perviven las huellas[2] de los emigrantes europeos traídos por Carlos III.

Ese año una pequeña venta[3] situada en el lugar[4] se transformaba, por obra y gracia de la Real Cédula[5] de Carlos III para la creación de Nuevas Poblaciones, en una de las tres primeras colonias de Sierra Morena. La cédula habría de dar vida, mediante[6] el transplante de *naturales y estrangeros* católicos*, a toda una serie de localidades que, como Guarromán, jalonan la N-IV desde Madrid a Sevilla.
Se trataba de poblar el desierto de La Parrilla entre Sevilla y Córdoba, convirtiéndolo en campiña de cereales, viñas y olivos, y la zona comprendida entre Valdepeñas y Bailén. Un auténtico *proyecto estrella* que buscaba crear una infraestructura de servicios a lo largo del camino real de Cádiz a Madrid (por donde circulaban la mayor parte de las riquezas y mercancías[7] procedentes del Nuevo Mundo) y acrecentar[8] la seguridad del mismo ante las numerosas partidas de bandoleros[9], fundamentalmente trataba de plasmar[10] un modelo de sociedad agrícola acorde con el espíritu de la época.
"Ahora precisamente estamos trabajando en un proyecto, cara al 92[11], para reunir familias españolas y extranjeras entroncadas, a través de esas siete generaciones, por un mismo apellido." Santa Elena se apresta a convertirse, con sus mil y pico habitantes, en la puerta de Andalucía. Se piensa construir un centro comercial de trescientos módulos para distintos expositores, varias gasolineras[12] y aparcamientos, talleres, restaurantes y zonas de picnic, una reserva cinegética y zonas de juegos para niños. La idea es hacer recalar[13] allí a cualquier persona que pase por Despeñaperros (se barajan cifras de treinta millones al año) y quiera conocer a fondo la oferta andaluza.
"Lo importante –en opinión del catedrático de Historia Moderna de la Universidad de Córdoba, Miguel Avilés Fernández– es la conciencia histórica que está surgiendo en todos estos lugares y la recuperación que se está llevando a cabo[14] de todo un patrimonio cultural y documental."

Carlos Miraz,
Cambio 16, 21/11/1988.

1. *Un coin.* – 2. *les traces.* – 3. *auberge.* – 4. el pueblo de Guarromán (Jaén). – 5. *l'Ordonnance Royale.* – 6. *grâce à.* – * extranjeros. – 7. *marchandises.* – 8. *ici, renforcer.* – 9. *cohortes de bandits.* – 10. *élaborer.* – 11. Quinto Centenario (1492-1992). – 12. *pompes à essence.* – 13. *ici, faire étape.* – 14. *inf.* llevar a cabo : *mener à bien.*

1. Presentad el **proyecto estrella** ideado por Carlos III a partir de 1767.

2. Según el periodista, ¿qué diferentes **razones económicas** motivaron tal iniciativa?

3. Se le daba a cada familia un lote de tierra laborable de unas 33 hectáreas así como las herramientas y animales domésticos: ¿qué se le garantizaba de este modo? (Pensad en **los cultivos básicos** de las civilizaciones antiguas del Mediterráneo: griegos, fenicios, romanos.)

4. Mostrad que todo aquello era obra de un rey del **Siglo de las Luces**.

5. ¿Cuál era el proyecto de **la España de los años 90**? ¿Qué propósito tendría?

6. Comentad la opinión del catedrático Miguel Avilés Fernández.

▶ el artículo indeterminado **unos**
▶ el condicional expresa la probabilidad

Carlos III, rey de España de **1759 a 1788.** Se le deben **reformas urbanísticas,** el **fomento de la agricultura** (en particular con el repartimiento de las tierras comunales), **de la industria** y **del comercio,** la creación de las academias militares...

un déspota ilustrado

La narradora se dirige a su gato, Gerundio, que le hace compañía mientras está trabajando (cf. p. 112).

– Hemos llegado al reinado[1] de Carlos III, un período de la historia, por cierto, sobre el que estás sentado tú. Perdona, necesito hacer un dibujo.
Me puse a dibujar el mapa de América y el contorno de España arriba a la derecha, para que se diera cuenta de lo lejos que estaban los dos países, de toda el agua que tenían que surcar[2] los navíos para llevar noticias[3] y mercaderías[4] de las colonias a Carlos III, el monarca afable y piadoso[5], generalmente cazando venados[6] en el Pardo[7]. Dibujar mapas se me da bien[8], me produce un placer especial, la historia no puede entenderse sin la geografía.
– ¿Te das cuenta, Gerundio, de lo lejos que queda Madrid de Perú? Era un trasiego continuo[9], barcos y más barcos, pero todos los españoles iban a lo suyo, a hacer fortuna, y el provecho[10] de los indios no le importaba a nadie, se pensaba en ellos como en unos salvajes con plumas, y fue cundiendo[11] el malestar, porque ya no aguantaban[12] tantos impuestos y castigos[13].

Carmen Martín Gaite, *Lo raro es vivir,* 1996.

1. *règne.*
2. *sillonner.*
3. *des nouvelles.*
4. *des marchandises.*
5. *pieux.*
6. *des cerfs.*
7. palacio real cerca de Madrid.
8. *me réussit.*
9. *ici, transport incessant de marchandises.*
10. *le profit, l'intérêt.*
11. propagándose.
12. soportaban.
13. *châtiments.*

1. Definid el asunto del texto.

2. ¿Qué **retrato** ofrece Carmen Martín Gaite de Carlos III? Recordando el artículo de prensa de la página 180, decid si os parece acertado tal retrato.

3. A vuestro parecer, ¿por qué acude la narradora a la **geografía**?

4. Este fragmento evidencia **las relaciones** que existían entre la metrópoli y las colonias: definidlas y mostrad cómo pudieron generar **el proceso emancipador**.

Galeón español del siglo XVI. Grabado.

▶ practica

Un rincón centroeuropeo...

1. Escribe en letras: Carlos III / 1767 / 1988.

2. a. Escribe en singular:
• "cereales, viñas y olivos".
• "aparcamientos, talleres, restaurantes".
• "estos lugares".

b. Escribe en plural:
• Un rincón centroeuropeo.
• Se piensa construir un centro comercial.

3. Pon en pasado la frase: "La idea es hacer recalar... la oferta andaluza" (l. 45-50).

4. Pasa a la voz activa:
• Muchos emigrantes **fueron traídos** de Centroeuropa **por** Carlos III.
• El proyecto quería reunir a muchas familias **entroncadas por** un mismo apellido.

Un déspota ilustrado

1. Justifie l'emploi de l'article :
• el mapa / el monarca (*cf.* gram. 5).
• toda el agua (*cf.* gram. 10).
• lo lejos (*cf.* gram. 11).

2. Escribe en presente desde "Me puse a dibujar..." hasta "... los navíos".

3. Traduce el último párrafo.

La Fuente de la Cibeles.

Siguiendo **la moda francesa, Carlos III favorece la nueva decoración** de los Palacios Reales (Palacio Real de Madrid, el Pardo, Aranjuez, El Escorial). Varios pintores, entre los cuales Francisco Goya y su cuñado Ramón Bayeu, realizan **cartones** que servirán de modelo a la Real Manufactura de Tapices de Santa Bárbara. Pero, a diferencia de los tapices franceses y flamencos, el Rey decide que los dibujos no representarán escenas mitológicas o religiosas sino **asuntos de la realidad madrileña**.

Ginés de Andrés Aguirre, *Puerta de Alcalá y fuente de Cibeles*. Tapiz. Palacio de los Borbones, El Escorial, Madrid.

▸recuerda

– so pena de: *sous peine de*.
– recaudar impuestos: *collecter les impôts*.

Madrid, la Villa y Corte – la calle de Alcalá – un carruaje / una carroza – estar embozado en una capa – un jubón: *un pourpoint* – una túnica – el calzón: *les chausses* – el sombrero de fieltro *(feutre)* de amplias alas adornado con plumas – el bicornio – los cabellos largos / la peluca – un vestido: *une robe* – un velo: *un voile* – dar un paseo *(une promenade)* – llevar una vida ociosa *(oisive)*, regalada.

así vivían...

En general, el trabajo era extraño a la aristocracia y por ley[1] tenían prohibido ejercer oficios manuales so pena de perder su condición de grandes nobles. Poseedores de importantes extensiones de tierras y de numerosos vasallos[2], la inmensa mayoría de los aristócratas no vivía en sus posesiones, sino en la Corte[3]. En sus tierras nombraban a un administrador de confianza encargado[4] de hacer funcionar la explotación de las mismas y de recaudar[5] los impuestos señoriales. En la Corte, la aristocracia esperaba pacientemente los favores del Rey o del valido de turno[6]. Importantes puestos de responsabilidad[7] en el gobierno interior de la Monarquía, en la diplomacia exterior o en los altos cargos del ejército[8] real. En el marco[9] cortesano se veían obligados a llevar un ritmo de vida de alto coste[10], con frecuentes banquetes y fiestas.

Joaquín Prats, *Geografía e historia de España* «El siglo XVIII», 1987.

1. *de par la loi.*
2. *vassaux.*
3. *la Cour.*
4. *chargé.*
5. *collecter.*
6. *du favori du moment.*
7. *postes à responsabilité.*
8. *armée.*
9. *dans le cadre.*
10. *un train de vie élevé.*

"¿Qué sentís, señora?"
Lope de Vega, *El acero de Madrid*, 1608-1612.

Un rebaño de ovejas cruza la Calle de Alcalá, una de las cañadas reales que atraviesa Madrid.

Cambio 16, 18/03/1996.

1. Situad y describid la escena.

2. ¿Cómo se explica la presencia de este rebaño de ovejas en la Calle de Alcalá, arteria céntrica de Madrid? (*Cf.* mapa y definición de la Mesta.)

3. Observad detenidamente el monumento: ¿qué sabéis de él? ¿En qué se caracteriza el arte neoclásico?

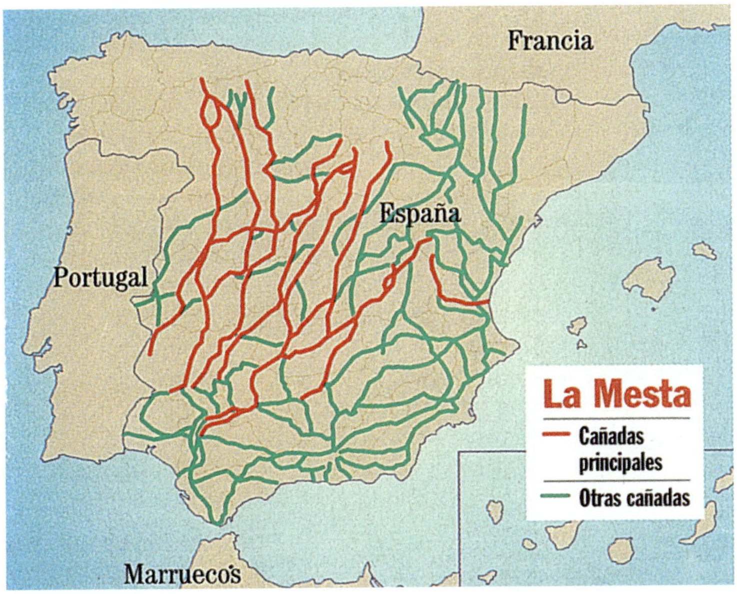

Mesta: asociación de ganaderos *(éleveurs)* españoles, cuyo origen remonta a los últimos tiempos de la monarquía visigótica. Pertenecían a la Mesta los propietarios del ganado trashumante de León, Castilla y Extremadura.

Pequeño Larousse Ilustrado.

▶ presente de indicativo: **decir, reírse, coger**
▶ presente de subjuntivo: **coger**

si cogen a Portugal

Carlos IV (1748-1819).
- Hijo y sucesor de Carlos III. Reinó de 1788 a 1808.
- Sometido a la influencia de su mujer María Luisa de Parma y a la del favorito Manuel Godoy.
- Declaró la guerra a la República Francesa → fue derrotado (Paz de Basilea firmada en 1795 por Godoy).
- Hizo alianza con los franceses contra Inglaterra → perdió en Trafalgar (1805) lo mejor de su armada.
- 27 de octubre de 1807 → conversaciones secretas entre Napoleón y Godoy → **Tratado de Fontainebleau:** reparto de Portugal entre Godoy, la ex duquesa de Parma (hija de Carlos IV, reina de Etruria) y Francia. 28.000 soldados franceses y 28.000 soldados españoles mandados por los franceses se dirigirían a Lisboa; otros 40.000 esperarían en Bayona.
- Napoleón aprovechó las discordias entre Carlos IV y su hijo Fernando, Príncipe de Asturias, para apoderarse en 1808 de la corona española.

Mozo de muchos amos, Gabriel Araceli pasa por Madrid, en busca de trabajo. Es muy viva su* curiosidad *por los acontecimientos que está viviendo su patria.

– ¡Hola, Chinitas!, ¿cómo va? ¿Qué es eso que cuentan por ahí? ¿Conque[1] tenemos a los franceses en España?
– Eso dicen –contestó–. Y la gente está contenta.
– Y parece que van a cogerse a Portugal.
– Pues ello... así dicen.
– Eso me parece muy bien. ¿Para qué sirve Portugal?
– Mira, Gabrielillo –dijo incorporándose y apartando de la rueda[2] las tijeras[3]–, tú y yo somos unos brutos. Pero ven acá: yo estoy en que todos esos señores que se alegran porque han entrado los franceses, no saben lo que se pescan[4], y pronto vas a ver cómo les sale la criada respondona[5]. ¿No piensas tú lo mismo?
Chinitas volvió a aplicar el acero a la piedra, y añadió:
– Yo digo y repito que todos estos señores parece que están bobos[6]. Nosotros los que no sabemos leer ni escribir, acertamos[7] a veces mejor que ellos; y lo que ellos no pueden ver, porque les encandila[8] el sol de un poder que tienen tan cerca, lo vemos nosotros desde abajo; y si no, di tú: ¿No es preciso estar ciego[9] para comprender que Napoleón no dice lo que tiene pensado?
¿Ese hombre no ha revuelto[10] todas las partes del mundo; no ha quitado de los tronos los reyes que ha querido para poner a los mocosos[11] de sus hermanos? Dicen que viene a poner al Príncipe de Asturias y a quitar al *choricero*[12]. De eso me río yo. Lo que menos le importa a Napoleón es que reine Fernandito o que prive[13] don Manuel; lo que él quiere es cogerse a Portugal para darle un pedazo[14] a Godoy y otro pedazo a la infanta que han puesto de reina allá en *Trucha* o *Truria*...
– Pues que lo cojan y lo repartan –dije yo con gran crueldad para nuestros vecinos–. ¿Qué nos importa? Con tal que quiten a ese hombre tan malo...
– Si cogen a Portugal, porque es un reino[15] chiquito, mañana cogerán a España, porque es grande.

Benito Pérez Galdós, *La Corte de Carlos IV,* 1873.
(Episodios Nacionales, 1).

1. *Ainsi.*
2. *la roue ; ici, la meule.*
3. *les ciseaux.*
4. *fam. ce qu'ils vont écoper, ce qui leur pend au nez.*
5. *fam. ils ne vont pas être déçus !*
6. estúpidos.
7. *ici, nous comprenons.*
8. *aveugle, éblouit.*
9. *pas vrai qu'il ne faut pas être aveugle... ?*
10. *inf.* revolver : *mettre sens dessus dessous.*
11. *littéralt, morveux.*
12. apodo del Rey.
13. *inf.* privar : *être le favori de.*
14. *un morceau.*
15. *royaume.*

▶ profundiza

Presente de indicativo irregular
Decir *(dire)*
digo
dices
decimos
decís
dicen

Reírse *(rire)*
me río
te ríes
se ríe
nos reímos
os reís
se ríen

Coger *(prendre)*
Presente:
indicativo / subjuntivo

cojo →	coja
coges	cojas
coge	coja
cogemos	cojamos
cogéis	cojáis
cogen	cojan

Participio pasado irregular
Revolver → **revuelto**
Poner → **puesto**

1. Tener + participe passé
"... Napoleón no dice lo que **tiene pensado**" : *Napoléon ne dit pas ce qu'il a pensé (et qu'il a toujours en tête).*
Cf. gram. 33.B, p. 263.

2. Le subjonctif → expression d'un souhait
"Pues **que** lo **cojan** y lo **repartan**."
Cf. profundiza 5, p. 124.
Cf. gram. 34, p. 263.

►el verbo **tener** + participio pasado (la duración) ►el modo subjuntivo: para expresar el deseo, la voluntad

◄ **1.** ¿Cuál es el asunto de la conversación entre **Gabriel**, el narrador, y **Chinitas**, el amolador?

2. Líneas **1-5**: Definid **el juego** de Gabrielillo. (¿Qué quiere y cómo obra?)

3. Líneas **6-25** ("... me río yo"):
- ¿Cómo notáis que Chinitas es un hombre ignorante y rudo?
- Sin embargo, ¿pensáis que habla él a tontas y a locas *(à tort et à travers)*? Justificad vuestra respuesta.

4. Líneas **25-34**: ¿Cómo se completa el retrato de Chinitas? Fijaos, en particular, en su última réplica y en el recuadro.

5. "Cuent**an**" *(**on** raconte)*, "Dic**en**"... : ¿Qué ponen de realce estas formas **repetidas** a propósito de la **información del ciudadano** *(citoyen)* en aquella época?

►practica

1. Busca en el texto otros dos verbos con la irregularidad e → i y conjúgalos en presente de indicativo.

2. Justifie l'emploi de la 3e personne du pluriel :
- "¿Qué es eso que cuentan por ahí?"
- "Eso dicen."

3. Justifie l'emploi des verbes **ser** et **estar** :
- "... somos unos brutos."
- "... es un reino chiquito."
- "Y la gente está contenta."
- "... parece que están bobos."
- "No es preciso estar ciego."

4. Pasa al estilo indirecto:
- "Yo digo y repito... desde abajo."
Empieza por:
Chinitas añadió que...
- "Pues que lo cojan... porque es grande."
Empieza por:
Gabrielillo dijo... y Chinitas declaró...

5. Traduce desde "Lo que menos le importa a Napoleón..." hasta el final del texto.

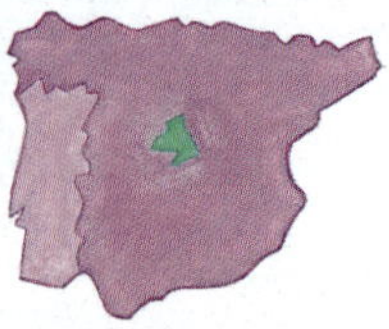

▸profundiza

1. **L'omission de l'article défini**
"Frente a Palacio" : *Face au Palais Royal.*
"... frente **al** Palacio **Real**"
(contraction : a + el)
Cf. gram. 10.3, p. 254.

2. Rappel : **L'accent grammatical**
• "Que le han dejado **solo**..." : ... *seul (adjectif).*
• "**Sólo** con su espíritu, con su fe..." : *seulement (adverbe).*
Cf. profundiza 3, p. 24 / 1, p. 28.
Cf. gram. 3.C, p. 252.

3. Rappel : **L'infinitif substantivé**
• "**El descubrir**" : *La découverte, le fait de découvrir.*
• "**Y el proclamarla**" : *La proclamation, le fait de la proclamer.*
Cf. profundiza 2, p. 172.
Cf. gram. 36.3, p. 263.

4. Rappel : Le **neutre** et l'article **Lo**
• "... **lo** imposible" : *ce qui était impossible.*
Cf. profundiza 1, pp. 108, 158, 180.
Cf. gram. 11, p. 255.

5. Rappel : **Le pronom neutre Lo** renforce le pronom indéfini **Todo** (COD)
• "El pueblo tiene que **improvisarlo todo**" : *Le peuple doit tout improviser.*
• "... **lo** adivina **todo**."
Cf. profundiza 4, p. 128.
Cf. gram. 17.3, p. 257.

6. **L'infinitif** → **ordre** familier
"Vecinos, **armarse**" : *Compagnons, armez-vous !*
Cf. gram. 36.2, p. 263.

▸la omisión del artículo determinado ▸el acento gramatical ▸sustantivación del infinitivo ▸el artículo neutro **lo** + adjetivo

la guerra de la Independencia (1808-1814)

En **marzo de 1808** fueron derribados Carlos IV y Godoy en el Motín de Aranjuez y ascendió al trono el Príncipe de Asturias, **Fernando VII**.

el Dos de Mayo en Madrid

El pueblo de Madrid, con su fino instinto, captó la farsa[1] que se estaba representando. Todos en fuga y la patria entregada[2] al extranjero. El descubrir aquella verdad fue el heroísmo del pueblo de Madrid. Y el proclamarla, la página gloriosa del Dos de Mayo.

Desde las primeras horas de la mañana, frente al Palacio Real la masa popular observó la salida de personas reales, y varios grupos de paisanos[3] comenzaron a gritar: "Traición[4]; nos han llevado al rey y se nos quieren llevar a las personas reales." Otros decían: "Vecinos, armarse. ¡Viva Fernando VII!" Muy pronto surgieron los primeros graves choques e incidentes con Rucher, ayudante de Murat, y con el general Lagrange.

El pueblo tiene que improvisarlo todo. Sus armas son las más elementales: antiguos pistolones[5], palos[6], cuchillos[7], piedras, navajas[7], líquidos hirviendo[8]. No sabe nada, y a pesar de su ignorancia lo adivina todo. Que le han dejado solo con las tropas francesas. Y no se intimida. Y en aquella jornada comenzó esa lucha[9] contra lo imposible, sin elementos y sin táctica. Sólo con su espíritu, con su fe[10], con su sentido de independencia. Frente a Palacio y en la Puerta del Sol, chisperos y manolas[11] se lanzan a la batalla. En el barrio[12] de la Paloma y en el Rastro; en la plaza de la Cebada, contra la caballería de Caulaincourt. En la Puerta del Sol, las navajas populares brillan con sus trágicos reflejos sobre los caballos y los cuerpos de los mamelucos[13].

Había empezado la guerra de la Independencia española.

Pedro Aguado Bleye y Cayetano Alcázar Molina,
Manual de Historia de España, 1956.

1. *la farse.*
2. *livrée.*
3. *civils.*
4. *Trahison.*
5. pistola.
6. *bâtons.*
7. *couteaux.*
8. *inf.* hervir : *bouillir.*
9. *ce combat.*
10. *sa foi.*
11. *élégants et merveilleuses (milieux populaires de Madrid).*
12. *le quartier.*
13. *mameluks.*

Uniforme militar de 1809.

1. Leed / volved a leer la profecía de Chinitas así como el recuadro (Tratado de Fontainebleau) de la página 184 y enlazad los acontecimientos históricos.

2. Valiéndoos de los datos proporcionados por el tercer párrafo (l. 13-25), describid el cuadro de Goya. Mostrad cómo logró el pintor exaltar "el heroísmo del pueblo de Madrid".

Francisco de Goya (Fuendetodos, Aragón, 1746 – Burdeos, 1828).

- 1763 y 1766: no consigue ingresar en la Real Academia de San Fernando de Madrid.
- 1773: se casa con Josefa Bayeu.
- 1775-92: **cartones para tapices** (Manufactura Real de Madrid).
- A partir de 1788, **retratos de Corte:** *La Marquesa de Santa Cruz*, 1797-98 (p. 207), *La Familia de Carlos IV*, 1801.
- 1792: se queda sordo y pinta ***Los caprichos*** (aguafuertes) y grabados.
- 1810-1823: **Los desastres de la guerra:** *El Coloso*, 1808-10, *El dos de mayo y el tres de mayo*, 1814.
- A partir de 1820: **pinturas negras.**
- 1824: huyendo del absolutismo de Fernando VII y de la Inquisición, se exilia a Burdeos.

Francisco de Goya, *El 2 de mayo de 1808*, 1814. Óleo sobre lienzo, 266 x 345 cm. Museo del Prado, Madrid.

Francisco de Goya, *El 3 de mayo de 1808*, 1814. Óleo sobre lienzo, 266 x 345 cm. Museo del Prado, Madrid.

1. Recordad las circunstancias históricas en las que se desarrollan estos hechos.

2. Presentad el lienzo: marco de la acción, momento, grupos presentes (verdugos y víctimas).

3. Estudiad detenidamente **la técnica**: enfoque *(cadrage)*, perspectiva, papel de la luz, colores (*cf.* recuadro).

4. Fijándoos en el valor simbólico de la víctima central, poned de realce **el alcance de la obra**.

Selon Jeannine Baticle, conservateur général honoraire du patrimoine, « La préparation de **la toile, de couleur ocre rouge,** habituelle à Goya, lui permet d'obtenir des **effets de transparence** aux nuances raffinées où il montre des **glacis** ». *(Veladura, tinta o color transparente.)*

Derrota de Napoleón. Caricatura de 1814. El grabado representa a Napoleón cayendo al mar al ser derrotado en España y Rusia. Los edificios de la izquierda son una vista de Madrid; en el centro, el Palacio de Fontainebleau; y a la derecha, una vista de Moscú.

▶pretérito indefinido: **convertirse** ▶el comparativo de igualdad **tan... como**

José Gabriel Condorcanqui, llamado Túpac Amaru.
- Cacique peruano, ¿1740?-1781. Descendiente de los **Incas.**
- Su rebelión ensangrentó gran parte del Bajo y del Alto Perú. Lo apoyaban muchos indígenas, atraídos por la **calidad del líder** y su objetivo (libertad de los esclavos).
- Sublevación de **causas** esencialmente **económicas** y **objetivos sociales.** Divisa de los rebeldes: "¡Viva el rey y muera el mal gobierno!"

Túpac Amaru

La narradora le sigue hablando a su gato Gerundio. (*Cf.* pp. 112 y 181.)

– José Gabriel Túpac Amaru, descendiente de las antiguas dinastías del Perú y que había frecuentado la Universidad de Lima, se convirtió en cabecilla[1] de una guerra, que empezó el 4 de noviembre de 1780. Aquí dice cómo era él, te lo leo: «Montaba siempre caballo blanco, usaba traje azul de terciopelo[2] galoneado de oro, y encima la camiseta o "unco" de los indios, cabriolé[3] de grana[4], sombrero de tres picos, y como insignia de la dignidad de sus antepasados[5] un galón de oro ceñido[6] a la frente, y del propio metal una cadena[7] al cuello con un sol al remate[8]. Sus armas dos trabucos naranjeros[9], pistolas y espada[10]; de la muchedumbre recibía continuas señales de entusiasmo y reverencia.» La guerra duró poco, Gerundio, seis meses, fue muy cruel y la ganaron los españoles, aunque no tan fácilmente como esperaban, por eso se les quedó luego tanto miedo a los indios y a los que apoyaban su propuesta[11]. Enviaron[12] seis columnas con quince mil soldados al mando de un tal don José del Valle, pero Túpac Amaru se les escapaba una y otra vez de entre las manos.

"Cuando por fin lo cogieron, lo pasaron por las armas en la plaza de Cuzco a él, a su mujer Micaela Bastida, a su hijo Hipólito de veinte años y a no sé cuántos parientes y amigos más. Era el 18 de mayo de 1781."

Carmen Martín Gaite, *Lo raro es vivir,* 1996.

1. *chef de file, meneur.*
2. *velours.*
3. *sorte de cape.*
4. *écarlate.*
5. *ses ancêtres.*
6. *ceint.*
7. *une chaîne.*
8. *littéralt,* al final.
9. *tromblons.*
10. *épée.*
11. su proyecto.
12. *inf.* enviar : *envoyer.*

1. ¿Qué comprendéis acerca de Túpac Amaru? Analizad **la personalidad del líder**.

2. ¿Cómo confirma el retrato de la enciclopedia consultada por la narradora, **el mestizaje** de orígenes y **lo mítico** del personaje?

3. Explicad las señales de **"reverencia"** que recibía de la muchedumbre. Recordad **las ideas** que circulaban en aquel entonces.

4. ¿Cómo se acabó esa guerra de seis meses? ¿Pensáis que fue un verdadero triunfo para los españoles?

▶profundiza

Pretérito indefinido irregular
Convertirse *(devenir)*
me convertí
te convertiste
se convirtió
nos convertimos
os convertisteis
se convirtieron
Cf. Conseguir, p. 164.

Le comparatif d'égalité **tan... como**
"...no **tan** fácilmente **como** esperaban", p. 188 : *pas aussi facilement qu'ils ne l'espéraient.*
Cf. profundiza 3, pp. 104, 132.
Cf. gram. 15, p. 256.

Fragmento de un mosaico, en un monumento de Quito, en el que aparece simbolizada la victoria de los ejércitos independizantes sobre los realistas. Están representados Bolívar, San Martín y Sucre. Nótense, en manos de uno de ellos, las cadenas rotas.

El Libertador

Simón Bolívar, general y estadista venezolano, nacido en Caracas (1783-1830).
- Caudillo de **la emancipación americana**.
- Iniciado en las lecturas de los filósofos franceses, dedicó su vida a la idea de una Hispanoamérica **libre e independiente** –› motivaciones **políticas** en la lucha contra el yugo (*le joug*) español.

Estamos a fines de junio de 1819 en Cartagena de Indias, capital del virreinato de Nueva Granada. Después de nueve sitios (**sièges**) *militares y varios saqueos por corsarios, la ciudad es liberada...*

La población del recinto amurallado[1], convocada por un bando[2] urgente, se había echado[3] a la calle. Las tardes empezaban a ser demoradas y diáfanas en el solsticio de junio, y había guirnaldas de flores y mujeres vestidas de manolas[4] en los balcones, y las campanas de la catedral y las músicas de regimiento y las salvas de artillería tronaban[5] hasta el mar, pero nada alcanzaba a mitigar[6] la miseria que querían esconder. Saludando con el sombrero desde el coche desvencijado[7], el general no podía menos que verse a sí mismo bajo una luz de lástima[8], al comparar aquella recepción indigente con su entrada triunfal a Caracas en agosto de 1813, coronado de laureles en una carroza tirada por las seis doncellas[9] más hermosas de la ciudad, y en medio de una muchedumbre bañada en lágrimas[10] que aquel día lo eternizó con su nombre de gloria: El Libertador.

Gabriel García Márquez (Colombia),
El general en su laberinto, 1989.

1. *littéralt, l'enceinte fortifiée.*
2. *un décret.*
3. *inf.* echarse : *se jeter, se précipiter.*
4. mujeres vestidas como las mozas del pueblo bajo de Madrid.
5. *retentissaient.*
6. *littéralt, mitiger, adoucir.*
7. *voiture bringuebalante.*
8. *pitié.*
9. *jeunes filles.*
10. *larmes.*

1. Presentad al personaje que va recorriendo las calles (os ayudará la cronología).

2. ¿Cómo celebraba la ciudad **el acontecimiento** después de tantos sufrimientos? ¿Comprendéis por qué **querían** sus habitantes **esconder su miseria**?

3. ¿De qué se acordó entonces El Libertador? Definid sus **sentimientos complejos**.

4. ¿Cómo traduce **el estilo** de García Márquez **la mitificación** del héroe hispanoamericano?

Vídeo
"Paseo por Cartagena de Indias". Reportaje, 1992.

Cronología de la independencia de la América española

1810	Juntas autonomistas en Caracas, Santa Fe de Bogotá, Cartagena, Buenos Aires y Santiago de Chile.
	Miguel Hidalgo encabeza una rebelión india en Nueva España.
1811	Primeras y efímeras declaraciones de Independencia en Caracas y Cartagena.
	Se independiza el Paraguay.
1813	Decreto de "guerra a muerte" dado por **Simón Bolívar**.
1816	Independencia de Argentina.
1817	El general **José de San Martín** independiza Chile.
1819	Las tropas de Bolívar entran en Santa Fe de Bogotá. El Libertador crea la Gran Colombia.
1821	San Martín proclama la independencia del Perú en Lima e **Iturbide** lo hace en México. Independencia de Centroamérica.
1822	**Antonio José de Sucre**, libera al Ecuador.
1824	El Perú y Bolivia quedan unidas a la Gran Colombia.
1898	Guerra hispano-norteamericana y tratado de París: la monarquía española pierde Cuba, Puerto Rico y las islas Filipinas.

▸practica

Túpac Amaru / El Libertador

Conjuga en pretérito indefinido:
Vestirse de gala y **echarse** a la calle.

El Libertador

1. Escribe en presente las dos primeras frases.

2. Vuelve a escribir en 1ª persona:
"... el general no podía menos que verse a sí mismo bajo una luz de lástima."

3. "...el general no podía menos que verse a sí mismo... **al comparar...**"
Da otra construcción equivalente.
Cf. gram. 36.4, p. 263.

4. Justifie l'emploi des prépositions :
- convocada **por** un bando urgente.
- se había echado **a** la calle.
- verse **a** sí mismo.
- la entrada final **a** Caracas **en** agosto **de** 1813.

5. Traduce las dos primeras frases.

▸recuerda

– tener miedo a los indios: *avoir peur des indiens.*
– echarse a la calle: *se précipiter dans la rue.*

▸ profundiza

1. Rappel : Les noms de continents et de pays Europa – México.
Cf. profundiza, p. 80.
Cf. gram. 10.4, p. 254.

2. L'action à accomplir : **Estar por + infinitif**
"... un mundo **por** descubrir", p. 191 : *un monde à découvrir, qui n'est pas encore découvert.*
Cf. gram. 36.5, p. 264.

▸ practica

El Palacio de Cortés

1. estudiaron - dijo - fuimos - supo - vio - destruyeron - se detuvieron - acabó.
a. Para cada forma, indica el sujeto y el infinitivo. Separa regulares e irregulares.
b. Pon cada forma verbal en presente de indicativo.

2. "Si **pusiera**... no le **alcanzarían.**"
Haz otra frase condicional respetando el contexto.

3. Comenta la frase de Leandro: "Tenían una gran civilización y los españoles la destruyeron".

Publicidad

1. Pasa las órdenes del texto a la persona **usted.**

2. Completa las frases:
• El texto publicitario le dice al lector español que...
• Si fuera a México, yo...

▸ la omisión del artículo con nombres de continentes y países
▸ la perífrasis verbal **estar por** + infinitivo expresa intención

el Palacio de Cortés

Leandro, un chófer de turismo, ha conducido a una turista a Cuernavaca.

Encarna y Leandro estudiaron los murales de Diego Rivera sobre la conquista y ella dijo, ¿en verdad fuimos así de malos?, y Leandro no supo qué decir, él no estaba allí para dar juicios[1] de valor, así lo vio el pintor, pues a ver por qué hablan[2] castellano y no indio entonces, si tanto les duelen[3] los indios, dijo ella.
– Eran muy valientes –dijo Leandro–. Tenían una gran civilización y los españoles la destruyeron.
– Pues entonces si tanto los quieren, a tratarlos[4] bien hoy mismo –dijo con su tono duro y realista Encarna–, que yo los veo más maltratados que nunca.
Luego se detuvieron en una sala donde Rivera pinta todo lo que Europa le debe a México: chocolate, maíz, tomate, chile, guajolote[5]...
– Atiza[6] –exclamó la Encarna– si pusiera todo lo que México le debe a Europa, no le alcanzarían[7] todas las paredes del alcázar éste...
Leandro acabó por reír con las ocurrencias[8] de la gachupina[9].

Carlos Fuentes (México), *La frontera de cristal,* 1996.

1. *des jugements.*
2. (ustedes).
3. *inf.* doler : *ici, partager la douleur de.*
4. tratadlos.
5. en español, pavo: *dindon.*
6. *Allons donc !*
7. no bastarían.
8. *les idées bizarres.*
9. la española *(péjoratif).*

1. Resumid la anécdota. ¿De qué están hablando los personajes?

2. Analizad la reacción de Encarna ante los murales. (Fijaos en el mural de la pág. 162.)
¿Cómo se dirige a Leandro? ¿Cómo replica él?

3. ¿De qué acusa en el acto *(sur-le-champ)* la española a los mexicanos modernos? ¿A qué se referirá?

4. Después se trata de los intercambios *(échanges)* entre ambos continentes: citad algunos. ¿Qué reflexión os sugiere la exclamación de Encarna?

5. ¿Por qué se ríe Leandro? ¿Qué rasgos de la española se transparentan a través de este breve diálogo?

6. Mostrad cómo **la mezcla de estilos** (estilo indirecto libre y diálogo) puede sugerir esta **dificultad de comunicación** entre descendientes de colonizadores y colonizados.

vídeo
"¿Cuándo lo reconoceremos?" Fernando Solanas, *El viaje*, 1991.

• Describid la foto: contexto geográfico, marco, actividades de la gente. Justificad la perífrasis que designa a Acapulco: "escaparate de la modernidad mexicana".

Altaïr, La estrella del viajero, mayo-junio, n° 32, 1997.

1. Presentad la publicidad situando los elementos que la componen.

2. ¿Qué significan las dos primeras frases del título / eslogan? ¿Cómo entendéis la 3ª frase? (*Cf.* profundiza 2.)

3. ¿Os parece que la iconografía prepara exactamente al texto publicitario? Apuntad las similitudes y diferencias.

4. Esta publicidad apareció en revistas españolas antes de las vacaciones de verano: ¿cuál era su propósito? ¿Qué nuevas relaciones hispano-mexicanas sugiere el lema?

5. Recordando la historia de México (*cf.* recuadro, p. 113) y el nombre del mar que baña la Baja California, discutid la expresión “un mundo por descubrir”.

Frederick de Catherwood, *Uxmal*, fachada del edificio norte, 1844. Litografía.

▸profundiza

Pluscuamperfecto
Intentar *(essayer)*
→ había intentado
Subir *(monter)*
→ habían subido
Ver *(voir)*
→ habían visto

Presente de subjuntivo
Seguir → siga

Gerundio
Creer → creyendo
Cf. p. 142.

1. Rappel : **Le superlatif absolu**
• **Muy** diferentes
• pobre → **pobrísimo** / rico → **riquísimo**
Cf. profundiza 1, p. 32 / 3, p. 72 / 1, p. 78 / 1, p. 102 / 2, p. 104.
Cf. gram. 16.A, p. 256.

2. Rappel : **Le pronom indéfini Todo (COD)**
"... ávido de retener**lo todo**", p. 192.
Cf. profundiza 2, p. 88 / 5, p. 186.
Cf. gram. 17.3, p. 257.

3. Rappel : **Emploi du subjonctif**
"... **para que** los que creemos estar abajo **sigamos** creyendo", p. 193.
Cf. profundiza 1, p. 86.
Cf. gram. 37.A.2, p. 264.

4. **L'expression du futur dans le passé**
• "A sus alumnos de la escuela les **haría** una clase..." → **iba a** hacerles.
• "... dentro de tres días, él y su amiga **iban a recorrer**" → **recorrerían**, p. 192.
Cf. gram. 35.2, p. 263.

▸pluscuamperfecto de indicativo ▸la formación del superlativo absoluto ▸el pronombre neutro **lo**

tierra de contrastes

1. *les cahots.*
2. *ici, les secousses.*
3. *ici,* ansioso.
4. *qu'il griffonnait.*
5. *la gare.*
6. *littéralt, luxe.*
7. *en empruntant.*
8. *cuivrées.*
9. *maussades.*
10. *infranchissable.*
11. *succès.*
12. *ancêtres.*
13. *nids d'aigle.*
14. *parcourir.*

Al poco rato, a pesar de los barquinazos[1] y brincos[2] del vehículo, la *petite* Michèle dormía. Él sabía que no iba a pegar los ojos. Estaba demasiado anhelante[3], demasiado ávido de retenerlo todo en la memoria para recordarlo después, escribirlo en el diario que borroneaba[4] cada noche desde que tomaron el tren en la estación[5] de Cognac, y, más tarde, contárselo todo, con lujo[6] de detalles y alguna que otra exageración, a los *copains*. A sus alumnos de la escuela les haría una clase con diapositivas, prestándose[7] el proyector del padre de Michèle. *Le Pérou !* Ahí estaba: inmenso, misterioso, verdegrís, pobrísimo, riquísimo, antiguo, hermético. Era este paisaje lunar y las caras cobrizas[8], desabridas[9], de las mujeres y hombres que los rodeaban. Impenetrables, la verdad. Muy diferentes de las que habían visto en Lima, caras de blancos, de negros, de mestizos, con los que, mal que mal, podían comunicarse. Pero de la gente de la sierra lo separaba algo infranqueable[10]. Varias veces había intentado conversar en su mal español con sus vecinos, sin el menor éxito[11]. "No nos distancia una raza sino una cultura", le recordaba la *petite* Michèle. Éstos eran los verdaderos descendientes de los incas, no la gente de Lima; sus antepasados[12] habían subido hasta los nidos de águila[13] de Machu Picchu esas gigantescas piedras del santuario-fortaleza que, dentro de tres días, él y su amiga iban a recorrer[14].

Mario Vargas Llosa, *Lituma en los Andes,* 1993.

Vídeo
"¿Cuándo lo reconoceremos?" Fernando Solanas, *El viaje*, 1991.

1. Recordad el texto de la página 83 (personajes / asunto).

2. ¿Cuál era **el estado de ánimo** de Albert? ¿Cómo logra el autor expresarlo?

3. En las líneas 10 a 13, se emplean **palabras superlativas** (forma / sentido): ¿cuáles son? ¿Qué sentimientos del joven sugieren?

4. Explicad por qué se sentía él más a sus anchas *(à l'aise)* con los limeños que con los serranos.

5. Citad y comentad la frase de la *petite* Michèle que sintetiza la **perplejidad** de los jóvenes frente a esa civilización.

6. Decid lo que sabéis de Machu Picchu (*cf.* pp. 115, 195). Volved a leer la última frase: ¿qué sentimientos le embargan a Albert mientras se dirige hacia esa **ciudad mítica**?

Indias quechuas delante de la catedral de Cuzco, Perú.

¡san se acabó!

Quino

quedarse perpleja: *rester perplexe* – equivocarse: *se tromper* – un país desarrollado / en vías de desarrollo.

respecto de qué: *par rapport à quoi.* – arriba ≠ abajo: *en haut ≠ en bas.* – ¡san se acabó!: *fam. c'est fini, un point c'est tout.* – sanseacabarse (neologismo).

1. ¿Qué está haciendo Libertad y cómo reacciona Mafalda?

2. Libertad conoce las leyes de la gravedad *(les lois de la pesanteur)*. ¿Cómo se nota?

3. Leed detenidamente **la argumentación** ya no geográfica sino **geopolítica** (3ª viñeta):
- ¿En qué verbo / perífrasis verbal basa sus teorías la niña?
- A vuestro parecer ¿qué sobreentiende? ¿Qué realidades socio-político-económicas encubre "el truco sicológico" al que alude?

4. De vuelta a casa, ¿cómo reacciona Mafalda? Mostrad cómo sugiere Quino en el grafismo y en el texto el total aniquilamiento *(anéantissement)* de esta niña habitualmente tan locuaz e ingeniosa.

5. Fijaos en el personaje de Libertad a lo largo de la tira.
- ¿En qué simboliza **las utopías y las realidades** de los países en vías de desarrollo?
- Libertad es el portavoz de Quino: mostradlo.

Vídeo

"Américo inconcluso". Fernando Solanas, *El viaje*, 1991.

▶ practica

Tierra de contrastes

1. Justifie l'emploi des démonstratifs :
- "Era **este** paisaje lunar..."
- "**Éstos** eran los verdaderos descendientes de los Incas..."
- "... **esas** gigantescas piedras del santuario-fortaleza"

2. Pon en superlativo absoluto los adjetivos: cansada / asombrado / ávido / inmenso.

3. Pon en presente las líneas 1 a 10.

4. ¿En qué puede parecerle el Perú a Albert a la vez "pobrísimo, riquísimo"?

5. Traduce desde "Varias veces..." hasta "... la *petite* Michèle" (l. 17 a 20).

▶ recuerda

– San se acabó: *C'est fini, un point c'est tout.*
– al poco rato: *au bout d'un moment.*
– pegar los ojos: *fermer l'œil (dormir).*
– comunicarse **mal que mal**: *tant bien que mal.*

▸ presente de indicativo y de subjuntivo: **producir**
▸ pretérito indefinido: **advertir**

vestigios arqueológicos

Las lluvias de "El Niño" amenazan[1] las ruinas incaicas de Perú.

Cuzco, la capital arqueológica de América, podría perder algunos de sus atractivos incaicos ante los embates[2] del fenómeno climático de "El Niño". "No hay personal ni recursos[3] suficientes para proteger los monumentos. No está lejos el día que se produzcan sucesos que serían irreversibles", advirtió[4] el funcionario del Instituto Nacional de Cultura Fermín Díaz al diario "Expreso".

Los restos arqueológicos más admirados por los turistas en Cuzco, hoy en peligro de ser afectados por las lluvias, son la ciudad de piedra de Machu Picchu, la muralla Sacsayhuamán y los templos de Wiracocha, Pisac y Ollantaytambo. «Sólo en el parque arqueológico de Sacsayhuamán (donde se levanta la muralla) existen 210 sitios muy importantes, de los cuales 35 están a merced de las inclemencias de "El Niño"», reveló el citado funcionario.

El fenómeno climático, considerado ya como el más drástico del siglo, ha originado torrenciales lluvias y avalanchas de lodo[5] en todo el país, con un saldo de[6] más de 200 muertos y unos 234.000 damnificados[7] en Perú, según cifras provisionales. Actualmente se están construyendo defensas contra la erosión en algunos restos arqueológicos como Machu Picchu.

Reuter, *A.B.C.*, 23/02/1998.

1. *menacent.* – 2. *les assauts.* – 3. *moyens.* – 4. *inf.* advertir [ie] : *faire remarquer.* – 5. *boue.* – 6. *qui se sont soldées par.* – 7. *sinistrés.*

▸ profundiza

Presente

Indicatico	**Subjuntivo**
Producir	
produzco →	**produzca**
produces	**produzcas**
produce	produzca
producimos	produzcamos
producís	produzcáis
producen	produzcan

Pretérito indefinido
Advertir
advertí
advertiste
advirtió...
Cf. convertirse, p. 188.

Rappel :

Le pronom relatif Dont "existen 210 sitios, **de los cuales** 35 están a merced de..." : *il existe 210 sites, dont 35 sont à la merci de...*
Cf. profundiza 2, p. 110.
Cf. gram. 25.A, p. 259.

1. *les dégâts.*
2. un chamán: hechicero *(sorcier).*

Los destrozos[1] del Niño. Lima, 12 de junio de 1997.
Tres "chamanes"[2] hacen una ofrenda al mar para intentar frenar las inundaciones que ha provocado en Perú el fenómeno meteorológico del Niño.

Cambio 16, 05/01/1998.

▸ el pronombre relativo **el cual** (explicativo)

Diego Rivera (Guanajuato, 1886 – México, 1957). Autor de cuadros y **murales** de asunto esencialmente **histórico**.

Diego Rivera, *América prehispánica.* Óleo sobre lienzo, 70 x 92 cm.
Obra realizada en colaboración con Alfaro Siqueiros para ilustrar la cubierta del *Canto General* de Pablo Neruda, 1950 (tirada limitada a 500 ejemplares).

1. Definid el asunto de esta pintura.

2. Podemos identificar **varios paisajes**: ¿cuáles son?

3. ¿Qué aspectos de **la vida cotidiana** presenta el pintor? ¿Qué idea os formáis de estas civilizaciones **a nivel técnico**?

4. Esta pintura es un compendio (un resumen) de las **creencias precolombinas**: ¿cómo se entroncan todas?

5. ¿Qué impresiones se desprenden de este amplio **homenaje a la "Madre América"**?

Chac-Mool, arte maya. Museo de Antropología de Mérida, México.

▶profundiza

1. Suffixe indiquant un **coup porté**
un cuerno → una corn**ada**
(un coup de corne).
Cf. gram. 7.C, p. 253.

2. Rappel : **Le passif**
"... un rito sagrado que ahora **ha sido profanado**" (**por** los científicos).
Cf. gram. 28.A, p. 260.

3. Formation des mots : dérivation
• **-oso**
la lluvia → lluvi**oso**.
la tempestad → tempestu**oso**, p. 197.
el cuidado → cuidad**oso**, p. 196.
• **-ero** (métier)
el toro → el tor**ero**.
el hechizo → el hechic**ero**, p. 196.
• adjectifs et noms de nationalité
-ano
Perú → peru**ano**
Venezuela → venezol**ano**
-eño
Arequipa → arequip**eño**
-ense
Estados Unidos → estadounid**ense**
Cf. gram. 6.A, p. 252 / 7.C, D, p. 253.

▶el sufijo **-ada** ▶la voz pasiva ▶formación de palabras por medio de los sufijos **-oso, -ero** / los gentilicios

la "Princesa del Hielo[1]"

La tierra se abrió para revelar la presencia de la "Dama del Ampato" o "Juanita", como familiarmente la conocen los arequipeños[2]. "Yo no excavé[3] para sacarla; estaba a la vista", relata su descubridor, el estadounidense Johan Reinhard.

El buen estado de conservación de la momia, protegida por las nieves andinas, ha permitido establecer que "Juanita" fue sacrificada a los dioses cuando tenía entre 12 y 14 años. Estos sacrificios de jóvenes vírgenes eran habituales entre los incas como tributo a los dioses, y su cuidadoso enterramiento[4] formaba parte de un rito sagrado que ahora ha sido profanado.

Desde que "Juanita" abandonó su tumba para ser examinada por los científicos en EE. UU., las calamidades parecen ensañarse con[5] la comarca. Un cable de alta tensión que cayó sobre una multitud que contemplaba fuegos artificiales y mató a 35 personas en el puente Grau parece haber sido el último "aviso"[6].

La superstición, la leyenda y las creencias se han combinado para sembrar el temor[7] en un sector de la población peruana: al ser abierta la tumba de la momia, se holló[8] un lugar sagrado y la "Dama del Ampato" se enfureció[9]. Ahora, la opinión popular peruana sostiene que el maleficio de "Juanita" ha causado las desgracias[10] recientes: dos accidentes de aviación (en uno de ellos murieron 153 personas), el choque de dos helicópteros, la tragedia del puente Grau y la grave cornada que sufrió un torero venezolano en la feria arequipeña.

Ante esta cascada de desgracias, un grupo de ocho brujos[11] peruanos celebró la noche del 19 de agosto pasado una "mesada" (rito para convocar espíritus) para pedir que cesara la maldición[12]. Sobre una larga mesa de brujería improvisada en el puente, los hechiceros[11] colocaron fotografías de las víctimas del accidente, imágenes[13] de santos y vírgenes, amuletos profanos, hojas de coca y espadas antiguas.

En opinión de Reinhard, "Juanita" ha traído más beneficios que desgracias a la comarca de Arequipa. Él asegura que antes y después de hallar a "Juanita" hizo ceremonias de pago[14] a la montaña, según la tradición inca, para aplacar la ira[15] de los dioses.

P. Rodríguez, *A.B.C. / Vocable*, 06/12/1996.

1. *de la Glace*. – 2. habitantes de Arequipa. – 3. *inf.* excavar : *creuser*. – 4. *tombeau*. – 5. *s'acharner sur*. – 6. *avertissement*. – 7. *semer la panique*. – 8. *inf.* hollar : profanar. – 9. se puso furiosa. – 10. *les malheurs*. – 11. *sorciers*. – 12. *la malédiction*. – 13. *des statues*. – 14. *d'offrande*. – 15. *apaiser la colère*.

1. Aclarad **las circunstancias** del hallazgo *(de la trouvaille)* de Johan Reinhard (l. 1- 4).

2. ¿Quién era la "Princesa del Hielo"? ¿De qué nos enteramos acerca de **los ritos** del Perú incaico?

3. ¿Qué **acontecimientos** se produjeron desde que Juanita abandonó su tumba? ¿Cómo los explica la **opinión popular peruana**? ¿A qué ritos se acudió *(eut-on recours)*?

4. Comentad la **actuación del arqueólogo,** antes y después del hallazgo, **y su opinión**.

oda a la papa[1]

1. *amér.* *pomme de terre.*
2. *peau.*
3. dulce.
4. *inf.* florecer : *fleurir.*
5. *littéralt, mouillées.*
6. *émeraude.*

Papa
te llamas,
papa
y no patata,
no naciste con barba,
no eres castellana:
eres oscura
como
nuestra piel[2],
somos americanos,
papa,
somos indios.
Profunda
y suave[3] eres,
pulpa pura, purísima
rosa blanca
enterrada,
floreces[4]
allá adentro
en la tierra,
en tu lluviosa
tierra
originaria,
en las islas mojadas[5]
de Chile tempestuoso,
en Chiloé marino,
en medio de la esmeralda[6] que abre
su luz verde
sobre el austral océano.

Pablo Neruda (Chile),
Nuevas odas elementales, 1955.

"L'utopie andine : una clase bilingüe en el Perú". Reportaje.

Recordad quién era Pablo Neruda (*cf.* recuadro p. 119).

1. ¿A quién **se dirige** el poeta en esta oda? ¿Cómo le habla?

2. Versos 1-12:
¿Qué **vínculos** establece Neruda entre ella y los hombres? (Aclarad **la alusión histórica** de los versos 5 y 6.) Fijaos en los **procedimientos estilísticos**.

3. Versos 13-29:
La papa –así como el poeta– procede de la parte templada *(tempérée)* de Chile:
- ¿Cómo **califica y ensalza** Neruda este "fruto" de la tierra?
- ¿Qué **otro elemento** contribuye a que florezca la papa?
- En el verso 27, el poeta asimila su "lluviosa tierra" a una "esmeralda": justificad **la metáfora**.

4. ¿Cómo se vuelve esta oda a la papa un **himno** del poeta **a América**?

▸practica

La "Princesa del Hielo"

1. Señala en el artículo otro verbo conjugado en voz **pasiva**.

2. "Desde que Juanita abandonó su tumba **para ser examinada**... la comarca." Sustituye el complemento de finalidad (para + infinitivo) por una subordinada (**para que...**).

3. Reemplaza **al + inf.** por una **subordinada de tiempo**: "**Al ser** abierta la tumba de la momia, se holló un lugar sagrado."
(Puedes conjugar el verbo **abrir** en voz activa o pasiva.)

Oda a la papa

1. Transforma los versos 1 → 9 y 14 → 19 en una apóstrofe a **las papas**.

2. Forma los superlativos de: oscura – blanca – lluviosa.

● *Argentina*

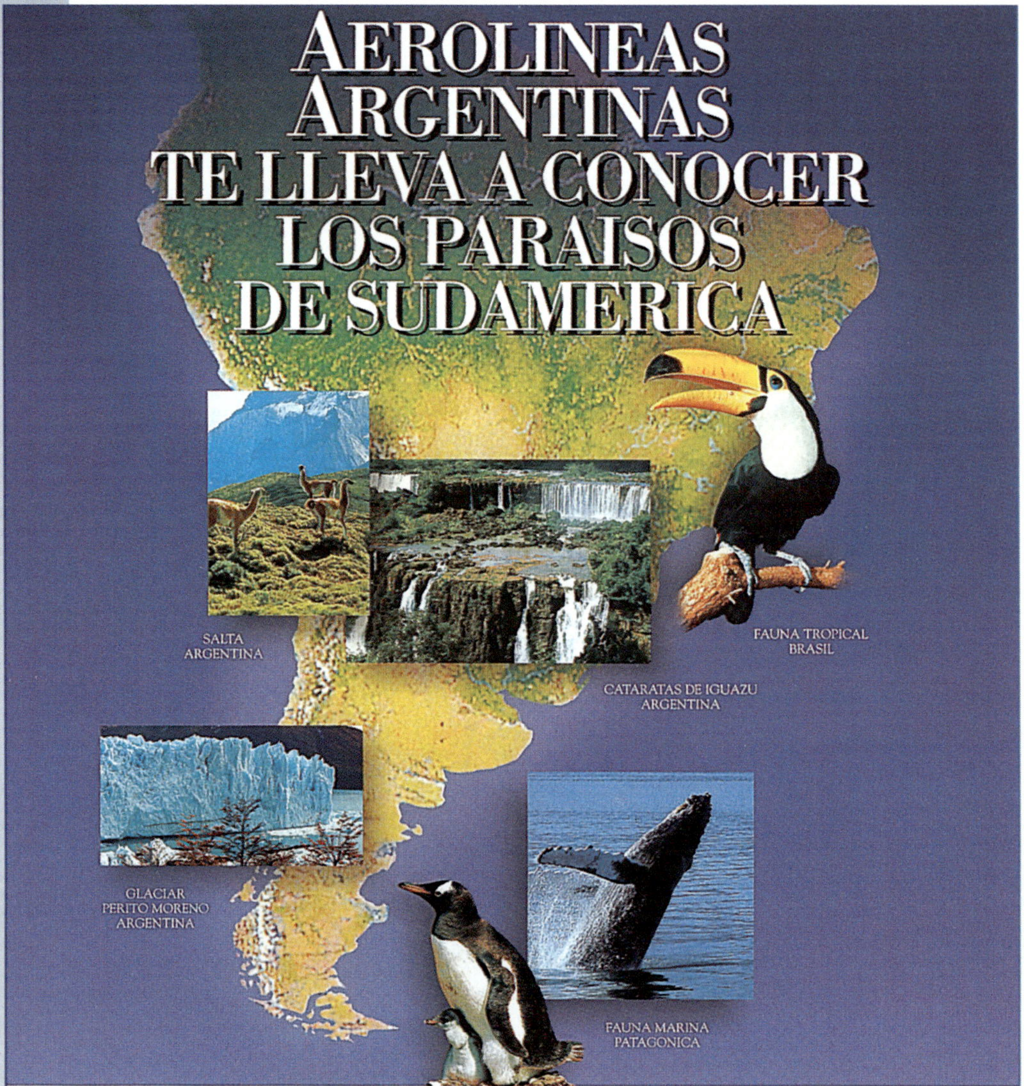

Sólo Aerolineas Argentinas puede mostrarte todos los paraísos naturales de este continente. Desde las cataratas de Iguazú, punto de encuentro entre Argentina, Brasil y Paraguay, las Torres del Paine en Chile, la hermosura del lago Titicaca en Bolivia, y el imponente glaciar Perito Moreno en Argentina, Aerolineas Argentinas te lleva todos los días directamente a descubrir los más bellos paisajes sudamericanos. Aerolineas Argentinas, tu línea directa con Sudamérica. Si deseas más información, **consulta en tu agencia de viajes** o llama a Aerolineas Argentinas: Tel.: (91) 564 25 26, Internet: Http:// WWW. AEROLINEAS.COM.AR.

AEROLINEAS ARGENTINAS

punto de encuentro: *point de rencontre.* – la hermosura: *la beauté.*

1. Presentad y describid la publicidad mostrando cómo toda ella se organiza alrededor de la expresión “los paraísos de sudamérica”.

2. Decid lo que os ha llamado más la atención. ¿Os parece acertada *(réussie)*? Justificad vuestra respuesta.

Panchito y el delfín

La escena se desarrolla en la Patagonia chilena.

Antes de cumplir los tres años Panchito padeció[1] de una poliomelitis que lo dejó inválido. Sus padres, pescadores de San Gregorio, en la Patagonia, cruzaban cada verano el estrecho[2] para instalarse en Angostura. El niño viajaba con ellos.

Hasta los cinco años Panchito Barría fue un niño triste, huraño[3], y casi no sabía hablar. Pero un buen día tuvo lugar uno de esos milagros acostumbrados en el sur del mundo: una formación de veinte o más delfines australes apareció frente a Angostura, desplazándose del Atlántico al Pacífico.

Los lugareños[4] que me contaron la historia de Panchito afirmaron que, apenas los vio, el chico dejó escapar un grito desgarrador[5] y que, a medida que[6] los delfines se alejaban[7], sus gritos ganaban en volumen y desconsuelo[8]. Finalmente, cuando los delfines desaparecieron, de la garganta[9] del niño escapó un chillido agudo[10], una nota altísima que alarmó a los pescadores y espantó a los cormoranes, pero que hizo regresar a uno de los delfines.

El delfín se acercó a la costa y empezó a dar saltos en el agua. Panchito lo animaba con las notas agudas que salían de su garganta. Todos entendieron que entre el niño y el cetáceo se había establecido un puente de comunicación que no requería de ninguna explicación. Se había dado porque así es la vida. Y punto.

El delfín permaneció frente a Angostura todo aquel verano. Y cuando la proximidad del invierno ordenó abandonar el lugar, los padres de Panchito y los demás pescadores comprobaron[11] con asombro que el niño no manifestó el menor asomo[12] de pena. Con una seriedad inaudita[13] para sus cinco años, declaró que su amigo el delfín tenía que marcharse, pues de otro modo lo atraparían los hielos[14], pero que al año siguiente regresaría.

Y el delfín regresó.

Panchito cambió, se tornó un chico locuaz, alegre, llegó a hacer bromas sobre su condición de inválido. Cambió radicalmente. Sus juegos con el delfín se repitieron durante seis veranos. Panchito aprendió a leer y a escribir, a dibujar a su amigo el delfín. Colaboraba, como los demás chicos, en la reparación de las redes, preparaba lastres[15], secaba mariscos, siempre con su amigo el delfín saltando en el agua, realizando proezas sólo para él.

Una mañana del verano de 1990 el delfín no acudió a la cita[16] diaria. Alarmados, los pescadores lo buscaron, rastrearon[17] el estrecho de extremo a extremo. No lo encontraron, pero sí se toparon con[18] un barco factoría[19] ruso, uno de los asesinos del mar, navegando muy cerca de la segunda angostura del estrecho.

A los dos meses Panchito Barría murió de tristeza. Se extinguió sin llorar, sin musitar[20] una queja.

Yo visité su tumba, y desde allí miré el mar, el mar gris y agitado del invierno incipiente. El mar donde hasta hace poco retozaban[21] los delfines.

Luis Sepúlveda (Chile), *Patagonia Express,* 1995.

1. *inf.* padecer : *souffrir ; ici, être atteint.*
2. *le détroit.*
3. *farouche, sauvage.*
4. *Les villageois.*
5. *déchirant.*
6. *au fur et à mesure que.*
7. *inf.* alejarse : *s'éloigner.*
8. *désespoir.*
9. *la gorge.*
10. *un cri aigu.*
11. *inf.* comprobar [ue] : *constater.*
12. *signe.*
13. *inouïe.*
14. *les glaces.*
15. *des lests.*
16. *ne vint pas au rendez-vous.*
17. *râtissèrent.*
18. *inf.* toparse con : *rencontrer.*
19. *un bateau-usine.*
20. sin murmurar.
21. *inf.* retozar : *bondir, s'ébattre.*

- **De niño**, Panchito..., así que...
- **Hasta que** un día..., y finalmente...
- Según me contaron, **así fue como**... No duró **sólo** un verano **sino que**...
- Para Panchito fue un período felicísimo **ya que**...
- Una mañana de **1990**, ... y los pescadores...
- A los dos meses... Yo fui...

Parque de Torres del Paine, Patagonia.

Patagonia, la tierra más pura

Es el Sur del mundo la tierra más bella en su estado original, habitada por lo que Gamboa llamó en 1580 gente grande. Hombres y mujeres que llevan la soledad impresa en sus gentes y que viven la vida con lentitud. La Patagonia chilena, que se extiende entre el Pacífico y los Andes, es azul y verde, tan hermosa que debería ser declarada maravilla de la humanidad.

El País semanal, 02/02/1997.

así es la realidad

▶profundiza

Pretérito indefinido irregular
Haber → hubo (verbo impersonal).

1. Le pourcentage : chiffre **précis**
El 90 % : *90 % (exactement).*
Cf. gram. 10.3, p. 254.

2. Rappel : La numération
• 273.000 españoles: doscient**os** setenta y tres mil español**es**.
• 273.000 personas: doscient**as** setenta y tres mil person**as**.
Cf. profundiza 1, pp. 68, 128 / 3, p. 152.
Cf. gram. 9.A, p. 254.

3. **Ser + numéral**
"Son 273.000", p. 200.
Cf. gram. 28.A, p. 260.

4. Rappel : **L'obligation impersonnelle**
• "**hubo que** esperar...", p. 201 : ***il fallut** attendre.*
• "**había que** albergar...", p. 201: ***il fallait** loger...*
Cf. profundiza 2, p. 44 / 3, p. 102.
Cf. gram. 40.A, p. 267.

5. Traduction du **devenir** (aboutissement)
"**Llegar a ser** un sin techo ", p. 201 : ***devenir** un sans abri.*
Cf. gram. 30, p. 261.

▶pretérito indefinido: **haber** ▶el porcentaje
▶los adjetivos numerales cardinales

el fax

Quino, *¡Qué mala es la gente!*, 1997.

Una torre de sondeo: *un derrick* – una plataforma petrolera – una fábrica, una central nuclear – escupir *(cracher)* humo, vapor – contaminar – una nube *(un nuage)* / un nub**arrón** – roturar: *défricher* / derribar: *abattre* – un tocón: *une souche* – la maquinaria: *les gros engins* – los agujeros *(les trous)* de la capa de ozono – calentar [ie]: *(ré)chauffer* – un ángel – una aureola – estar molesto *(gêné)* – sacar la lengua – una visión desengañada *(désabusée)*.

Vídeo
• "Greenpeace".
• "No saben correr".
Anuncios publicitarios.

1. Presentad la historieta poniendo de manifiesto el papel relevante de la 3ª viñeta.

2. Identificad los problemas terrenales: causas, consecuencias. Fijaos en el grafismo.

3. Mostrad cómo a partir de la 3ª viñeta pasa Quino de la representación concreta a **la alegoría**. ¿Qué problema plantea?

4. Definid **el humorismo** de Quino fijándoos en particular en el título de la obra.

volver a ser

Son 273.000, pero alguien se ocupa de ellos "Llegar a ser un *sin techo*[1] es algo que uno no decide".
La mayoría de las acciones de ayuda –casi el 90%– a los *sin techo* proviene de Cáritas. Esta y otras instituciones eclesiales siguen un modelo de intervención –*Volver a ser*–, basado en un proceso de recuperación de la dignidad de la persona y su

inserción en la sociedad con plenos derechos[2].

Una jornada especial. Bajo el lema *Píntales otro futuro. Un techo por derecho,* se celebró ayer el Día de los *sin techo* en toda España. Cáritas, Faciam, Hermanos Hospitalarios de San Juan de Dios y Apostólicas del Corazón de Jesús son las organizaciones que se dedican[3] especialmente al cuidado de los que viven en la calle y que han organizado esta jornada, con la financiación del Ministerio de Trabajo y Asuntos Sociales[4].

La pobreza acompaña al hombre desde tiempos remotos[5] y ya en 1650 existían albergues[6] para peregrinos y menesterosos[7]. Sin embargo, en España hubo que esperar hasta la Ley de Bases de Régimen Local de 1955 para que se contemplase oficialmente la figura del transeúnte[8]. La causa fue la fuerte emigración del campo a la ciudad que caracterizó a aquella época de Franco y que provocó que los ayuntamientos[9] se dieran cuenta de que había que albergar a estos trabajadores temporeros[10].

48.000 chabolas[11]. El problema de la falta de una vivienda[12] digna ha afectado siempre a un gran colectivo. Hoy día, en nuestro país, 273.000 personas viven en la calle, en albergues y en otro tipo de infraviviendas, según datos[13] recientes de Cáritas. Además, existen 48.000 chabolas, 37.000 viviendas en estado ruinoso y 387.000 casas que no reúnen las mínimas condiciones higiénicas y sanitarias. En Europa, según el Observatorio Europeo de los *sin techo,* unos 18 millones de ciudadanos europeos no tienen vivienda o residen en lugares con condiciones infrahumanas. Todo este cúmulo de cifras puede que no tenga un rostro[14] humano, pero detrás de cada una de ellas hay una persona sin hogar y una organización que intenta dárselo.

Silvia Román, *El Mundo,* 19/01/1998.

1. *sans-logis.* – 2. *droits.* – 3. *inf.* dedicarse : *se consacrer.* – 4. *Affaires Sociales.* – 5. *anciens.* – 6. un albergue: *un refuge / une auberge.* – 7. *nécessiteux.* – 8. *littéralt, passant, passager.* – 9. *ici, les municipalités.* – 10. *saisonniers.* – 11. *bidonvilles.* – 12. *un logement.* – 13. *selon des données.* – 14. *un visage.*

►practica

Volver a ser

1. Escribe en letras: el año 1650 / 37.000 viviendas / 387.000 casas.
2. Escribe en presente las frases: "En España hubo que esperar... trabajadores temporeros" (l. 28-37).
3. "... intenta dárselo". Vuelve a leer la última frase del texto y di a qué sustantivo remite cada uno de los pronombres enclíticos.
4. "Llegar a ser un *sin techo* es algo que uno no decide."
   - Comenta esta frase.
   - Tradúcela.

–Coincidiendo con el aniversario de la Constitución (06/12/1978), nosotros también hemos hecho una jornada de puertas abiertas, y esperamos que los parlamentarios hagan cola para entrar y vean cómo vivimos.

Mahín Morales, *ABC.*

El País, 1997.

Vídeo

- "Vivir es saber convivir". Anuncio publicitario.
- "Buscarse la vida". Reportaje.

"El emigrante". Celtas Cortos, *Nos vemos en los bares*, 1997.

1. El artículo elimina en el acto *(sur-le-champ)* el viejo tópico del *sin techo* "mendigo, borracho...": mostradlo.
2. ¿Qué entidades *(organismes)* unieron sus fuerzas para celebrar esta **jornada especial**? ¿Qué traduce esta **solidaridad** entre organismos privados y estatales?
3. La periodista recuerda períodos históricos de pobreza: citadlos y decid cómo lograron los desamparados sobrevivir en aquellas circunstancias.
4. ¿Por qué diferentes razones hay cada vez más "personas sin hogar" en la Europa actual?
5. Al fin y al cabo ¿cómo puede un *sin techo* reintegrarse en la sociedad gracias a la campaña emprendida por las organizaciones?

▸profundiza

Presente de indicativo
Prever *(prévoir)*, p. 203.

preveo	prevemos
prevés	prevéis
prevé	prevén

1. Rappel : **L'obligation personnelle**
• "**Era preciso que** más países y fundaciones **dieran** dinero", p. 202 : ***Il était indispensable qu'un plus grand nombre de pays et de fondations donne (donnât) de l'argent.***
• "**Hacía falta** promotores **que enseñaran...** ", p. 202 : ***Il fallait que des promoteurs enseignent...***
Cf. profundiza 4, p. 52 / 2, p. 124.
Cf. gram. 40.B, p. 267.

2. Rappel : La conjecture : **deber de + infinitif**
"**Debo de** tener parientes por allá", p. 202 : *Je dois avoir des parents là-bas.*
Cf. profundiza 2, p. 122 / 1, p. 154 / 2, p. 160.
Cf. gram. 42, p. 267.

▸practica

Proyecto de reforestación

1. Escribe en presente las frases:
• "Si se mantenían los fondos... cavernas."
• "Era preciso que más países... calentarse."

2. Pon en estilo indirecto: "Me ha prometido (el embajador de España)..." (l. 18), hasta "... parece" (l. 21). Empieza por:
Dijo la señora d'Harcourt que...

3. Traduce las dos primeras frases del texto.

4. Traduce al español:
« Dans quelques années, il y aura à nouveau des arbres touffus et les paysans sauront protéger leur environnement. »

▸ presente de indicativo: **prever**
▸ la obligación personal: **es preciso / hace falta** + que +

proyecto de reforestación

Huancavelica: departamento del Perú. Esencialmente **minero**: mercurio, plata, cobre y carbón.

Mientras cruzaban las cumbres heladas[1] de La Oroya y el templado valle[2] de Jauja el ingeniero y la señora d'Harcourt estuvieron haciendo proyectos sobre cómo conseguir nuevos patrocinadores para el proyecto de reforestación[3] de las sierras de Huancavelica, auspiciado por la FAO[4] y Holanda, cuyos primeros resultados iban a verificar. Era una victoria que ambos habían celebrado en un chifa[5] de San Isidro, hacía unos meses. En lugar de confinarse en el pastoreo[6] y los cultivos de subsistencia, las comunidades empezaban a trabajar con árboles. Si se mantenían los fondos, dentro de unos años frondosos bosques de queuña[7] darían otra vez sombra a esas cavernas llenas de inscripciones mágicas y dibujos, mensajes de los remotos[8] ancestros. Era preciso que más países y fundaciones dieran dinero. Hacía falta promotores que enseñaran a los campesinos a usar la bosta[9] de los animales en vez de la leña[10] para cocinar y calentarse.
– Casi convenzo[11] al embajador de España –contó la señora d'Harcourt al ingeniero–. Me ha prometido que vendrá la próxima vez. Y que hará gestiones[12], a ver si el gobierno español nos ayuda. También allá la ecología se pone de moda, parece.
– Cómo me gustaría conocer Europa –dijo el ingeniero Cañas–. El abuelo de mi madre era de Galicia. Debo de tener parientes por allá.

Mario Vargas Llosa, *Lituma en los Andes,* 1993.

1. *les sommets gelés.*
2. *la vallée tempérée.*
3. *reboisement.*
4. La Organización de las Naciones Unidas para la Agricultura y la Alimentación.
5. restaurante de comida asiática.
6. *ici, pâturages.*
7. arbusto de los Andes.
8. *lointains.*
9. *la bouse, les excréments.*
10. *le bois (de chauffage).*
11. *inf.* convencer : *convaincre.*
12. *des démarches.*

1. Identificad a los personajes: ¿de qué están hablando?

2. Leed el recuadro. ¿Comprendéis por qué habían sido desforestadas estas sierras peruanas?

3. ¿Quiénes patrocinaban el proyecto de **reforestación**? ¿Comprendéis por qué? (Destacad la importancia relevante de este **renacer** para los campesinos indios.)

4. ¿Qué ayudas esperaban el joven peruano y la señora d'Harcourt para el futuro?

5. El diálogo alude a diferentes clases de **vínculos** entre el viejo y el nuevo mundo: definidlos.

"Él sabe...". Campaña publicitaria.

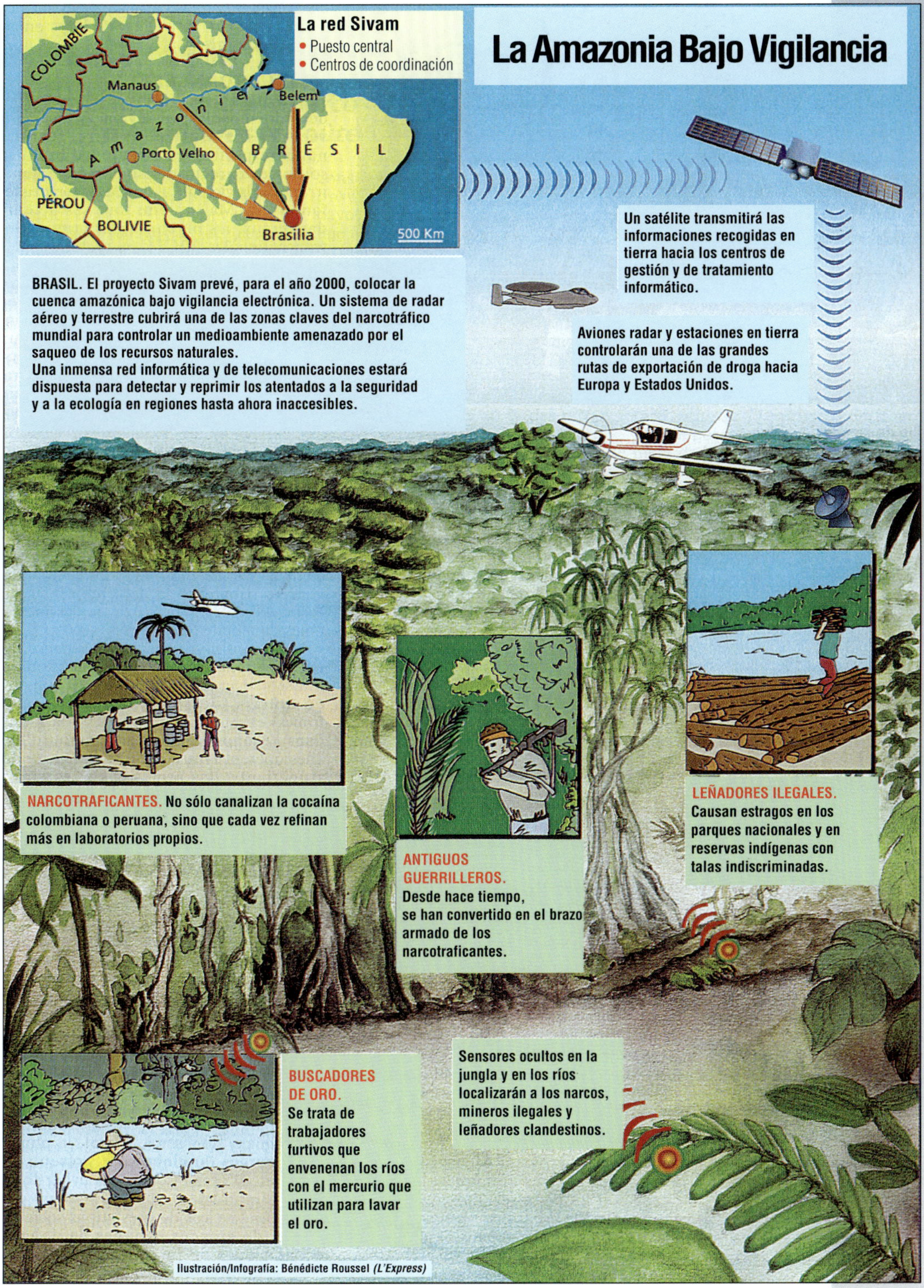

La red: *le réseau.* – colocar: *placer.* – la cuenca: *le bassin.* – zonas claves: *points névralgiques.* – un medio ambiente: *un environnement.* – el saque : *la mise à sac.* – los recursos: *les ressources.* – la seguridad: *la sécurité.* – refinan: *raffinent.* – Leñadores: *des bûcherons.* – talas: *des coupes.* – trabajadores furtivos: *des braconniers.* – sensores ocultos: *des capteurs cachés.*

1. Recordad lo que es **la selva** (*cf.* p. 78): ¿qué elementos la componen? ¿En qué consisten sus **recursos naturales**?

2. Según el documento ¿qué categorías de personas la saquean? ¿Por qué razones? ¿A qué técnicas modernas acudirá el **proyecto Sivam**?

3. ¿Cuáles son los **objetivos** de la red Sivam? Destacad las consecuencias de tal saqueo en el plano mundial.

▶recuerda

– **dentro de** unos años: *dans quelques années.*
– hacer gestiones: *faire des démarches.*
– ponerse de moda: *devenir à la mode.*

▸profundiza

Presente de subjuntivo irregular
Saber → sepa

1. Divers emplois de la préposition **Por**
• **por** horas, p. 204 = **durante** horas.
• **por** estar, p. 204 = **porque** estaba.
• "... no se puede poner en pie **por** su debilidad", p. 205 = **porque** está débil.
Cf. profundiza 2, p. 142.
• "... distribuir **por** la selva", p. 205 = **por toda** la selva, por todas partes.

2. **Le suffixe diminutif**
a. Las casas → las **casitas**
• Los hermanos → los herman**itos**
• Los ríos → los riach**uelos.**
b. diminutif **d'un adjectif** → valeur **adverbiale**
"Helen tiene que enfrentarse **solita** a la fiebre", p. 205 : *toute seule.*

3. Conseguir / impedir + infinitif
• "... no **consiguen** menguar" : *ne parviennent pas **à** faire diminuer.*
• "una desnutrición que le **impide** alcanzar...", p. 205 : *une dénutrition qui l'empêche **d'**atteindre...*

▸practica

La tierra de los aimaras

1. Indica en el texto los detalles que nos sitúan en un país andino. ¿Qué país puede ser?
2. "Los atardeceres (l. 3) → las sombras de la noche." ¿Cómo vemos en estas frases que la niña contemplaba ese paisaje como si fuera **una obra de arte**?
3. Traduce la última frase del texto.

▸presente de subjuntivo: **saber**
▸la preposición **por** expresa tiempo, causa, movimiento

la **tierra** de los aimaras[1]

La cosecha de la coca. La coca es un arbusto tan valioso para los indios que el decreto de 1825 lo introdujo en el escudo del Perú al lado de la vicuña y la cornucopia.

Mi familia decidió viajar de vacaciones a una finca[2] situada en el Altiplano, de hermoso panorama por estar a orillas del Lago Titicaca. Los atardeceres[3] los contemplaba yo embelesada[4] mirando los celajes[5] que cambiaban el color del cielo. Mi vista se perdía en el horizonte azul de esa turquesa[6] incrustada en el amarillo dorado de las tierras áridas. El viento cantaba extrañas melodías, y las casitas de techo de paja, los riachuelos, las ovejitas y otros animales de los peones iban desapareciendo ante mi vista a medida que[7] avanzaban las sombras de la noche. Otra distracción mía era la de oír por horas las conversaciones de los ancianos aimaras que se entablaban alrededor del tari de coca y que yo podía entender perfectamente porque, a pesar de[8] mi corta edad, conocía el rico idioma de aquella región.

1. tribus indias.
2. una propiedad.
3. los crepúsculos.
4. fascinada.
5. nubes ligeras.
6. *turquoise.*
7. *au fur et à mesure que.*
8. *malgré.*

Elizabeth De Col de Céspedes,
Narraciones hispanoamericanas de tradición oral.

1. ¿Qué recuerda la narradora en estas líneas? ¿Qué comprendemos acerca de la situación familiar?

2. ¿Cómo pone de manifiesto la autora el embeleso *(ravissement)* que tenía cuando niña frente a esa tierra y sus moradores? (Fijaos en el tiempo empleado, en la elección del vocabulario...)

3. ¿Cómo puede enriquecer a un niño el conocimiento de otra cultura?

el niño promotor de salud[1]

1. *la santé.*
2. *inf.* acudir : *se rendre.*
3. *amér.*, campo.
4. *quand il fait soleil.*
5. *tôt.*
6. *sa faiblesse.*
7. *ici, elle est d'une maigreur extrême.*
8. *amér., enfant rachitique.*
9. *ventre gonflé.*
10. disminuir.
11. *les évanouissements.*
12. *moyens.*
13. *urgences.*
14. *blessures.*
15. *sérum.*
16. *inf.* ahogarse : *s'étouffer.*

* Luz Guillén: sanitaria y misionera seglar.

17. *inf.* acatar: aceptar.

Los pequeños indígenas promueven la salud en la selva peruana.

Helen tiene siete años y tres hermanos más pequeños. Acude[2] a la escuela sólo los días que llueve, porque entonces los papás no van a la *chacra*[3], el pequeño cultivo que tienen en la selva amazónica peruana a varias horas de camino del poblado. Cuando amanece soleado[4] Helen se convierte en cabeza de familia. Se levanta temprano[5] y prepara yuca para Euler, de cinco años, Denis, de tres, y la pequeña Nonita, que con apenas un año no se puede poner en pie por su debilidad[6]: está *harta chupita*[7]. (...) Denis aún no sabe hablar y es un *ñañito buchisapo*[8]. Es imposible no reparar en su gigantesca barriguita[9], que los escasos purgantes no consiguen menguar[10]. Euler, el más fuerte, padece una desnutrición que le impide alcanzar la estatura de un niño de su edad. La mayoría de los días, antes o después del almuerzo, Helen tiene que enfrentarse solita a la fiebre, los desmayos[11] y las diarreas.

Los habitantes de la Amazonia cuentan con familias numerosas y mal alimentadas, que carecen de medios[12] para poder educarse. Así nació la idea de enseñar a los niños temas elementales de higiene y salud. El libro *Manual del niño promotor,* que el Vicariato de Yurimaguas pretende distribuir por la selva, va dirigido a los hermanos mayores, que como Helen son responsables del cuidado de los más pequeños. Han confiado en los niños como elemento sanitario indispensable. "Estamos creando *promotores de salud*. Queremos que los niños de entre siete y diez años puedan curar a sus hermanitos o a su familia, que sepan reaccionar con rapidez a las emergencias[13], limpiar heridas[14], preparar suero[15], evitar que los pequeños se ahoguen[16] con algún hueso, tratar quemaduras, prevenir contagios, distinguir la bronquitis, la tuberculosis..."

La formación consiste en concentrar a los maestros y que ellos enseñen a los niños. "Como los maestros tienen prestigio y autoridad", explica Guillén*, "los padres acatarán[17] que sus hijos aprendan primeros auxilios e higiene. Así no ocurrirán casos que hemos tenido, de padres que se indignaban porque su hijo mayor, al ver enfermo al pequeño, le había dejado bien limpito".

M.P.D. / M.B., *El País,* 28/04/1996.

El niño promotor de salud

1. Apunta en el texto los verbos irregulares en presente de indicativo (e –› ie / o –› ue / e –› i) e indica su infinitivo.
2. Justifie l'emploi des diminutifs et propose une traduction :
   - "su gigantesca **barriguita**".
   - "su hijo mayor, al ver enfermo al pequeño, le había dejado bien **limpito**".
3. Transforma esta frase quitando el verbo "**sepan**":

> Los misioneros **quieren que** los niños sepan limpiar heridas, preparar suero, prevenir contagios, distinguir la bronquitis.

4. Pasa esta frase al estilo indirecto empezando por: Los misioneros **querían que**...

> Queremos que los niños puedan curar a sus hermanitos, que sepan reaccionar con rapidez, evitar que los pequeños se ahoguen.

▸recuerda

- a orillas del lago: *au bord du lac.*
- **el** cabeza de familia: *le chef de famille.*
- los primeros auxilios: *les premiers secours.*

1. Presentad el caso particular de Helen, poniendo de relieve sus **responsabilidades**.

2. Según el artículo, la **desnutrición** es para los niños una plaga *(un fléau)*: estudiad sus causas / manifestaciones / consecuencias.

3. ¿Os parece justificada y acertada la idea de hacer de los niños unos "promotores de salud"?

4. ¿Qué metas *(buts)* tienen los misioneros de este programa sanitario?

5. Analizad la **condición de los niños** en aquellas zonas.

Vídeo

- "No llores". Campaña publicitaria.
- "Piensa en ellos". Campaña publicitaria.

▶ el género ▶ expresar gustos y opiniones
▶ las frases admirativas

¡eso es el fin del mundo!

▶ profundiza

1. Le genre
Un idioma / el hambre cubana. Justifiez l'emploi de l'article.
Cf. gram. 5, p. 252 / 10.2, p. 254.

2. Les tournures affectives
- "... le da la gana"
- "Y me duele más que a ti"
- "Pero me parece que..."

Cf. profundiza 3, p. 38.
Cf. gram. 22, p. 259.

3. L'exclamation
"Pero si Óscar tiene ya treinta y cinco años" : ***Mais** voyons, Oscar a déjà trente-cinq ans !*
Cf. gram. 45, p. 268.

▶ recuerda

– Un país de ensueño: *Un pays de rêve.*
– Allá él: *Tant pis pour lui / C'est son problème.*

1. *bête.*
2. *à deux pas.*
3. *fam. se tirer.*
4. *il a envie.*
5. *de rêve.*
6. *ici, solution.*
7. el bistec: *le beefsteack.*

ÁNGEL – Bueno, yo seré muy bruto[1], pero no le encuentro una explicación a este viaje. *(Pausa)* No es lo mismo irse a vivir a Nueva York, que está como quien dice, a dos pasos[2], que largarse[3] a Buenos Aires. Eso es el fin del mundo.

LUZ MARINA – ¡Papá, tú vives, como de costumbre, en la luna! Así que Óscar se va a la Argentina porque le da la gana[4]. Óscar es caprichoso y ha decidido que la Argentina es un país de ensueño[5], y que sería de buen tono llegarse hasta allá para divertirse un poco. *(Pausa)* ¿Pero no sabes que ése es el último recurso[6] que le queda?

ÁNGEL – No me vengas con sermones. Lo sé mejor que tú. Y me duele más que a ti. *(Pausa)* Pero me parece que entre Buenos Aires y Nueva York...

LUZ MARINA – Siempre olvidas que Óscar es un poeta. ¿Qué haría en Nueva York con un idioma que no es el suyo?

ÁNGEL – Bueno, allá él. No se lo critico. Cuando uno es joven...

LUZ MARINA – Papá, ¿joven...? Pero si Óscar tiene ya treinta y cinco años. *(Pausa)* ¿Quieres saber la verdad de este viaje? Huir del hambre cubana y buscar el bisté[7] argentino.

Virgilio Piñera *(Cuba), Aire frío,* 1958.

Video
"Hipercor". Anuncio publicitario.

1. ¿Cuál es el asunto de este diálogo teatral?
2. Finge el padre no comprender la situación y la decisión de su hijo: ¿por qué será?
3. ¿Cómo justifica Luz Marina la partida de su hermano y la elección de la República Argentina como tierra de exilio?
4. ¿A qué realidades económicas o/e históricas cubanas alude ella?

Cocos, plátanos y una curiosa máquina de pelar limones y naranjas, en uno de los mercados al aire libre que proliferan en La Habana, Cuba.

Herman Braun Vega nació el 7 de julio de 1933 en Lima (Perú).
Integra en sus obras a los grandes pintores europeos del pasado **(mestizaje cultural)**.

Herman Braun Vega (Perú), *¡La realidad es así!*, 1992.
Acrílico sobre madera, 1,5 × 2 m.

1. Presentad el cuadro diciendo cómo se organiza.

2. El pintor yuxtapone *(juxtapose)* **diferentes épocas** de la historia de su país: identificadlas.

3. ¿Cómo representa Braun Vega **el mestizaje** en su país? Observad los tipos físicos, la indumentaria *(les vêtements)*, los elementos de la vida cotidiana / de la sociedad de consumo, el marco de la escena. Destacad la importancia de **los colores**.

4. Fijaos en la fecha del 92 (1992):
• ¿Qué **acontecimiento** se celebró en España?
• El Perú fue uno de los países de Latinoamérica que no rechazó esta celebración. ¿Cómo sugiere el pintor tal "aceptación" de lo español?

5. Comparad el eslogan que domina el cuadro con el título de la obra: ¿qué reflexiones os inspira?

6. El marco negro podría sugerir una pantalla *(un écran)* de televisión: si fuera el caso, ¿qué significaría? ¿Qué valor cobrarían entonces los elementos de la realidad que se desbordan?

Francisco de Goya,
La Marquesa de Santa Cruz,
1797-98, Musée du Louvre,
Paris.

Vídeo
"Tan dura la vida".
Reportaje.

▶el sufijo **-azo** ▶el comparativo de igualdad
▶el pronombre relativo **cuyo** (relación de posesión)

aún más: *encore plus.*

▶profundiza

1. Le suffixe **-azo** → coup porté (violence)
una puerta → un **portazo**, p. 209.
dar un **portazo** : *claquer la porte.*
Cf. gram. 7.C, p. 253.

2. **Rappel** : Le comparatif d'égalité
"**Tanto** Robles **como** Mayor destacaron la colaboración", p. 209.
Cf. profundiza 3, pp. 104, 132 / p. 188.

3. **Rappel** : Le pronom relatif **Dont**
"Se trata de sensibilizar (...) en la prevención del consumo de drogas, **cuyo** principal enemigo es acostumbrarnos...", p. 209.
Cf. profundiza 2, p. 136.

"Mejor no saber nada".
Víctor Manuel,
A dónde irán los besos, 1993.

Vídeo
• "Buscarse la vida".
Reportaje.
• "Vivir es saber convivir".
Campaña publicitaria.

1. Presentad el anuncio: ¿cómo se organiza? ¿A quién va dirigido?...

2. El impacto procede tanto de una **elipsis** como de diferentes **contrastes**: explicad mostrando la importancia del verbo **cambiar**.

3. Destacad la fuerza del **eslogan principal** (presentación, forma...).

4. A vuestro parecer, ¿qué impacto tendrá tal campaña en padres e hijos?

▶ la oración subordinada temporal
▶ el indefinido **otro** (diversidad)

la lucha contra la droga entra en casa

Comienza una campaña sin precedentes dirigida a los padres, incluso en Internet.

La primera imagen del anuncio que se colará[1] en nuestros televisores estas navidades muestra a un sonriente bebé. De fondo, una voz dice: "Tener un hijo te cambia la vida..." En cinco segundos la escena se transforma, han pasado varios años y un joven sale de su casa dando un portazo[2] ante la desesperación de sus antaño[3] felices padres. "... Perderlo aún más".

Es la nueva campaña antidroga que el Ministerio del Interior puso ayer en marcha en novedosa[4] colaboración con 23 empresas públicas y privadas. El eslogan principal es "Evita las drogas. Dialoga con él" y su objetivo fue explicado ayer por el ministro del Interior, Jaime Mayor Oreja: "Se trata de sensibilizar a la sociedad y a la familia en la prevención del consumo de drogas, cuyo principal enemigo es acostumbrarnos a que ese problema esté en nuestra sociedad."

Con la intención de llegar a todas las familias españolas, el Plan Nacional sobre Drogas va a utilizar los medios de comunicación posibles en un despliegue[5] sin precedentes. Desde vallas[6] publicitarias a cabinas de teléfonos, pasando por autobuses, televisión, prensa, radio e, incluso[7], Internet. Es otra de las sorpresas[8] del proyecto que podrán comprobar[9] los usuarios de la red en la dirección http://www.dyr.es. Mayor Oreja se mostró ayer convencido[10] de que los medios de comunicación constituyen uno de los tres pilares básicos en la lucha contra la droga. Los otros dos, según el ministro, son "la concienciación[11] y la constancia".

La campaña es también el principio de una nueva estrategia publicitaria: prevención desde la niñez, en casa y en el colegio.

Tanto Robles* como Mayor destacaron la colaboración de las empresas privadas y públicas que participan en el proyecto y entre las que están las cuatro mayores cadenas de radio, Iberia, Renfe, las principales superficies comerciales, dos grandes cadenas de televisión... Así, estaciones de ferrocarril[12], centros comerciales, aeropuertos y revistas de empresas también difundirán[13] la necesidad de que los padres hablen con sus hijos... antes de que sea tarde.

David Jiménez, *El Mundo*, 17/12/1996.

1. *inf.* colarse [ue] : *se faufiler, se glisser.* – 2. *en claquant la porte.* – 3. *jadis.* – 4. *nouvelle, toute récente.* – 5. *déploiement.* – 6. *panneaux.* – 7. *même.* – 8. *surprises.* – 9. *vérifier.* – 10. *convaincu.* – 11. la toma de conciencia. – * director del Plan. – 12. *chemins de fer.* – 13. *inf.* difundir : *diffuser, propager.*

1. El anuncio se vio por primera vez en **Navidades**: ¿qué impacto tuvo sobre los televidentes?

2. Habéis estudiado el anuncio de la página 208: **comparad** el anuncio sobre papel con el anuncio televisivo (semejanzas, diferencias, complementariedad).

3. ¿Cuáles son las **novedades** de esta campaña antidroga? ¿Qué objetivos tendrán los que la elaboraron?

4. Según el ministro del Interior, ¿cuáles son "los tres pilares básicos en la lucha / prevención contra la droga"? ¿Qué carencias familiares se pretenden corregir así?

5. A vuestro parecer ¿por qué colaboraron tantas empresas en el proyecto del gobierno?

4. Rappel : **La subordonnée temporelle**
Action de la subordonnée **postérieure** à celle de la principale :
"...difundirán la necesidad de que los padres hablen con sus hijos... **antes de que sea tarde**", p. 209 : *...avant qu'il ne soit trop tard.*
Cf. profundiza 6, p. 177.
Cf. gram. 37.A.2, p. 264.

5. **L'indéfini Otro**
• "Es **otra** de las sorpresas", p. 209 : *C'est une autre des surprises.*
• "Los **otros** dos", p. 209 : *Les deux autres.*
Cf. gram. 17.2, p. 256.

▶ practica

Publicidad

1. Vuelve a escribir el **eslogan principal** como si se dirigiera a varias personas tuteándolas.
2. Completa las frases respetando la lógica del documento:
• El eslogan le aconseja al padre (o a la madre) que...
• El impacto de este anuncio reside en...
• Muchas veces, los padres no se dan cuenta del problema porque...
• Si padres e hijos comunicaran más...
3. Escribe la última frase del artículo en tiempo pasado.
4. Lo novedoso de la campaña es que no habla de curar ni de reprimir sino de **prevenir**: ¿cómo se explica?
5. A tu parecer, ¿por qué concierne tal problema a toda la sociedad?

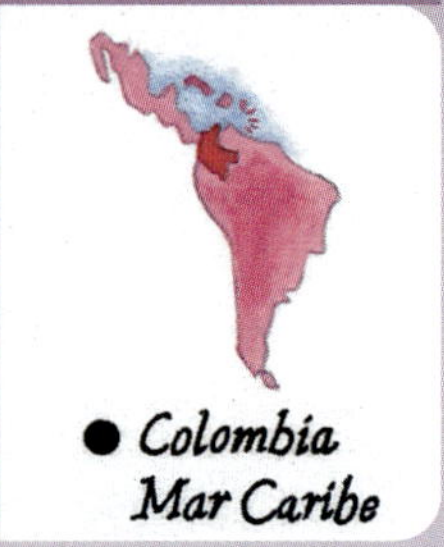

▸profundiza

Potencial regular
Desembocar | Ser | Se convertir → -ía...

Potencial irregular
Tener → **tendría**
Poder → **podría**
Haber → **habría**
Hacer → **haría**

1. Un préfixe : **des-**
• cansado ≠ **des**cansado.
• aparecer ≠ **des**aparecer.
Cf. gram. 6.B, p. 252.

2. Rappel : Les noms en **-or**
el sud**or**, el pav**or**.
Cf. profundiza 1, p. 34 / p. 163 / 1, p. 166.

3. Un équivalent de **dont**
“hubo un novedoso programa de actos públicos, **el más** memorable **de los cuales** fue...” : *dont le plus mémorable fut...*
Cf. profundiza 2, p. 110 / p. 194.
Cf. gram. 25.A, p. 259.

▸el condicional ▸formación de palabras ▸los nombres en **-or** ▸el pronombre relativo **el cual** (explicativo)

el futuro fue ayer

1. *un roman.*
2. *reposant.*
3. *étonnant, stupéfiant.*
4. *la malédiction.*
5. *la sueur.*
6. *attendrissante.*
7. progresos.
8. *la maturité.*
9. *jouets.*
10. *effondré.*
11. *belliqueux.*

La publicación en Francia de una novela[1] inédita de Julio Verne, “París en el siglo XX”, pone de actualidad un género olvidado: las novelas de anticipación.

El feliz ciudadano del siglo XX tendría un trabajo de corta duración, descansado[2] y creativo. Gracias a las máquinas, al asombroso[3] avance de las ciencias y la técnica podría erradicar, de una vez, la maldición[4] bíblica del pan ganado con el sudor[5] de su cuerpo. Ciudades limpias y ordenadas, casas rodeadas de jardines, plazas amplias y llenas de árboles serían su paisaje cotidiano. No habría guerras y la criminalidad, reducida a la mínima expresión gracias a la desaparición del dinero, sería tratada en clínicas especializadas. Al no haber delitos ni cárceles, ni apenas delincuentes, no habría policías, ni Estado represivo. Apenas una administración civil y toda la libertad para los hombres y mujeres de ese paraíso en la Tierra.

Al menos, eso creían, con enternecedora[6] inocencia, los escritores del siglo XIX que dejaron obras de anticipación. La mayor parte de ellos pensaban que los adelantos[7] científicos, por una parte, y la madurez[8] de las ideas morales de la humanidad, por otra, desembocarían en una sociedad socialista, igualitaria y en la que las máquinas harían el trabajo difícil y pesado. Algunas de ellas se convertirían en juguetes[9] para el placer de los hombres: automóviles, dirigibles, aeroplanos y helicópteros serían algunos de ellos. Con un acuerdo sorprendente todos pensaban que en algún momento de fines del siglo pasado, se habría producido una gran catástrofe en la que se habría hundido[10] el mundo capitalista y belicista[11], para dar paso, a continuación, al mundo nuevo, pacífico y próspero.

Ramiro Cristóbal, *Cambio 16*, 19/12/1994.

Vídeo
• “Banco de Galicia”. Anuncio publicitario.
• “Tú no lo harías”. Campaña publicitaria.

1. ¿Cómo veían el porvenir los autores decimonónicos de las novelas de anticipación? ¿En qué progresos fundaban sus teorías?
2. El 2° § pone de manifiesto el desengaño *(le désenchantement)* actual: mostradlo.
3. Recordando la realidad del siglo XX, ¿cómo aparecen tales predicciones? (Por un lado..., pero por otro...).
4. Comentad el título.

El futuro de la era victoriana concebía ultraligeros, peatones a pedales y robots de tráfico.

Ilustración del libro de **Julio Verne**, *Paris au XXe siècle.*

el nuevo siglo

1. *ballon.*
2. *inépuisable.*
3. *tempête.*
4. *la foule.*
5. *le visage.*
6. *l'épouvante.*
7. *la fatigue.*
8. *culottes bouffantes.*
9. habilidad.
10. *au gré du hasard.*
11. *littéralt, un sillage d'anxiété.*

Con ocasión de las festividades del nuevo siglo hubo un novedoso programa de actos públicos, el más memorable de los cuales fue el primer viaje en globo[1], fruto de la iniciativa inagotable[2] del doctor Juvenal Urbino.

(...)

Los miembros de la expedición en globo regresaron tres días después al puerto de origen, estragados por una mala noche de tormenta[3], y fueron recibidos como héroes. Perdido en la muchedumbre[4], desde luego, estaba Florentino Ariza, quien reconoció en el semblante[5] de Fermina Daza las huellas del pavor[6]. Sin embargo, esa misma tarde volvió a verla en una exhibición de ciclismo, también patrocinada por el esposo, y no le quedaba ningún vestigio de cansancio[7]. Manejaba un velocípedo insólito que más bien parecía un aparato de circo. Iba vestida con unos calzones bombachos[8] de cenefas coloradas que provocaron el escándalo de las señoras mayores y el desconcierto de los caballeros, pero nadie fue indiferente a su destreza[9].

Esa, y tantas otras a lo largo de tantos años, eran imágenes efímeras que se le aparecían de pronto a Florentino Ariza, cuando le daba la gana al azar[10], y volvían a desaparecer del mismo modo dejando en su corazón una trilla de ansiedad[11].

(Sigue...)

1. ¿Cómo se celebró el nuevo siglo en este pueblo caribeño?

2. ¿Qué idea os formáis del doctor Juvenal Urbino y de su esposa Fermina Daza?

3. Un observador mudo iba siempre espiando a Fermina Daza: ¿quién sería? Explicad las razones del sufrimiento de ese hombre.

muriéndose de amor

Cierta noche entró en el Mesón de don Sancho, un restaurante colonial de alto vuelo, y ocupó el rincón más apartado, como solía hacerlo cuando se sentaba solo a comer sus meriendas de pajarito. De pronto vio a Fermina Daza en el gran espejo del fondo, sentada a la mesa con el marido y dos parejas más, y en un ángulo en que él podía verla reflejada en todo su esplendor. Estaba indefensa, conduciendo la conversación con una gracia y una risa que estallaban como fuegos de artificio, y su belleza era más radiante bajo las enormes arañas de lágrimas: Alicia había vuelto a atravesar el espejo.

Florentino Ariza la observó a su gusto con el aliento en vilo, la vio comer, la vio probar apenas el vino, la vio bromear con el cuarto don Sancho de la estirpe, vivió con ella un instante de su vida desde su mesa solitaria, y durante más de una hora se paseó sin ser visto en el recinto vedado de su intimidad. Luego se tomó cuatro tazas más de café para hacer tiempo, hasta que la vio salir confundida con el grupo.

Desde esa noche, y durante casi un año, mantuvo un asedio tenaz al propietario del mesón, ofreciéndole lo que quisiera, en dinero o en favores, en lo que más hubiera ansiado en la vida, para que le vendiera el espejo.

Gabriel García Márquez (Colombia),
El amor en los tiempos del cólera, 1985.

▸practica

El futuro fue ayer

1. Escribe en presente:
Los autores de ficción pensaban que las máquinas lo harían todo, que el hombre tendría una vida descansada, que podría ser feliz, que no habría guerras.

2. A tu parecer, ¿en qué se equivocaron los autores de ficción? ¿En qué acertaron?

3. Imagina lo que **diría** uno de aquellos autores si volviera...

El nuevo siglo

1. Da otra construcción:
"No le quedaba **ningún** vestigio de cansancio".
Cf. profundiza 1, p. 70.

2. Pasa a la voz activa:
• Los miembros de la expedición **fueron recibidos** como héroes **por** la población.
• Florentino Ariza volvió a verla en una exhibición de ciclismo **patrocinada por** el esposo.

3. Traduce el 1er párrafo.

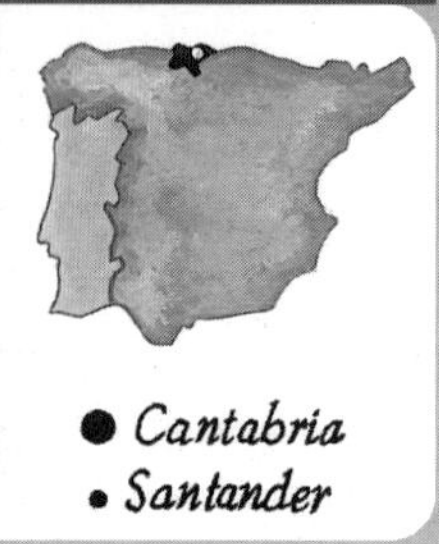

▶las conjunciones **y / e** (unen elementos) ▶el adverbio de modo: **como / cómo** ▶usos del participio pasado

Especial Cantabria, Mundo Empresarial Europeo, n° 3, 1997.

antropología en el puerto

Futuros antropólogos de la UIMP[1] buscan leyendas, tradiciones e historias humanas en pequeños puertos del Norte del Cantábrico.

Sesenta alumnos de la Escuela de Antropología han llegado de sitios tan dispares como EE UU, la ex Yugoslavia o Hungría para realizar estudios etnográficos en Santander. Tratan de averiguar[2] cómo se ganan la vida las mujeres de un puerto pesquero como Santoña, en las orillas del mar Cantábrico: fábricas de conservas, remendado de redes[3]... Peinar, cuaderno de notas en ristre[4], las residencias de ancianos pescadores: sus leyendas y canciones marineras incrustadas en lo más profundo de una memoria que es la colectiva. Conocer la evolución social en ámbitos[5] distintos, costeros o de montaña. En definitiva, una inmersión antropológica de campo de primer orden.

Este novedoso programa de prácticas[6] de campo, complementario de los cursos teóricos en las aulas de la Magdalena, han sido dirigidos por Carmelo Lisón Tolosana, miembro de la Real Academia de Ciencias Morales y Políticas.

Escasamente industrializada, en su geografía se encuentran languidecientes pueblos ganaderos[7] de montaña, valles aislados[8] y zonas urbanas económicamente deprimidas. Es una consecuencia de las sucesivas reconversiones económicas tradicionalmente claves como la producción láctea, la pesca o la minería, por imperativos de la convergencia con la UE[9]. En la Escuela de Antropología el objetivo es estudiar los cambios demográficos y de costumbres que han sobrevenido en los últimos tiempos. A los alumnos se les adjudica un lugar, y deben realizar el trabajo de campo sin relacionarse con nadie más que con aquellas gentes que les aportan el material etnográfico.

Historias humanas que reflejan la dureza de la vida cuando todo depende de lo que se saca del mar en un pequeño puerto y en tiempos azarosos[10]. Épicas cotidianas que recogen estos días los alumnos de la UIMP.

Cambio 16, 22/07/1996.

1. Universidad Menéndez y Pelayo (Palacio de la Magdalena). – 2. *ici,* estudiar. – 3. *raccommodages des filets* (la red). – 4. *ici, armés de leur carnet de notes.* – 5. *des milieux.* – 6. *stages.* – 7. *vivant de l'élevage.* – 8. *isolés.* – 9. Unión Europea. – 10. *hasardeux.*

▶profundiza

1. La conjonction **y / e**
• "... tradiciones **e** historias".
• "... valles aislados **y** zonas urbanas".
Expliquez la différence.
Cf. gram. 43, p. 267.

2. **Como / Cómo**
• "sitios tan dispares **como** EE. UU..."
• "Tratan de averiguar **cómo** se ganan la vida".
• "... un puerto pesquero **como** Santoña".
Commentez les emplois de **como** et **cómo**.
Cf. gram. 3, p. 252 / 15, p. 256.

3. **Le participe passé**
• "... los cursos teóricos han sido **dirigidos** por C. Lisón Tolosana".
• "(Eugenia López) está **jubilada** y sólo ha **salido** a ver..."
• "Quedó **sorprendida**".
Justifiez l'accord / le non accord du participe passé.
Cf. gram. 28, p. 260 / 29, p. 261 / 33, p. 263.

1. ¿En qué consisten estos cursos para extranjeros?

2. ¿Cuál es el propósito de la Escuela de Antropología? ¿Qué teme?

3. ¿Cuáles son los dos modos de vida que pueden observar allí los alumnos? Comentad la frase: "Es una consecuencia... con la UE" (l. 31-36).

4. ¿Por qué resultará interesante para el hombre del tercer milenio preservar tales enseñanzas?

5. ¿Qué razones tendrá la UIMP al proponer este curso de verano a estudiantes extranjeros?

Los puertos del Cantábrico son una fuente inagotable de historias.

Eugenia, en el monte

Eugenia López está intranquila. Toda la vida triscando[1] junto a sus cabras de un prado[2] a otro, refugiándose en los invernales[3], bajando a pie a Potes para vender sus quesos[4], y nunca apareció un fotógrafo para retratar su esfuerzo. Y llega ahora, que está jubilada[5] y sólo ha salido a ver cómo su hijo trajina[6] con las cabras: "No me eches una placa[7], a ver si los del Gobierno creen que estoy trabajando y me quitan la pensión". Años atrás, Eugenia viajó a Cuba para conocer a sus hermanos. Quedó sorprendida con el clima del Caribe: "En 20 días no llovió una gota".

El País, 15/12/1996.

1. *à gambader.*
2. *un pré.*
3. *les enclos / la bergerie.*
4. *fromages.*
5. *retraitée.*
6. va y viene.
7. no me saques una foto.

"Cuba y España" (son). Compay Segundo, *Lo mejor de la vida*, 1998.

1. ¿Qué recalcan estas líneas acerca de la vida en la montaña de Cantabria?

2. Eugenia teme que le quiten la pensión: analizad sus razones.

3. A vuestro parecer, ¿por qué motivos se fueron a Cuba los hermanos de Eugenia?

▸practica

Antropología en el puerto

1. Si estudiaras en la UIMP y pudieras elegir tu programa de prácticas, **¿irías** a un puerto cantábrico o a un lugar en la montaña? Da tus argumentos.

2. ¿Por qué resulta importante salvar la memoria colectiva?

3. Traduce el penúltimo párrafo (En la Escuela de Antropología... material etnográfico, l. 37-45).

Eugenia, en el monte

1. ¿Qué pone de manifiesto la foto acerca de las condiciones de vida que conoció Eugenia?

2. Di de otra manera: "**Años atrás**, Eugenia viajó a Cuba".

3. Traduce el texto.

▸recuerda

– **ganarse la vida**: *gagner sa vie.*
– **El objetivo es** estudiar: *Le but est d'étudier.*
– **¡A ver si...!**: *Il ferait bon voir que... / Il ne faudrait pas que... !*

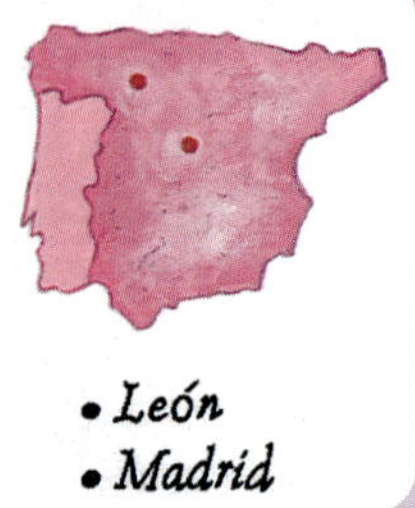

▶ usos del imperativo: la orden y la prohibición ▶ **es el que**
▶ las oraciones concesivas en indicativo constatan un hecho

El País, 20 años, mayo de 1996.

No se quede a la luna de Valencia: *ne restez pas le bec dans l'eau.* – oficinas: *bureaux.* – el esfuerzo: *l'effort.* – Caja (de Ahorros): *Caisse (d'Épargne).* – sencilla: *simple.* – compruébelo: *constatez-le.*

1. Presentad el documento: ¿cuál es su asunto? ¿Cómo se organiza? ¿A quién se dirige? (Fijaos en la persona de los verbos.)

2. Describid la iconografía (véanse las pp. 182-183). ¿Qué vínculo(s) se establece(n) entre ella y el eslogan?

3. Leed el texto: ¿cómo justifica Bancaja su éxito *(son succès)*? ¿Qué le manda al lector? (Cuidado: mandar **que**...)

4. ¿Cómo sugiere la publicidad la importancia creciente *(croissante)* de Bancaja?

5. Destacad la fuerza expresiva de la expresión idiomática **no quedarse a la luna de Valencia**.

▶ profundiza

Presente de indicativo irregular
Servir → sirvo...
Reírse → me río..., p. 58.

Futuro de indicativo irregular
Poner → pondré...

Gerundio irregular
Pedir → pidiendo
Cf. servir, p. 42 / decir, p. 68 / seguir, p. 140.

Imperativo
Quedarse
• Orden
quédate
quédese
quedémonos
quedaos
quédense
• Prohibición
no te quedes
no se quede
no nos quedemos
no os quedéis
no se queden
Cf. profundiza, p. 122.
Cf. gram. 46.A.3, p. 269.

1. Rappel : **La tournure emphatique**
• "fue ella misma **la que** se lo insinuó...", p. 215.
Cf. profundiza 2, p. 62 / 3, p. 66 / 1, p. 98 / 1, p. 164.
Cf. gram. 26, p. 260.

2. **La concession sur un fait réel**
• "pese a que ya debe de andar...", p. 215 : *bien qu'elle ait...*
• "... aunque sabe que es mentira", p. 215 : *bien qu'il sache que c'est faux.*
Cf. profundiza 4, p. 72 / 3, p. 85 / 2, p. 90.
Cf. gram. 37.A.3, p. 265.

en la cantina[1] de Pardesivil

1. *bistrot.*
2. *inf.* coser : *coudre.*
3. *le sac à dos.*
4. *les retraites.*
5. *veuves.*
6. *je n'arrive pas à joindre les deux bouts.*
7. *ici, aux traits fins.*
8. *se faire prier.*
9. *du coin de l'œil.*

La dueña que está cosiendo[2] junto con otras tres vecinas, le sirve una cerveza y vuelve a su sitio. El viajero se acomoda en una de las mesas y busca su cuaderno en la mochila[3] para tomar algunas notas de lo que en su primera jornada de camino le ha ocurrido.

– ¿Qué? ¿Es usted periodista? –se decide finalmente a preguntarle la mayor de las mujeres, después de observarle unos minutos.

– Un poco –responde el viajero.

– Pues a ver si pone en el periódico que nos suban las pensiones[4] a las viudas[5]. Que, lo que es a mí, no me llega ni para el caldo de las sopas[6].

La vieja se ríe abiertamente. Es una mujer delgada, de facciones hermosas[7] y piel extraordinariamente lisa, pese a que ya debe de andar por los setenta y muchos.

– Bueno, bueno. Lo pondré –dice el viajero–. ¿Cómo se llama usted?

La vieja se pone en guardia al instante:

– ¿Por qué?

– Por nada. Por saberlo.

Pero la vieja no se fía. Pese a que fue ella misma la que se lo insinuó al viajero, tiene miedo de ver su nombre escrito en un periódico pidiendo que les suban las pensiones a las viudas.

Al final, después de mucho hacerse de rogar[8], acaba concediendo:

– Regina.

– Regina, ¿qué?

La vieja vuelve a reírse. Mira a sus compañeras de costura, que asisten sin intervenir en la conversación, claramente divertidas.

– Regina. ¿No le vale con Regina?

– No. No me vale.

La vieja duda un instante. Se alisa el pelo con la mano y regresa a su costura, aunque sin dejar de mirar al viajero de reojo[9] por encima de las gafas, con una irónica y tímida sonrisa.

– Regina Patis –dice después de pensarlo unos segundos.

El viajero lo apunta en su cuaderno –aunque sabe que es mentira–, mientras Regina y sus amigas se mueren de la risa.

Julio Llamazares, *El río del olvido*, 1990.

1. El narrador es un "peregrino" (*cf.* p. 59): mostradlo.

2. ¿Qué representa su llegada al pueblo de Pardesivil?

3. Presentad a Regina Patis. Analizad su actuación.

4. Apreciad el humor del narrador.

▸practica

Bancaja

1. **Entre** Vd. y **compruebe**... Conjuga la frase en imperativo (órdenes).

2. Pasa de **Vd.** a **tú** las últimas dos frases del texto publicitario.

3. Completa la frase: Bancaja nos invita a que...

En la cantina de Pardesivil

1. Conjuga en presente de indicativo:
- No fiarse.
- Morirse de la risa.

2. Di de otra manera:
- La vieja **vuelve a** reírse.
- **Pese a que** fue ella...

3. Regina **mira** al viajero con una **irónica y tímida** sonrisa. Sustituye el verbo mirar por **sonreír** y transforma los adjetivos en adverbios.

4. Al día siguiente, Regina se lo cuenta todo a otra vecina. Imagina el diálogo.

▸recuerda

– No me llega / No me alcanza ni para...: *Je n'en ai même pas assez pour...*
– hacerse de rogar: *se faire prier.*

lenguas y dialectos de España...

(y de Filipinas)

el castellano

Le castillan est pluriel et vivant, qu'il soit pur, matiné de « spanglish », épicé par le « Cheli », l'argot des Madrilènes, ou latinoaméricain. Ces langues sont chaudes car elles correspondent à des événements, des climats, bref à des conduites en évolution perpétuelle, qui revitalisent la langue. Dynamique et féerique castillan, ancré dans les différentes terres de notre planète et aussi extraordinaire et simple que la poésie.

Dominique Lecas, *Vocable*, janvier 1997.

el vasco

Canción vasca ♫♪

Ixil ixilik dago kaian barrenean
ontzi txuri polit bat uraren gainean.
Eta zergatik, zergatik, zergatik
Zergatik negar egin,
zeruan izarra dago itsaso aldetik.

Traducción en castellano:

El bonito barco blanco está dentro del puerto.
El bonito barco blanco está sobre el agua.
No quiero, no quiero llorar.
Hay una estrella en el cielo por la parte del mar.

Bernardo Atxaga, *Esos cielos*, 1996.

el gallego

O lector de **galego** tem que ama la lingua, mimala e saberse disposto a reforzala a cotío. A súa permanencia, a súa supervivencia non é responsabilidade dos escritores, como algúns pensan, senón de toda a nación galega.

Alfredo Conde, *El Correo Gallego*, 19 de agosto de 1997.

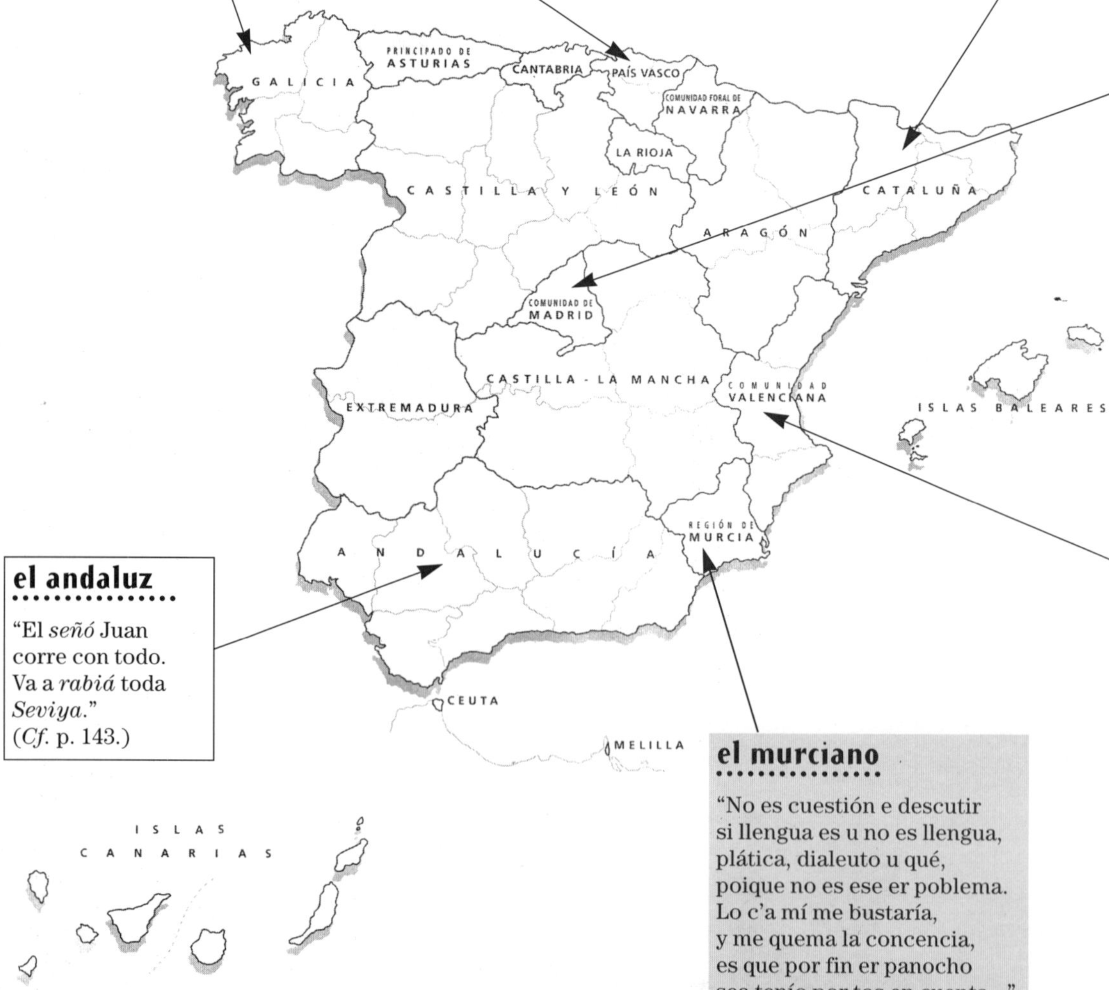

el andaluz

"El *señó* Juan corre con todo. Va a *rabiá* toda *Seviya*."

(*Cf.* p. 143.)

el murciano

"No es cuestión e descutir
si llengua es u no es llengua,
plática, dialeuto u qué,
poique no es ese er poblema.
Lo c'a mí me bustaría,
y me quema la concencia,
es que por fin er panocho
sea tenío por tos en cuenta..."

(*Cf.* p. 139.)

Niños en clase de catalán.

el catalán

cartelera

Museo de la ciencia...

Museu de la ciencia de la FUNDACIO "LA CAIXA" (Teodor Roviralta, 55, creuant amb Ronda de Dalt, Barcelona). Obert de dimarts a diumenge i dilluns festius. Dilluns, dia 13 d'abril, obert.
Activitats obertes al públic els caps de setmana, festius i vacances escolars:
Planetari, i Clik dels nens (espai per a nens de 3 a 7 anys).

La Vanguardia, 9-10/04/1998.

el cheli

El "CHELI" es un lenguaje verbal no escrito, adoptado por la "movida" madrileña. Lenguaje de la juventud creado por una generación marginal que luego ha entrado en la edad de la sabiduría. Muchas palabras son ahora usadas frecuentemente.
El famoso escritor Francisco Umbral escribió en el año 1982, en pleno esplendor de la movida, un diccionario cheli (Narrativa 80. Ed. Grijalbo) muy personal y divertido.
Le proponemos algunas definiciones de palabras en cheli que siguen siendo usadas en el lenguaje verbal de los 90.

Guay (sust. o adj): super, agradable.
Ej.: Este apartamento es **guay**. Este chico es **guay**.
Mogollón: sinónimo de muchos.
Ej.: Hay un **mogollón** de gente (en este teatro). ¡Me apetece **mogollón** ir a la piscina (con el calor que hace)!
Pela: peseta.
Rollo (sust.): palabra muy usada en todas las ocasiones. Se dice de algo que es penoso de hacer, algo aburrido, pesado. Se puede decir de una persona.
Ej.: Este tío es de mal **rollo**.

Tatiana Dilhat, *Vocable*, 28 juin 1996.

el valenciano

Agenda escolar
Recorda: Març
Dies 14-19,
Sant Josep.
Dia 21, comença la primavera.

7 dies:
dilluns
dimarts
dimecres
dijous
divendres
dissable
diumenge

¡Diviértete aprendiendo!

7. Ser u mateix.
8. D'on procedeix.
9. Facultat d'exigir allò propi.
10. Obligació de fer alguna cosa.
11. Donar valor a les coses o persones.
12. Tancar, aprofitar el cicle.

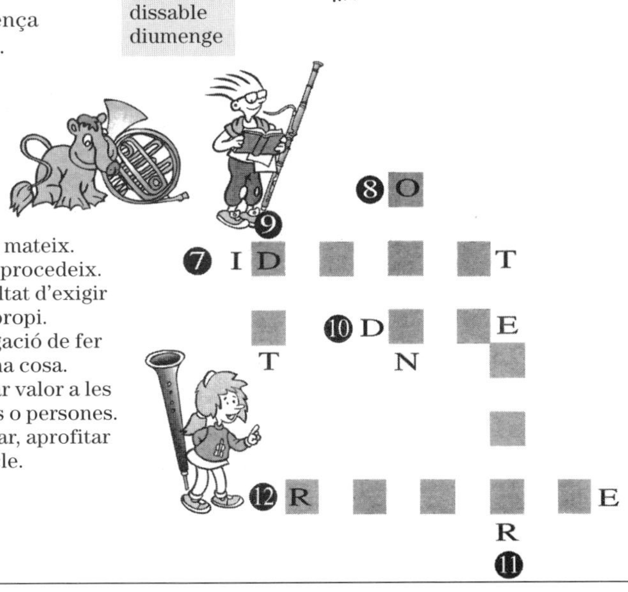

del "pandango" a la "sarswela"

Una gran mayoría de los nombres y apellidos de los filipinos son españoles, como españolas son las denominaciones de plazas, calles, edificios o incluso sus comidas o sus bailes y manifestaciones culturales. Así la danza nacional es la jota y se puede bailar el pandango (sic), aunque sea algo diferente de los famosos de Huelva. También se pueden comer unos callos, una paella o una caldereta y después asistir a una representación de sarswela (sic) con muchos elementos de nuestro género chico.
Algunas de las familias de mayor peso en Filipinas hablan todavía español, y el "tagalo" o filipino incluye muchas palabras de nuestro idioma, especialmente para nombrar objetos como cenicero o mesa por ejemplo.
Sin embargo, la lengua que más se aproxima al español es el "chabacano", hablada especialmente en la región de Zaboanga, con casi un ochenta por ciento de palabras castellanas y de fácil comprensión para los españoles.

L. A., *ABC*, 14 de febrero de 1998.

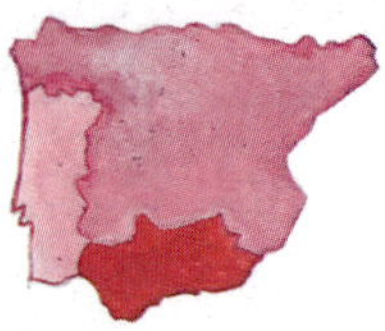

▸ imperativo: **tomar**, **aprender**
▸ los pronombres posesivos

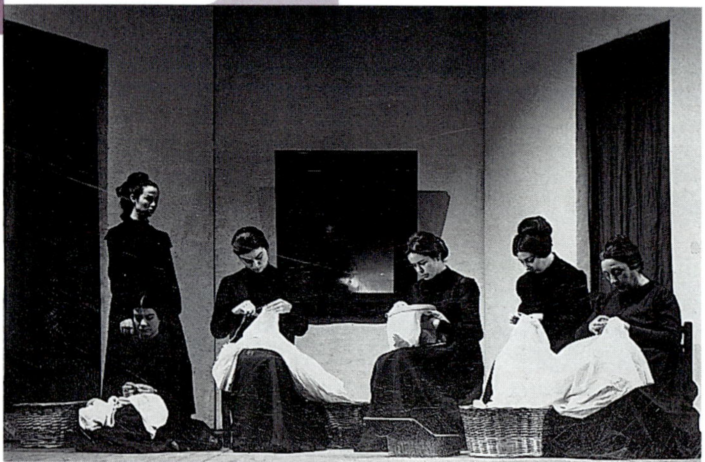

Estreno en Madrid, en el Teatro Goya, de *La casa de Bernarda Alba*.
Compañía de Maritza Caballero, 10 de enero de 1964.

aquí mando yo

BERNARDA	: 60 años
ANGUSTIAS	: 39 años
MAGDALENA	: 30 años
AMELIA	: 27 años
MARTIRIO	: 24 años
ADELA	: 20 años

Es día de luto[1] en casa de Bernarda Alba. Acaban de salir las doscientas mujeres del pueblo.

(Habitación blanquísima del interior de la casa de Bernarda. Muros gruesos. Se oyen doblar las campanas.)

BERNARDA – Niña, dame el abanico[2].

ADELA – Tome usted. *(Le da un abanico redondo con flores rojas y verdes.)*

BERNARDA *(Arrojando el abanico al suelo)* – ¿Es éste el abanico que se da a una viuda? Dame uno negro y aprende a respetar el luto de tu padre.

MARTIRIO – Tome usted el mío.

BERNARDA – ¿Y tú?

MARTIRIO – Yo no tengo calor.

BERNARDA – Pues busca otro, que te hará falta[3]. En ocho años que dure el luto no ha de entrar en esta casa el viento de la calle. Hacemos cuenta que hemos tapiado con ladrillos[4] puertas y ventanas. Así pasó en casa de mi padre y en casa de mi abuelo. Mientras, podéis empezar a bordar el ajuar[5]. En el arca[6] tengo veinte piezas de hilo con el que podréis cortar sábanas[7] y embozos[7]. Magdalena puede bordarlas.

MAGDALENA – Lo mismo me da.

ADELA *(Agria)* – Si no quieres bordarlas irán sin bordados. Así las tuyas lucirán más.

MAGDALENA – Ni las mías ni las vuestras. Sé que yo no me voy a casar. Prefiero llevar sacos al molino. Todo menos estar sentada días y días dentro de esta sala oscura.

BERNARDA – Eso tiene ser mujer[8].

MAGDALENA – Malditas sean las mujeres.

BERNARDA – Aquí se hace lo que yo mando. Ya no puedes ir con el cuento a tu padre. Hilo y aguja para las hembras[9]. Látigo[10] y mula para el varón. Eso tiene la gente que nace con posibles[11].
(Sale Adela.)

Federico García Lorca, *La casa de Bernarda Alba,* 1936.

1. *deuil.*
2. *l'éventail.*
3. *tu en auras besoin.*
4. *nous avons muré (avec des briques).*
5. *le trousseau.*
6. *le coffre.*
7. *des draps/ rabats des draps.*
8. *C'est la condition de la femme.*
9. la hembra ≠ el varón (la mujer ≠ el hombre).
10. *Fouet.*
11. riquezas.

▸ profundiza

Imperativo
Tomar *(prendre)*
toma (tú)
tome (usted)
tomemos (nosotros)
tomad (vosotros)
tomen (ustedes)

Aprender *(apprendre)*
aprende (tú)
aprenda (usted)
aprendamos (nosotros)
aprended (vosotros)
aprendan (ustedes)

Gerundio
Sentir → sintiendo
Cf. invertir, p. 142 / convertir, p. 180.

1. Rappel : **La forme accentuée du possessif**
• "... **las tuyas** (= tus sábanas) lucirán más" : ***les tiens*** *(tes draps) paraîtront plus beaux.*
• "Ni **las mías** ni **las vuestras**" : *Ni **les miens** ni **les vôtres**.*
Cf. profundiza 1, pp. 60, 72.
Cf. gram. 13.B, p. 255.

2. Valeur explicative de **Que**
• "Pues busca otro, **que** te hará falta" (= **porque**...)
Cf. profundiza 5, p. 94.

▶el pronombre relativo **que** introduce oraciones explicativas
▶**haber de** + infinitivo expresa obligación

1. **Resumid** la escena.
2. Haced **el retrato** de la madre.
3. ¿Qué **sentimientos** asoman tras las palabras de cada una de las hijas?
4. Destacad las **consecuencias** que va a acarrear la muerte del marido / del padre.
5. ¿Cuál es el **ambiente** de esta casa?
6. Justificad lo que dice Lorca al principio de la obra: "El poeta advierte que estos tres actos tienen la intención de un **documental fotográfico**."

¡resultáis patéticos!

Romeu, *Historia de Migue*, 1997.

¡Va venado!: *ici, il file.* – una cría, un crío: *un gosse.* – se envejece: *inf.* envejecer : *vieillir.* – no nos dejamos achochonar: *on ne se laisse pas aller.* – ¿Hago yo esa pinta?: *Et moi, est-ce que j'ai cette bobine ?* – tu tía: *ta tante.*

"Y a la benjamina ¿qué le pasa?" J.L. Garci y H. Valcárcel, *Canción de cuna*, 1994.

"Como el agua" (tango). Camarón de la Isla, *Lo mejor del Nuevo Flamenco*, 1997.

3. Rappel : **La forme développée du futur : haber de + infinitif** (obligation)
• "... no **ha de entrar** (...) el viento de la calle" : *l'air de la rue ne doit pas rentrer (et ne rentrera pas).*
Cf. profundiza 1, p. 82 / 2, p. 116 / 3, p. 144.
Cf. gram. 40.B, p. 267.

▶practica

Aquí mando yo

1. Conjuga en imperativo:
• Dar un abanico a su madre.
• Obedecer y aprender a someterse.
Cf. profundiza, pp. 171, 218.

2. "En ocho años **que dure** el luto no **ha de entrar**..." Imita la estructura de esta frase como si les hablara Bernarda a sus hijas:
En ocho años que vosotras...

3. "Dame uno negro y aprende a respetar el luto de tu padre". Escribe esta frase en estilo indirecto empezando por: Bernarda le dijo a Adela que...

4. Completa la frase respetando la lógica de la escena:
• Cuando se acabe el luto...

5. ¿Qué papel desempeñaba la madre en las sociedades patriarcales mediterráneas?

6. Traduce desde "En ocho años..." hasta "... puede bordarlas".

▶recuerda

– doblar las campanas: *sonner le glas.*
– Lo mismo me da: *Ça m'est égal.*
– ¡En absoluto!: *Absolument pas !*
– ¡Ni hablar!: *Pas question ! / Vraiment pas !*

▶ imperativo: **marchar**, marcharse
▶ el adverbio de cantidad **menos**

18 de julio
el día de la ira

En la tarde del viernes, 17 de julio de 1936, llegó a Madrid la noticia de que se habían sublevado las tropas de la Comandancia Militar de Melilla y en la madrugada del 18 ya era claro que las tropas del Protectorado de Marruecos, cerca de 60.000 hombres, se habían pronunciado contra el Gobierno de la República.

David Solar, Director de "Historia 16", *Cambio 16,* 22/07/1996.

Franco y el general Queipo de Llano en los jardines de Puerta Oscura, Málaga.

▶ profundiza

Participio pasado irregular
Hacer → hecho
Romper → roto

Imperativo

Marchar o	**Marcharse**
marcha	márchate
marche	márchese
marchemos	marchémonos
marchad	marchaos
marchen	márchense

1. L'adverbe de quantité **Menos**
"... hay **menos** peligro" : *il y a moins de danger.*

2. Le possessif accentué (= vocatif)
Dios **mío** : *Mon Dieu !*
Cf. gram. 13, p. 255.

3. Les adverbes négatifs
• "sin atreverse **siquiera**..." : *sans même oser...*
• "Nosotros **no** tenemos la culpa... / "... **tampoco** nosotros tenemos la culpa", p. 221 : *Nous ne sommes pas responsables non plus.*
Cf. gram. 44, p. 268.

• Desde Fernando VII (*cf.* p. 184) que reinó de 1814 a 1839, muchos disturbios agitaron España: **tres guerras carlistas** → problemas de sucesión al trono (ley sálica). Cabe destacar tres reinados:
- Isabel II (1834-1868),
- Alfonso XII (1874-1885),
- Alfonso XIII (1902-1931),

así como los once meses que duró la 1ra República (1873-1874), períodos de regencia y de transición, la dictadura del general Miguel Primo de Rivera (1923-1930).

• De los años que precedieron la guerra civil, recordad:
- **1931 (14 de abril)**: proclamación de la 2a República → presidente: Manuel Azaña.
- **1933**: fundación de la Falange por José Antonio Primo de Rivera.
  Huelgas revolucionarias de los mineros de Asturias → represión sangrienta de los generales Franco y Goded.
- **1934**: elecciones legislativas → la derecha vuelve al poder.
- **1936 (16 de febrero)**: triunfo del Frente Popular.

En el mes de julio de 1936 los españoles marcharon cantando hacia la muerte.

Parapeto republicano junto al Pabellón de Francia de la Ciudad Universitaria.

no es culpa nuestra

1. vencido.
2. *boisées.*
3. se apoya.
4. *dossier du banc.*
5. *le domestique.*
6. *le contrevent.*
7. *littéralt, aigre-douce.*
8. *inf.* atender [ie] a : vaquer à.
9. *sans même oser.*
10. *étouffées.*
11. *doucement.*

En el otoño de 1937, derrumbado[1] el frente republicano de Asturias, cientos de huidos se refugian en las frondosas[2] y escarpadas soledades de la Cordillera Cantábrica.

(...)

Ramiro termina de comer y se recuesta[3] en el respaldo del escaño[4].

– ¿No vive nadie más aquí? –pregunta al matrimonio.

– Ahora no –contesta el hombre–. Los niños están en La Moraña, con sus abuelos. Allí hay menos peligro. Y el criado[5] está en el monte con las vacas.

– ¿Cuándo vuelve?

– Mañana.

Por la contraventana[6], se cuela ya la primera luz del alba. Es blanca y agridulce[7] como el vapor de leche que llena la cocina.

– Bien –Ramiro se levanta y se acerca a la ventana–. Hoy dormiremos aquí. Cuando anochezca, seguiremos camino. Ustedes –dice, dirigiéndose a los dueños del caserío– atiendan a[8] sus labores como si nada extraño sucediera. Y cuidado con lo que hacen. Uno de nosotros estará siempre vigilándoles.

El hombre asiente en silencio, sin atreverse siquiera[9] a levantar la mirada del suelo.

Pero es la mujer la que ha roto, por fin, a llorar. Apenas logro entender sus palabras ahogadas[10] entre las lágrimas:

–Pero ¿qué hemos hecho, Dios mío? ¿Qué hemos hecho? Ya os hemos dado de comer. Habéis comido y os habéis calentado junto al fuego. Ahora marchaos y dejadnos en paz. Nosotros no tenemos la culpa de lo que os pase.

Antes de salir, me vuelvo todavía para mirar a la mujer, que continúa llorando en el escaño, ahora ya con mansedumbre[11]. Me gustaría decirle que nada va a sucederles. Me gustaría decirle que tampoco nosotros tenemos la culpa de lo que nos pasa. Pero sé que de nada serviría.

Julio Llamazares, *Luna de lobos,* 1985.

1. ¿Dónde se han detenido **los fugitivos** (el narrador, Ramiro y otros dos compañeros)? ¿Qué momento es?

2. Apoyándoos en detalles del texto, decid quiénes son las personas que los acogen. ¿Cómo se explica **el recelo mutuo** que reina entre la familia y los recién llegados?

3. ¿Cuál será la postura del matrimonio frente a la guerra? Fijaos en las palabras de la mujer.

4. ¿Qué reflexión os sugiere **el monólogo interior del republicano** (l. 29-33) acerca de su carácter y de su estado de ánimo?

5. ¿No os parece que ilustra esta página el ambiente de la vida cotidiana durante una **guerra civil**? Matizad *(nuancez)* vuestra respuesta.

►practica

1. Justifie l'emploi de l'article devant les noms :
el vapor / **la** labor / **el** alba.

2. Conjuga en imperativo:
Atender a sus labores.

3. Escribe en estilo indirecto:
• Hoy dormiremos aquí.
• Cuando anochezca, seguiremos camino.
• Marchaos y dejadnos en paz.
Empieza por:
Ramiro le **dijo** a la mujer que...
Y ella...

4. Da otra construcción:
• **Nada** va a sucederles.
• **Tampoco** nosotros tenemos la culpa.

5. Traduce desde "Pero es la mujer la que..." hasta "... de lo que os pase" (l. 23-28).

►recuerda

– ¡Cuidado **con** lo que hacen!: *Attention à ce que vous faites !*
– dar de comer: *donner à manger.*
– De nada serviría: *Cela ne servirait à rien.*

Dos bandos se enfrentaron en la guerra civil:
- **los nacionales** (falangistas, carlistas / alianza con Hitler y Mussolini)
- **los republicanos** (Frente Popular / Brigadas Internacionales / Rusia).

Algunos datos:

1936
– julio-agosto: **Toledo**.
Batalla del Alcázar → victoria de los nacionales.
– septiembre-octubre: **Madrid**.
Batalla de la Ciudad Universitaria → bombardeo de la población civil. Los republicanos resisten (eslogan cantado por Dolores Ibarruri: "No pasarán" (*cf.* pp. 228-229).
– octubre: en **Burgos**, ciudad nacionalista, Franco se proclama jefe del Estado.
– octubre: llegada de las **Brigadas Internacionales**.

1937
– marzo: derrota de las tropas del Duce en **Guadalajara**.
– abril: se va el gobierno republicano a **Valencia**.
– 26 de abril: bombardeo de la población civil de **Guernica** (*cf.* pp. 224-225).

1938
– julio-agosto: derrota republicana del **Ebro**
- la batalla más dura y sangrienta de toda la guerra.
- empieza el éxodo de los republicanos.
- **acuerdo de Munich**: se retira la ayuda exterior (Brigadas Internacionales).

1939
– enero: **Barcelona** se rinde.
– 28 de marzo: entran los nacionales en **Madrid** → fin de la guerra.
– 1 de abril: Franco es proclamado en Madrid jefe del estado español.

guerra de carteles

Franco tras el final de la Guerra Civil en 1939.

El cartel, como testigo[1] de la contienda[2] que asoló[3] España, es el hilo conductor del libro "La Guerra Civil en 2.000 carteles", del catalán Jordi Carulla. La obra recoge las representaciones artísticas del género[4] en ambos bandos.
Cambio 16, 16/12/1996.

1. *témoin.* – 2. *conflit.* – 3. *inf.* asolar : *dévaster.* – 4. *genre.*

▲

1. Presentad los dos términos del cartel.
2. Identificad **los grupos** (hombres, armas...) y símbolos que recuerdan la contienda. Estableced la relación entre los dos planos.
3. Describid al **Caudillo**. ¿Cómo se evidencia el poder que iba a ser suyo hasta 1975?
4. **El yugo y las flechas** fueron el emblema de los Reyes Católicos, el **águila y el escudo** son los de la realeza. ¿Por qué los adoptaría Franco?

- Después de analizar y estudiar atentamente los dos carteles, definid su papel durante la guerra.

Cartel del Partido Comunista.

◀

1. Describid y comentad este cartel, recordando a qué **acontecimientos** remiten las fechas.
(*Cf.* recuadro, p. 220.)
2. ¿Qué sentimientos animaban aún a este bando en **1938**? ¿Cuál sería **el propósito** del cartel?

la "guerra de Papá"

– El domingo te imponen las insignias[1] –dijo Papá–. A las once en el estadio, no lo olvides. Va a ser un acto[2] magnífico.

Pablo se sofocó todo y se encogió de hombros[3].

Añadió Papá:

– ¿Parece como que te contrariara?

Pablo tornó a levantar los hombros, resignado. Intervino Mamá:

– ¿No se te ha ocurrido[4] preguntarle si quiere hacerlo? ¿Si sus ideas coinciden con las tuyas? Pablo ha cumplido ya dieciséis años.

Pablo tenía el rostro arrebatado[5]. Los ojos de Papá revelaban un creciente desconcierto[6].

– ¿Ideas? –dijo–; sus ideas serán las mías, creo yo. Además, esto no es tanto cuestión de ideas como de intereses.

No quitaba la mirada de su primogénito, pero Pablo no despegaba[7] los labios. Encareció Marcos extemporáneamente[8]:

– Cuéntanos cosas de la guerra, papá.

– ¿Ves? –dijo Papá–, éstos son otra cosa. ¿Y qué quieres que te diga de la guerra? Fue una causa santa. –Miró profunda, inquisitivamente[9] a Mamá y agregó–: ¿O no?

– Tú sabrás –respondió Mamá–. Esas cosas suelen ser lo que nosotros queramos que sean.

– La guerra –dijo Quico, y destapó el tubo de dentífrico–: Éste era un cañón. ¡Boooom!

Los ojos de Juan se habían hecho redondos:

– ¿Tú ibas con los buenos? –apuntó.

– Naturalmente. ¿Es que soy malo acaso[10]?

Juan sonrió, como relamiéndose[11]. Dijo:

– Yo quiero ir a la guerra.

– Tú no sabes –dijo Quico.

Papá sonrió:

– Eso es bien fácil –añadió–. En la guerra sólo existen dos preocupaciones: matar[12] y que no te maten.

– Muy aleccionador[13] –dijo Mamá.

Papá prosiguió, adoptando un gesto de hastío[14]:

– Lo malo es la paz: el teléfono, la Bolsa, los líos laborales[15], las visitas, la responsabilidad del mando[16]...

Juan demandó:

– ¿Tú mataste muchos malos, papá?

Papá dijo a Mamá, señalando a Pablo con un movimiento de cabeza:

– Ya le has malmetido tú[17], ¿verdad?

Dijo Juan:

– Di.

– Muchos –dijo Papá, sin mirarle.

Agregó Mamá:

– De sobra[18] sabes que yo no intervengo en esto. Pero se me ocurre que a lo mejor Pablo piensa que es más hermoso no prolongar por más tiempo el estado de guerra[19].

– ¡Coño! –voceó Papá[20]–. Esto no ocurriría si a tu padre le hubiéramos cerrado la boca a tiempo, en lugar de andar con tantas contemplaciones.

Martes, 3 de diciembre de 1963. Las 2.

Miguel Delibes, *El príncipe destronado*, 1973.

1. *emblèmes de la* **Falange**.
2. una ceremonia.
3. *haussa les épaules.*
4. *Il ne t'est jamais venu à l'idée de.*
5. *le visage empourpré.*
6. perplejidad.
7. *ne desserrait pas.*
8. *intempestivement.*
9. *d'un air inquisiteur.*
10. *par hasard.*
11. *fig. et fam. : s'en léchant les babines.*
12. *tuer.*
13. *très instructif.*
14. *une expression d'ennui.*
15. *les casse-têtes du travail.*
16. *du commandement, du pouvoir.*
17. *Tu lui as bourré le crâne.*
18. perfectamente.
19. *l'état de guerre.*
20. *inf.* vocear : *hurler.*

1. Presentad la escena diciendo cuál es **el motivo de la discusión**.

2. Líneas 1-11

- El padre es **un militante del régimen franquista**: analizad su actitud.
- ¿Por qué se le opone su mujer?

3. Líneas 12-33

¿Qué pone de manifiesto la intervención de los pequeños acerca del **pasado del padre**? ¿Y **del presente**?

4. Líneas 34-43

- ¿De qué le acusa a su esposa?
- ¿No os parece esta **familia representativa de los años sesenta**? Justificad vuestra respuesta.

árboles con historia, el Roble[1] de Gernika

Principal símbolo de las libertades del pueblo vasco.

No es el árbol más viejo de España, pero sí el más histórico de todos ellos. Símbolo por antonomasia de las libertades del pueblo vasco.

Gernika fue durante siglos el lugar de reunión de los pueblos de Vizcaya, pues bajo el histórico roble se celebraban las Juntas[2] Generales por las que se regían todos sus habitantes de acuerdo con unos fueros[3] basados en el uso y la costumbre, considerados por algunos como unos de los primeros sistemas políticos democráticos de Europa.

César-Javier Palacios

1. *le chêne.*
2. *assemblées, conseils.*
3. *privilèges, franchises (au Moyen Âge).*

el bombardeo[1]

La noticia se difundió[2] por todo el mundo con rapidez espectacular a través de crónicas espeluznantes[3], como la famosa del corresponsal del *Times* de Londres: “Guernica, la villa más antigua de los vascos y el centro de su tradición cultural, fue completamente destruida ayer por la tarde mediante incursiones aéreas de los insurrectos[4]. El bombardeo de esta ciudad, abierta y muy alejada del frente, requirió[5] exactamente tres horas y cuarto, durante las cuales una poderosa flota de aviones consistente en tres modelos alemanes, bombarderos Junkers y Heinkel y cazas Heinkel, no cesó de descargar sobre la villa bombas de 500 kilos para abajo, y un número de proyectiles incendiarios de aluminio y un kilo de peso, que se ha calculado en más de tres mil. Entre tanto, los cazas[6] volaban rasantes desde el centro de la población para ametrallar a aquellos elementos de la población civil que se refugiaba en los campos. Toda Guernica pronto estuvo en llamas[7], excepto la histórica Casa de Juntas, con sus ricos archivos de la raza vasca, y donde solía reunirse el Parlamento vasco”.

Posiblemente a través de esta crónica o la del diario vespertino *Le Soir* de París, los primeros en dar la noticia, Picasso pudo conocer la magnitud de la catástrofe. La impresión que le produjo fue tremenda[8] y su reacción, inmediata: realiza los primeros dibujos el uno de mayo y no se detiene hasta dar por concluida completamente la labor el cuatro de junio.

Francisco Calvo Serraller,
El Guernica de Picasso, 1981.

1. *le bombardement.*
2. *se répandit.*
3. *horrifiantes.*
4. *les insurgés.*
5. *inf.* requerir : *requérir.*
6. *fam., avions de chasse.*
7. *flammes.*
8. *terrible, énorme.*

Pablo Picasso (Málaga, 1881 – Mougins, Francia, 1973)

• Talento precoz. Fue a París entre 1900 y 1901.
• 1901-1904: **período azul** en el que predominan las maternidades y los retratos de ancianos.
• 1905-1907: **período rosa**. Picasso pinta motivos circenses.
• 1907: trabaja en *Les demoiselles d'Avignon*. Descubre el **arte africano** en el museo etnográfico de Trocadero. Es uno de los iniciadores del **cubismo**.

– Se situó siempre en la vanguardia *(l'avant-garde)*.
– También realizó esculturas, aguafuertes y cerámicas.
– En 1937, cuando pintó el "Guernica" con motivo de la Exposición Universal de París, era director del Museo del Prado.

Cubismo

• Movimiento artístico que floreció entre **1910 y 1930**.
• *Las señoritas de Aviñón* marcó el punto de partida.
• Características:
– formas geométricas,
– representación de varios aspectos de objetos y figuras sin restituir la perspectiva,
– uso del *collage*.

Pablo Picasso, *Guernica*, 1937. Óleo sobre lienzo 8 × 3,50 m. Museo Reina Sofía, Madrid.

1. Recordad el **acontecimiento histórico** (*cf.* p. 222).

2. a. Identificad los diferentes elementos presentes en la escena.
b. ¿Cómo sugiere Picasso el bombardeo y sus consecuencias (incendio / dolor / muerte...)?

3. Mostrad cómo la composición sugiere **los movimientos / el estatismo** durante la tragedia.

4. ¿Cómo traduce el pintor español **la interiorización del horror** tras la lectura de la noticia en el diario *Le Soir*? (Fijaos en el uso del *collage* / la austeridad cromática.)

5. Describid más detalladamente los elementos.
¿De qué **técnicas pictóricas** se valió Picasso para poner de relieve la crueldad, la violencia, la tensión, la barbarie?

6. ¿Qué **simbolismo** pueden cobrar el soldado, la mujer y el niño, los animales, la(s) lámpara(s) / el quinqué, la ventana, la flor?

7. ¿Qué **alcance** tiene este lienzo?

"No, la pintura no está hecha para decorar las habitaciones. Es un instrumento de guerra ofensivo y defensivo contra el enemigo".

"L'art n'a ni passé ni avenir. L'art qui est impuissant à s'affirmer dans le présent ne se réalisera jamais".

Pablo Picasso

• Elige una de las dos definiciones de la pintura que da Picasso y coméntala aplicándola al cuadro.

▶ imperativo: **escribir**, **cuidar**, cuidarse
▶ la preposición **desde** expresa el origen en el tiempo

consecuencias…

Cuando estaban en la Residencia Universitaria de Madrid, Federico García Lorca y Luis Buñuel eran inseparables. (Esta foto fue sacada en una feria en 1924.)

• Recordad quién era Lorca. ¿Cuándo y cómo murió? (*Cf.* p. 144.)

México, 1946-1961

Me sentía tan poco atraído por la América Latina que siempre decía a mis amigos: "Si desaparezco, buscadme en cualquier parte[1], menos allí." Sin embargo, vivo en México desde hace 36 años. Soy, incluso[2], ciudadano mexicano desde 1949. Al final de la guerra civil, numerosos españoles eligieron México como tierra de exilio, y entre ellos muchos de mis mejores amigos. Estos españoles pertenecían a todas las clases sociales. Había entre ellos obreros[3], pero también escritores, científicos, que se adaptaban sin demasiado esfuerzo a su nuevo país.

1. *n'importe où.*
2. *même.*
3. *ouvriers.*

Luis Buñuel, *Mi último suspiro*, 1982.

• ¿Qué acogida encontraron los exiliados republicanos en México? Justificad vuestra respuesta.

Vuelta de México: Luis Buñuel se reúne con su madre en España.

▶ profundiza

Imperativo
Escribir *(écrire)*
escrib**e** (tú)
escrib**a** (usted)
escrib**amos** (nosotros)
escrib**id** (vosotros)
escrib**an** (ustedes)

Cuidar	**Cuidarse**
cuid**a**	cuíd**ate**
cuid**e**	cuíd**ese**
cuid**emos**	cuid**émonos**
cuid**ad**	cuid**aos**
cuid**en**	cuíd**ense**

1. Équivalents de Depuis
• "… vivo en México **desde hace** 36 años".
• "Soy ciudadano mexicano **desde** 1949", p. 226.
Cf. gram. 32.G, p. 262.

2. L'infinitif → ordre familier
"Marilola: **a cuidar** de la mamá **y a rezar**", p. 227 : *Marilola, soigne bien maman et prie.*
Cf. profundiza 6, p. 186.
Cf. gram. 36.2, p. 263.

• "Volver", 1935 (tango). Carlos Gardel, *Gardel en Nueva York*, 1990.
• "Por una senda", Miguel Hernández. Interpretada por Amancio Prada, *Dulce vino de olvido*, 1985.

Carta a los padres de Ramón Sijé

Miguel Hernández, **poeta** español. Nació en Orihuela en 1910 y murió en el presidio *(bagne)* de Alicante en 1942.

Miguel Hernández escribe a los padres de su amigo fallecido (décédé). *Se dirige a ellos como si fueran sus propios padres.*

(Carta postal escrita con lápiz[1], en la que se ve un sello[2] color violeta: *Censura Militar – Madrid. ¡Arriba España! – ¡Viva Franco!* La dirección es la siguiente: *A José Marín Garrigós, Mayor 27, Orihuela [Alicante]*. Dirección del remitente[3]: Miguel Hernández Gilabert, Torrijos 65 –Prisión Provincial–, 4ª Galería, 1ª Sala, Madrid.
Proporcionada por don José Martínez Arenas.)

1. ¿Qué comprendemos acerca de Miguel Hernández?

2. Tras analizar los sentimientos que lo animan, haced el retrato del poeta.

"Queridos padres:

Aquí me encuentro con la gran esperanza de salir pronto y veros buenos de salud y de ánimo. Me acuerdo mucho de vosotros, ahora más que nunca, porque ahora es cuando puedo pensar más largamente en las personas que quiero. Mamá: cuídate mucho[4], es el mismo consejo que doy a la de la calle Arriba[5], porque nos haces falta a todos. Hoy ha venido a verme mi cuñado[6] Paco y me ha dado buenas noticias de Josefina y nuestro hijo. Escribidme vosotros a la dirección adjunta y poniendo mi segundo apellido. Justino: ¿qué tal? Papá: me imagino que andarás con alguna dolencia[7], pero a ninguno nos falta eso. Marilola: a cuidar de la mamá y a rezar[8] con ella por mí, por que[9] no dure esta situación, que aunque no me entristece mucho, tampoco me alegra demasiado. Muchos besos y abrazos para todos de vuestro hijo en nombre de quien lo fue más[10].

Miguel."

Nota : Esta carta fue escrita en abril o mayo de 1936.

1. *au crayon.* – 2. *un sceau, un tampon.* – 3. *expéditeur.* – 4. *prends bien soin de toi.* – 5. *(allusion à la propre mère du poète).* – 6. *mon beau-frère.* – 7. *souffrance.* – 8. *prier.* – 9. *ici,* para que. – 10. *au nom de celui qui le fut vraiment (Ramón Sijé mourut jeune).*

Wilfried Hösl, *Retrato de Eduardo Arroyo*, 1986.

Eduardo Arroyo nació en Madrid en 1937.
- En 1958 se exilió a Francia, símbolo de la libertad.
- Tras la muerte de Franco (1975), Arroyo vuelve a España (pasaporte legal / derecho al voto).
- 1977: exposiciones en Barcelona, Madrid y Valencia.

Estar sobre cubierta *(sur le pont)* – las jarcias: *les cordages* – el velamen: *les voiles* – un banderín: *un fanion* – un gabán: *un pardessus* – estar **con** las manos en los bolsillos – la mirada *(le regard)* ausente, vacía – una españolada, un tópico *(un stéréotype)* – una muñeca: *une poupée* / una "bailaora" – el duelo: *le deuil* – el desarraigo: *le déracinement.*

1. Recordad los acontecimientos históricos a los que remite este cuadro. (*Cf.* pp. 220-223 y recuadro sobre el pintor.)

2. ¿Cuál es el marco de la acción? Justificad vuestra respuesta.

3. ¿Qué representación hace el pintor de los exiliados? Explicadla.

4. El crítico francés Pierre Astier dice que Arroyo ha creado en sus cuadros **un espacio**, **el del teatro**: ¿cómo se verifica aquí? Fijaos en la escenificación, las líneas y los colores, la sugestión de sensaciones...

5. ¿Qué impresiones / sentimientos se desprenden de esta **obra comprometida** *(œuvre engagée)*?

Eduardo Arroyo, *La vuelta de los exiliados*, 1977. Óleo sobre lienzo, 220 × 180 cm. Galería Karl Flinker, París.

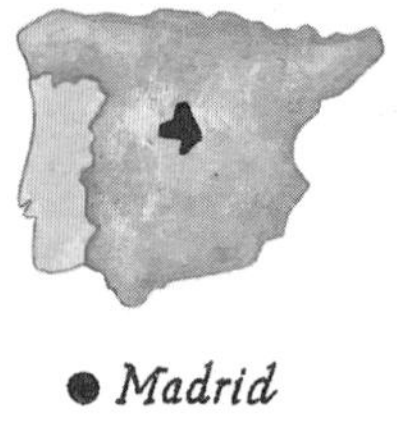

▶los adjetivos demostrativos ▶la preposición **de** (el tiempo) ▶**sólo / no... sino** indican una oposición

la Pasionaria

Cuando escribe en 1996, Manuel Vicent recuerda una escena que transcurre en 1977. En el jardín de la mansión derruida "Villa Valeria", se reúne un grupo de jóvenes progresistas. Participa en el almuerzo la Pasionaria, que ha vuelto del exilio tras la legalización del Partido Comunista.

Durante aquel almuerzo campestre recordé algunas escenas de mi infancia: aquellas noches de invierno en la posguerra junto a la chimenea había oído contar muchas veces una historia de terror mientras el viento gemía[1] en los cristales[2], el excitante caso del demonio en persona que había tomado la forma de una mujer vestida de negro, pálida y feroz como una loba[3]. Se hacía llamar Dolores Ibárruri o Pasionaria y se alimentaba de soldados nacionales guapos, devorándolos crudos[4] al pie de las trincheras[5]. De niño yo escuchaba este relato con el corazón sobrecogido[6]. Aquel demonio ahora estaba sentado en la cabecera[7] de esta mesa comiendo una paella un poco ahumada[8] y no parecía sino una noble anciana vestida con alivio de luto[9] que sonreía con cierta tristeza no exenta de dulzura.

Sin duda, otros niños habían oído la misma historia contada al revés[10] en el silencio sepulcral de la España vencida[11], con la voz de Radio Pirenaica ahogada[12] bajo tres almohadas[13], el caso de una heroína del pueblo que tenía la lengua de fuego, una madre ibérica vestida de luto que resistió hasta el final. Aquella heroína en este momento era adorada por todos los invitados que estaban sentados en sillas rotas alrededor de la mesa.

Manuel Vicent, *Jardín de Villa Valeria*, 1996.

1. *inf.* gemir : *gémir.*
2. *les vitres.*
3. *louve.*
4. *tout crus.*
5. *tranchées.*
6. *ici, glacé d'effroi.*
7. *place d'honneur.*
8. *ici, brûlée.*
9. *demi-deuil.*
10. *à l'envers.*
11. *vaincue.*
12. *littéralt, étouffée.*
13. *coussins, oreillers.*

Pasionaria rompió a[1] hablar de su adolescencia reclinándose[2] aún más en aquel sillón[3] desvencijado[4].
– Mi padre era carlista y analfabeto, un vasco cerrado que hablaba un castellano terrible, muy macarrónico[5]. De niña, yo le leía los periódicos y le contaba lo que oía en los mítines.

Manuel Vicent, *Jardín de Villa Valeria*, 1996.

1. *se mit à.*
2. *s'appuyant.*
3. *fauteuil.*
4. *démantibulé.*
5. *macaronique, « de cuisine ».*

▶profundiza

1. Rappel : Les démonstratifs
- 1re série
– "este relato" / "**esta** mesa".
- 3e série
– "**aquel** almuerzo" / "**aquella** heroína" / "**aquellas** noches".

Attention : l'emploi des démonstratifs des 2 séries renvoie tour à tour à **2 époques passées différentes.**
Leur choix dépend de la **subjectivité de l'auteur** (au moment de l'écriture) : sentiments face au souvenir / face à une femme mythique.
Cf. profundiza 2, pp. 68, 106, 132 / 1, p. 160.
Cf. gram 14, p. 255.

2. La préposition De complément de temps
"**De** niño yo escuchaba...", p. 228 = **cuando** era niño...
Cf. gram 32.C.3, p. 262.

3. Rappel : La restriction
- "... y no parecía **sino** una noble anciana", p. 228.
Cf. profundiza 2, p. 154 / 3, p. 158.
- "Yo soy **sólo** una mujer", p. 229.
Cf. gram 44.4, p. 268.

1. Recordad a qué **bando** pertenecía Dolores Ibárruri (*cf.* cronología, p. 222). ¿Cuándo y por qué **se exilió**?

2. Resumid el **recuerdo infantil** del narrador (el propio autor).
• Fijaos en las **palabras elegidas** para pintar a la Pasionaria, en las **circunstancias** asociadas al retrato de esta mujer.
• ¿En qué bando se crió el niño?

3. En la misma época circulaba **otra** versión de la **misma** historia: ¿cuál era? ¿En qué circunstancias se contaba?

4. Fijaos en las frases que remiten a 1977 (última frase de cada párrafo): mostrad que el hombre adulto ha superado *(surmonté)* sus terrores infantiles. ¿En qué **tono** habla de la Pasionaria?

recuerdos de milicianas

Cuando las notas del *Himno de Riego*[1] empiezan a sonar[2] en la sala, ellas se ponen en pie con esfuerzo, levantan el puño[3] tembloroso y enjugan[4], pudorosas, una lágrima rebelde. Tienen tantos años y tanta cárcel y tanto exilio a las espaldas que, para ellas, muchas cosas han dejado hace tiempo de tener importancia.

"Estuve condenada a muerte." "Yo tuve dos consejos de guerra." Lo dicen sin perder la sonrisa. Juana Doña, Antoñita Herrero.

Hablan y hablan. Se ríen, se besan. Se buscan unas a otras y se dejan querer por las jóvenes que las piropean[5] y las halagan.

Ellas, que protagonizaron una guerra, no se sienten protagonistas de nada. Todo para ellas ha sido lógico y natural. "Yo soy sólo una mujer, hijo. Nada más. No soy nada. Soy una de tantas mujeres que lucharon[6] por la libertad."

(...)

"Yo no sé cómo supo Miguel Hernández que mi nombre era Rosario Sánchez." Es la mujer que Miguel Hernández retrata en el poema *Rosario, la Dinamitera*. Le falta un brazo. Se fue voluntaria al frente con 17 años. Estaba en un centro cultural de la calle de San Bernardino aprendiendo corte y confección[7]. El 19 de julio del 36 llegó un joven y preguntó quién quería ir voluntario a luchar.

Yo miré detrás de mí y sólo éramos chicas. Pregunté: "¿Pueden ir mujeres? Me dijeron que sí. Y me apunté[8]. Pero no quise convencer a ninguna de mis amigas. Tenía miedo de que murieran." No dijo nada a su familia. "Cogí mis cuatro cositas y me marché al día siguiente a Buitrago. Allí perdí la mano." Muestra su brazo herido[9]. "Nos respetaban. Los hombres no se extrañaban[10] de que las mujeres lucháramos. Creíamos ya en la igualdad." Un día llegó un poeta. "Yo no conocía a Miguel Hernández. Él llegó con el poema. Y no sé cómo supo mi nombre, Rosario." Pero ese día entró en la historia Rosario, *la Dinamitera*.

Rodolfo Serrano, *El País*, octubre de 1996.

1. himno republicano. – 2. *résonner.* – 3. *le poing.* – 4. *essuient.* – 5. *leur font des compliments.* – 6. *qui ont lutté.* – 7. *la couture.* – 8. *inf.* apuntarse : *ici, se porter volontaire.* – 9. *ici, mutilé.* – 10. *n'étaient pas surpris.*

Las mujeres que lucharon en la República conmemoran su 65 aniversario en Madrid. Antoñita Herrero, *la de Vallecas*; Rosario Sánchez, *la Dinamitera*; Juana Doña; Julia Manzana; Carmen Blázquez; Antonia Bergé y Amelia Jover.

Rosario dinamitera

(...)

Rosario, dinamitera, puedes ser varón y eres la nata de las mujeres, la espuma de la trinchera. Digna como una bandera de triunfos y resplandores, dinamiteros pastores, vedla agitando su aliento y dad las bombas al viento del alma de los traidores.	*Rosario, dinamitera,* *tu pourrais être homme et tu es* *l'essence de la femme,* *l'écume de la tranchée.* *Digne comme un étendard* *de triomphes et de splendeurs ;* *dinamiteros bergers,* *voyez-la promener sa force* *et semez les bombes au vent* *de l'âme des traîtres.*
Miguel Hernández, *Viento del Pueblo,* 1937.	Traduit de l'espagnol par **Alice Gascar**.

▸practica

La Pasionaria

1. Pasa a la voz activa: "Aquella heroína en este momento era adorada por todos los invitados."
2. Pasa a la voz pasiva: "Otros niños habían oído la misma historia en el silencio sepulcral de la España vencida".
3. Muestra cómo logra Manuel Vicent superar su terror infantil y brindarnos un homenaje respetuoso de la gran dama.

---

1. ¿Con qué **motivo** fueron reunidas aquellas milicianas?
2. El periodista apunta **sentimientos opuestos** durante la ceremonia: destacadlos y analizadlos.
3. Mostrad cómo consideran aquellas mujeres su actuación durante la guerra. ¿Cómo se explicarán las **muestras de cariño** *(affection)* de las jóvenes generaciones?
4. Resumid la historia de Rosario Sánchez. Mostrad cómo el poeta Miguel Hernández la **ensalza** *(l'exalte)* y **rinde homenaje** a aquella mujer.

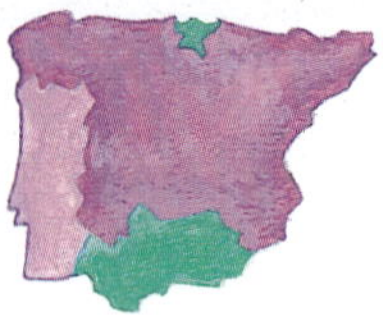

● País Vasco
● Andalucía

▶ el adjetivo posesivo detrás del nombre ▶ el comparativo
▶ las oraciones concesivas en subjuntivo (acción no realizada)

las brumas del norte

La Hechicera *(Trikuharria)*, Elvillar, Álava.

▶ profundiza

1. Le possessif articulé
• "Ese anorak **suyo**" : *Cet anorak qui est le vôtre → votre anorak.*

2. Le comparatif
• "... de un clima **menos** africano y con un nivel de vida **más** alto" (**que** en el sur).
• "... a los colores (...) mucho **menos** rotundos **que** en el sur".
• "... los azules y blancos **tan** excesivos en el cielo del mediodía **como** en la cal de las paredes".
Cf. gram. 15, p. 256.

3. Rappel : **La concession sur un fait supposé**
"Sí que me gustaba **aunque** le **parezca** mentira".
Cf. profundiza 2, p. 90 / 4, p. 98 / 3, p. 146 / p. 171.
Cf. gram. 37.A.3, p. 265.

La escena transcurre en Andalucía. Susana lleva en su coche al inspector. (*Cf.* p. 39.)

– Ese anorak suyo –dijo, mientras maniobraba el coche marcha atrás para salir de la calzada[1]–. Enseguida me fijé en él.
– No me diga.
– Ese anorak es la clase de ropa que nadie lleva aquí –continuó Susana–. Tan recia[2], tan de invierno, de un clima menos africano y con un nivel de vida más alto. Así que nada más verlo a usted en el patio de la escuela pensé: viene del norte, del País Vasco o de Santander.
– He vivido bastantes años en Bilbao. Me dieron el traslado[3] a principios del verano.
– ¿Le gustaba?
– Qué pregunta –dijo el inspector. A un policía destinado[4] allí no era muy frecuente que se la hicieran. –Sí que me gustaba, aunque le parezca mentira.
Ahora que ya no estaba en el norte comprendía que se había acostumbrado muy hondamente[5] a algunas cosas, a las monotonías y a los matices[6] de los paisajes y del clima, a la proximidad del Cantábrico y a los colores suavizados por la niebla[7], lavados por la humedad, mucho menos rotundos[8] que en el sur, donde todo, cuando llegó, había sido de una nitidez hiriente, cegadora[9], sin gradaciones de tonalidad ni de sombra: el color pardo o calizo[10] de la tierra desnuda, los azules y blancos tan excesivos en el cielo del mediodía como en la cal de las paredes, la crudeza con que de pronto aparecían las cosas en aquellos paisajes nunca del todo ajenos al desierto[11].

Antonio Muñoz Molina, *Plenilunio,* 1997.

1. *la chaussée.*
2. *littéralt,* grueso → caliente.
3. *mutation.*
4. *affecté (à un poste).*
5. profundamente.
6. *les nuances.*
7. *la brume.*
8. *crus, francs.*
9. *une netteté blessante, aveuglante.*
10. *la couleur brune ou crayeuse.*
11. *ayant toujours quelque parenté avec le désert.*

Vídeo "Sequía". Reportaje.

1. ¿En qué detalle del atuendo *(la tenue vestimentaire)* del inspector se fijó Susana? ¿Qué dedujo la maestra?

2. ¿Qué le confirmó el inspector?

3. ¿Cómo reaccionó el policía a la pregunta de Susana (l. 12)?

4. ¿Qué sentimientos y rasgos de carácter del inspector se traslucen tras la comparación de las dos regiones?

Comunidad autónoma: **País Vasco**
Está constituida por tres provincias, siendo Álava la sede del gobierno vasco.

provincia		**capital**
Álava	→	Vitoria (Gasteiz)
Guipúzcoa	→	San Sebastián (Donostia)
Vizcaya	→	Bilbao (Bilbo)

de bullicio: *de vacarme, ici : de vie.* – fiestas de la Virgen Blanca en Vitoria: 4 de agosto. – el Alarde de San Marcial en Irún: conmemoración, el 30 de junio, de las victorias de los iruneses en sus múltiples batallas contra los vecinos franceses. – la Semana Grande en Bilbao: feria taurina que comienza el fin de semana posterior al 15 de agosto. Cuenta con una gigantesca reina de cartón (Marijaia). – la Semana Grande en San Sebastián: semana festiva del mes de agosto. – dólmenes: monumentos megalíticos. – Aros: *danse folklorique des cerceaux.* – Santa María de los Reyes, iglesia gótica en Laguardia, Álava, cuya portada conserva la policromía original. Se sitúa en una de las rutas del Camino de Santiago.

1. Describid esta publicidad mostrando cómo se organiza alrededor de un eslogan sorprendente y original.

2. ¿Qué visiones pretende dar de la autonomía? ¿Os parecen evocados todos sus aspectos?

3. En conclusión, ¿qué reflexión os inspira la expresión “un gran pueblo”?

▸practica

Las brumas del norte

1. Pon en presente la frase “no era muy frecuente que se la hicieran”.
2. Pasa al estilo indirecto: “He vivido bastantes años... principios del verano”. Empieza por: El inspector le dijo a Susana…
3. Traduce desde el principio hasta la línea 8.
4. A partir de los elementos del texto muestra los contrastes que existen entre el norte y el sur: clima, paisajes, economía… (Emplea las tres formas del comparativo.)

Publicidad

1. Pasa a la persona **vosotros** las frases:
   - “Si deseas recibir información gratuita, llama al teléfono…”.
   - “País Vasco, ven y cuéntalo”.
2. ¿En qué consiste la originalidad del eslogan? Propón otro y justifícalo.

▸recuerda

– nada más verlo a usted: *dès que je vous ai vu.*
– a principios del verano: *au début de l'été.*
– aunque le parezca mentira: *même si cela vous paraît incroyable.*

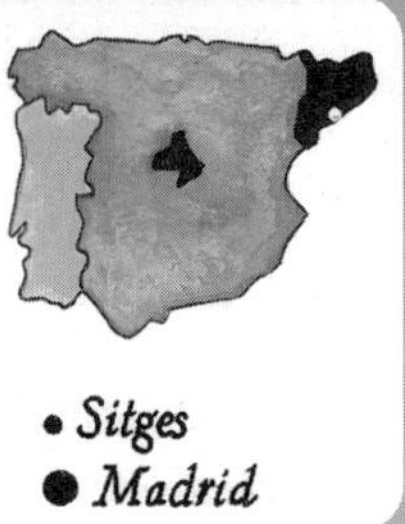

▶pretérito indefinido: **estar**
▶el superlativo absoluto ▶la afirmación

el aire de Madrid...

Al otro extremo del hilo telefónico, oí el tintineo de los cubitos de hielo[1] en el *gin-tonic* perfectamente veraniego[2] de Pancho Salvatierra.

¿Qué programa teníamos Gloria y yo para este verano? Pancho posee la gracia de preguntar estas cosas de una manera tan natural que no menoscaba[3] el orgullo de su interlocutor. Para mí resultó fácil responder a su pregunta sobre nuestro veraneo.

– Nada..., no tenemos ni una peseta...

– ¿Y tu novela?

– Rechazada[4]... Un desastre.

Sensibilísimo para discernir semitonos[5] en las inflexiones de la voz de sus amigos, Pancho percibió que Gloria y yo no nos negaríamos a[6] nada que nos alejara de Sitges, odioso testigo de esta humillación. Comenzó entonces a explayarse sobre las delicias de Madrid en verano, cuando no hay ni un alma ni un auto, todas las casas cerradas –"no quedan más que porteros[7], que son el Madrid auténtico, castizo, que a ti como novelista va a interesarte"–, y hasta se podía ir al cine sin hacer cola, y a restoranes sin reservar mesa.

– ¡Y las rebajas[8]...! Coméntale a la Gloria lo de las rebajas. ¡Si lo regalan todo! ¿Para qué se van a quedar en Sitges, si se pueden venir a pasar tres meses, y quizás más, aquí en mi piso en Madrid?

Me reconoció, eso sí, que las noches de Madrid no refrescan nada. ¿Pero qué importaba? Toda su casa tenía aire acondicionado. Fingió rogarnos[9] que "nos sacrificáramos aunque sólo fuera por amistad" aceptando este veraneo en su casa para cuidar sus plantas, a Myshkin, su perro pug, y a Irina, su gata siamesa, cuyo colorido hacía juego con el del perro.

– Ustedes conocen mi piso en Madrid. Se lo dejo todo abierto menos mi estudio[10] que está hecho una cochinada[11]. No está mal mi casa para pasarse tres meses escribiendo.

La verdad es que no estaba mal el piso de Pancho Salvatierra en el centro mismo de Madrid, no estaba mal para un pintor, ni para un escritor. (...) Recordé las ventanas que se abrían, sorprendentemente en el desarbolado Madrid, sobre un boscaje de castaños, tilos, olmos[12].

José Donoso (Chile), *El jardín de al lado,* 1981.

1. *glaçons.*
2. *estival.*
3. *ici, blessé.*
4. *Rejetée.*
5. *demi-tons.*
6. *inf.* negarse a [ie] : *refuser.*
7. *des concierges*
8. *les soldes.*
9. *nous supplier.*
10. *mon atelier.*
11. *une vraie porcherie.*
12. *châtaigniers, tilleuls, ormes.*

1. Presentad a los personajes. Decid lo que le propuso Pancho Salvatierra a Julito, el narrador.

2. ¿Por qué le hizo tal propuesta? ¿Cómo consiguió que su amigo la aceptara?

3. Apreciad la amistad que unía a estos dos **intelectuales latinoamericanos exiliados** en España.

▶profundiza

Pretérito indefinido irregular
Estar
estuve
estuviste
estuvo
estuvimos
estuvisteis
estuvieron

Imperativo
Creer *(croire)* –› **crea Vd.**

1. Le superlatif absolu (un irrégulier)
sensible –› **sensibilísimo**, p. 232.
Cf. gram. 16.A, p. 256.

2. Le renforcement de l'affirmation : Si / Eso sí
• "¡**Si** lo regalan todo!" : *(Tu sais bien) on offre tout.*
• "Me reconoció, **eso sí**, que...", p. 232 : *Il reconnut, certes, que...*

3. Le subjonctif après un **verbe de prière**
"... **rogarnos que** nos **sacrificáramos**", p. 232 : *nous **supplier de nous sacrifier**.*
Cf. profundiza 4, p. 76 / 5, p. 88 / 4, p. 144.
Cf. gram. 37.A.2, p. 264.

4. Le relatif Dont
"su gata siamesa **cuyo** colorido hacía juego...", p. 232 : *sa chatte siamoise,* ***dont*** *la couleur était assortie...*
Cf. profundiza 2, p. 136 / 3, p. 208.
Cf. gram. 25.A, p. 259.

> Refrán
> "El aire de Madrid es tan sutil que mataría a un hombre y no apagaría un candil."

▶el uso del subjuntivo después de verbos de voluntad
▶el pronombre relativo **cuyo** (la posesión)

un trotamundos

1. *inf.* aislarse : *s'isoler.*
2. la tranquilidad.
3. tienes cuidado.
4. *consommation.*
5. *Il m'est venu à l'esprit.*
6. *paquebot.*
7. *Fuir.*
8. *l'ennui.*
9. *l'homme d'affaires.*

– ¿Cómo se organiza para escribir?
– Lo hago como si fuera a trabajar, créame. Es lo mejor. Dos días por semana, fijos, a unas horas fijas, dicto a mi secretaria.
– ¿Se aísla[1]?
– Totalmente. Escribir es algo muy serio. No se pueden hacer dos cosas a un tiempo.
– Desde luego. ¿Cuáles son sus "hobbies"?
– Uno mi yate "Avantage" que es una medicina para mí.
– ¿Otro, por favor?
– "El sosiego"[2]; una finca en Sitges con más de cuatrocientas plantas exóticas, esculturas, piscina, pista de baile...
– ¿El trabajo?
– Esto es lo peor. Si no vigilas[3] es el monstruo que te domina, créame. Pero en realidad es donde yo paso las horas más felices.
– ¿Y los viajes?
– También. Soy un infatigable trotamundos. Hace unos días he regresado del Caribe. Puede usted poner, si quiere –no me importa–, que estuve bebiendo en algunas tabernas y he visto cómo vive la gente.
– ¿Tema para otro libro?
– Sí. Ya tengo el título: "La ruta de los emigrantes y su capacidad de consumo[4]". Se me ocurrió[5] en el comedor del buque[6]. Mirando a las gentes, me pregunté: "¿Qué hacemos aquí? Huir[7], huir de algo... De pronto lo vi claro. ¡Huir! ¿De qué? Del tedio[8], de las ocupaciones, de cualquier cosa. Somos unos fugitivos. Yo, en el fondo, tengo cierta capacidad poética.
– Muy interesante. ¿Debe viajar el hombre de negocios[9]?
– Está moralmente obligado. Necesita salir, ver otras cosas, escapar de la rutina. Hay que ser un poco poeta, ya se lo he dicho.

Juan Marsé, *Esta cara de la luna*, 1962.

1. Según el escritor entrevistado, ¿cuáles son **los requisitos** *(conditions nécessaires)* para poder escribir?

2. Decid cuál es **el tren de vida** de este escritor. ¿Os parece que todos los "artesanos" de la literatura y del arte llevan el mismo? Citad ejemplos.

3. En el fondo, este escritor es **un hombre de negocios**. ¿Cómo se nota en sus actividades?

4. A vuestro parecer ¿qué importancia tiene finalmente la literatura para él?

Maruja Torres, Eduardo Mendoza, Manuel Vázquez Montalbán y Juan Marsé en el restaurante "Casa Leopoldo" en Barcelona.
Artur Lleó, 07/05/1997.

▶practica

El aire de Madrid...

1. Pon en presente:
- "Pancho percibió... de Sitges".
- "Fingió rogarnos... por amistad".
- Recordé... olmos".

2. Compara el tren de vida del pintor y el del novelista.

3. Traduce desde el principio hasta "... un desastre".

Un trotamundos

1. "¿**Debe** viajar el hombre de negocios?"
Indica otras dos formas equivalentes.

2. Pon en estilo indirecto desde el principio hasta "... a un tiempo".
Empieza por:
El periodista le preguntó al escritor... y éste...

3. ¿Qué concepción de la escritura tiene este hombre? ¿Qué te parece?

▶recuerda

– **ocurrírsele** (una idea) a uno: *venir à l'esprit de qqn.*
– huir **de** algo: *fuir quelque chose.*
– hacer cola: *faire la queue.*

Gustave Doré, Don Quijote luchando contra los molinos de viento, 1863. Grabado.

¡locos, aventureros!

Cinco españoles más allá de los límites

Son los últimos conquistadores de un mundo en el que no queda ya nada que descubrir. Les une[1] el afán[2] de sobrepasar límites, de desafiar retos. Unos aspiran a coronar las cimas más inexpugnables, otros a atravesar continentes en trineo o el mundo en bicicleta. Todos están dominados por el "factor Ulises".

Laureano Casado, aeronauta.

Escalador.

Hasta hace diez años Laureano Casado era un funcionario administrativo que de vez en cuando[3] solicitaba un día de permiso sin sueldo[4] para "asuntos personales". Uno de esos asuntos fue batir, con 20 años, el récord de saltos en un día: su paracaídas se abrió 43 veces en diez horas. Su máxima sigue siendo "más vale llenar[5] los años de vida, que la vida de años".

Yolanda Aguilar y Chema Conesa,
El Mundo, 23/11/1997.

1. *inf.* unir : *réunir.* – 2. *le désir.* – 3. *de temps en temps.* – 4. *sans solde.* – 5. *remplir.*

Viajero polar.

Mercè Martí, piloto de aviación.

A los 29 años, esta catalana ya ha dado en varias ocasiones la vuelta al mundo a los mandos[1] de su avión.

Pero no conforme con eso, en 1994, después de recorrer 33.500 kilómetros en un tiempo de 92 horas y 27 minutos, se convirtió en la campeona[2] de la Vuelta al Mundo en avión de hélice. Mercè fue la primera mujer en hacerse con este galardón[3] y, además, la persona más joven en lograrlo en toda la historia de este campeonato, considerado la Fórmula 1 del aire.

Pero para Martí, mucho más gratificante que los triunfos es el cúmulo de sensaciones que la invade cuando se pone a los mandos del Spirit of Freixenet, un bimotor de 320 caballos de potencia y una velocidad de crucero[4] de 325 kilómetros a la hora. “Me siento realmente libre. Cada vez que vuelo es como si iniciara una gran aventura, incluso[5] tengo la sensación de que no tengo límites. Es casi imposible explicar lo que se siente. Desde Leonardo da Vinci el hombre ha deseado volar y yo lo puedo hacer”, concluye.

Para hacer realidad su sueño, Martí ha tenido que trabajar muy duro. Realizó sus estudios de piloto en Estados Unidos “y allí las cosas son muy diferentes. Las mujeres forman parte del mundo de la aviación. Cuando volví a España me costó mucho hacerme un sitio[6]. Pero yo soy una persona luchadora y cuanto más difícil, más gratificante es el triunfo”.

Yolanda Aguilar y Chema Conesa, *El Mundo*, 23/11/1997.

1. *aux commandes.* – 2. *la championne.* – 3. *prix, récompense.* – 4. *vitesse de croisière.* – 5. *et même.* – 6. *une place.*

Juan José Alonso Checa, escalador y ciclista.

▸ profundiza

Propositions corrélatives
“... **cuanto más** difícil (es la lucha), **más** gratificante es el triunfo”, p. 235 : ***plus*** *la lutte est ardue,* ***plus*** *le succès est gratifiant*.

▸ practica

1. Presenta el asunto de esta doble página.
2. Comenta la máxima de Laureano Casado: “más vale llenar los años de vida, que la vida de años”.
3. ¿Qué reflexiones te sugieren las palabras de Mercè Martí: “... tengo la sensación de que no tengo límites”?
4. Presenta / Recuerda a Ramón Portilla o a J.J. Alonso Checa (*cf.* pp. 116-117). Luego, enumera y comenta sus hazañas *(exploits)*.
5. Di lo que sabes del aventurero Ramón de Larramendi.
6. Di en conclusión si te parece acertada esta afirmación: “están dominados por el *factor Ulises*”.
7. ¿Cuál de los cinco aventureros te parece más fabuloso? ¿Por qué?

▸ recuerda

– desafiar retos: *relever des défis*.
– dar la vuelta al mundo: *faire le tour du monde*.
– hacer realidad su sueño: *réaliser son rêve*.

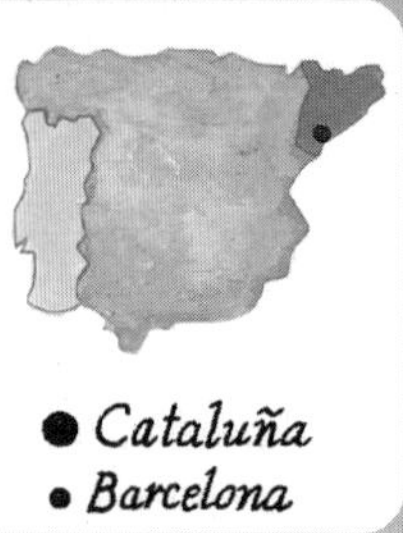

▸practica

David Meca

1. Escribe en 1ª persona desde "También como actor..." hasta "... y George Lucas."

2.

Se ha **convertido** en una moda. Estoy **invirtiendo**. Te **diviertes**.

Indique l'infinitif de ces verbes et dis en quoi consistent les irrégularités de leur conjugaison.
Cf. gram. 46.C.3, p. 273.

Aguas turbulentas

Traduce el texto que acompaña el mapa: "El río Paraná... en el mundo."

▸recuerda

– río abajo ≠ aguas arriba: *en aval ≠ en amont.*

Meca, durante la carrera en la que ganó el subcampeonato del mundo de 25 kilómetros en Perth.

88 kms río abajo[1]

La carrera de natación más larga del mundo transcurre[2] en el río Paraná, Argentina. Y un español es favorito.

Ésta es la única carrera de aguas abiertas en las que las barcas de acompañamiento se impulsan a remos[3]. Los guías[4], allí llamados "prácticos", dirigen a los nadadores por las partes más adecuadas, en un río que alcanza en algunos tramos[5] una anchura[6] de seis kilómetros. Las aguas arcillosas[7] del Paraná –los participantes apenas ven nada– bajan a una velocidad entre cuatro y ocho kilómetros por hora. Este año, el fenómeno climático conocido como "El Niño" ha hinchado el caudal[8].

Javier Romano,
Marca, 14/02/1998.

1. río abajo ≠ aguas arriba: *en aval ≠ en amont.* – 2. pasa. – 3. *rames.* – 4. *Les guides.* – 5. *ici, endroits.* – 6. *une largeur.* – 7. *argileuses.* – 8. *a gonflé le débit.*

1. *inf.* repostar : *ravitailler.*
2. *des pâtes.*
3. *bouillies.*
4. *sur le dos.*

Repostando[1] en carrera

David Meca se ha alimentado a lo largo de la semana con comidas ricas en proteínas y en las 48 horas previas a la competición se carga de carbonohidratos, pan y pasta[2] sobre todo. Los nadadores acostumbran a "repostar" al cabo de una hora. A partir de entonces toman bebidas isotónicas cada sesenta minutos e intercalan alimentos de fácil digestión, fruta, papillas[3], barras energéticas, mientras nadan de espalda[4].

Javier Romano, *Marca*, 14/02/1998.

• Después de leer los diferentes artículos, haz el retrato de David Meca.

Marca, 14/02/1998.

1. *requins.* – 2. *des épreuves.* – 3. *ici, carrière.* – 4. *acclamés.* – 5. *inf.* nadar : *nager.* – 6. *coups de chance.* – 7. *inf.* embolsarse : *empocher.* – 8. *importants.* – 9. *encaisser, percevoir (de l'argent).* – 10. *inf.* invertir [ie] : *investir.* – 11. *feuilleton télévisé.* – 12. *inf.* rodar [ue] : *tourner.*

David Meca

A David Meca lo han hecho famoso en España los tiburones[1] blancos del océano Índico, pero en países como Argentina, Australia o Egipto es todo un ídolo. Este catalán, nacido en Sabadell el 23 de febrero de 1974, es uno de los mejores nadadores en pruebas[2] de gran fondo en aguas abiertas, una modalidad casi desconocida en Europa, pero que se ha convertido en una moda en el resto de los continentes. Hoy parte entre los favoritos en la prueba de 25 kilómetros.

La otra carrera[3] que desarrolla Meca en sus ratos libres, la de actor, hace que sea también uno de los nadadores más jaleados[4] por las quinceañeras de todos los sitios a donde va. Cuando nada[5] Meca, no importa quién gane o pierda. El centro de atención para las chicas es siempre él.

También como actor es más conocido fuera de España que dentro, porque ha desarrollado toda su carrera en Estados Unidos, donde vive hace seis años.

Apenas llegó a California Meca tuvo dos golpes de suerte[6]. Como actor consiguió un papel protagonista en una serie de televisión producida nada menos que por Steven Spielberg y George Lucas. La serie fue *El joven Indiana Jones*, y su papel, el de amigo inseparable del aventurero adolescente. El otro golpe de suerte consistió en que Mark Schubert, uno de los mejores entrenadores de natación del mundo, lo descubrió y le propuso que se dedicara a la larga distancia.

Consiguió el primer puesto y se embolsó[7] un premio millonario. "Es verdad que la natación de larga distancia da mucho dinero. Los premios son muy cuantiosos[8] y hay mucha publicidad media en el mundillo. Sé que hay gente que piensa que está mal cobrar[9] por nadar, pero yo lo que veo es que estoy invirtiendo[10] muchos años de mi vida en esto y quiero tener una compensación", afirma.

De momento, sus planes se reducen a convertirse en el número uno del circuito profesional de larga distancia y a intentar que le den un papel en un culebrón[11], "¿Que por qué un culebrón? Porque te diviertes rodándolo[12] y es la mejor escuela de actores".

Esperanza Peláez, *El País*, 11/01/1998.

▸practica

Locos por el viento

1. Recopila todos los verbos que diptongan: reagrúpalos según su conjugación.

2. Introduce la noción de costumbre:
- La tarde **empieza** con un helado.
- Los grupos **vienen y van** por las calles.
- Los últimos windsurfistas **se recogen** después de desayunar.

3. A tu parecer, ¿qué visión nos da el periodista de los jóvenes?

Tenerife

1.

Practica tu deporte favorito / disfruta. Ven y compruébalo por ti mismo.

Pasa estas órdenes utilizando la forma de cortesía (Usted).

2. Completa las frases respetando la lógica del documento.
- Cuando vengas a Tenerife, ...
- Cuando sepas lo paradisíaco que es Tenerife, ...

▸recuerda

– **practicar** un deporte: *pratiquer un sport.*
– acostarse [ue] temprano: *se coucher tôt.*
– desayunar chocolate con churros: *déjeuner d'un chocolat avec des « beignets ».*
– sin lugar a dudas: *sans aucun doute.*
– comprobar [ue] algo por sí mismo: *faire l'expérience de quelque chose par soi-même.*

locos por el viento, el mar y la juerga[1]

Tarifa es un paraíso para los windsurfistas. En verano, miles de jóvenes se dan cita[2] en este pueblo gaditano[3] para navegar y gozar de la vida nocturna.

Tarifa, una localidad que vivía de la pesca y el campo, ha cambiado su vida profundamente con la avalancha de windsurfistas de todo el mundo.
Al atardecer[4], la actividad se traslada de las playas al pueblo. La playa, bañada en oro por el ocaso, se vacía[5], los triángulos de las velas se pliegan hasta el día siguiente. Los windsurfistas salen de los campings y los hoteles con aspecto nuevo, muchos de ellos uniformados: pantalón vaquero[6], polo o camiseta[7] con motivos surferos y zapatillas deportivas o náuticos. Ellas, con vaqueros, bermudas o ajustados vestidos de minifalda.
La tarde noche empieza para muchos de ellos con un helado en el Tutti Frutti. O en la terraza del Café Central, entre cortados[8], zumos[9] y mucha agua mineral.
La mayoría prefiere la vida sana. Sólo los muy surferos se acuestan[10] temprano y suelen levantarse sobre las 9 para aprovechar la mañana. Según avanza la noche, los grupos vienen y van en las estrechas y sinuosas calles tarifeñas: una copa en el Pepe Pótamo, a Pingüinos, a Pavos[11] (público quinceañero).
"Mis amigos y yo solemos hacer el recorrido nocturno por los bares", comenta Philippe Penichou, un estudiante de Ingeniería de Burdeos.
Tras bailar en la discoteca Tanakas, muchos optan por recibir el nuevo día en Wave o El Ventilador, dos discotecas-chiringuito[12] junto a la playa, que han sufrido cierres[13] por parte del ayuntamiento[14] por su exceso de ruido.
Después de desayunar chocolate con churros en un bar –rodeados por marineros que toman su café y una copita de anís– los últimos windsurfistas se recogen. Pero no antes de mirar hacia el cielo que clarea, anunciando un día de viento.

Luis de Zubiaurre,
Cambio 16, 17/08/1991.

1. *la noce, la bringue.* – 2. *se donnent rendez-vous.* – 3. (de la provincia de Cádiz). – 4. al crepúsculo. – 5. *inf.* vaciarse : *se vider.* – 6. *jeans.* – 7. *tee-shirt.* – 8. cafés con leche. – 9. *jus de fruit.* – 10. *inf.* acostarse [ue] : ir a dormir. – 11. alusión a la edad del Pavo: *l'âge bête.* – 12. *guinguette.* – 13. han sido cerrados. – 14. *la mairie.*

1. Después de leer el artículo, resumidlo respetando el orden de las ideas:
- Tarifa, antes... hoy...
- Al atardecer...
- Las actividades de la tarde noche...
- La vuelta a "casa"...

2. Según este artículo ¿qué público se junta en este paraíso? Justificad vuestra respuesta. (Comentad por ejemplo: "muchos de ellos uniformados", l. 11.)

3. A vuestro parecer, ¿qué justifica la elección de Tarifa como paraíso del windsurfing?

"Regreso problemático". José María Merino, *El viajero perdido.*

"Vamos a la playa". Ana Belén, *Cómo ser mujer y no morir en el intento*, 1991.

- Las islas Canarias se sitúan en el Atlántico a 115 km de la costa del sur de Marruecos.
- Isla de Tenerife, de suelo volcánico. En el centro, se halla el Pico del Teide (3.716 m). Capital: Santa Cruz.

el recinto deportivo: *littéralt, l'enceinte sportive.* – sin lugar a dudas: *sans aucun doute.* – calas: *des criques.* – buceo: *plongée.* – la orilla: *la rive, le bord.* – compruébalo: *vérifie, rends-toi compte.*

1. Presentad esta publicidad (asunto, organización). ¿Qué llama enseguida la atención en ella?

2. La foto enseña **las dos caras** del paisaje isleño: mostradlo. ¿A qué se refiere el demostrativo "Éste" que encabeza el eslogan? Comentad **la metáfora**.

3. Leed el texto.
- ¿Cómo sugiere la riqueza de Tenerife?
- ¿Qué alternativas le **ofrecerá** al turista que **vaya** allí?
- Para acabar de convencer al lector, ¿de qué argumentos se vale?

4. ¿Comprendéis por qué se llamaron en la Antigüedad **"Islas Afortunadas"**?

deportes

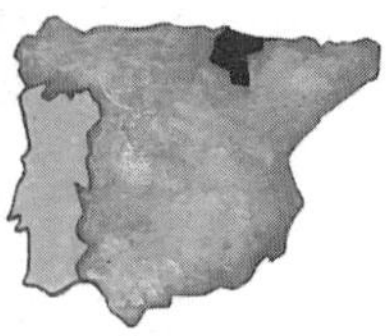

▸ profundiza

1. Le nom neutre **Todo** "... **todo** eran ofertas" = todo era ofertas, p. 240 : *tout n'était qu'offres (= il n'y avait que des offres)*. *Cf.* gram. 17.3, p. 257.

2. La tournure emphatique "**Así fue como** (...) Induráin acabó haciendo publicidad", p. 240 : ***Ce fut ainsi que...*** *Cf.* gram. 26, p. 260.

▸ el indefinido **todo** (la cantidad)
▸ **es como**

Induráin, un año de jubilado[1]

Durante su primer año de ex ciclista, Miguel Induráin ha tenido, en su opinión, "demasiadas apariciones públicas". "El próximo año me veréis menos", ha dicho. Sobre estas líneas, Miguel acompañado de su mujer y su hijo, aplaude como espectador en una etapa del último Tour a Bjarn Riis –su verdugo en el Tour de 1996– y a Fernando Escartín.

El ex ciclista ha rechazado ofertas de publicidad, se ha alejado[2] aún más de Banesto y se ha dedicado a su familia.

Cuando Miguel Induráin dice no es no.

– Miguel, por favor, ¿podrías concederme una entrevista para hablar de tu primer año lejos del ciclismo?, le preguntan los periodistas a diario.

– No.

Es la respuesta invariable. "Yo ya no tengo nada que decir, ya no soy ciclista. Preguntad a los jóvenes".

– "Ni cuando era ciclista, ni ahora. Induráin nunca ha sido consciente de lo que significa para la sociedad española", dice José Miguel Echávarri, su director y amigo hasta la dolorosa ruptura que precedió a la retirada del navarro. "Esas ideas de que ha entrado en el panteón sagrado[3] de los ganadores de cinco Tours, de que es un mito, y todo eso, a él no le dicen nada. Él fue un hombre que se subió a la bicicleta y se puso a pedalear. Y haciendo eso empezó a ganar Tours. 'No debe ser tan difícil cuando lo logro yo[4]', decía. Así que no le dio ningún valor".

Después de leer la carta de su retirada, Induráin se fue por Pamplona de compras de Reyes. Mientras, el fax de su casa de Villava empezó a vomitar[5] papel y más papel. Todo eran ofertas[6]. Empresas, organismos públicos. Todos querían la imagen, la figura de Induráin. La mayoría de los papeles se quedaron allí, criando polvo[7]. A los que contestó les dijo no, simplemente. "No quiero hacer nada que me quite tiempo", explicaba.

Un deportista que deja la competición no puede dejar de hacer ejercicio bruscamente. Su organismo sufriría enormemente. Induráin hace, cuando puede, unos 50 kilómetros diarios de bicicleta. Pinarello, el fabricante italiano de las bicis del Banesto, le hizo un especial regalo[8] para cuando se retirara, pero Induráin no la aceptó. Se fue a una tienda[9] de Pamplona a comprarse una Canondale. Medio mundo se enteró de ello por la sorpresa del ganador de cinco Tours al saber el precio de su herramienta[10] de trabajo: medio millón de pesetas. Muchos periódicos extranjeros publicaron la noticia[11]. Hasta el *USA Today*. Canondale, una marca norteamericana, no desaprovechó la oportunidad. Lanzó una campaña publicitaria apoyándose en recortes de prensa[12]. Así fue como, pagando 500.000 pesetas, Induráin acabó haciendo publicidad.

Carlos Arribas, *El País*, 04/01/1998.

1. *retraité*. – 2. *inf.* alejarse : *s'éloigner*. – 3. *sacré*. – 4. *puisque j'y arrive*. – 5. *ici, cracher*. – 6. *des offres*. – 7. *poussière*. – 8. *cadeau*. – 9. *un magasin*. – 10. *outil*. – 11. *la nouvelle*. – 12. *des coupures de presse*.

Luiz de Lima Ronaldo, jugador de fútbol.

el mejor

1. *prodigieuse.*
2. *de* demoler : *démolir.*
3. *partir.*

Su bota es de oro; su agilidad, asombrosa[1]; su rapidez, endiablada; y su efectividad, demoledora[2]. No da descanso al rival y triunfa allá donde juega: Brasil, Holanda, España, Italia... Y sólo tiene 21 años. Su mundial puede ser espectacular. ¿Cómo lo dejó marchar[3] el Barcelona?

Cambio 16, 05/01/1998.

1. Presentad a cada uno de los **deportistas**: orígenes, especialidad, estado actual.

2. Leed los artículos y haced el **retrato** de los deportistas. ¿En qué momento de su vida profesional se sitúa cada uno de los campeones?

3. ¿Qué **oportunidades** le puede reservar el porvenir a un deportista jubilado? ¿Pensáis que a todos los deportistas se les ofrece lo mismo? ¿Qué hacen entonces?

4. ¿A cuál de los dos campeones admiráis más? ¿Por qué?

5. En vuestra opinión ¿qué **ventajas** se pueden sacar de la práctica de un deporte?

▸practica

Induráin

1. Da otra construcción equivalente:
- "Yo ya **no** tengo **nada** que decir".
- Induráin **nunca** ha sido consciente...
- Así que **no** le dio **ningún** valor.
- "**No** quiero hacer **nada** que me quite tiempo".

2. Escribe una estructura equivalente:
"Medio mundo se enteró de ello por la sorpresa del ganador de cinco Tours **al saber** el precio..."

3. Escribe en letras: 500.000 pesetas.

4. "**Así** fue **como** Induráin acabó haciendo publicidad". Emplea el giro enfático en una frase personal que respete la lógica del artículo.

5. Escribe en pretérito perfecto las dos frases: "Él fue un hombre... a ganar Tours" (l. 19-22).

El mejor

1. ¿Por qué considera el periodista que Ronaldo es "el mejor"?

2. Traduce el texto.

▸recuerda

– a diario: *chaque jour.*
– subirse **a** la bici: *enfourcher son vélo.*
– ir **de** compras: *aller faire des courses.*
– no desaprovechar (= aprovechar) la oportunidad: *saisir l'occasion.*
– no dar descanso: *ne laisser aucun répit.*

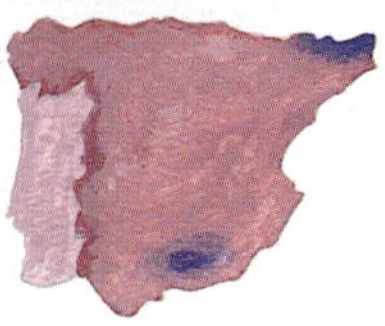

Pirineos Orientales
Sierra Nevada

▸ profundiza

1. **Le pourcentage** (chiffre approximatif)
"... **un 45 por ciento**", p. 242 : *45 % environ.*
Cf. gram. 10.3, p. 254.

2. **Complément d'un comparatif** (= adjectif précédé de **lo** se construit avec **de**)
"... guantes **más** largos **de lo** habitual", p. 242 : *des gants plus longs qu'ils ne le sont habituellement.*
Cf. gram. 15, p. 256.

3. **La locution concessive : Avoir beau**
"Pero **por mucho que** se tarde...", p. 242 : *On a beau mettre du temps...*
Cf. gram. 37.A.3, p. 265.

4. **Tournure emphatique**
"... no **es** el frío **lo que** conserva", p. 243 : *ce n'est pas le froid qui conserve.*
Cf. gram. 26, p. 260.

▸ practica

Publicidad

1. Escribe en 2ª persona de plural la última frase del texto publicitario.
2. Traduce el eslogan y el texto.

▸ el porcentaje
▸ el complemento de las comparativas

Snowboard

Nació en 1972 en las playas de surf de California y en seguida contagió a miles de aficionados en todo el mundo. En España aterriza ocho años después y hoy es uno de los deportes olímpicos de moda. Sierra Nevada y Baqueira-Beret se han convertido[1] en los paraísos españoles del snowboard.

Algunos lo califican de moda, otros como locura[2] y el resto, como un deporte. Lo cierto es que el número de practicantes de snowboard aumenta en una proporción anual de un 45 por ciento frente al esquí tradicional, convirtiéndose en "el segundo deporte de mayor crecimiento[3] después del golf", según José Ramón Segura, secretario general de la Asociación Española de Snowboard (AES) y juez[4] profesional de snow, en la modalidad de *half pipe**.
El snow requiere sobre todo habilidad y mucha fuerza física porque las caídas[5] son numerosas, conviene ir bien mentalizado: "Pero por mucho que se tarde, en dos semanas ya sabes moverte[6] solo. En cinco días casi todo el mundo gira[7] y cuando sabes girar empiezas a entrar en otra dimensión, comienzas a moverte por toda la estación y a trabajar por tu cuenta", comenta Lopera.
Los materiales necesarios para practicar snow son siempre los mismos: llamativa tabla[8] de snow, botas duras o botas blandas, fijaciones, ropa[9] muy amplia, guantes más largos de lo habitual y gorros[10] de colores.
– La ropa se diferencia del esquí sobre todo en que es mucho más amplia y por ejemplo, el tradicional mono[11] no existe porque el snow es un deporte que requiere mucha libertad de movimientos. Llevamos un pantalón y una cazadora[12] –describe Miguel Ángel Lopera.
Se habla de que existe una guerra declarada entre esquiadores y snowboarders. (...) La polémica viene por la prohibición que existe en algunas estaciones españolas a la práctica de este deporte por considerar que destroza[13] las pistas.

Amor Saez, *Cambio 16*, 24/02/1997.

1. *inf.* convertirse en : *devenir.* – 2. *folie.* – 3. *littéralt, croissance.* – 4. *juge.* – **half pipe*: la prueba más espectacular tiene como escenario una cavidad en forma de medio tubo de unos 70 metros, excavada en la nieve, donde se ejecutan todo tipo de figuras, que son puntuadas por jueces. – 5. *les chutes.* – 6. *bouger.* – 7. *inf.* girar : *tourner.* – 8. *une planche aux couleurs criardes.* – 9. *des vêtements.* – 10. *bonnets.* – 11. *la combinaison.* – 12. *un blouson.* – 13. *abîme, détériore.*

1. Leed el artículo, luego cerrad el libro y recordad sus distintas partes:
- **introducción (orígenes y llegada a España).**
- **reacciones que suscita (visiones distintas).**
- **requisitos, aprendizaje, sensaciones.**
- **materiales necesarios.**
- **polémica (esquí ≠ snowboard).**

2. En conclusión, ¿qué opináis personalmente del snowboard?

Vídeo
"Esquí artístico". Reportaje.

Nieve y libertad: Snowboard, un deporte para atrevidos.

1. Presentad la publicidad destacando su composición.

2. En el eslogan, Ma'Boyle plantea **una paradoja**: ¿cuál es? ¿Cómo demuestran los otros elementos que componen esta publicidad, que la jefa de la empresa de "Columbia Sportswear" **tiene razón**?

3. Comentad el **arte de la foto**: primer plano de la jefa de la empresa (colores, contrastes…).

4. ¿Qué **carácter** confiere la empresaria a sus productos?

contundente: *tranchante, péremptoire.* – cada prenda: *chaque vêtement.* – concibe, *inf.* concebir : *concevoir.* – Su tejido: *son tissu.* – transpirable: *respirante.* – hacer frente: *affronter.* – añadir: *ajouter.* – una chaqueta: *une veste ; ici, un gilet.*

▶ el comparativo de superioridad
▶ el pronombre relativo **cuyo**

en busca de. negocios

CCAA: Comunidades autónomas

Desde 1991, España ha acumulado un déficit comercial importante.

El déficit comercial es tan grande que ni siquiera[1] en los años de hundimiento[2] del consumo[3] privado (1993 y 1994), España ha conseguido vender más de lo que ha comprado, lo que convierte a este país en el segundo de entre los países industrializados con mayor déficit comercial del mundo en términos absolutos. Sólo EE.UU. tiene un desequilibrio mayor.

España sólo tiene superávit[4] comercial con dos países (Grecia y Portugal) de los quince que componen la Unión Europea. El resto vende más de lo que compra y, en algunos casos, de forma avasalladora[5], como sucede con los países nórdicos. Se ha dicho hasta la saciedad[6] que Europa entró en España en 1986, pero no al revés.

Y para combatir este *status quo* nació en 1989 Expotecnia, una feria[7] comercial impulsada desde los poderes públicos y cuyo único objetivo es hacer posible que las empresas[8] vendan en el exterior.

La Expotecnia de este año –que inaugurarán este sábado el príncipe Felipe y el presidente de Brasil, Fernando Henrique Cardoso– se celebra en la ciudad más industrial del cono sur latinoamericano, São Paulo (Brasil), y es que los organizadores –el Icex– consideran a este mercado como uno de los más emergentes[9] del mundo, sobre todo después del impulso político recibido por Mercosur, el mercado común latinoamericano, del que forman parte Argentina, Brasil, Paraguay, Uruguay y Chile, aunque en este último país con un acuerdo bilateral. Bolivia se unirá al club el 1 de enero de 1997.

En busca de clientes. La "oferta" que presenta España en la novena edición de Expotecnia la constituyen 398 empresas de todos los sectores industriales, que durante cinco días intentarán encontrar clientes y nuevos canales para la distribución y comercialización de sus productos.

La elección[10] de São Paulo como trampolín[11] de la exportación española no es casual[12]. Brasil, con 160 millones de habitantes, tiene un Producto Interior Bruto que representa más del 40% del que tiene América Latina, y por ello su influencia en Mercosur –que por el momento es sólo una unión aduanera[13]– es determinante.

Expotecnia es una feria comercial eminentemente industrial, pero de tecnologías avanzadas. No se trata de vender mercancías básicas[14] ni siquiera materias primas, sino productos de alto valor añadido[15], que en última instancia es la frontera que separa a los países ricos de los pobres en el comercio mundial de bienes y servicios.

Carlos Sánchez, *El Mundo*, 22/ 11/1996.

1. *même pas.* – 2. *effondrement.* – 3. *consommation.* – 4. excedente, exceso. – 5. *ici, de façon écrasante.* – 6. *jusqu'à satiété.* – 7. *une foire.* – 8. *entreprises.* – 9. *exceptionnels.* – 10. *le choix.* – 11. *tremplin.* – 12. *n'est pas un hasard.* – 13. *douanière.* – 14. *ici, des produits de base.* – 15. *valeur ajoutée.*

▶ profundiza

1. Rappel : Le comparatif de supériorité
"... España ha conseguido vender **más de lo que** ha comprado", p. 244 : *L'Espagne a réussi à vendre* **plus** *qu'elle n'a acheté.*
Cf. profundiza 2, p. 242.
Cf. gram 15, p. 256.

2. Rappel : Le pronom relatif **Cuyo**
"... nació en 1989 Expotecnia, **cuyo** único objetivo es...", p. 244 : ***dont*** *le seul objectif est...*
Cf. profundiza 2, p. 136 / 3, p. 208 / 4, p. 232.
Cf. gram 25.A, p. 259.

▶ practica

En busca de negocios

1. Escribe en letras:
• 164.500.000 habitantes.
• 39.300.000 habitantes.
• 11.900.000 pesetas.
• 398 empresas.

2. "España ha conseguido vender **más de lo que** ha comprado".
Emplea esta estructura en una frase personal que respete la lógica del artículo.

3. ¿Cuándo se dice de un país que tiene déficit comercial?

4. ¿Qué significa la expresión *status quo* para hablar de la economía de un país?

5. Traduce al francés:
"No se trata de vender... valor añadido" (l. 61-64).

1. Resumid el problema de España desde 1991.

2. "Se ha dicho que Europa entró en España en 1986, pero no al revés". ¿Qué pasó el 1 de enero de 1986? Explicad la frase.

3. ¿Qué es Expotecnia? ¿Cuándo y dónde tuvo lugar Expotecnia 96?

4. Explicad lo que es Mercosur. ¿Qué interés presenta Latinoamérica para los países europeos?

5. Fijándoos en el mapa de España, decid qué autonomías fueron representadas. ¿Comprendéis por qué?

6. Volved a leer el último párrafo: explicad lo que hace la diferencia entre países ricos y pobres.

cómo escribir una carta

señas del remitente

Cédric Dupont
15, avenue de la République
91007 VALENCE S/S BOIS

el destinatario

Almacenes Generales
MADRID

Valence s/s Bois,
22 de marzo de 1998

la referencia

Ref.: 02345
Asunto: solicitud de empleo.

el saludo

Estimados señores:

el texto de la carta

En respuesta al anuncio publicado en "El Diario", me permito enviarles mi candidatura para el puesto de dependiente trilingüe (español-francés-inglés) que su compañía solicita.

Tengo 23 años, soy francés y acabo de terminar mis estudios universitarios. Estudio español desde hace 9 años e inglés desde hace 11 en Francia. He trabajado como dependiente en un almacén mientras terminaba el último año de carrera en la Universidad de París IX.

Adjunto les remito mi currículum vitae y dos cartas de recomendación, una de un profesor de español en París y la otra del gerente del almacén donde trabajé como dependiente.

Les agradecería que tomasen en consideración mi solicitud y me concediesen una entrevista. Si desean ponerse en contacto conmigo, mi número de teléfono es el 1 59 58 57 19.

la despedida

Quedo a su entera disposición y a la espera de sus noticias, les saludo muy atentamente,

la firma

C. Dupont

Cédric Dupont

Mapa

1. Haz una frase para **comparar** la presencia en Expotecnia 96 de las empresas catalanas y de las empresas vascas.

2. Completa las frases:
- Supongo que Extremadura y Cantabria no participaron en Expotecnia 96 porque...
- Si sumamos el número de empresas señaladas por el gráfico (70 + 125 + ...), comprobamos que...

3. ¿Qué permiten deducir las cifras de participación en Expotecnia de las diferentes comunidades de España?

Carta

1. Solicitas un puesto de recepcionista en un hotel o de azafata *(hôtesse d'accueil)* en un Palacio de Congresos. Redacta la carta.

2. Imagina la respuesta al correo de Cédric Dupont o a tu propia carta.

▸recuerda

– en busca de: *à la recherche de.*
– **formar** parte de: *faire partie de.*
– la oferta: *l'offre.*
– No es casual: *Ce n'est pas le fruit du hasard.*

▶profundiza

1. La conjonction **o** → **u**
"... siete **u** ocho siglos", p. 246 :
sept ou huit siecles.
Cf. gram. 43, p. 267.

2. **La réitération**
"**Y volvimos a** luchar", p. 246 :
Et nous avons ***recommencé à*** *nous battre.*
Cf. gram. 41, p. 267.

3. **La négation**
"... **ya no** hay motivo", p. 246 :
il n'y a plus *de raison.*
Cf. gram. 44, p. 268.

4. L'exclamation
"¡**Menuda** guerra!", p. 246 :
Quelle ***sacrée*** *guerre !*
Cf. gram. 45.B, p. 268.

5. **L'infinitif → ordre familier**
"¡... **a luchar** contra los griegos!", p. 246 : ***battons-nous*** *contre les grecs !*
Cf. profundiza 2, p. 226.
Cf. gram. 36.2, p. 263.

▶practica

Historia de Migue

• Cita los gentilicios empleados en la historieta e indica, cuando es posible, el nombre del país o de la ciudad.

Las dos publicidades

1. Escribe en letras los números:
• teléfono: 91-347-76-83.
• 1.400 oficinas.
• 25.000 personas.
• 140 años.
• Buenos Aires: 541-341-1000.

2. Indica la raiz de las palabras siguientes:
la juventud, el aprendizaje, la solicitud, el liderazgo, la confianza, la solidez, la dedicación.
Busca otras palabras derivadas a partir de estos sufijos.

▶las conjunciones **o / u** (opción entre dos o varias posibilidades) ▶**volver a** + infinitivo (otra vez)

"Se hace camino al andar"

Antonio Machado.

Romeu, *Historia de Migue.*

nos las tuvimos que ver, tenérselas que ver con uno: *avoir maille à partir avec quelqu'un.* – de pasada: *peu de temps.* – vale: *d'accord.* – rechazamos: *nous avons repoussé.* – como les dimos: *fam. qu'est-ce qu'on leur a mis !* – dimos más caña, dar (o meter) caña: *fig. fam. donner une raclée.* – los griegos: *les grecs.*

1. Observad y describid las tres primeras tiras de la historieta. (Os ayudará la cronología de la pág. 128.)

2. A vuestro parecer, ¿cómo se puede justificar la determinación final del abuelo "a luchar contra los griegos"?

3. ¿Qué concepción de la historia tiene cada uno de los personajes? ¿Qué reflexiones os sugiere? (Recordad la historieta de la pág. 219.)

fomentar: *encourager, favoriser.* – el aprendizaje: *l'apprentissage.* – ciudadanía: *citoyenneté.* – intercambios: *échanges.* – gestionado: *géré.* – Asuntos Sociales: *Affaires Sociales.* – plazos de solicitud: *délais d'inscription.*

• Describid la publicidad elucidando **los símbolos** de la foto y destacando **los valores** que los patrocinadores desean transmitir a los jóvenes.

caminos: *ici, de nouvelles voies, des horizons nouveaux.* – su liderazgo: *sa position de leader.* – día a día: *jour après jour.* – dedicación: *dévouement.* – inigualable: *inégalable.*

• Describid el documento. Recordando el artículo de la página 244, mostrad que esta publicidad del grupo Santander es representativa **del interés creciente** de muchas compañías internacionales por América latina. Destacad, para concluir, la recuperación del pasado en esta carrera hacia el futuro.

1. Justificad / discutid la asociación de estos tres documentos.

2. ¿Cómo comprendéis el título de la doble página?
• Analizad la problemática que plantea aplicándola a los documentos.
• Elegid el símbolo que os parece más relevante y justificad vuestra elección.

lenguas y dialectos de América...

el spanglish

– ¿ESTÁS "ready"? Voy a buscarte.
– No, "sorry", "wait a minute", estoy terminando de "lonchar".
– "Okay, no tardes. Te llamo p'atrás."

El "spanglish" avanza. Nos guste o no nos guste. Es una realidad. La mezcla del español y del inglés se ha convertido en una especie de lengua que se utiliza cada vez con más frecuencia en las regiones estadounidenses donde abunda la población hispana.

– ¿Cómo se llega a tu casa?
– Te subes al "free-way", "you know", y "exitas" en la ochenta y siete...

El "spanglish" no consta únicamente del empleo de palabras en los dos idiomas, sino también en la traducción literal de muchas de esas palabras. Ejemplos: "exitas" (sales); el teléfono "ringó" (sonó); voy a "tapear" unas cartas (escribir a máquina); estoy "vacuneando" las "carpetas" (pasando la aspiradora a las alfombras)...

Estados Unidos, con sus treinta y tantos millones de hispanos distribuidos por todo el territorio constituye hoy la quinta nación hispana del mundo, inmediatamente después de México, España, Argentina y Colombia.

El español fue el primer idioma europeo hablado en Estados Unidos sin interrupción desde 1513, en que Ponce de León descubrió, bautizó y exploró La Florida. Durante los siglos XVII, XVIII y XIX se fundaron más de 1.500 ciudades y misiones que todavía conservan sus nombres españoles. Más del 10 por 100 de la población de Estados Unidos habla español.

Natalia Figueroa, *ABC*, 24 de noviembre de 1993.

el quechua

El quechua fue la lengua originaria y oficial del imperio inca (Tahuantinsuyu). A la llegada de los conquistadores, el español es rápidamente impuesto a detrimento del quechua, que se ha deprimido considerablemente. Actualmente esta lengua es hablada solamente por las poblaciones indígenas que viven en los altiplanos andinos. Algunas palabras han sido adoptadas por la lengua francesa como "condor", "puma", "poncho", etc.

El correo de Macondo, octubre de 1997.

un nombre aimara

– ¿Cómo se llama? –preguntó el Inca, devorando con la mirada la belleza de la aturdida doncella.
– Wara-Jaiphu.
– Ese nombre es aimara –dijo volviéndose a uno de sus sabios perito en lenguas exóticas y del lugar.
Collaguaqui se apresuró a responder:
– Sí señor; quiere decir *brillo de la noche*.
– Es un nombre armonioso, y le cuadra.

Alcides Arguedas (Bolivia), *Raza de bronce*, 1945.

> "El español y el inglés no son rivales, sino complementarios. Dos idiomas poderosos que se han dispersado por el mundo... El destino de ambos es convivir en una perfecta simbiosis de esferas compatibles y armónicas."
>
> Discurso del Rey Juan Carlos I
> en la Universidad de Berkeley
> en San Francisco, en 1987.

¿Va a Suramérica?
Mida muy bien sus palabras.

Vístase con un buen **saco** (una chaqueta) en Colombia y si para su viaje no desea complicarse la vida **"manejando un carro"** y buscando **"bombas"** (gasolineras en muchos países), déjese entonces llevar en **un micro** (en Chile), **una guagua** (en Puerto Rico), **un colectivo** (en Argentina) o una **"cheva"** y una **"buceta"** en Colombia. ¡Adiosito!

Concha Barón, *Grandes Viajes*, julio de 1997.

Del **guaraní** quedan voces como:
- el yaguar (= el jaguar), el ñandú, el tapir, el tatú, el urubú, el yacaré (= caimán)...
- el ananás (= la piña), el ombú, la mandioca...
- la maraca, el pororó (maíz tostado), la tapioca...

mémento grammatical

1 L'alphabet espagnol

- Les lettres sont du genre féminin : la a, la b, etc.
a b c **ch** d e f g h i j k l **ll** m n **ñ** o p q r s t u v x y z.
- Notez bien la place des lettres ch, ll, ñ.

a	b	c	ch	d	e	f
a	be	ce	che	de	e	efe
g	h	i	j	k	l	ll
ge	ache	i	jota	ka	ele	elle
m	n	ñ	o	p	q	r
eme	ene	eñe	o	pe	cu	erre
s	t	u	v	(w)		
ese	te	u	uve	(uve doble)		
x	y	z				
equis	i griega	zeta				

2 La prononciation

LETTRES	ALPHABET PHONÉTIQUE INTERNATIONAL	PRONONCIATION	EXEMPLES
a	[a]	fr. **a**b**a**que	**á**b**a**co.
b	[b]	fr. **b**allade, alpha**b**et	**b**alada, alfa**b**eto.
c	[k]	fr. **c**ape, **c**oupe, **c**ou**c**ou	**ca**pa, **co**pa, **cu**co, a**cue**ducto.
	[θ]	angl. th. (**th**ing)	**ce**na, **ci**ne.
ch	[ĉ]	fr. **tch**èque	**ch**eco, **ch**acha, **Ch**ile, alca**ch**ofa.
d	[d]	fr. **d**é, **d**oigt	**d**a**d**o, **d**e**d**o.
	[đ]		cui**d**a(d)o, canta(d)o.
e	[e]	fr. d**é**bat, b**é**b**é**	debat**e**, b**e**b**é**.
		fr. **e**scale	**e**scala.
f	[f]	fr. ca**f**é / **ph**oto	ca**f**é / **f**oto.
g	[x]	all. ch. (na**ch**t)	án**g**el, pá**g**ina.
	[g]	fr. a**ga**te	á**ga**ta, **ga**l**go**, a**gua**.
h		toujours **muet** en esp.	**h**acha, **h**ipo, alco**h**ol.
i	[i]	fr. **i**dylle	**i**d**i**l**i**o.
	[j]		n**i**eto.
j	[x]	all. ch (na**ch**t)	ho**j**a, pa**j**e, al**j**ibe, be**j**uco.
k	[k]	fr. **k**ilo, **k**a**k**i, **k**iosque	**k**ilo, **k**a**k**i (o caqui), **k**iosco (o quiosco).
l	[l]	fr. ai**l**e, **l**ait	a**l**a, **l**eche, **l**i**l**a, **l**oco, **l**una.
ll	[l̮]	l mouillé français	**ll**ama, cente**ll**a, pasi**ll**o, po**ll**o, casu**ll**a.
m	[m]	fr. **m**o**m**ie, **m**ytho**m**anie	**m**o**m**ia, **m**ito**m**anía.
n	[n]	fr. a**n**imal, i**nn**é	a**n**imal, i**nn**ato, i**nn**umerable.
ñ	[ɲ]	fr. bei**gn**et	bu**ñ**uelo, ca**ñ**a, a**ñ**ejo, a**ñ**il, esta**ñ**o.
o	[o]	fr. ph**o**sph**o**re	f**ó**sf**o**ro.
p	[p]	fr. **p**lanète, **p**alme	**p**laneta, **p**alma, **p**iano, **p**elo, **p**olo.
q	[k]	fr. **qu**iet	**qu**ieto, **qu**echua (o **qu**ichua).
r	[r]	bout de la langue contre le palais	
		→ une vibration	ce**r**o, Pe**r**ú, pe**r**eg**r**ino.
	[r̄]	→ plusieurs vibrations	co**rr**o, ce**rr**o, i**rr**eal, **r**amo, **r**ígido.
			rojo → peli**rr**ojo; **r**eír → son**r**eír.
s	[s]	force des deux **ss** fr. bout de la langue contre l'alvéole des incisives supérieures	ca**s**a, ca**s**i, pa**s**o, **s**o**s**o, Je**s**ú**s**, Pa**s**cua. (n'est jamais doublée dans l'écriture).
t	[t]	**t**i**t**re	**t**í**t**ulo, **t**or**t**illa, pa**t**io.
u	[u]	p**ou**ce, hib**ou**	p**u**lgar, b**ú**ho, f**u**ego.
v	[b]	pas de différence entre b et v (**b**urro ≃ **v**aca)	**v**aca, relie**v**e, **v**irtud, **v**olar.
w	[b]	≃ be	**v**agón, **v**atio (mots complètement intégrés à la langue).
hu	[w]	pron. angl. (u)	**w**ashingtoniano.
x	[ks]	fr. taxi (entre deux voyelles ou initial)	ta**x**i, e**x**amen.
		= **s** (devant une autre consonne)	te**x**to, e**x**poner.
y	[y]	**y**ogourt, **y**acht	**y**ogur, **y**ate, **y**udo, pro**y**ecto.
z	[θ]	angl. th (**th**ing)	cabe**z**a, **z**orro, a**z**ul, ajedre**z**.

• D'une manière générale, **toutes les lettres se prononcent** : di**g**no (dig-no), superfic**ie**, a**gua**, exi**guo**, a**cuá**tico, **cue**stión, **cui**dado…

• Cependant, le **u ne se prononce pas dans** les groupes :
– **que**, **qui** (comme dans le fr. quelque) :
querer, ad**qui**rir.
– **gue**, **gui** (comme dans le fr. guitare) :
Mi**gue**l, **gui**tarra.
Pour prononcer le **u**, on utilise un tréma :
ci**güe**ña, pira**güi**smo.

• Ne pas nasaliser les groupes **an**, **en**, **in**, **ón** :
S**an**tiago, Vic**en**te, p**in**tor, c**am**pe**ón**.

• Le **h** n'a pas de valeur phonétique. (Ne l'aspirez pas comme en français ou en anglais.)

• **Dans la langue parlée**, vous remarquerez que l'espagnol tend à :
– remplacer le h muet (initial ou non) par une consonne d'appui (g) devant la voyelle faible u d'une diphtongue :
huevo –› **güe**vo, **hue**lga –› **güe**lga…
Une déformation de ce type se produit également pour :
whisky (w = u) –› **güi**squi
– atténuer très fortement – voire omettre – le **d** intervocalique :
he habl**a(d)o** –› he habl**ao**
la bail**a(d)ora** –› la bail**aora**
– prononcer **z** (ou ne pas prononcer) le **d final** de :
Madri**d**, pare**d**, habla**d**…

3 L'accentuation

▸A. L'ACCENT TONIQUE. VOYELLES ET DIPHTONGUES

Tout mot de plus d'une syllabe comporte une syllabe plus accentuée que les autres.

1. Il y a deux règles d'accentuation :

• Mot terminé par **voyelle**, **s** ou **n** –› l'accent tonique porte sur **l'avant-dernière syllabe** :
l**i**bro, m**e**sa, t**a**rde, C**a**rlos, j**o**ven (palabras **llanas**).
• Mot terminé par consonne autre que **s** ou **n** et par **y**, l'accent tonique porte sur la **dernière syllabe** :
ust**e**d, giras**o**l, actit**u**d, muj**e**r, fel**i**z, chal**e**t, est**o**y (palabras **agudas**).

2. Il y a des **voyelles fortes** (a, e, o) et des **voyelles faibles** (i, u).
• deux voy. fortes consécutives –› 2 syllabes : Bil-b**a**-o.
• voy. forte + voy. faible / voy. faible + voy. forte / 2 voy. faibles –› **une diphtongue** : Bu**e**nos **A**ires, jagu**a**r, bu**i**tre.
Si l'accent tonique porte sur une diphtongue, il se trouve sur la voyelle forte (ou la deuxième voyelle faible).

▸B. L'ACCENT ÉCRIT

• Si l'accentuation d'un mot n'obéit à aucune de ces deux règles, **la voyelle tonique** porte un accent écrit : sal**ó**n, ingl**é**s, **ú**til, p**á**jaro, esqu**í**.

☞Attention : si une voyelle faible, au contact d'une forte, porte un accent écrit, la diphtongue est brisée : día –› dí-a ; sitúa –› si-tú-a.

▸C. L'ACCENT GRAMMATICAL

Sert à distinguer deux homonymes :
el habla, **él** habla / **tu** hijo, **tú** hablas.
Les mots **interrogatifs** et **exclamatifs** portent toujours un accent écrit : ¿**Cómo** vive? – "He visto **cómo** vive la gente", p. 233 – ¡**Cuánto** tiempo sin vernos!

4 Les modifications orthographiques

Ajouter un suffixe à un mot ou conjuguer un verbe oblige parfois à modifier son orthographe afin de **garder sa prononciation initiale**.
Ex. : lu**z**, lu**c**es – chi**c**o, chi**qu**illo – ag**u**a, ag**ü**ita – pirag**u**a, pirag**ü**ista – lar**g**o, lar**gu**ísimo – co**g**er, co**j**o – empe**z**ar, empe**c**é – ven**c**er, ven**z**o – se**gu**ir, si**g**a – nave**g**ar, nave**gu**e.

5 Le vocabulaire

Il vient essentiellement du **latin**. Cependant il a subi bien d'autres influences parmi lesquelles on citera les apports :
• **grecs** : **el** mapa, **el** problema / **la** crisis, **la** tesis…
• **arabes** : la **a**zotea, p. 30, el **al**cázar, p. 134, el **al**godón, el **ál**gebra, p. 136, la fanega, p. 154…
• **américains** : el jaguar, el cóndor, el maíz, el chocolate, la patata (pp. 248-249).
• **européens** : germains, français, italiens, anglais…
• provenant des autres parlers de la péninsule, p. 216.

6 Formation des mots (dérivation et composition)

▸A. DÉRIVATION : SUFFIXES

• d'adjectifs : silenci**oso**, dramát**ico**, am**able**, cre**íble**.
• de verbes : just**ificar**, enrique**cer**, color**ear**.
• de noms : la sole**dad** (3, p. 90), la bel**leza** (2, p. 152).
• diminutifs, augmentatifs, autres suffixes (*cf.* § **7**).

▸B. COMPOSITION : PRÉFIXES

componer, **des**hacer, **contra**decir, **sobre**vivir, **sobre**humano, un **ante**pasado, **ante**ayer, etc.

7 Les suffixes

▶A. LES DIMINUTIFS

1. Formation des diminutifs en -ito, -illo.

• **-ito**, **a**, **-illo**, **a** : mots (noms, adjectifs, adverbes même) de plusieurs syllabes terminés par -a, -o ou consonne (sauf **n** et **r**) :
la casa → la cas**ita**, los pájaros → los pajar**illos**, un árbol → un arbol**ito**, bajo → baj**ito**, fresco → fresqu**ito**, sola → sol**ita**.

• **-cito**, **a**, **-cillo**, **a** : mots de plusieurs syllabes terminés par -e, -n, -r :
un hombre → un hombre**cito**, un peón → un peon**cito**, doctor → doctor**cito**.

• **-ecito**, **a**, **-ecillo**, **a** : mots d'une syllabe et mots de deux syllabes renfermant une diphtongue :
la flor → la flor**ecilla**, un indio → un indi**ecito**, un puerto → un puert**ecito**, huesos → hues**ecillos**.

▶ **Remarques :**

• le diminutif **-ito** prend souvent une valeur affective : "Así voy buscando / a **mis** tres **hijitas**", p. 131.

• On emploie la forme **-ico**, **a** dans certaines régions : murcian**icos**.

2. Autres diminutifs (parfois péjoratifs).

• **-ucho**, **-ucha** : un libr**ucho**, una cas**ucha**, un tend**ucho**.

• **-ajo**, **-aja** : los pequeñ**ajos**.

• **-uelo**, **-uela** : un chic**uelo**, los riach**uelos**.

▶B. LES AUGMENTATIFS

• **-ón**, **-ona** : un taz**ón**.

• **-ote**, **-ota** : una cabez**ota**, p. 101.

• **-azo**, **-aza** : los oj**azos**, p. 66, las bot**azas**, p. 64, una madr**aza**, p. 88.

▶C. AUTRES SUFFIXES

• Suffixes **-al**, **-ar** : lieu planté de…
– un oliv**ar** (olivo) : *une oliveraie* ; un castañ**ar**, p. 122 : *une châtaigneraie* ;
– un trig**al** (trigo) : *un champ de blé* ; un cañaver**al**, p. 163 : *un champ de canne à sucre* ;
– un hay**edo** (haya) : *une hêtraie*.

• Les suffixes **-ada** et **-azo** équivalent à « un coup de » : un cañon**azo**, una cuchill**ada**, p. 119, "un… joven sale de su casa dando un port**azo**", p. 203, "… se toma una uva por cada campan**ada**", p. 104.

▶D. ADJECTIFS (ET NOMS) DE NATIONALITÉ : LOS GENTILICIOS

1. Formation générale : à partir du nom du continent, du pays, de la région, de la ville…

Europa → europeo, a.
España → español, a.
Andalucía → andaluz, a / (pl. uces, uzas).
Galicia → gallego, a.
Navarra → navarro, a.
Argentina → argentino, a.
Grecia → griego, a.
Paraguay → paraguayo, a.
Turquía → turco, a.

2. Dérivation

• **-án**, **-ana**
Alemania → alem**án**, **ana**.
Cataluña → catal**án**, **ana**.

• **-ano**, **-ana**
América → americ**ano**, **a**.
Ecuador → ecuatori**ano**, **a**.
Castilla → castell**ano**, **a**.
Sevilla → sevill**ano**, **a**.

• **-eno, -ena**
• **-ense**
Chile → chil**eno**, **a**.
Costa Rica → costarric**ense**.
Nicaragua → nicaragü**ense**.
Huelva → onub**ense**.

• **-eño, -eña**
Brasil → brasil**eño**, **a**.
Extremadura → estrem**eño**, **a**.
Madrid → madril**eño**, **a**.

• **-és, -esa**
Francia → franc**és**, **esa**.
León → leon**és**, **esa**.
Córdoba → cordob**és**, **esa**.

• **-í** (pl. **-íes**)
Marruecos → marroq**uí**.

• **-ino, -ina**
Alicante → alicant**ino**, **a**.
Salamanca → salmant**ino**, **a**.

8 Le genre et le nombre

▶A. LE MASCULIN ET LE FÉMININ

• Les **noms, adjectifs** et **participes** terminés par **-o** au **masc.** changent le **-o** en **-a** au **fém.** : el chico, la chic**a** – guapo, guap**a** – encantado, encantad**a**.
Font aussi leur féminin en **-a** :
– les noms et adj. de **nationalité** : español, español**a** – francés, frances**a**.
– les adjectifs en **-án**, **-ín**, **-ón**, **-or**, **-ete**, **-ote** : burlón, burl**ona** – trabajador, trabajador**a**.
Sauf : mayor, menor, mejor, peor, superior…
"… **la mejor** compañía", p. 36.
"**La** Mezquita **mayor**", p. 137.

• Les autres adjectifs ont la même forme au masc. et fém. : **el coche verde**, **la hoja verde** – **un hombre joven**, **una mujer joven**.

• Les **noms en -or** sont masculins : **el** color, **el** sabor, **el** calor.
Sauf : la labor, la flor, la coliflor et la sor.

• Les **noms de fleuves, mers, montagnes** : **el** (río) Amazonas, **el** (mar) Mediterráneo, **los** Pirineos (montes), **los** Andes (montes).

• Noms des deux genres :
– **mar**, *mer* → masculin au sens propre :
"… a (las) orillas **del mar**", p. 168
"… todas las rutas de **est**os **mares**", p. 106.
→ féminin (poésie / expressions d'origine ancienne) :
"… ha regresado de **la mar**", p. 109.
– **arte**, *art* → masculin au singulier :
"**El arte** de rumiar", p. 166.
→ féminin au pluriel :
"… defensora de **las** bell**as** artes", p. 88.

▸B. LE PLURIEL

Formation

• Noms et adj. terminés par **voyelle**
→ **-s** : un hombre serio, hombre**s** serio**s** – una chica elegante, chica**s** elegante**s**.

• Noms et adj. terminés par **consonne** (ou **y**)
→ **-es** : el árbol, los árbol**es** – el rey, los rey**es** – francés, franc**eses** – la lu**z**, las lu**ces**.

• Noms et adj. terminés par **-í** : el jabal**í**, los jabal**íes** – marroqu**í**, marroqu**íes** – el esqu**í**, los esqu**íes** o los esqu**ís**.

☞Attention : el lunes, los lunes – el cactus, los cactus – la crisis, las crisis – los Pérez.

▸ **Remarque** : le pluriel désigne parfois **un couple**.
los Reyes = el Rey y la Reina.
los padres = el padre y la madre.

9 La numération

▸A. LES ADJECTIFS NUMÉRAUX CARDINAUX

0 cero, **1** uno, **2** dos, etc.; **10** diez, **20** veinte, **30** treinta, **40** cuarenta, etc. ; **100**, ciento, cien, **200**, doscientos, as, **300**, trescientos, as, **400**, cuatrocientos, as, **500**, quinientos, as, **600**, seiscientos, as, **700**, setecientos, as, **800**, ochocientos, as, **900**, novecientos, as, **1.000**, mil, **2.000**, dos mil, **11.000**, once mil, **100.000**, cien mil, **1.000.000**, un millón, **2.000.000**, dos millones.
• On emploie la conjonction **y** entre les dizaines et les unités : ciento treinta **y** seis.
• Devant un nom masculin (seulement), **uno s'apocope en un** : **un** chico, **veintiún** alumnos.
• **Ciento s'apocope en cien** devant un nom et lorsqu'il multiplie mille : **Cien** años, p. 89 ; "… **cien** mil pesetas", p. 47.

▸B. LES ADJECTIFS NUMÉRAUX ORDINAUX

primero, a – segundo, a – tercero, a – cuarto, a – quinto, a – sexto, a – séptimo, a – octavo, a – noveno, a (o nono, a) – décimo, a.
• Jusqu'à 10 inclus, on emploie le numéral ordinal : la **segunda** estrofa, Felipe IV (**cuarto**).
• À partir de 11, on emploie le numéral cardinal : el siglo XXI (veinte y uno).

10 L'article défini

singular **el, la**	article neutre : **lo**
plural **los, las**	

1. Formes contractées **al** (a + el) et **del** (de + el) : voy **al** instituto; vengo **del** pueblo.

2. La → **el** devant nom fém. commençant par **-a** (ou **ha**) tonique : **el agua** fresca, **el álgebra**, **el hacha**. Mais : **las** aguas, **las** hachas (et **un/una** agua).

3. Emplois particuliers de l'article défini :
• L'habitude : "**Los** jueves, se prepara cocido", p. 43.
• L'âge : "… fabricó su primera moto a **los** nueve años", p. 76.
Omission de l'article défini devant certains noms dans des expressions comme : ir **a casa**, ir **a misa**, ir a **Palacio**, ir **de caza**, ir **de pesca**.
Mais : "… la familia regresa de **la** Misa **del Gallo**", p. 100.
• Pourcentage : **toujours** précédé d'un article.
"**El** 40 % (cuarenta por ciento) de los encargos que recibimos…", p. 89 → chiffre **exact**.
Mais :
"… **un** 45 %", p. 242 → chiffre approximatif.
• Emploi pronominal :
el, **la**, **los**, **las**, **lo de/que** = celui, celle, ceux, celles, la chose qui/que.
"… buenos días, don José. ¿**Lo de** siempre?", p. 40 : *bonjour, monsieur José.* ***La même chose que*** *d'habitude ?*
"… sólo triunfan **los** (hombres) **que** se arriesgan", p. 45 : *seuls* ***ceux qui*** *osent gagnent.*
"**el que** más disfruta soy yo", p. 177 : ***celui qui*** *en profite le plus c'est moi.*

4. Les **noms de continents**, de **pays**, de **régions**.
• Ils s'emploient généralement **sans article** :
"Líderes entre **Europa** y **Latinoamérica**", p. 36 : *Des leaders entre l'Europe et l'Amérique latine.*
"… **en** Costa Rica", p. 100 : ***au*** *Costa Rica.*
"quien no conoce **Chile**", p. 118 : *celui qui ne connaît pas* ***le Chili***.
"Si cogen a **Portugal**", p. 184 : *S'ils s'emparent* ***du Portugal***.
La capital de **Aragón** es Zaragoza : *La capitale de* ***l'Aragon*** *est Saragosse.*
• **Quelques noms de pays sont ordinairement précédés de l'article** : el Brasil, el Perú, el Ecuador, el Paraguay, el Uruguay, la Argentina, la India, los Países Bajos…
"Ah, vamos **al Paraguay**", p. 10 : *Ah, allons* ***au Paraguay***.
"… leyendo sobre los incas y **el Perú**", p. 83 : *en lisant sur les incas et* ***le Pérou***.
– Mais la pratique quotidienne de la langue omet de plus en plus l'article (*cf.* presse) :
"… las ruinas incaicas **de Perú**", p. 194.
"… punto de encuentro entre **Argentina**, **Brasil** y **Paraguay**", p. 198.

• Tous les noms de pays et régions sont obligatoirement précédés de l'article lorsqu'ils sont accompagnés d'un adjectif ou d'un complément de détermination :
"Ninguna frontera delimitaba **la** España **musulmana** de **la** España **cristiana**", p. 133.
"**El Bajo Aragón** produce el mejor aceite de oliva", p. 94.
La España **de Carlos III**.

11 L'article neutre "lo"

On ne peut pas l'employer devant un nom.

• **Lo + adj. ou part. pas.** = ce qu'il y a de…, ce qui est… :
"**Lo extraordinario** se produjo el jueves 11…", p. 108 : *L'événement extraordinaire se produisit le jeudi 11.*
"… no es **lo mismo**, p. 102 : *ce n'est pas **la même chose**.*

• **Lo + adj., part. pas. ou adv. + que + verbe** = combien, comme :
"… sabía **lo ambiciosa** que era la joven", p. 159 : *il savait combien la jeune fille était ambitieuse.*
"Te das cuenta de **lo lejos que queda** Madrid de Perú?", p. 181 : *Te rends-tu compte combien Madrid est loin du Pérou ?*

• **Lo que** = ce que, ce qui… :
"… saben **lo que** necesitas", p. 58 : *ils savent **ce** dont tu as besoin.*

12 L'article indéfini

singular	**un**	**una** (**un** niño, **una** niña).
plural	**unos**	**unas** (peu usités).

Sauf :
– en début de phrase :
Unos planes utópicos, p. 80.
– pour désigner des objets / des personnes qui vont par paire / par deux :
"… **unas** botazas", p. 64 : *de grosses bottes.*
"Tú y yo somos **unos** brutos", p. 184 : *Toi et moi nous sommes **des** ignorants.*
– avec le sens de **algunos** (quelques) :
"De primero, **unas** ostras", p. 103.
– pour exprimer une approximation :
"… a **unos** quince kilómetros de Valencia", p. 41 : *à quinze kilomètres **environ**.*
"**Unos** cuatrocientos metros cuadrados", p. 84 : ***quelque** 400 m².*

☞Attention : l'espagnol ne rend pas **les expressions partitives françaises** "du", "de la", "des" :
"… es una mujer que lee poesía… y oye música clasica", p. 18 : *c'est une femme qui lit **de la** poésie… et écoute **de la** musique classique.*

13 Les possessifs

▶A. L'ADJECTIF POSSESSIF

Formes atones (avant le nom)	Formes accentuées (après le nom)
mis, mis **tu, tus** **su, sus**	**mío, a, os, as** **tuyo, a, os, as** **suyo, a, os, as**
nuestro, a, os, as **vuestro, a, os, as** **su, sus**	**suyo, a, os, as**

"… soy **tu** nieto" – "… no tiene noticias **tuyas**", p. 52.
Te presento a **mis** amigos : *Je te présente **mes** amis.*
"… te presento a unos amigos **míos**", p. 15 : *je te présente quelques amis (**quelques-uns de mes** amis).*

☞Attention au **vocatif** :
"¿Qué hemos hecho, Dios **mío**?", p. 221 : *Qu'avons-nous fait, **mon** Dieu ?*

▶B. LE PRONOM POSSESSIF

"… sus ideas serán **las mías**", p. 223.
"… los españoles iban a **lo suyo**", p. 181 : *les espagnols vaquaient à **leurs affaires**.*

☞Attention à la correspondance entre possessifs et pronoms personnels :
"… me gustaría saber **su** nombre" (**de usted**), p. 48.
"Doña Margarita (**ella**) no entiende a **su** hijo", p. 49.
"A **vosotros**, los que **vivís** en la ciudad, la gana de poseer **os** pierde; **queréis** tener **vuestra** casa…", p. 172.
"… necesitaré **su** ayuda" (**de ustedes**), p. 48.

14 Les démonstratifs

singular	**este esta**	**ese esa**	**aquel aquella**
plural	**estos estas**	**esos esas**	**aquellos aquellas**

• Démonstratifs de la **1re série** (este, etc.) → **1re pers.** (**yo**) / endroit où se trouve celui qui parle (**aquí**) / temps présent (**ahora**) :
"**Estos** muchachos son **míos**", p. 61.
"¡Con **este** frío que hace!" (**Hoy**)

• Démonstratifs de la **2e série** → **interlocuteur** (**tú**, **Vd**…) / **éloignement relatif** dans l'espace ou le temps :
"**Tú tienes** una finca (…) Déjanos **esa** finca", p. 61 : *Laisse-nous **cette** ferme (→ **ta** ferme).*
"A los 23 años dejó **ese** trabajo", p. 116.

• Démonstratifs de la 3e **série** → **pers. dont on parle** (**él, ellos**…) / éloignement dans l'espace ou le temps :
"… mira (…) **aquella** blanca", p. 144 : *regarde, **cette** brebis blanche (= **là-bas**).*
"Aquel día lo **eternizó**", p. 189 : ***Ce jour-là** le rendit célèbre à jamais.*
"**Conocía** el rico idioma de **aquella** región", p. 204 (éloignement dans l'espace **et** le temps).

☞Attention à l'accent grammatical (éste, ése, aquél) qui distingue les pron. des adj. démonstratifs :
"… **éste** llamó a la puerta de nuestra patria", p. 129 : ***Celui-ci** (Tarik) frappa chez nous.*
"Era **aquél** un indiecito", p. 55 : ***Celui-là** était = c'était un petit indien.*

• Formes neutres : **esto**, **eso**, **aquello** (invariables).
"**Esto** es Galicia", p. 122 : ***Ça**, c'est la Galice.*
"**Eso** ya lo sabrás", p. 112 : ***Ça**, tu dois bien le savoir.*

• Hispanismes :
"… **a eso de** las siete", p. 63 : ***vers** sept heures.*

• Équivalents de : ***Voici**…, **voilà**…*
"**Éste es** Pablo", p. 21 (= aquí está).

15 Le comparatif

• De **supériorité : más**… **que** :
"… es **más** alto que yo", p. 21 : *il est **plus** grand **que** moi.*

• D'**infériorité** : **menos**… **que** :
"… (los colores) mucho **menos** rotundos **que** en el sur", p. 230 : *(les couleurs) beaucoup **moins** crues **que** dans le sud.*
Comparatifs irréguliers : grande → **mayor** ; pequeño → **menor** ; bueno → **mejor** ; malo → **peor**
"… el **mayor** déficit comercial", p. 244.
"Lo sé **mejor** que tú", p. 206 : *Je le sais **mieux que** toi.*

• D'**égalité** : **tanto**… **como** :
"… ninguno muestra **tantas** cosas de Dios **como** un nido", p. 99 : *aucune (crèche) ne montre **autant** de créatures de Dieu **qu**'un nid.*
"Yo hablaba el castellano **tanto como** él mi idioma", p. 133.
Tanto s'apocope en **tan** devant un adj. ou un adv.
"… **tan** misteriosa **como** fascinante" : … ***aussi** mystérieuse **que** fascinante.*
"Yo creía que los detectives no eran **tan** listos **como** en el cine", p. 104 : *Je croyais que les (vrais) détectives n'étaient pas **aussi** futés **qu**'au cinéma.*
"… pero no **tan** fácilmente **como** esperaban", p. 188 : … *mais pas **aussi** facilement **qu**'ils (ne) l'espéraient.*

• **más / menos de lo** + adj. :
"… guantes **más** largos **de lo** habitual", p. 242 : *des gants **plus** longs **que** d'habitude (= que les gants habituels).*

• **más / menos de lo que** + **verbe** :
"… vende **más de lo que** compra", p. 244 : *elle vend **plus qu**'elle n'achète.*

16 Le superlatif

▶A. ABSOLU « TRÈS »

• **Muy** devant l'adjectif : "… un libro **muy** bueno para usted", p. 32.

• Suffixe **-ísimo**, **a**, **os as** :
"… síntomas **clarísimos**", p. 73 = **muy claros**.
"… much**ísimas** inquietudes", p. 88 : ***de très nombreuses** préoccupations.*
"… me atraen **muchísimo**" : *ils m'attirent **infiniment**.*
"… un pillastre **riquísimo**", p. 15 = **muy** rico.
(Mi amigo) **sensibilísimo** para discernir…", p. 232 = **muy** sensible.

• Retenez ces formes familières :
"… asados y **requete**asados", p. 81 : *cuits et **archi**-cuits.*
"Y qué **re**guapa va a salí nuestra morena!", p. 143 : *Elle va être **toute belle** notre vierge brune !*

▶B. RELATIF

• **El más, el menos**, etc. :
"… **la más** clara, **la más** alegre."

• À noter : pas d'art. déf. devant le superlatif lorsque le substantif est déjà déterminé :
"**El** puente aéreo **más** grande del mundo", p. 36 : ***le** pont aérien **le plus** grand…*
"… **las** vistas **más** dramáticas", p. 51 : ***les** vues **les plus** saisissantes.*
Es **tu** compañero **más** simpático : *C'est **le plus** sympathique de tes copains.*

17 Les indéfinis

algo : *quelque chose* – **alguien** : *quelqu'un* – **alguno**, **a**, **os**, **as** : *quelque, s* – **unos**, **a**, **os**, **as**… **otros**, **a**, **os**, **as** : *les uns (unes)… les autres* – **nada** : *rien* – **nadie** : *personne* – **ninguno, a** : *aucun, e…*
"Madre, me olvido de **algo**", p. 70.
"**Unos** aspiran a coronar las cimas, **otros** a atravesar continentes", p. 234.
"No van a **ninguna** parte", p. 70.

1. Les quantitatifs :

• **adjectifs** : **poco**, **a**, **os**, **as** : *peu de* – **bastante**, **s** : *assez de* – **mucho**, **a**, **os**, **as** : *beaucoup de* – **demasiado**, **a**, **os**, **as** : *trop de.*
pocas veces – bastantes años – mucha gente – demasiados recuerdos.

• ou **adverbes** (invariables).
"… me acuerdo **mucho** de vosotros", p. 227.
"… **demasiado** tarde", p. 40.

2. Pas d'article indéf. devant **otro**, **a**, **cierto**, **a** :
"… tenéis **otro** sentido del color", p. 35 : ***vous avez un autre** sens de la couleur.*
"… tengo **cierta** capacidad poética", p. 233.

☞Attention : l'indéfini précède le numéral : "… los **otros** dos", p. 209 : *les deux **autres**.*

3. Todo, a, os, as : *tout, toute, tous, toutes.*

Voy **todos** los días… a la escuela", p. 60.
Todo, pronom ou nom neutre (= toute chose).

• **c.o.d.** d'un verbe est précédé ou suivi du **pronom neutre lo** :
"**Lo** supervisó **todo**", p. 88 : *Elle a **tout** supervisé.*
"… tiene que improvisar**lo todo**", p. 186 : *il doit **tout** improviser.*

• **sujet grammatical** d'un attribut :
"**Todo** eran ofertas", p. 240 : ***Tout n'était qu'**offres.*

4. Cada, *chaque,* est **invariable**.

"… **cada obra y cada lugar**", p. 114 : ***chaque** œuvre et **chaque** lieu.*

5. Ambos, as : *les deux* (los dos, las dos).

"… **ambos** puntos", p. 90 : ***les deux** points.*
"… en **ambas** riberas del río", p. 138 : *sur **les deux** rives du fleuve.*

18 L'apocope

Certains adjectifs placés devant un nom masculin (et parfois féminin) singulier, perdent leur voyelle finale ou **leur dernière syllabe** :

• voyelle **-o** (masculin singulier) : **bueno – malo – alguno – ninguno – primero – tercero**.
"… un **buen** cocido", p. 43. (Mais : una buena comida.)
"… **algún** jubilado", p. 27. (Mais : alguna pareja.)
"**el primer** café", p. 40, "el **tercer** piso", p. 41.
"No se conoce **ningún** hombre", p. 52.

• **-a final** (masculin ou féminin singulier) : **cualquiera**.
"Natividad viste como **cualquier** joven", p. 66 : *Natividad est vêtue comme n'importe quel(le) jeune.*

• **-de : grande** (masc. et fém. **sing**.) :
"… un **gran** universo" – "… una **gran** defensora", p. 88.
(Mais : "grandes superproducciones", p. 89.)
Pour **uno** et **ciento**, *cf.* numération, § 9, p. 254.
– Si adj. seul ou placé après nom → pas d'apocope :
"… una mesa grande", p. 101.
"… va al tercero", p. 28 = al **tercer** piso.

▸ **Retenez :**
– "… no causa daño **alguno**", p. 71 = **ningún** daño.
– Adverbes : *cf.* § 19, p. 257.

19 Les adverbes en "-mente"

• Formation : **adjectif au féminin** + **-mente** :
amplio → amplia → ampliamente.

☞Attention :

feliz → feliz → **felizmente** ; fácil → fácil → **fácilmente** ; alegre → alegre → **alegremente** ; cortés → cortés → **cortésmente**.

• **Recientemente** s'apocope en **recién** devant un participe passé :
"… la oveja **recién** nacida", p. 144 : *la brebis qui vient de naître.*
los **recién** casados : *les nouveaux-mariés.*

• Plusieurs adverbes consécutifs : **seul le dernier** se termine par **-mente** (les précédents se présentent sous la forme de l'adj. au fém.) :
"… unos ojos absolut**a**, rigueros**a** e irresistible**mente** sinceros", p. 74 : *des yeux absolu**ment**, rigoureuse**ment** et irrésistible**ment** sincères.*

20 Les pronoms personnels

SUJETS	PRONOMS SANS PRÉPOSITION			PRONOMS AVEC PRÉPOSITION		FORMES SPÉCIALES
	COMPLÉMENTS			COMPLÉMENTS		
	DIRECTS	INDIRECTS	RÉFLÉCHIS	RÉFLÉCHIS	NON RÉFLÉCHIS	
yo	me	me	me	mí	mí	conmigo
tú	te	te	te	ti	ti	contigo
él, ella, Vd., ello	lo, le, la	le	se	sí	él, ella, Vd.	consigo
nosotros, as	nos	nos	nos	nosotros, as	nosotros, as	–
vosotros, as	os	os	os	vosotros, as	vosotros, as	–
ellos, ellas, Vds.	los, les, las	les	se	sí	ellos, ellas, Vds.	consigo

▸A. FORME DE POLITESSE ET TUTOIEMENT

On utilise :
– la **3e pers. du sing.** pour **vouvoyer une** personne :
"¿**Usted** es mi padre? ¿Y tú eres mi hija?", p. 131.
– la **3e pers. du pl.** pour **vouvoyer plusieurs** personnes : (**ustedes**) son españoles.
– la **2e pers. du pl.** pour **tutoyer** plusieurs personnes : (**vosotros**) sois españoles.
– De même pour l'emploi des pron. pers. compléments :
"Quiero presentar**le** (a usted) a mi amigo", p. 32.
Les presento a **ustedes**…
Os presento a **vosotros**…

▸B. LES PRONOMS PERSONNELS SUJETS

En général, le pronom personnel sujet n'est pas exprimé. Mais on peut l'employer :
– pour **insister** :

"¿Quién eres **tú**?", p. 121.
"Los he escrito **yo**", p. 96.
"**Nosotros** no tenemos la culpa", p. 221.
– ou pour **éviter une confusion** :
Yo creía, **él** creía – Que **yo** sepa, **yo** vería…

▶C. LE PRONOM SUJET NEUTRE "ELLO"

Le pronom neutre "ello" a la valeur d'un démonstratif :
Ello no quiere decir… : ***Cela** ne veut pas dire…*
"… no aludió a **ello**", p. 133 : *il ne fit pas allusion à **cela**.*

▶D. LE PRONOM COMPLÉMENT DIRECT DE LA 3e PERSONNE

• pour les personnes :
masc. sing. : **le**, **lo**, **la** / **les**, **los**, **las**.
"… no **le** conocemos", p. 26 (le = el fantasma).
"… esperaba a que **le** sacaran", p. 116 (le = **Ramón**).
"… los Reyes **lo** aguardan", p. 109 (lo = **Colón**).
"… traen la paz a la casa que **los** recibe", p. 124 (los = **los peregrinos**).

• pour les choses : **lo**, **la** / **los**, **las**.
"… Voy a poner**lo** en el salón" (lo = **el abeto**), p. 102.
"**Las uvas** no **las** compré yo", p. 103.

▶E. LE PRONOM INDIRECT DE LA 3e PERSONNE

On emploi **le**, **les** dans tous les cas :
le doy un libro (a este chico) – **le** doy un libro (a esta chica) – **le** doy un libro a usted.

▶F. LA PLACE DU PRONOM PERSONNEL COMPLÉMENT

Le pron. pers. complément sans préposition se place avant le verbe : **Los** veo – **te** digo.
En revanche, **à l'infinitif**, **à l'impératif et au gérondif**, il est **enclitique** :
"… él no puede ver**os**", p. 49 : *lui ne peut pas **vous** voir.*
"… march**aos** y dejad**nos** en paz", p. 221 : *allez-**vous**-en et laissez-**nous** tranquilles.*
"… arrebatándo**nos** los panes más dorados", p. 101 : *(en) **nous** arrachant les pains les plus dorés.*

☞Attention : l'enclise peut rendre obligatoire la présence d'un accent écrit : tra**e**d → tra**é**d**melas**.

• Le pronom compl. ind. précède le pronom c.o.d. :
dímelo *(dis-**le-moi**)*.

• Lorsque deux pron. de la 3e pers. se suivent, les pron. compl. ind. (**le**, **les**) prennent la forme **se** :
"Bien **se lo** debía (a la Virgen)…", p. 143 : *Il **le lui** devait bien.*
"Ya **se lo** he dicho (a Vd)", p. 233 : *Je **vous l'**ai déjà dit.*
"… una organización intenta dár**selo**", p. 201 : *une organisation essaie de **le leur** donner.*
Souvent un pron. compl. ind. annonce ou reprend le compl. précédé de la préposition **a**.
"… no **le** diga **a Jimena**…", p. 33 : *ne dites pas **à Jimena**.*
"… **a la reina mora se** las entregó", p. 131 : *les livra **à la reine maure**.*

"… dar**le** de comer **a Bleda**", p. 92 : *donner **à** manger **à Bleda**.*

▶G. LE PRONOM COMPLÉMENT APRÈS UNE PRÉPOSITION (1re ET 2e PERS. SING.)

"Sí, **encima de mí**", p. 65 : *Oui, **au-dessus de moi**.*
"¿Qué te ocurre **a ti**?", p. 61 : Que t'arrive-t-il (**à toi**) ?
Une forme spéciale : **conmigo**, **contigo**.
"**Contigo** siempre, Natacha", p. 61 : ***Avec toi** toujours, Natacha.*

▶H. "SÍ / ÉL, ELLOS" "CONSIGO / CON ÉL"

Ne pas confondre :

• **a sí mismo**, **a** (forme réfléchie) / **a él**, **ella**, **ellos**, **ellas (Antonio de Felipe)** "**se** define **a sí mismo** como el « Rey del reciclaje »", p. 166.
(A él) los críticos **lo** definen como…

• **consigo** (forme réfléchie) / **con él**, **ella**, **ellos**, **ellas**.
Mi **hermana** me lleva **consigo** al cine. Voy con **ella**.

• **entre sí** (forme réciproque)
"(Oriente y Occidente) se exterminaban **entre sí**. (= *réciproquement*), p. 133.
La conversación **entre ellos** transcurría en un árabe despojado.

▶I. PRONOM PERSONNEL À VALEUR DE POSSESSION

buscar**se la** vida : *se débrouiller (pour gagner **sa** vie)*, vidéo, p. 201.
"… una toca blanca **le** cubría **la** cara", p. 74 : *un voile blanc couvrait **son** visage.*

21 Les équivalents de « on »

▶A. 3e PERSONNE DU PLURIEL

• **fait singulier**, accidentel :
"Desde Granada nos **han traído** una nueva milagrosa", p. 109 : *De Grenade **on** nous a apporté une nouvelle prodigieuse.*

• **sujet collectif, indéterminé :**
"Eso **dicen**", p. 184 : ***On** dit ça.*
"… **cuentan** por aquí", p. 184 : ***on** raconte par ici.*

▶B. "SE" + 3e PERSONNE

• **Fait d'ordre général :**
"Pronto **se** aprende cuando **se** es joven", p. 80 : ***On** apprend vite quand **on** est jeune.*

☞Attention :
– pour un animal ou une chose :
Se adorna un árbol – "**Se adornan** árboles de Navidad", p. 98 : ***On** décore un arbre/des arbres de Noël.*
"**Se divisa** Granada", p. 135 : ***On** aperçoit Grenade.*
– pour une personne :
"… cuando **se veían** moros en la costa", p. 129 = cuando **se veía a** unos moros… : *quand **on** voyait des maures sur la côte.*

▶C. 1re PERSONNE DU PLURIEL

"… aquí no **hacemos** nada", p. 80 : *ici, **on** ne fait rien.*

▶D. "UNO, UNA" + 3e PERSONNE DU SINGULIER

La personne s'implique : "… tiene **uno** tiempo de sobra", p. 53 : ***on** a (=**j'**ai) du temps libre.*
Una procura ser animos**a** : ***On** s'efforce d'avoir du courage (=**j'**essaie d'être courageuse).*

22 Tournures affectives : "gustar…"

• La personne du sujet est présentée comme « **subissant** » un sentiment, une impression, un goût, un souvenir, une idée… L'espagnol ne dit pas « j'aime les fleurs », mais « les fleurs me plaisent ». Le verbe reste donc à la **3e pers.** (du sing. ou du pluriel).
(A mí) " **me encantan** las historietas", p. 29 – **Me dan miedo** las películas de horror / (a ellos) **no les importa** ponerse un pantalón floreado", p. 64.
(A él) "**le duele** la cabeza", p. 40 – "(Eso) **me duele** más que **a ti**", p. 206.
" Todos leemos lo que (a nosotros) nos gusta", p. 29.
"(A mí) "**Me costó** mucho hacerme un sitio", p. 235.

• **Forme réfléchie** :
¡**Se le** olvidó (a él) tu encargo! : *Il a oublié ce que tu lui avais demandé.*
"**Se me ocurrió** (el título) en el comedor del buque", p. 233 : ***Il m'est venu à l'esprit** (le titre) alors que j'étais dans la salle à manger du navire.*

23 Impersonnels

▶A. IL Y A

• **Hay** pour situer **dans l'espace** des personnes ou des objets non déterminés :
"En el mundo no **hay** extranjeros", p. 13.
"… **había** a finales del siglo X ciento sesenta mujeres consagradas a copiar manuscritos", p. 137.

• **Hace** pour évoquer une période de temps écoulée :
"… **Hace** unos días, he regresado del Caribe", p. 233.
Cf. gram. 32.G, p. 262.

▶B. LOCUTIONS IMPERSONNELLES

"**Basta mirar** cualquiera", p. 99 : ***Il** suffit **de** regarder n'importe lequel.*
"… **resultó fácil** responder a su pregunta", p. 232 : ***il** fut facile **de** répondre à sa question.*
"**Parece ser** que se quieren", p. 69 : ***Il semble** bien qu'ils s'aiment.*
"**Es vergonzoso** hablar así", p. 77 : ***C'est** indécent **de** parler comme ça.*

24 Équivalents de « voici », « voilà »

• **He** aquí, **he** ahí :
He aquí Juan : ***Voici** Juan !* / **He ahí** sus libros : ***Voilà** ses (vos) livres.*

• **Aquí tiene** – **aquí está** – éste es, ésta es… :
"**Aquí tiene** (Vd) la lista", p. 103 : ***Voici** la liste.*
"**Ésta es** Gloria y **éste es** Javier", p. 15 : ***Voici** (je te présente) Gloria et Javier.*
"**Aquí están** las medicinas", p. 48 : ***Voici** les médicaments.*

25 Les pronoms relatifs

• **Que** : pour personne (sujet) ou chose (sujet ou c.o.d.) :
"Clara es una mujer **que** lee poesía", p. 18.
"… leyó cinco veces el único libro **que** tenía", p. 116.

• **Quien**, **quienes** pour des personnes (c.o.d. ou c.o.i. c.o.s.) :
"… el Gobierno regala tierras **a quien** las quiera cultivar", p. 78 : *le Gouvernement offre des terres **à** (celui) **qui** voudra bien les cultiver.*

• **Cuantos**, **as** (todos los que), **cuanto** (todo lo que) = Podrás hacer **cuanto** quieras : *Tu pourras faire **tout ce que** tu voudras.*

• **El cual**, **la cual**, **los cuales**, **las cuales** – **el que**, **la que**… *(lequel, laquelle, etc.)* pour personnes et choses :
"Sólo soy una persona normal **a la que** le gusta subirse a las montañas", p. 116 : *Je ne suis qu'une personne normale **qui** aime faire de l'escalade.*

▶A. LES ÉQUIVALENTS DE « DONT »

• **Cuyo**, **a**, **os**, **as** (compl. de nom.) :
"… para cuidar a su gata siamesa, **cuyo colorido** hacía juego con el del perro", p. 232 = … ***dont la** couleur était la même que celle du chien.*

• **De quien**, **de quienes**, **de que**, **del que**, **de la que**, **del cual**, etc. (compl. d'un verbe, d'une locution verbale, d'un numéral, d'un indéfini, d'un adjectif) :
"… Mercosur, **del que** forman parte Argentina, Brasil…", p. 244 : *Mercosur **dont** font partie l'Argentine, le Brésil…*
"… 210 sitios **de los cuales** 35 están a merced de las inclemencias", p. 194 : 210 sites **dont/parmi lesquels** 35 sont à la merci des inclémences…
"… una cocina, **de la que** se verá sólo **una parte**", p. 81 : "*… une cuisine **dont** on ne verra qu'**une partie** (= 1/3, 1/2…).*
"… naciones y culturas, **muchas de las cuales** fue-

ron destruidas por los conquistadores", p. 110 : *... des nations et des cultures* ***dont beaucoup*** *furent détruites par les conquistadors.*

> ☞Attention :
> • *Parlons de l'indépendance de Cuba dont on célèbre cette année le Centenaire* : Hablemos de la independencia de Cuba **cuyo centenario** se celebra este año.
> • *Parlons du traité de Tordesillas* ***dont*** *on célébrait en 94 le Vᵉ Centenaire* : Hablemos del tratado de Tordesillas del que se celebraba en el 94 el Quinto centenario.

▶B. LES ÉQUIVALENTS DE « OÙ »

• **Donde** ou **en que** → lieu :
"... el cauce **donde** anida el mirlo de agua", p. 58.
"Los dueños de la posada **en que** te hospedas saben lo que necesitas", p. 58.

• **Cuando** ou **en que** → temps :
"Aquel funesto día **en que** me obligaron a alejarme de ti...", p. 135 : *Ce jour funeste* ***où*** *l'on m'obligea à m'éloigner de toi.*

26 Les équivalents de « c'est », « c'est... qui », « c'est... que »

• En espagnol, accord avec la personne :
soy yo *(c'est moi)*, **eres tú** *(c'est toi)*, **es Vd** *(c'est vous)*, **somos nosotros** *(c'est nous)*, etc.

▶LA TOURNURE EMPHATIQUE

• « **C'est... qui** » :
Es usted **quien** elige : ***C'est vous qui*** *choisissez.*
"Ellos **son los que** me han orientado", p. 63 : ***Ce sont eux qui*** *m'ont guidé.*
"... no **es el frío lo que** conserva", p. 243 : ***ce n'est pas*** *le froid* ***qui*** *conserve.*

• « **C'est... que** » : es... donde, es... cuando, es... como, etc.
– "**Donde** mejor escribo **es en el campo**", p. 30 : ***C'est à la campagne que*** *j'écris le mieux.*
"**Es aquí donde** mana la vitalidad", p. 95 : ***C'est (d') ici que*** *jaillit la vitalité.*
– "**Ahora es cuando** vamos a empezar de verdad", p. 61 : ***C'est maintenant que*** *nous allons vraiment commencer.*
"**Fue entonces cuando** cayó en la cuenta", p. 165 : ***Ce fut alors*** *qu'elle se rendit compte...*
– "**Así fue como** acabó haciendo publicidad", p. 240 : ***Ce fut ainsi qu'****il finit par faire de la publicité.*

27 Les corrélatives : « plus... plus », « moins... moins »

"... **cuanto** más difícil (es la empresa), **más** gratificante es el triunfo", p. 235 : ***plus*** *l'entreprise est* ***difficile***, ***plus*** *le succès est* ***gratifiant***.

28 "Ser" et "Estar"

A. "SER" DÉFINIT LA NATURE DES ÊTRES ET DES CHOSES

• + **nom, pronom, numéral, indéfini :**
– **définition, qualité, caractéristique...**
"**Soy** Alejandro Silva Cáceres", p. 121.
"Deseaba **ser** marinero", p. 121.
"... América **era** un país inmenso", p. 112.
"Natalia **fue** Dulcinea... ¡Carmen tenía que **ser** yo!", p. 104.
"**Son** 273.000 (sin techo)", p. 200 – No **es** nada.
– **définition du moment**
¿Qué hora **es**?
"Ya **son** las once de la mañana", p. 127.
"**Es** una tarde de otoño", p. 14.
"**Es** sábado", p. 22.

• **+ adjectif** → **définition :**
– origine, nationalité = ser + adj. ou ser de + nom.
"... no **eres** castellana; ... **somos** americanos", p. 197.
"¿**De** dónde **son**? Andaluces, granadinos", p. 13 (= **son de** Andalucía...).
– caractère essentiel du sujet :
"**Ha sido** usted muy amable", p. 33.
"**Sé** dócil", p. 134.
"**Era** alta y no muy delgada", p. 74.
"(Pedalear) No debe de **ser** tan difícil", p. 240.

• + **participe passé** : tournure passive → envisage l'action dans son déroulement. Parfois le complément d'agent n'est pas exprimé :
"Hemos **sido** designados **por** Dios", p. 134.
"**Será** tratado como si fuera un infante de Castilla", p. 134.

• **C'est... qui**, **c'est... que** : tournure emphatique (*cf.* n° 26).

▶B. "ESTAR" → LIEU, MOMENT, ÉTAT, SITUATION

• + **adverbe** (lieu, temps), **compl. circ.** (lieu, temps) :
"¿Dónde **estabas** tú en esos años?", p. 72.
"... la escuela **está** bastante lejos", p. 60.
"... hace mucho frío para **estar** al aire libre", p. 22.
"**Estamos** en pleno noviembre", p. 81.

• + **adjectif** (→ **situation accidentelle, résultat d'une transformation) :**
"Siempre **estoy** alegre", p. 30.
"¡Qué bello **está** el cielo esta tarde!, p. 39.
"Mi papá **está** ciego", p. 51 : *Mon papa* ***est (devenu)*** *aveugle.*

• + **participe passé** → **résultat de l'action :**
"**Estoy** muy cans**ada**", p. 81.
"**Estaba** ater**ido** de humedad y de frío", p. 91.
"... dicto una carta que **está escrita** por mi secretario", p. 145.

• + **gérondif** : *cf.* aspects de l'action, 31.B.

29 Substituts du verbe « être »

• "¡**Resultáis** patéticos!", p. 219 : *Vous* ***êtes*** *pathétiques !*

• "... **iba** alegre en el barco", p. 160 – "... conviene **ir** bien mentalizado", p. 242.

• "... **andar** semidesnudo", p. 164 – "... debe de **andar** perdida", p. 123.

• "... tía Lina **sigue** sentada", p. 59 : *tía Lina* ***est encore*** *assise.*

• "... el sector masculino **queda** encantado con esta faceta deportiva", p. 75 : *les hommes* ***sont absolument*** *enchantés de ce côté sportif.*

30 Équivalents de « devenir »

• **ponerse** → changement **passager** :
En otoño las hojas **se ponen** amarillas.
"Estos sitios **me ponen** muy nervioso", p. 46 / **me pongo** muy nervioso...
"La ecología **se pone** de moda", p. 202.

• **hacerse** → transformation **progressive** :
Se hace viejo Pedro.
En dos años **se hizo** rico.

• **volverse** → transformation **essentielle** :
Los árboles **se vuelven** esqueletos.
"... en mar **nos volvemos** más locuaces", p. 45.
"El mundo, como si **se hubiese vuelto** loco, nos llena de pasmo", p. 109.

• **llegar a ser** → aboutissement, **état final**, sans idée d'évolution :
"... **llegué a ser** piloto de la *Santa Susana*", p. 106.

31 Le gérondif : ses emplois

▸A. POUR EXPRIMER LA MANIÈRE

Il répond à la question **¿cómo?**
"(Natividad) Cuida su forma física **corriendo** 8 km al día y **practicando** yudo", p. 66.

▸B. LES DIFFÉRENTS ASPECTS DE L'ACTION

• **Estar + gérondif** → action **en train de** se dérouler :
"... **está estudiando** informática", p. 28.
"Siempre **estamos yendo** hacia alguna parte", p. 90.

• **Ir + gérondif** → l'action se déroule **progressivement :**
"Así **voy buscando** a mis tres hijitas", p. 131.
"... un fulgor rojizo que **iba volviéndose** dorado", p. 91.

• **Andar + gérondif** → l'action se déroule **progressivement** (+ idée de **déplacement**) :
Hace una hora que **andamos buscando** la carta.

• **Seguir, continuar + gérondif** → l'action **continue** de se dérouler :
"... **sigo aburriéndome**", p. 53.
"... **seguimos achicharrándonos**", p. 81.
Continúo trabajando.

☞Attention :
"... **pasarse** tres meses **escribiendo**", p. 232 : ***passer*** *trois mois* ***à écrire***.

32 Les prépositions

▸A. "A"

• Devant un **c.o.d. de personne déterminée** :
"... he encontrado **a** padre", p. 131.
"Me trataron como **a** un héroe", p. 117.

• Après un **verbe de mouvement** (ir, bajar, subir, pasar...) :
"... **voy a** trabajar", p. 22 – "**Vete a** París", p. 23.
"¿Podemos **pasar a** su despacho?", p. 31.

☞**Attention à la question :** "¿**Adónde** tenemos que **ir**?", p. 32.

• Dans certaines **locutions prépositives de lieu** : al pie de, a orillas de, a lo lejos...
"Vivo aquí **al lado**", p. 48.
"... **a orillas del** lago Titicaca", p. 82.
"... **a lo largo del** camino real", p. 180.

• Dans l'expression du **temps** (moment précis, période écoulée / valeur distributive) :
"Llegas **al atardecer**...", p. 58.
"Pepe entra en la ciudad **a las 8 de la tarde**", p. 41.
"Las bodas se celebraron **a finales de** 1479", p. 74.
Hago deporte dos veces **a la semana**.
"... **a** los pocos minutos", p. 101 : ***au bout de*** *quelques minutes.*

• Avec une valeur de **but** (= para) :
"Voy a Manila **a** estudiar", p. 45 : *Je vais à Manille* ***pour*** *étudier.*
"... se paraban **a** escuchar", p. 168 : *ils s'arrêtaient* ***pour*** *écouter.*

• Avec une valeur **conditionnelle** : "... **a no estar** derribado, **daría**...", p. 148 : ***s'il n'était*** *pas démoli, il* ***donnerait***...

▶B. "CON"

Elle marque :

• **l'accompagnement** :
"Vivimos **con** un fantasma", p. 26 : *Nous vivons **avec** un fantôme.*
"... una casa **con** árboles", p. 77 : *une maison **avec** des arbres.*

• **la manière** (précise la tenue, le comportement, l'attidude) : "... dice Raimundo **con** los ojos brillantes", p. 23 : *dit Raimundo, les yeux brillants.*
"Entró **con** el chambergo en la mano", p. 55 : *Il entra, le chapeau à la main.*
Remarquez qu'en français il s'agit le plus souvent d'une **apposition** au nom ou au pronom.

• **le moyen** :
"Empecé a escribir mis libros **con** lápiz", p. 156 : *J'ai commencé à écrire mes livres **avec** un crayon.*

• **la relation, la conformité, la comparaison** :
"... pueden **hablar con** él", p. 49 : *ils peuvent **lui parler**.*
"... **nos conformaremos con** hacerle compañía", p. 49 : ***nous nous contenterons** de lui tenir compagnie.*
Retenez la construction des verbes : comparar **con** *(comparer **à**)* encontrarse **con** alguien *(rencontrer qqn)*...

▶C. "DE"

1. La proposition **de** indique :

• **la matière** :
"... el balcón **de** madera", p. 19.
"... las herraduras de los caballos eran **de** plata", p. 114.

• **l'appartenance** :
Esa casa es **de** mis padres.

• **la caractérisation** :
"... unas camisas **de** cuadros", p. 64 : *des chemises **à** carreaux.*
"... el navegante **de** la capa raída", p. 109 : *le navigateur **à** la cape usée.*

2. Elle s'emploie dans les expressions : **de paseo, de vacaciones, de viaje, de compras** :
Me voy **de** vacaciones.

3. La proposition **de** introduit :
– un compl. circ. de temps :
"Escribo durante el verano **de día**", p. 30.
"... **de** joven fue actriz", p. 33 (= **cuando** joven).
Remarquez l'expression de **la date** :
7 **de** junio **de** 1494.
– un compl. circ. de manière :
"Yo iba (vestido) **de** blanco y azul", p. 74.

▶D. "EN"

Elle peut exprimer comme en français : dans, sur, en...
"... descansar **en** nobles pazos", p. 122.
"Se sienta **en** una silla", p. 32.
"La conversación transcurría **en** un árabe despojado", p. 133.
Mais aussi : à (lieu où l'on se trouve) :
"... prefiero quedarme **en** casa", p. 22.
"¡Están Vds **en** su casa!", p. 129.
" Sus padres residen **en** Córdoba", p. 66.
"¿Y qué voy a hacer yo **en** París?", p. 23 (= cuando esté **en** París).

▶E. "PARA"

but, direction, destination, point de vue :
"Toma un café doble **para** despertarse", p. 40.
"Aquí hay un libro muy bueno **para** usted", p. 32.
... a punto de embarcar **para** las Indias.
Para mí (= en mi opinión).

▶F. "POR"

• **passage** par un lieu ou **déplacement à l'intérieur d'un lieu** :
"... vuelvo **por** donde había venido", p. 39.
"Baja **por** (la Avenida) Marqués del Turia", p. 24.
"... lanzarse en canoa **por** la catarata del Iguazú", p. 114.

• **cause** :
"... (una dama) cortés **por** bien criada, alta **por** linaje", p. 153 (= **porque** está bien educada / **porque** es noble).
"Bien se lo debía a la Virgen, **por** haberle salvado...", p. 143 (= **porque** lo había salvado...)

• **sentiment** :
"(Nuria Guimerá) ... resume así su pasión **por** la moto", p. 76.

• por = ***pour le prix de*** :
"... pasan hasta catorce horas (...) rascando mineral, **por** menos de 800 pesetas diarias", p. 161.

• dans certains compléments de **temps** :
"... está estudiando informática **por las noches**", p. 28 : *il étudie... **le soir**.*
"... estuvo ayer **por la tarde**", p. 33 : *elle est venue hier **après-midi**.*

• **por** introduit **un complément d'agent** :
"... los ratones que correteaban perseguidos **por** el gato", p. 150.

▶G. "DESDE / DESDE HACE" (DEPUIS)

• **point de départ de l'action** :
"Soy ciudadano mexicano **desde** 1949", p. 226.
"Los pastores **desde siempre** han sido muy pensadores", p. 53.
"**Desde niños** recibimos una educación", p. 50 (= **ya desde** la niñez) : *dès l'enfance.*

• **durée** dans le **passé** :
"... **desde hace** unos días nos acompaña don Daniel", p. 26 : ***depuis** quelques jours, don Daniel nous accompagne.*
"... vivo en México **desde hace** 36 años", p. 226.
"El Rey Juan Carlos **lleva** 35 años **encargándonos** su calzado de campo", p. 89 = El Rey nos encarga... **desde hace** 35 años = **Hace** 35 años **que** el Rey nos encarga...

☞Attention à la **concordance** :
"**Desde hacía** cuatro siglos Oriente y Occidente **se enfrentaban** en aquella tierra de fuego", p. 133.

33 L'indicatif

En espagnol, certains temps ont une valeur particulière.

▶A. LE FUTUR PEUT EXPRIMER UNE HYPOTHÈSE

"… eso ya lo **sabrás**", p. 112 : *cela,* ***tu dois*** *déjà le savoir*. (*Cf.* 42.)

▶B. LE PASSÉ SIMPLE ET LE PASSÉ COMPOSÉ

• **Passé simple** → action passée, n'ayant plus **aucun lien avec le présent**.
"(Martí) **Realizó** sus estudios en EE. UU.", p. 235.
"Mayor Oreja **se mostró** ayer convencido…", p. 209.

• **Passé composé** → l'action vient de s'effectuer ou conserve **des liens avec le présent** :

"Desde Leonardo da Vinci el hombre **ha deseado** volar y yo lo **puedo** hacer", p. 235.
"… (Eugenia) **ha salido** a ver cómo su hijo trajina. Años atrás, Eugenia **viajó** a Cuba", p. 213.
À l'auxiliaire **haber** se substitue parfois **tener** qui possède une valeur active et marque la persistance d'une action déjà effectuée (dans ses effets du moins) :
"Ya le **tengo echado** el ojo a uno de 18 pesos", p. 81 : ***J'ai jeté*** *un coup d'œil sur un ventilateur de 18 pesos (et j'y pense encore).*

34 Le subjonctif

• Optatif : présent, imparfait…
"Dios **guarde** esta casa…", p. 124 : ***que*** *Dieu* ***protège*** *cette maison.*

• Souhait, regret :
"¡**Que** lo **cojan** y lo **repartan**! p. 184 : ***Qu'ils s'en emparent*** *et* ***se*** *le* ***répartissent*** *!*
¡**Ojalá quiten** a ese hombre tan malo! : ***Pourvu qu'****on se débarrasse de cet homme si odieux !*
¡Quien **supiera** cantar! : *Ah,* ***si je savais*** *chanter !*

• Valeur du **plus-que-parfait de l'indicatif** :
"… para aprovechar los terrenos que en su día **utilizara** la Expo 92", p. 114 = **había utilizado**.

35 Le conditionnel : ses valeurs

1. Il exprime une **action qui se réaliserait** / se serait réalisée **si** une **condition** était / avait été / pouvait être **remplie** :
– "**si** expusiera mi situación a un gestor, **me recomendaría**…", p. 176 : ***si*** *j'exposais ma situation à un administrateur, il me* ***recommanderait****…*
– **Si** me lo hubieras dicho (= De decírmelo), te **hubiera ayudado** : *si tu me l'avais dit, je t'****aurais aidé (e)****.*
– "Si tú no fueras mujer… ¿qué querrías ser?", p. 77 : ***Si*** *tu n'étais pas une femme, que* ***voudrais-tu*** *être ?* **(Irréel du passé)**

2. Il annonce une **action future** dans un **récit au passé** : "…el nuevo Telón de Acero del siguiente siglo **se tendería** de Gibraltar a Constantinopla", p. 110 : *le nouveau Rideau de Fer* ***s'étendrait (allait s'étendre)*** *de Gibraltar à Constantinople.*

3. Il sert à formuler **une hypothèse**, à exprimer **une conjecture** dans un **récit au passé** :
"Una pregunta que **seguramente se harían** también los pueblos…", p. 110 : *Une question que* ***se posaient sûrement*** *les peuples…*

36 L'infinitif

1. C'est un **mode impersonnel**. Il peut se présenter sous deux formes : présent (hablar), passé (haber hablado). C'est le **présent** qui est le plus souvent employé :
Ex. : Después de **terminar** mi trabajo, saldré.
Après ***avoir terminé*** *mon travail, je sortirai.*

2. Il remplace souvent d'autres modes :
• l'indicatif ou le conditionnel :
–¿Qué haces? –**Mirar** : *–Que fais-tu ? –****Je regarde****.*
¡**Haberlo dicho** antes! : *Tu* ***devais*** */* ***aurais dû*** *me le dire avant !* (Idée d'obligation : nuance de reproche, regret.)

• l'impératif :
¡**A cenar**! (= **Venid a** cenar) : ***(Venez)*** *à table !*
"Vecinos, **armarse**!", p. 186 : ***Aux armes, citoyens !***
"Marilola, **a cuidar** de la mamá y **a rezar**…", p. 227 : *Marilola,* ***soigne*** *maman et* ***prie****…*

3. L'infinitif substantivé = el hecho de + inf. ***(le fait de*** *+ inf.)* "**El descubrir** aquella verdad fue el heroísmo del pueblo de Madrid", p. 186.

☞Attention :
Ne confondez pas avec certains infinitifs qui sont devenus de véritables substantifs (et se mettent au pluriel) : el ser *(l'être)*, el poder *(le pouvoir)*, el deber *(le devoir)*, el parecer *(l'avis)*, el amanecer *(le lever du jour)*…

4. La proposition infinitive à valeur circonstancielle :
• de temps : **AL + infinitif** marque la simultanéité et peut avoir le sens de **dès que** :
"**Al ver** sus cuadros, no se sabe…", p. 90 : ***En voyant (quand on voit, dès qu'on voit)*** *vos tableaux, on ne sait pas (on se demande)…*

• de condition : **DE + infinitif**
De poderlo, no iría : ***si je pouvais***, *je n'irais pas.*

5. Précécé des prépositions **por**, **sin**, il indique qu'une action n'est pas faite :

"Tienes todo un mundo **por descubrir**", p. 191 : *Tu as tout un monde* ***à découvrir***.

El cuarto está **sin barrer** : *La chambre* ***n'a pas été balayée***.

37 La subordination : indicatif ou subjonctif ?

Indicatif : mode du réel.
Subjonctif : mode de l'éventuel, de l'hypothétique.

▸A. LE MODE DANS LA SUBORDONNÉE CONJONCTIVE

Suivant **la fonction** de cette proposition, on emploie un mode ou l'autre :

1.

INDICATIF
COMPLÉMENT D'OBJET DIRECT EXPRIMANT UNE CONSTATATION
"Él **sabe** muy bien **que parece** más viejo", p. 20.
Veo que has trabajado mucho.
"… **comprendió que** las mariposas amarillas **tenían** algo que ver con él", p. 165.
COMPLÉMENT D'OPPOSITION ET DE SIMULTANÉITÉ
"… Conchita podía pasar por una escandinava **mientras que** María **parecía** haberse escapado de un harén", p. 129.
COMPLÉMENT DE CAUSE
"Me gusta venir por aquí, **porque** se **ve** bien el ponerse del sol", p. 39.
"Hablaba así **porque era** muy tímido", p. 129.
COMPLÉMENT DE CONSÉQUENCE
"Pancho posee la gracia de preguntar estas cosas de una manera **tan** natural **que no menoscaba** el orgullo de su interlocutor", p. 232.
"Se pasó a unas danzas cubanas, aún más movidas. **De tal modo que** todo no **fue** más que un torbellino", p. 159.

2.

SUBJONCTIF : PRÉSENT, IMPARFAIT
COMPLÉMENT D'OBJET DIRECT D'UN VERBE D'ORDRE, DE PRIÈRE, DE CONSEIL, DE DÉSIR, D'INTERDICTION
"Te pido **que** me **contestes**", p. 77 : *Je te demande* ***de me répondre***.
"Te ruego (**que**) me **mandes** el poema", p. 145 : *Je te prie* ***de m'envoyer*** *le poème.*
"Deja **que cuide** de ti", p. 95 : *Laisse-la* ***te soigner***.
SUJET
"Me gusta que **os divirtáis**", p. 87.
"… es mejor que **te distraigas**", p. 87.
COMPLÉMENT DE BUT
"… empieza mamá a pelearme **para que me levante**", p. 60.
"Llamó a Biscuter **para que subiera** a Vallvidrera", p. 92.
COMPLÉMENT DE TEMPS INTRODUIT PAR "ANTES DE QUE, HASTA QUE…"
"… no la puedo leer **hasta que acabe** de acribar", p. 154. "**Antes de que naciese** mi abuelo…", p. 177.
SUBJONCTIF : IMPARFAIT, PLUS-QUE-PARFAIT
COMPLÉMENT DE COMPARAISON
" … esas ventajas, los habitantes las aprovechan **como si fuesen** eternos", p. 56.
"(Solana) Entró en la biblioteca **como si se internara** en la cueva de un tesoro", p. 157.
Juan se fue corriendo **como si hubiera visto** un fantasma.

3.

INDICATIF OU	SUBJONCTIF
COMPLÉMENT DE CONCESSION	
Concession sur un fait réel **aunque** + indicatif –› *bien que* "Me gusta escribir, **aunque escribo** poco", p. 85 : ***Bien que j'écrive*** *peu, j'aime écrire.* "**Pese a que fue** ella misma la que se lo insinuó al viajero, tiene miedo de ver su nombre…", p. 215 : ***Bien que ce soit*** *elle qui l'****ait insinué*** *au voyageur, elle a peur de voir son nom.*	**Concession sur un fait hypothétique** **aunque** + subjonctif –› *même si* "Pues lo diré **aunque** no te **guste**", p. 81 : *Eh bien, je le dirai,* ***même si*** *cela ne te te* ***plaît pas****.* "(No soy gitano andaluz) … **aun cuando** todos los andaluces **seamos** algo gitanos", p. 146 : … ***même si*** *nous sommes, nous, tous les andalous, quelque peu gitans.* "**Por mucho que se tarde**, en dos semanas ya sabes moverte solo", p. 242 : ***On a beau être lent****, en deux semaines on sait se déplacer par soi-même.*
COMPLÉMENT DE CONDITION	
Condition réalisable "**Si** no **queréis**, no me **quedo**", p. 65 : ***Si*** *vous ne* ***voulez*** *pas,* ***je m'en vais*** *(je ne reste pas).* "**Si vamos** por la calle de Alcalá, **llegamos** en unos minutos", p. 46.	**Irréel du passé** "**Si** tu padre **quisiera**, él nos lo **podría** adelantar", p. 80 : ***Si*** *ton père* ***voulait, il pourrait*** *nous l'avancer (l'argent).* "Esto no **ocurriría si** a tu padre le **hubiéramos cerrado** la boca a tiempo", p. 223.
COMPLÉMENT D'OBJET DIRECT APRÈS UN VERBE D'OPINION (AFFIRMATIF OU NÉGATIF)	
"**Creen que** esas cosas **son** audacias de poeta", p. 17 : ***On croit que*** *ces choses* ***sont*** *des audaces de poète.*	
Pienso **que no es** grande : *Je* ***pense qu'****il* ***n'est*** *pas grand.* →	**No pienso que sea** grande : *Je* ***ne pense pas qu'il soit*** *grand.*
Pensaba **que no era** grande : *Je* ***pensais qu'****il* ***n'était*** *pas grand.* →	"**Nunca pensé que fuese** tan grande", p. 96 : *Je* ***n'ai jamais pensé qu'****elle* ***pouvait être*** *aussi grande.*
COMPLÉMENT DE TEMPS "CUANDO, MIENTRAS, TAN PRONTO…"	
Au présent ou au passé "**Cuando terminan, suben** al taxi", p. 51. "… una cena que se celebra **tan pronto** la familia **regresa** de la Misa del gallo", p. 100. "… **había** torres para avisar **cuando se veían** moros en la costa", p. 129. "**Mientras** cruzaban las cumbres, … **estuvieron** haciendo proyectos", p. 202.	**Au futur** "… **cuando vuelva**, me **oirá**", p. 144 : ***Quand*** *il* ***rentrera****, il m'****entendra****.* "**Cuando anochezca**, **seguiremos** camino", p. 221 : ***Quand*** *la nuit* ***tombera****, nous* ***poursuivrons*** *notre route.* (*cf.* concordancia)
COMPLÉMENT DE MANIÈRE INTRODUITE PAR UN FUTUR DE L'INDICATIF OU UN IMPÉRATIF	
Haz como **quieres** : ***Fais comme*** *tu* ***veux****.* →	"(**Haz**) **como quieras**", p. 22 (= Harás) : ***Fais*** *(tu feras)* ***comme*** *tu* ***voudras****.*

▸B. LE MODE DANS LA SUBORDONNÉE RELATIVE

INDICATIF	SUBJONCTIF
AU PRÉSENT OU AU PASSÉ	**AU FUTUR**
"… veo las casas (…) **que parecen** de juguete", p. 19. "**Se ha acercado** un joven **que toca** el saxo", p. 27.	"Haz **lo que quieras**" : *Fais ce que tu voudras.*
Cumplo el castigo **que** me **imponen**. →	"**Cumpliré** el castigo **que** me **impongan**", p. 121 : ***J'exécuterai*** *la punition* ***qu'****on* ***m'imposera****.* "Todo para llevarte allí **donde vayas**. **Donde** tú **quieras**", p. 36 : *Tout pour t'amener où tu iras. Où tu voudras.*
"**Cuanto más** difícil **es** la empresa, **más** gratificante **es** el éxito", p. 235. →	**Cuanto más** difícil **sea** la empresa, **más** gratificante **será** el éxito.
La novela **de la que hablamos** (présent / prétérit) es de un autor argentino.	

▸C. LE MODE DANS LA SUBORDONNÉE INTERROGATIVE INDIRECTE –› *CF.* PASSAGE AU STYLE INDIRECT

38 La concordance des temps

Elle est rigoureusement **obligatoire**.

PROPOSITION PRINCIPALE	PROPOSITION SUBORDONNÉE
présent de l'indicatif impératif futur passé composé	présent du subjonctif ou passé composé du subjonctif
imparfait de l'indicatif prétérit conditionnel plus-que-parfait	imparfait du subjonctif ou plus-que-parfait du subjonctif

▶PRÉSENT

"Me **gusta** que **os divirtáis**, siempre que **estudiéis**", p. 87.
"**Toma**, reina mora, / estas tres cautivas, / **para que** te **valgan**, / **para que** te **sirvan**", p. 131.
"**Cumpliré** con el castigo **que me impongan**", p. 121.
"En ocho años que **dure** el luto, no **ha de entrar** el viento de la calle", p. 218.
Hemos **preferido que** el chico no **salga**.

▶PASSÉ

"… **transcurrían** muchos días **sin que apareciese** un solo pueblo", p. 133.
"**Hizo** lo que **pudo para que ingresara** a la Escuela de Grumetes", p. 121.
"… **sería** mejor que **estudiases** solo", p. 87.
"(José Dolores) **había ahorrado** unas cuantas onzas de oro **para cuando** Cecilia **decidiese** casarse con él", p. 159.

39 Passage au style indirect

MODES	
STYLE DIRECT	STYLE INDIRECT
Indicatif (sauf futur) →	Indicatif
Futur de l'indicatif →	Conditionnel
Subjonctif / impératif →	Subjonctif

+ modifications au niveau des temps, des personnes et donc de certains déterminants : possessifs, démonstratifs.

"Vendr**é** (a ver**te**)", me **ha prometido** él. →	"Me **ha prometido que vendrá** (a ver**me**"), p. 202. Me **prometió que vendría** a ver**me**.
"(**Haz**) como **quieras**", p. 22. →	El padre le **dice** a su hijo **que haga** como **quiera**. … le **dijo** a su hijo **que hiciera** como **quisiera**.
"¿Qué te **ocurre** a ti?", p. 61. →	Lola le **pregunta** a Natacha **qué** le **ocurre** a ella. Lola le **preguntó** a Natacha **qué** le **ocurría** a ella.

	– "Sé dócil, cumple con tus deberes y recuérdanos siempre. Tu padre y yo no te olvidaremos", p. 134.
Présent :	Moraima le **dice** a Ahmad **que sea** dócil, que **cumpla** con **sus** deberes y que **los recuerde** siempre. **Añade que su** padre y **ella** no lo **olvidarán**.
Passé :	… le **dijo que fuera**…, **que cumpliese**… y **los recordase**… **Añadió que**… no lo **olvidarían**.

40 L'obligation

▶A. L'OBLIGATION IMPERSONNELLE : **IL FAUT** (CONTINUER, ATTENDRE...)

hay que
es preciso
es necesario
hace falta
\> + infinitif

"Hay que **continuar**" / "Es necesario (continuar)", p. 49.
"... **hubo que** esperar hasta la Ley (...) para que se contemplase la figura del transeúnte", p. 201...

▶B. L'OBLIGATION PERSONNELLE : **JE DOIS..., IL FAUT QUE JE...**

deber
tener que (conjugué)
haber de
\> + infinitif

es preciso que
es necesario que
hace falta que
\> + subjonctif

"... **debo** levantarme bien temprano", p. 60.
"Tienes que irte", p. 23. **Tendrás que** ayudarme, p. 80.
"De loma en loma **has de ir**", p. 82.
"No **hace falta que cuentes** muchas cosas", p. 52.
"**Era preciso que** más países y fundaciones **dieran** dinero", p. 202.
"**Hacía falta** promotores **que enseñaran** a los campesinos a usar la bosta", p. 202.

41 La réitération La fréquence

• Verbe + **otra vez / de nuevo** :
"... me llevan al pueblo **otra vez** a cuidarme", p. 146 : *ils me **ramènent** au village pour me soigner.*
"Comienza a nevar **de nuevo**", p. 102.

• **Volver a + infinitif** :
"No tengo que **volver a repetiros**...", p. 25 : *Je n'ai pas à vous répéter **encore** une fois...*
"Telva **vuelve a** cerrar", p. 124 : *Telva **referme** (la porte).*

▶LA FRÉQUENCE, L'HABITUDE

• **Acostumbrar a**, **soler + inf.** → **habitude** :
"¿**Acostumbra a** pasar las noches fuera de casa?", p. 26 : ***A-t-il l'habitude de** passer les nuits dehors ?*
"La felliniana parada **suele** concluir cuando ya ha anochecido", p. 139 : *La parade s'achève **généralement**...*
"Todo almuerzo **solía** concluir en acaloradas tertulias", p. 43 : *se terminait **habituellement**...*

• **Los** lunes / (por) **las** noches → **périodicité, répétition** :
"**Los jueves** se prepara cocido", p. 43 = ***le jeudi*, *tous** les jeudis.*
"... está estudiando informática **por las noches**", p. 28 = ***tous** les soirs.*

42 L'hypothèse, le doute

• **A lo mejor + indicatif** :
"... **a lo mejor** lo **hace** (ella) porque piensa que no puedo entenderla", p. 49.
"**A lo mejor** Pablo **piensa** que es más hermoso..., p. 223.

• **Quizá(s) / acaso / tal vez**
Posiblemente / puede ser que } + subjonctif
"**Posiblemente sea** mi mayor afición", p. 85 : *C'est **sans doute** ma plus grande passion.*
"... **puede que no tenga** un rostro humano", p. 201 : ***il se peut qu'**il **n'ait** pas un visage humain.*
"**Quizá tuviera** la razón" : *Peut-être avait-il raison.*

☞ Attention à **la concordance des temps** !

• **Deber de** + infinitif :
"**Debo de** tener parientes por allá", p. 202 : *Je **dois** avoir des parents par là-bas.*

▶ **Remarque :** dans la langue actuelle, on a tendance à omettre la préposition.
"No **debe** ser tan difícil...", p. 240 : *Ce ne **doit** pas être si difficile.*

• **Futur / conditionnel de conjecture** : *Cf.* 33.A / 35.3, p. 263.

43 La coordination

• "Y"
y → **e** devant un mot commençant par **i** ou **hi** :
"... el toreo español **e** iberoamericano", p. 140. Padre **e** hijo.

• "O"
o → **u** devant un mot commençant par **o** ou **ho** :
"... siete **u** ocho siglos", p. 246.
"... una vida normal de oficina, aula **u** hogar".

• **"Pero"** (= mais)
"Hace frío **pero** el cielo está muy azul", p. 104.

• **"Sino**, **sino que"** (= mais)
Dans / après une proposition **négative**, pour marquer une **opposition** entre deux mots ou entre les deux propositions, on emploie respectivement **sino** ou **sino que**.
"**No** hay buey ni mula **sino** estrellas", p. 99.
"... **no sólo** se cobró víctimas **sino que sentó** el principio de legalidad", p. 110.

44 La négation et la restriction

1. Nada, **nadie**, **nunca**… ont une double construction :
"**Nada** ocurre" = **No** ocurre **nada**.
"**Nadie** me obliga…" = **No** me obliga **nadie**.

2. Tampoco: *non plus* / (**ni**) **siquiera**: *même pas :*
"**No** soy aficionado al deporte. **Tampoco** sé nada de fútbol", p. 85.
No tengo **siquiera** cien pesetas = **Ni siquiera** tengo cien pesetas.

3. Ya no: *ne… plus :*
"**Ya no** tengo nada que decir", p. 16.
"Yo **ya no** era ni un rey en exilio, ni un rey preso", p. 134.

4. No… **más que**, **no**… **sino**, **sólo**: *ne… que, seulement :*
"… **no** había (…) **más que** una familia de cristianos viejos", p. 129.
"… **no** hacía **sino** mirar hacia atrás", p. 135.
"… **sólo** veo el football", p. 53.

45 L'interrogation et l'exclamation

► A. L'INTERROGATION (DIRECTE ET INDIRECTE)

☞ Attention à la ponctuation et à l'accent du mot interrogatif.

• Le sujet se **place après le verbe** :
"¿Quién eres tú?", p. 121.
"¿Cómo se llama el propietario?", p. 12.

• Mots interrogatifs : qué, quién(es), cuál(es), cómo, cuándo, dónde, cuánto (a, os, as), por qué, etc.
"¿**Cuántos** años tiene tu hijo?", p. 21.
"… tienes que decirme **quiénes** eran los invitados", p. 103.

► B. LA PHRASE EXCLAMATIVE

☞ Attention à la ponctuation.

• Mots exclamatifs : **qué**, **cuánto** (**a**, **os**, **as**), **cómo**, etc., mais aussi : **vaya**, **si**, **hombre**…
"¡**Qué** buenos sois!" p. 49.
"¡**Cuántas** veces la había visto…!", p. 138.
¡"Ay, **cuánto** te quiero!", p. 68.
¡"**Cómo** me gustaría conocer Europa!", p. 202.
¡**Vaya** chico! = *Quel garçon !*
"¡**Menuda** guerra!", p. 246 : *Quelle **sacrée** guerre !*
¡"**Si** no cabemos, tía!", p. 65 : *Mais c'est qu'il n'y a pas assez de place, ma vieille !*
"¡**Hombre**, eres una persona honrada, **qué caramba**!", p. 96.

► Remarquez les tournures :
"¡**Qué** torero **mas** bárbaro!", p. 141.
¡**Qué** cosa **tan** rara!

46 La conjugaison

► A. VERBES RÉGULIERS

1. Temps formés sur le radical
– de l'infinitif (prés., imp., passé simple ind.)
– de la 1re pers. sing. prés. ind. (→ prés. subj.)
– de la 3e pers. pl. passé simple ind. (→ imp. subj.)
– de différents temps (*cf.* **impératif**).

INFINITIVO	GERUNDIO	PARTICIPIO PASIVO
Habl-**ar**	**-ando**	**-ado**
Respond-**er**	**-iendo**	**-ido**
Viv-**ir**	**-iendo**	**-ido**

	PRESENTE DE INDICATIVO	IMPERATIVO	PRESENTE DE SUBJUNTIVO	IMPERFECTO DE INDICATIVO	PRETÉRITO INDEFINIDO*	IMPERFECTO DE SUBJUNTIVO 1	IMPERFECTO DE SUBJUNTIVO 2
Habl	-o →		-e	-aba	-é	-ara	-ase
	-as →	-a	-es	-abas	-aste	-aras	-ases
	-a	-e Vd. ←	-e	-aba	-ó	-ara	-ase
	-amos	-emos ←	-emos	-ábamos	-amos	-áramos	-ásemos
	-áis	-ad	-éis	-abais	-asteis	-arais	-aseis
	-an	-en Vds. ←	-en	-aban	-aron	-aran	-asen
Respond	-o		-a	-ía	-i	-iera	-iese
	-es →	-e	-as	-ías	-iste	-ieras	-ieses
	-e	-a Vd. ←	-a	-ía	-ió	-iera	-iese
	-emos	-amos ←	-amos	-íamos	-imos	-iéramos	-iésemos
	-éis	-ed	-áis	-íais	-isteis	-ierais	-ieseis
	-en	-an Vds. ←	-an	-ían	-ieron	-ieran	-iesen
Viv	-o		-a	-ía	-í	-iera	-iese
	-es →	-e	-as	-ías	-iste	-ieras	-ieses
	-e	-a Vd. ←	-a	-ía	-ió	-iera	-iese
	-imos	-amos ←	-amos	-íamos	-imos	-iéramos	-iésemos
	-ís	-id	-áis	-íais	-isteis	-ierais	-ieseis
	-en	-an Vds. ←	-an	-ían	-ieron	-ieran	-iesen

* o pretérito perfecto simple.

Pour les pronoms personnels sujets, voir gram. n° 20, p. 257.
Pour les verbes pronominaux, *cf.* profundiza, p. 12.

2. Temps formés sur l'infinitif

	FUTURO	POTENCIAL*
	-é	**-ía**
Hablar	**-ás**	**-ías**
Responder	**-á**	**-ía**
Vivir	**-e**mos	**-í**amos
	-éis	**-íais**
	-án	**-ían**

* **o** condicional.

3. Ordre et défense

a. L'ordre

• Formation : *cf.* tableau p. 268 (flèches).
La 2ᵉ du pluriel provient de l'espagnol ancien (hablades → hablad). En langue moderne on a coutume de dire qu'on la forme en substituant le **r** de la terminaison de l'infinitif par **d**.

• Conjugaison d'un verbe **pronominal**.
L'enclise obligatoire du pronom réfléchi suppose des modifications (chute du **s** et du **d** finaux aux 1ʳᵉ et 2ᵉ personnes du pluriel, accent écrit à différentes personnes).

PARAR	PARARSE
para	párate
pare	párese
paremos	parémonos
parad	paraos
paren	párense

COMER	COMERSE
come	cómete
coma	cómase
comamos	comámonos
comed	comeos
coman	cómanse

SUBIR	SUBIRSE
sube	súbete
suba	súbase
subamos	subámonos
subid	subíos
suban	súbanse

☞Attention :
– Le verbe **irse** ne perd pas le **d** à la 2ᵉ personne du pluriel : irse → **idos**.
– Dans le cas d'un verbe non pronominal, il n'y a pas chute du **s** et du **d** aux 2 premières personnes du pluriel lorsqu'on procède à l'enclise d'un pronom complément.
Si hago un error, corregid**me** : *Si je fais une erreur, corrigez-moi.*
Pasa un taxi, parémos**lo** : *Voici un taxi, arrêtons-le.*

b. La défense

No + présent du subjonctif à toutes les personnes. Le pronom, réfléchi ou complément, est toujours proclitique.

HABLAR	RESPONDER	SUBIRSE
No hables	No respondas	No te subas
No hable	No responda	No se suba
No hablemos	No respondamos	No nos subamos
No habléis	No respondáis	No os subáis
No hablen	No respondan	No se suban

4. Les temps composés

Formation : Auxiliaire **haber** conjugué + participe passé.

• L'auxiliaire **haber** sert à former les temps composés de **tous les verbes**.

• Le participe passé reste toujours **invariable**.

• L'auxiliaire et le participe passé ne doivent **jamais être séparés** :
He trabajado mucho – ¿Has dormido bien?
▼

▸CONJUGAISON

INDICATIF	SUBJONCTIF
– passé composé : haber au présent de l'indicatif + participe passé. **– plus-que-parfait :** haber à l'imparfait de l'indicatif + participe passé. **– passé antérieur :** haber au passé simple de l'indicatif + participe passé. **– futur antérieur :** haber au futur + participe passé.	**– passé composé :** haber au subjonctif présent + participe passé. **– plus-que-parfait :** haber au subjonctif imparfait + participe passé.

Pour la conjugaison de l'auxiliaire **haber** aux différents temps (*cf.* pp. 270-271).

CONDITIONNEL
– conditionnel passé : haber au conditionnel présent + participe passé.

▶B. VERBES IRRÉGULIERS ISOLÉS : temps qui présentent des irrégularités

INFINITIVO	PRESENTE DE INDICATIVO		PRESENTE DE SUBJUNTIVO		IMPERATIVO		IMPERFECTO DE INDICATIVO		PRETÉRITO INDEFINIDO (PASSÉ SIMPLE)	
andar marcher									*anduve* *anduviste* *anduvo*	*anduvimos* *anduvisteis* *anduvieron*
caber contenir	*quepo* cabes…		*quepa* *quepas* *quepa*	*quepamos* *quepáis* *quepan*	cabe *quepa*	*quepamos* cabed *quepan*			*cupe* *cupiste* *cupo*	*cupimos* *cupisteis* *cupieron*
caer tomber	*caigo* caes…		*caiga* *caigas* *caiga*	*caigamos* *caigáis* *caigan*	cae *caiga*	*caigamos* caed *caigan*			caí caíste *cayó*	caímos caísteis *cayeron*
dar donner	*doy* das…		*dé* des *dé*	demos deis den	da *dé*	demos dad den			*di* *diste* *dio*	*dimos* *disteis* *dieron*
decir dire	*digo* *dices* *dice*	decimos decís *dicen*	*diga* *digas* *diga*	*digamos* *digáis* *digan*	*di* *diga*	*digamos* decid *digan*			*dije* *dijiste* *dijo*	*dijimos* *dijisteis* ***dijeron***
estar être	*estoy* *estás* *está*	estamos estáis *están*	*esté* *estés* *esté*	estemos estéis *estén*	*está* *esté*	estemos estad *estén*			*estuve* *estuviste* *estuvo*	*estuvimos* *estuvisteis* *estuvieron*
haber aux. avoir	*he* *has* *ha*	*hemos* habéis *han*	*haya* *hayas* *haya*	*hayamos* *hayáis* *hayan*	*he* *haya*	*hayamos* habed *hayan*			*hube* *hubiste* *hubo*	*hubimos* *hubisteis* *hubieron*
hacer faire	*hago* haces…		*haga* *hagas* *haga*	*hagamos* *hagáis* *hagan*	*haz* *haga*	*hagamos* haced *hagan*			*hice* *hiciste* *hizo*	*hicimos* *hicisteis* *hicieron*
ir aller	*voy* *vas* *va*	*vamos* *vais* *van*	*vaya* *vayas* *vaya*	*vayamos* *vayáis* *vayan*	*ve* *vaya*	*vamos* id *vayan*	*iba* *ibas* *iba*	*íbamos* *ibais* *iban*	*fui* *fuiste* *fue*	*fuimos* *fuisteis* *fueron*
oír entendre	*oigo* *oyes* *oye*	oímos oís *oyen*	*oiga* *oigas* *oiga*	*oigamos* *oigáis* *oigan*	*oye* *oiga*	*oigamos* oid *oigan*			oí oíste *oyó*	*oímos* oísteis *oyeron*
poder pouvoir	*puedo* *puedes* *puede*	podemos podéis *pueden*	*pueda* *puedas* *pueda*	podamos podáis *puedan*					*pude* *pudiste* *pudo*	*pudimos* *pudisteis* *pudieron*
poner mettre	*pongo* pones…		*ponga* *pongas* *ponga*	*pongamos* *pongáis* *pongan*	*pon* *ponga*	*pongamos* poned *pongan*			*puse* *pusiste* *puso*	*pusimos* *pusisteis* *pusieron*
querer vouloir aimer	*quiero* *quieres* *quiere*	queremos queréis *quieren*	*quiera* *quieras* *quiera*	queramos queráis *quieran*					*quise* *quisiste* *quiso*	*quisimos* *quisisteis* *quisieron*
saber savoir	*sé* sabes…		*sepa* *sepas* *sepa*	*sepamos* *sepáis* *sepan*	sabe *sepa*	*sepamos* sabed *sepan*			*supe* *supiste* *supo*	*supimos* *supisteis* *supieron*
salir sortir, partir	*salgo* sales…		*salga* salgas *salga*	*salgamos* *salgáis* *salgan*	*sal* *salga*	*salgamos* salid *salgan*				
ser être	*soy* *eres* *es*	*somos* *sois* *son*	*sea* *seas* *sea*	*seamos* *seáis* *sean*	*sé* *sea*	*seamos* sed *sean*	*era* *eras* *era*	*éramos* *erais* *eran*	*fui* *fuiste* *fue*	*fuimos* *fuisteis* *fueron*
tener avoir	*tengo* *tienes* *tiene*	tenemos tenéis *tienen*	*tenga* *tengas* *tenga*	*tengamos* *tengáis* *tengan*	*ten* *tenga*	*tengamos* tened *tengan*			*tuve* *tuviste* *tuvo*	*tuvimos* *tuvisteis* *tuvieron*
traer apporter	*traigo* traes		*traiga* *traigas* *traiga*	*traigamos* *traigáis* *traigan*	trae *traiga*	*traigamos* traed *traigan*			*traje* *trajiste* *trajo*	*trajimos* *trajisteis* ***trajeron***
valer valoir	*valgo* vales…		*valga* *valgas* *valga*	*valgamos* *valgáis* *valgan*	*val* *valga*	*valgamos* valed *valgan*				
venir venir	*vengo* *vienes* *viene*	venimos venís *vienen*	*venga* *vengas* *venga*	*vengamos* *vengáis* *vengan*	*ven* *venga*	*vengamos* venid *vengan*			*vine* *viniste* *vino*	*vinimos* *vinisteis* *vinieron*
ver voir	*veo* ves…		*vea* *veas* *vea*	*veamos* *veáis* *vea*	ve *vea*	*veamos* ved *vean*	*veía* *veías* *veía*	*veíamos* *veíais* *veían*		

N.B. Sont irrégulières les formes en italique.

IMPERFECTO DE SUBJUNTIVO 1	IMPERFECTO DE SUBJUNTIVO 2	FUTURO	POTENCIAL CONDICIONAL	GERUNDIO	PARTICIPIO PASIVO*
anduviera anduviéramos *anduvieras anduvierais* *anduviera anduvieran*	*anduviese anduviésemos* *anduvieses anduvieseis* *anduviese anduviesen*				
cupiera…	*cupiese…*	*cabré* *cabrás…*	*cabría* *cabrías…*		
cayera…	*cayese…*			*cayendo…*	ca**í**do
diera…	*diese…*				
dijera…	***dijese…***	*diré…*	*diría…*	*diciendo*	*dicho*
estuviera…	*estuviese…*				
hubiera…	*hubiese…*	*habré…*	*habría…*		
hiciera…	*hiciese…*	*haré…*	*haría…*		*hecho*
fuera…	*fuese…*				
oyera…	*oyese…*			*oyendo*	
pudiera…	*pudiese…*	*podré…*	*podría…*	*pudiendo*	
pusiera…	*pusiese…*	*pondré…*	*pondría…*		*puesto*
quisiera…	*quisiese…*	*querré…*	*querría…*		
supiera…	*supiese…*	*sabré…*	*sabría…*		
		saldré…	*saldría…*		
fuera…	*fuese…*				
tuviera…	*tuviese…*	*tendré…*	*tendría…*		
trajera…	***trajese…***			*trayendo*	tra**í**do
		valdré…	*valdría…*		
viniera…	*viniese…*	*vendré…*	*vendría…*	*viniendo*	
					visto

* Autres participes passés irréguliers : **abierto** (abrir), **cubierto** (cubrir), **escrito** (escribir), **muerto** (morir), **roto** (romper), **vuelto** (volver).

►C. VERBES IRRÉGULIERS PAR GROUPES (VERBES À ALTERNANCE)

1. Verbes à diphtongue

	PRESENTE DE INDICATIVO	IMPERATIVO	PRESENTE DE SUBJUNTIVO
	pi**e**rdo		pi**e**rda
	pi**e**rdes	pi**e**rde	pi**e**rdas
e → ie	pi**e**rde	pi**e**rda Vd.	pi**e**rda
perder	perdemos	perdamos	perdamos
	perdéis	perded	perdáis
	pi**e**rden	pi**e**rdan Vds.	pi**e**rdan
	enc**ue**ntro		enc**ue**ntre
	enc**ue**ntras	enc**ue**ntra	enc**ue**ntres
o → ue	enc**ue**ntra	enc**ue**ntre Vd.	enc**ue**ntre
encontrar	encontramos	encontremos	encontremos
	encontráis	encontrad	encontréis
	enc**ue**ntran	enc**ue**ntren Vds.	enc**ue**ntren

• Cette irrégularité ne concerne que le présent (indicatif, impératif, subjonctif).
La dernière voyelle du radical de certains verbes diphtongue lorsqu'elle est placée sous l'accent tonique (trois personnes du singulier, 3e du pluriel).

• Autres exemples :
pens**a**r: pi**e**nso..., pens**a**mos.../ pi**e**nse..., pens**e**mos...
pod**e**r: p**ue**do..., pod**e**mos.../ p**ue**da..., pod**a**mos...

• Pour les verbes en -ir, *cf.* verbes à diphtongue et affaiblissement, p. 273.

N.B. : cas particulier :
jug**a**r → Presente de ind.: j**ue**go..., jug**a**mos...
Presente de subj.: j**ue**gue..., jug**ue**mos...

2. Verbes à affaiblissement

	PRESENTE DE INDICATIVO	IMPERATIVO	PRESENTE DE SUBJUNTIVO
	p**i**do		p**i**da
	p**i**des	p**i**de	p**i**das
e → ie	p**i**de	p**i**da Vd.	p**i**da
pedir	pedimos	p**i**damos	p**i**damos
	pedís	pedid	p**i**dáis
	p**i**den	p**i**dan Vds.	p**i**dan

• Cette irrégularité ne concerne que des verbes en **-ir**.

• Au présent de l'indicatif, le « e » final du radical de certains verbes s'affaiblit en « i » lorsqu'il est placé sous l'accent tonique.

• Notez que l'affaiblissement se produit à toutes les personnes du présent du subjonctif.

• Autres exemples :
seg**u**ir: s**i**go..., seg**ui**mos.../ s**i**ga..., s**i**gamos...
serv**i**r: s**i**rvo..., servimos.../ s**i**rva..., s**i**rvamos...
vestir: v**i**sto..., vestimos.../ v**i**sta..., v**i**stamos...
elegir: el**ij**o..., elegimos/ el**ij**a..., el**ij**amos...
reír: r**í**o, r**í**es, r**í**e, reímos, reís, r**í**en.

À noter : l'affaiblissement des verbes :

• À la 3e personne du singulier et du pluriel du **prétérit** : pedí, pediste, p**i**dió, pedimos, pedisteis, p**i**dieron ; **imparfait du subjonctif** : p**i**diera, p**i**diese... ; **gérondif** : p**i**diendo.

3. Verbes à diphtongue et à affaiblissement

	PRESENTE DE INDICATIVO	IMPERATIVO	PRESENTE DE SUBJUNTIVO
e -> ie	pref**ie**ro		pref**ie**ra
e -> i	pref**ie**res	pref**ie**re	pref**ie**ras
preferir	pref**ie**re	pref**ie**ra Vd.	pref**ie**ra
	preferimos	pref**i**ramos	pref**i**ramos
	preferís	preferid	pref**i**ráis
	pref**ie**ren	pref**ie**ran Vds.	pref**ie**ran
e -> ue	d**ue**rmo		d**ue**rma
o -> u	d**ue**rmes	d**ue**rme	d**ue**rmas
dormir	d**ue**rme	d**ue**rma Vd.	d**ue**rma
	dormimos	d**u**rmamos	d**u**rmamos
	dormís	dormid	d**u**rmáis
	d**ue**rmen	d**ue**rman Vds.	d**ue**rman

• Cette irrégularité ne concerne que des verbes en **-ir**. Au présent de l'indicatif ces verbes diphtonguent, alors qu'au présent du subjonctif et à l'impératif ils combinent diphtongue et affaiblissement.

• Autres exemples :
sentir: s**ie**nto…, sentimos…/ s**ie**nta…, s**i**ntamos…
convertir: conv**ie**rto…, convertimos…/ conv**ie**rta…, conv**i**rtamos…
morir: m**ue**ro…, morimos…/ m**ue**ra…, m**u**ramos…

À noter : l'affaiblissement de ces verbes :

• à la 3e personne du singulier et du pluriel du **prétérit** : preferí, preferiste, pref**i**rió, preferimos, preferisteis, pref**i**rieron.

• à l'**imparfait du subjonctif** : pref**i**r**ie**ra…; pref**i**r**ie**se…

• au **gérondif** : pref**i**r**ie**ndo.
dormí, dormiste, d**u**rmió, dormimos, dormisteis, d**u**rmieron.
d**u**rmiera…; d**u**rmiese…/ d**u**rmiendo.

4. Verbes en -acer, -ecer, -ocer, -ucir

	PRESENTE DE INDICATIVO	IMPERATIVO	PRESENTE DE SUBJUNTIVO
c -> zc	cono**zc**o		cono**zc**a
devant **-o** et **-a**	conoces	conoce	cono**zc**as
conocer	conoce	cono**zc**a Vd.	cono**zc**a
	conocemos	cono**zc**amos	cono**zc**amos
	conocéis	conoced	cono**zc**áis
	conocen	cono**zc**an Vds.	cono**zc**an

Trois exceptions : hacer (h**a**go), cocer (c**ue**zo), mecer (m**e**zo).

☞Attention à **hacer** (*cf.* verbes irréguliers isolés, p. 270).

Prétérit des verbes en -ducir :
Conducir: conduje, condujiste, condujo, condujimos, condujisteis, condu**jeron**.

5. Verbes en -uir

	PRESENTE DE INDICATIVO	IMPERATIVO	PRESENTE DE SUBJUNTIVO
y	constru**y**o		constru**y**a
devant **-o, -e, -a**	constru**y**es	constru**y**e	constru**y**as
construir	constru**y**e	constru**y**a Vd.	constru**y**a
	construimos	constru**y**amos	constru**y**amos
	construís	construid	constru**y**áis
	constru**y**en	constru**y**an Vds.	constru**y**an

Prétérit : construí, construiste, constru**y**ó, construimos, construisteis, constru**y**eron.
Imparfait du subjonctif : constru**y**era…; constru**y**ese…/ **gérondif** : constru**y**endo.

6. Autres irrégularités

• Accent écrit

■ Verbes en **-iar**

La plupart sont réguliers aux trois présents (indicatif, subjonctif, impératif).
estudiar: estudio, estudias…
copiar: copio, copias…
apreciar: aprecio, aprecias…, etc.

Mais quelques verbes prennent un accent écrit sur le **i** (voyelle finale du radical) aux personnes toniques :

Prés. ind. confiar : conf**í**o, conf**í**as, conf**í**a, confiamos, confiáis, conf**í**an.

Se conjuguent de la même façon :

contrariar, criar, desafiar, enfriar, enviar, esquiar, guiar, variar, etc.

■ Verbes en **-uar**

Ils prennent un accent écrit sur le **u** du radical aux personnes toniques des trois présents :
Prés. ind. situar : sit**ú**o, sit**ú**as, sit**ú**a, situamos, situáis, sit**ú**an.

Se conjuguent de la même façon :

acentuar, continuar, efectuar, evaluar, perpetuar, etc.

Par contre, les verbes en **-guar** sont **réguliers** :
apaciguar: apaciguo, apaciguas…
averiguar: averiguo, averiguas…, etc.

• Modification orthographique

Elle est parfois nécessaire afin de **conserver la prononciation initiale, celle de l'infinitif.**

– **sa|car|** → sa**qu**é, sacaste… (passé simple ind.)
sa**qu**e, sa**qu**es… (prés. subj.)
sa**qu**e Vd., sa**qu**emos… (impératif).

– **pa|gar|** → pa**gu**é, pagaste… (passé simple ind.)
pa**gu**e, pa**gu**es… (prés. subj.)
pa**gu**e Vd., pa**gu**emos… (impératif).

– **tra|zar|** → tra**c**é, trazaste… (passé simple ind.)
tra**c**e, tra**c**es… (prés. subj.)
tra**c**e Vd., tra**c**emos… (impératif).

– **averi|guar|** → averig**ü**é, averiguaste… (passé simple ind.)
averig**ü**e, averig**ü**es… (prés. subj.)
averig**ü**e Vd., averig**ü**emos… (impératif).

– **co|ger|** → co**j**o, coges… (prés. ind.)
co**j**a, co**j**as… (prés. subj.)
co**j**a Vd., co**j**amos… (impératif).

– **distin|guir|** → distin**g**o, distingues… (prés. ind.)
distin**g**a, distin**g**as… (prés. subj.)
distin**g**a Vd., distin**g**amos… (impératif).

Lexique

Ce lexique ne saurait se substituer à un dictionnaire et n'en exclut pas l'usage. Il ne prétend nullement être exhaustif. Il complète les notes fournies pour chaque texte ou document iconographique.

adj. = adjectif
adj. indéf./pron. = adjectif indéfini ou pronom
adj./n. = adjectif ou nom
adv. = adverbe
amér. = américanisme
conj. = conjonction
fam. = familier
fig. = figuré
gram. = grammaire
[ie] ou **[ue]** = indique un verbe à diphtongue, type **perder** et **contar**
[i] indique un verbe à fermeture, type **pedir**
[ie/i] ou **[ue/u]** indique un verbe à alternance, type **sentir** et **morir**
interj. = interjection
inv. = invariable
irrég. = verbe irrégulier
littér. = littéraire
loc. adv. = locution adverbiale
mar. = maritime
n. f. = nom féminin
n. m. = nom masculin
n. pl. = nom au pluriel
part. pass. irr. = participe passé irrégulier
péj. = péjoratif
prép. = préposition
pron. indéf. = pronom indéfini
pron. relat. = pronom relatif
qqch. = quelque chose
qqn. = quelqu'un
v. défect. = verbe défectif
v. i. = verbe intransif
v. imp. = verbe impersonnel
v. pr. = verbe pronominal
v. t. = verbe transitif

a

abajo, adv., en bas. **Río abajo,** en aval.
abanico, n. m., éventail.
abarcar, v. t., embrasser du regard ou par la pensée.
abeto, n. m., sapin.
abrazar, v. t., prendre dans ses bras.
abrazo, n. m., accolade, étreinte. **Dar un abrazo,** embrasser.
abrelatas, n. m., inv., ouvre-boîtes.
abrigo, n. m., manteau ; abri.
abril, n. m., avril.
abrir, v. t., part. pass. irr., **abierto,** ouvrir.
absoluto, ta, adj., absolu, e. **En absoluto,** pas du tout (de ningún modo).
absorto, ta, adj., absorbé, e.
abstracto, ta, adj., abstrait, e.
abuelo, a, n. m., grand-père ; n. f., grand-mère.
aburrido, da, adj., ennuyeux, euse. **Estoy aburrido, da,** je m'ennuie.
aburrir, v. t., ennuyer. V. pr., s'ennuyer.
acá, adv., ici, là tout près.
acabar, v. t., achever, finir. **Acaba de salir,** il vient de sortir.
academia, n. f., Académie ; école privée.
acariciar, v. t., caresser.
acarrear, v. t., transporter ; entraîner.
acaso, n. m., hasard ; adv., peut-être. **Por si acaso,** à tout hasard, au cas où.
aceite, n. m., huile.
aceituna, n. f., olive.
acera, n. f., trottoir.
acero, n. m., acier.
acerca de, adv., sur, au sujet de.
acercar, v. t., approcher. V. pr., **acercarse a,** s'approcher de.
acertar [ie], v. t., atteindre ; v. i., réussir.
aclarar, v. t., éclaircir ; expliquer. V. pr., s'expliquer.
acoger, v. t., accueillir, recevoir.
acogida, n. f., accueil.
acomodado, da, adj., aisé, e.
aconsejar, v. t., conseiller.
acontecer, v. i., arriver, avoir lieu.
acontecimiento, n. m., événement.
acordar [ue], v. t., décider. V. pr., se mettre d'accord, se souvenir de. (Acordarse de algo.)
acostar [ue], v. t., coucher. V. pr., se coucher.
acostumbrar, v. t., avoir l'habitude de.
actitud, n. f., attitude.
acto, n. m., acte. **En el acto,** sur-le-champ.
actor, actriz, n. m. f., acteur, actrice.
actuar, v. i., agir.
acudir, arriver, venir. **Acudir a todo,** pourvoir à tout.
acuerdo, n. m., accord. **Estar de acuerdo,** être d'accord.
adecuado, da, adj., approprié, e.
adelantar, v. t., avancer.
adelante, interj., Entrez ! En avant !
ademán, n. m., geste.
además, adv., de plus, en outre.
adentro, adv., dedans.
admiración, n. f., admiration, étonnement.
admirar, v. t., admirer ; étonner.
adobe, n. m., brique crue.
adorno, n. m., ornement, parure.
adquirir [ie], v. t., acquérir.
advertencia, n. f., avertissement ; remarque.
advertir [ie/i], v. t., remarquer ; signaler.
aéreo, a, adj., aérien, enne.
aeropuerto, n. m., aéroport.
afán, n. m., effort ; désir ardent.
afeitar, v. t., raser. V. pr., se raser.
afición, n. f., penchant, goût. **Afición a** la lectura.
aficionado, da, adj./n., amateur, passionné, e.
afortunado, da, adj., heureux, euse ; chanceux, euse.
afrenta, n. f., affront.
afuera, adv., dehors. N. f. pl., la banlieue.
agarrar, v. t., saisir, attraper.
agobiar, v. t., épuiser, accabler.
agosto, n. m., août.
agotar, v. t., épuiser.
agradecer, irrég., v. t., remercier.
agradecimiento, n. m., reconnaissance.
agrio, a, adj., aigre ; n. m. pl., agrumes.
agua, n. f., eau.
aguantar, v. t., supporter, résister, endurer.
aguardar, v. t., attendre.
águila, n. f., aigle.
agujero, n. m., trou.
ahogar, v. t., noyer, étouffer.
ahora, adv., maintenant ; tout de suite. **Ahora mismo,** tout de suite.
ahorro, n. m., économie. **Caja de Ahorros,** Caisse d'Épargne.
aire, n. m., air ; vent. **Aire acondicionado.**
aislar, v. t., isoler.
ajedrez, n. m., échecs (juego).
ajeno, na, adj., étranger, ère ; d'autrui.
ajetreo, n. m., agitation, tracas.
alabar, v. t., louer, faire des éloges, vanter.
alargar, v. t., allonger, étendre.
alba, n. f., aube. **Al rayar el alba,** à l'aube.
albañil, n. m., maçon.
albergue, n. m., auberge. **Albergue juvenil,** auberge de jeunesse.
alborotar, v. i., s'agiter ; v. t., troubler.
alcalde, n. m., maire.
alcance, n. m., portée. **Al alcance de la mano,** à portée de main.
alcanzar, v. t., atteindre ; saisir.
aldea, n. f., village, hameau.
alegrar, v. t., réjouir. V. pr., se réjouir.
alegre, adj., joyeux, euse.
alegría, n. f., joie, gaieté.
alejar, v. t., éloigner. V. pr., s'éloigner.
algo, pron. indéf., quelque chose. Adv., un peu.
alguien, pron. indéf., quelqu'un.
alguno, na, adj., quelque ; pron. indéf., quelqu'un.
alfombra, n. f., tapis.
aliento, n. m., souffle, respiration.
alimenticio, a, adj., alimentaire.
alma, n. f., âme.
almacén, n. m., magasin (tienda).
almendra, n. f., amande.
almohada, n. f., oreiller, coussin.
almorzar [ue], v. i./t., déjeuner.
almuerzo, n. m., déjeuner.
alojar, v. t., loger. V. pr., loger (en un hotel).
alpargata, n. f., espadrille.
alquilar, v. t., louer (casa, coche).
alrededor, adv., autour. N. m. pl., alentours.
altar, n. m., autel.
alto, a, adj., haut, e ; grand, e.
altivo, a, adj., hautain, e.
aludir, v. i., faire allusion à ; renvoyer à.
alumbrado, da, adj., éclairé, e ; n. m., éclairage public.
alumbrar, v. t., éclairer, illuminer.
alumno, na, n. m. f., élève.
alza, n. f., hausse. **El alza de los precios,** la hausse des prix.
alzar, v. t., lever, dresser. V. pr., se soulever.
allá, allí, adv., là-bas.
ama, n. f., maîtresse de maison.
amanecer, irrég., v. imp., se lever (le jour) ; n. m., le lever du jour.
amargo, ga, adj., amer, ère.
amarillo, lla, adj., jaune.
amasar, v. t., pétrir.
ambiente, n. m., ambiance.
ambos, bas, adj./pron. pl., les deux.
amenazar, v. t./i., menacer.
amigo, ga, adj./n., ami, e.
amistoso, sa, adj., amical, e.
amo, n. m., maître ; propriétaire ; patron.
amplio, plia, adj., ample, étendu, e, vaste.
análisis, n. m., analyse.
anciano, na, adj., vieux, vieille ; n., vieillard, femme âgée.
ancho, cha, adj., large ; épais, épaisse. **A sus anchas,** à son aise.
andar, irrég., v. i./t., marcher ; **¡Anda!** interj., Allons !
andén, n. m., quai (de gare).
angustia, n. f., angoisse.
anhelar, v. t., aspirer à ; souhaiter, désirer.

anhelo, n. m., désir ardent.
animar, v. t., animer ; encourager. V. pr., se décider.
ánimo, n. m., esprit ; âme. **Estado de ánimo,** état d'âme ; fig., courage. **¡Ánimo!** interj., courage !
anoche, adv., hier soir.
anochecer, irrég., v. imp., tomber (la nuit) ; n. m. tombée de la nuit.
ansia, n. f., anxiété ; désir ardent.
ante, prép., devant. **Anteayer,** adv., avant-hier.
antepasado, n. m., ancêtre.
antes, adv., avant. **Antes que nada,** avant tout. **Cuanto antes,** dès que possible.
antiguo, gua, adj., ancien, enne.
antojársele a uno, v. pr., avoir envie de.
antojo, n. m., caprice, envie.
anuncio, n. m., annonce, affiche, pancarte.
añadir, v. t., ajouter.
añil, n. m., indigo.
año, n. m., an, année.
apaciguar, v. t., apaiser, calmer ; pacifier.
apagar, v. t., éteindre ; faner (color) ; étouffer (sonido) ; étancher (sed).
aparato, n. m., appareil, machine.
aparecer, irrég., v. i., apparaître.
apariencia, n. f., apparence.
apartar, v. t., écarter. V. pr., se pousser.
apartado, adj., écarté. **Apartado de coreos,** poste restante.
apasionar, v. t., passionner.
apego, n. m., attachement.
apellido, n. m., nom de famille.
apenas, adv., à peine. Dès que.
apero, n. m., matériel agricole ; pl. outils.
apetecerle a uno, v. i., avoir envie de.
aplastar, v. t., aplatir, écraser.
aplaudir, v. t./i., applaudir.
aplauso, n. m., applaudissement.
apoderarse de, v. pr., s'emparer de.
apodo, n. m., surnom.
apoyar, v. t., appuyer. V. pr., s'appuyer.
aprendiz, n., apprenti.
aprendizaje, n. m., apprentissage.
apresurar, v. t., presser. V. pr., **apresurarse a,** se hâter de.
aprobar [ue], v. t., approuver ; réussir un examen.
aprovechar, v. t., profiter de ; v. i., profiter à ; interj., **¡Que aproveche!,** Bon appétit !
aproximarse a, v. pr., s'approcher de.
apuntar, v. t., viser ; noter ; v. i., poindre (le jour).
apunte, n. m., note. **Sacar apuntes,** prendre des notes.
aquí, adv., ici. **He aquí,** voici.
árbol, n. m., arbre.
arder, v. i., brûler **(la leña).**
ardilla, n. f., écureuil.
arena, n. f., sable.
argumento, n. m., argument ; sujet d'une œuvre.
arma, n. f., arme.
armada, n. f., flotte ; escadre.
armar, v. t., armer ; monter ; assembler. **Armar una trampa,** tendre un piège.
armario, n. m., armoire.
arrasar, v. t., aplanir ; raser, démolir.
arrebatar, v. t., arracher ; ravir, transporter.
arreglar, v. t., régler ; arranger, réparer. **Arreglárselas,** se débrouiller.
arremangar, v. t., retrousser, relever. V. pr., retrousser les manches.
arriba, adv., en haut, là-haut, dessus ; interj., **¡Arriba España!,** Vive l'Espagne !
arribar, v. i., accoster, arriver (un barco).
arriesgar, v. t., risquer. V. pr., se risquer.
arrojar, v. t., lancer. V. pr., se jeter.
arroz, n. m., riz.
arrugar, v. t., rider ; froisser.
arte, n. m., art. **Las artes,** les arts.
artesanía, n. f., artisanat.
artesano, na, n. m. f., artisan, e.
artículo, n. m., article.
asar, v. t., rôtir. V. pr. fam., rôtir, étouffer.
asegurar, v. t., assurer, affirmer.
asentar [ie], v. t., asseoir qqn ; installer ; conclure. V. pr., s'établir.
asentir [ie], v. i., acquiescer.
aseo, n. m., propreté ; toilette.
asesinar, v. t., assassiner.
así, adv., ainsi. **Así como,** dès que. **Así que,** de sorte que.
asiento, n. m., siège.
asignatura, n. f., matière (enseñanza).
asomar, v. i., apparaître, sortir. V. pr., apparaître.
asombro, n. m., étonnement, frayeur.
asombroso, sa, étonnant, e.
astuto, ta, adj., astucieux, euse ; rusé, e.
asunto, n. m., sujet **(tema)** ; question.
asustar, v. t., effrayer.
atar, v. t., attacher.
atardecer, irrég., v. imp., décliner (le jour) ; n. m., soir, tombée du jour.
atasco, n. m., embouteillage.
atención, n. f., attention. **Llamar la atención,** attirer l'attention.
atender [ie], v. t., s'occuper de.
atento, ta, adj., attentif, ive ; attentionné, e.
atemorizar, v. t., effrayer.
aterrizar, v. i., atterrir.
atestiguar, v. t., témoigner, attester.
atónito, ta, adj., abasourdi, e ; stupéfait, e.
atractivo, va, adj., attirant, e ; n. m., attrait, charme.
atraer, irrég. (cf. conj. **traer),** v. t., attirer.
atrás, adv., derrière, en arrière.
atrasar, v. t., retarder, être en retard.
atravesar [ie], v. t., traverser.
atreverse, v. pr., oser. **No se atreve a hablar.**
atrevido, da, adj., audacieux, euse.
aula, n. f., salle de classe.
aumentar, v. t., augmenter.
aun, adv., même. **Aun cuando,** même si.
aún, adv., encore, toujours **(todavía).**
aunque, conj., quoique, bien que.
ausencia, n. f., absence.
auxilio, n. m., aide, secours.
ave, n. f., oiseau. **Ave de rapiña,** oiseau de proie.
avería, n. f., avarie, panne.
averiguar, v. t., vérifier, rechercher.
avezar, v. t., habituer, accoutumer.
avisar, v. t., aviser, avertir.
aviso, n. m., avis, avertissement.
ayer, adv., hier.
ayuda, n. f., aide ; secours.
ayuntamiento, n. m., conseil municipal ; mairie **(alcaldía).**
azafata, n. f., hôtesse (en un avión).
azar, n. m., hasard.
azotar, v. t., fouetter.
azotea, n. f., terrasse, toit en terrasse.
azúcar, n. m., sucre.
azul, adj., bleu, e.
azulejo, n. m, carreau de faïence.

b

bacalao, n. m., morue.
bachillerato, n. m., baccalauréat.
bailador, ra, adj./n., danseur, euse.
bailar, v. t./i., danser.
bailarín, ina, adj./n., danseur, euse.
baile, n. m., danse, bal, ballet.
bajar, v. i., descendre ; v. t., baisser.
bajo, ja, adj., bas, basse ; prép., sous. **Bajo el sol.**
balance, n. m., bilan.
balonmano, n. m., handball.
banco, n. m., banc ; banque.
bandeja, n. f., plateau.
bandera, n. f., drapeau.
bando, n. m., parti, faction.
bañar, v. t., baigner.
baño, n. m., bain. **El cuarto de baño,** la salle de bains.
barajar, v. t., mêler, battre les cartes.
barato, ta, adj., bon marché.
barco, n. m., bateau.
barrer, v. t., balayer.
barriga, n. f., ventre.
barrio, n. m., quartier.
barro, n. m., boue ; argile.
bastante, adv., assez ; adj., assez de.
bastón, n. m., canne ; bâton.
basura, n. f., ordures.
bata, n. f., robe de chambre ; blouse.
bautizo, n. m., baptême.
beber, v. i./t., boire.
bebida, n. f., boisson.
beca, n. f., bourse d'étude.
beso, n. m., baiser.
bicho, n. m., animal ; (péj.) bestiole.
bienestar, n. m., bien-être.
billete, n. m., billet, ticket.
blanco, ca, adj./n., blanc, blanche. **El blanco,** le but, la cible.
blancura, n. f., blancheur.
blando, da, adj., mou, molle ; tendre.
bobo, ba, adj./n., sot, sotte ; niais, e.
boca, n. f., bouche. **Boca abajo,** sur le ventre, **boca arriba,** sur le dos.
bocadillo, n. m., sandwich ; fam. **bocata.**
bodegón, n. m., nature morte.
bolsillo, n. m., poche.
bolso, n. m., sac à main.
bombilla, n. f., ampoule (lámpara).
bonito, ta, adj., joli, e ; n. m., thon.
bordar, v. t., broder.
borracho, cha, adj., et n., ivre ; ivrogne.
borrar, v. t. effacer.
bosque, n. m., bois, forêt.
bote, n. m., boîte ; pot. Mar., canot.
bravo, va, adj., brave ; sauvage.
brazo, n. m., bras.
breve, adj., bref, brève. **En breve,** bientôt.
brillo, n. m., éclat ; gloire.
brindar, v. t. offrir ; v. i., porter un toast.
broma, n. f., plaisanterie.
brotar, v. i., pousser ; jaillir.
brujería, n. f., sorcellerie.
brújula, n. f., boussole.
bucear, v. i., faire de la plongée.
buey, n. m., bœuf.
bullicio, n. m., vacarme, brouhaha.
buque, n. m., bateau, vaisseau.
burgués, esa, adj./n., bourgeois, e.
burlar, v. t., abuser. V. pr., se moquer.
burro, burra, n. m. f., âne, ânesse.
busca, n. f., recherche, quête. **En busca de,** à la recherche de.
buscar, v. t., chercher.
búsqueda, n. f., recherche.
buzón, n. m., boîte aux lettres. **Echar una carta al buzón,** poster une lettre.

c

caballero, n. m., chevalier ; monsieur.
caballo, n. m., cheval.
cabello, n. m., cheveu ; **la cabellera,** la chevelure.

caber, irrég., v. i., tenir, entrer. **Cabe pensar que,** il y a lieu de penser que.
cabeza, n. f., tête ; sommet.
cabo, n. m., bout, extrémité ; cap. **Al fin y al cabo,** en fin de compte. **Llevar a cabo,** mener à bien.
cada, adj., chaque. **Cada uno, a,** chacun, e.
cadena, n. f., chaîne.
caer, irrég. v. i., tomber. **Caer al suelo,** tomber par terre. **Caer en la cuenta,** avoir compris.
caída, n. f., chute, retombée.
caja, n. f., caisse, boîte.
cajón, n. m., tiroir.
cal, n. f., chaux.
calcetín, n. m., chaussette.
calculadora, n. f., calculatrice.
caldo, n. m., bouillon.
calentar [ie], v. t., chauffer.
calidad, n. f., qualité.
cálido, da, adj., chaud, e (un clima).
caliente, adj., chaud, e (el agua).
calor, n. m., chaleur. **Hace calor,** il fait chaud. **Tener calor,** avoir chaud.
calzada, n. f., chaussée, route.
calzado, n. m., chaussure.
callar, callarse, v. i./pr., se taire. V. t., taire, **callar un secreto.**
calle, n. f., rue. **Echar a la calle,** mettre dehors.
cama, n. f., lit.
camarero, ra, n. m. f., garçon de café, serveuse.
cambiar, v. t., changer.
cambio, n. m., change ; monnaie ; changement. **En cambio,** en revanche.
caminar, v. i., marcher.
camino, n. m., chemin ; route.
camisa, n. f., chemise.
camiseta, n. f., chemisette, tee-shirt.
campana, n. f., cloche.
campeonato, n. m., championnat.
campesino, na, adj./n., paysan, anne.
campo, n. m., champ ; campagne ; terrain (deporte). Fig., domaine.
camposanto, n. m., cimetière.
canción, n. f., chanson.
cano, na, adj., blanc, blanche (el pelo).
cansado, da, adj., fatigué, e, fatigant, e.
cansar, v. t., fatiguer ; fig., ennuyer. V. pr., se fatiguer.
cantante, n. m. f., chanteur, euse.
cante (hondo o) jondo, n. m., chant gitan d'Andalousie.
cantidad, n. f., quantité ; somme.
canto, n. m., chant.
caña, n. f., roseau. **Caña de azúcar,** canne à sucre.
capaz, adj., capable.
capricho, n. m., caprice, coup de tête.
cara, n. f., visage. **Dar la cara,** faire face.
carácter, n. m., caractère ; pl. **caracteres.**
cárcel, n. f., prison.
carecer, v. irrég., v. i., manquer, être privé de.
cargar, v. t., charger.
cariño, n. m., affection, tendresse.
carne, n. f., chair, viande.
carnet o carné, n. m., carnet. **Carnet de conducir,** permis de conduire. **Carnet de identidad,** carte d'identité.
carnicería, n. f., boucherie.
caro, ra, adj., cher, chère.
carrera, n. f., course ; carrière.
carretera, n. f. route.
carro, n. m., chariot ; voiture (Amér. Latine).
carta, n. f., lettre.
cartel, n. m., affiche.
cartera, n. f., portefeuille ; cartable.
casa, n. f., maison. **En casa de,** chez.
casar, v. t., marier. V. pr., se marier.
casco, n. m., casque ; coque (barco).
casero, ra, adj., fait, e à la maison, domestique.
casete, n. m., cassette audio, vidéo.
casi, adv., presque.
caso, n. m., cas. **Hacer caso de,** tenir compte de.
castaño, ña, adj., marron, châtain ; n. m., châtaignier.
castellano, na, adj./n., castillan, e.
castigar, v. t., châtier, punir.
castizo, za, adj., pur, authentique.
castillo, n. m., château.
casualidad, n. f., hasard.
caudal, n. m., fortune ; débit (río).
cautivar, v. t., capturer ; captiver.
caza, n. f., chasse ; gibier.
cebolla, n. m., oignon.
ceja, n. f., sourcil.
celda, n. f., cellule (de monje, de preso).
celebrar, v. t., fêter, rendre hommage.
cena, n. f., dîner. Cenar, v. i./t., dîner.
ceniza, n. f., cendre.
centro, n. m., centre. **Centro escolar,** groupe scolaire.
cerca, n. f., clôture ; adv., près. **Cerca de,** près de.
cereal, n. m., céréale.
cerilla, n. f., allumette.
cerrar [ie], v. t., fermer.
cerveza, n. f., bière.
ciego, n. m., aveugle.
ciencia, n. f., science.
científico, n. m., savant.
cierre, n. m., fermeture.
cierto, ta, adj,. certain, e. **Por cierto,** certes.
cifra, n. f., chiffre ; abréviation.
cigarra, n. f., cigale.
cine, n. m., cinéma.
cinta, n. f., ruban. **Cinta magnetofónica,** bande magnétique ; cassette.
cita, n. f., rendez-vous ; citation.
ciudad, n. f., ville.
ciudadano, na, adj./n., citadin, ine ; citoyen, enne.
claro, ra, adj., clair, e. **Claro que sí,** bien sûr.
clase, n. f., cours ; sorte, espèce.
clavar, v. t., clouer.
clave, n. f., clef (del enigma ; de sol).
clima, n. m., climat.
cobarde, adj., et n., lâche, poltron, ne.
cobrar, v. t. ; encaisser ; prendre.
cobre, n. m., cuivre.
cocer [ue], v. t./i., cuire.
coche, n. m., voiture.
cocina, n. f., cuisine.
codicia, n. f., cupidité ; convoitise.
código, n. m., code.
coger, v. t., prendre, saisir ; cueillir.
colarse [ue], v. pr., se faufiler, se glisser.
colchón, n. m., matelas.
colgar [ue], v. t., pendre, suspendre. **Colgar el teléfono,** raccrocher.
colmo, n. m., comble.
colocar, v. t., placer, mettre, poser.
colono, n. m., colon.
comarca, n. f., région.
combatir, v. t., combattre.
comedor, n. m., salle à manger ; réfectoire.
comenzar [ie], v. t./i., commencer.
comer, v. t., manger.
comida, n. f., nourriture, repas.
comitiva, n. f., cortège, suite.
cómodo, da, adj., confortable. **Estar, ir, ponerse cómodo,** être, se mettre à l'aise.
compañero, ra, n., compagnon, compagne.
compañía, n. f., compagnie. **Hacer compañía,** tenir compagnie.
comparación, n. f., comparaison.
compartir, v. t., partager.
competir [i], v. i., concourir ; rivaliser.
complejo, ja, adj. n., complexe.
compra, n. f., achat. **Ir de compras,** faire des courses.
comprar, v. t., acheter. **Comprar a plazos,** acheter à crédit.
comprobar [ue], v. t., vérifier, constater.
comprometer, v. t., compromettre, engager.
comprometido, da, adj., engagé, e.
computador, ra, n. m. f., calculateur, ordinateur.
con, prép., avec.
conceder, v. t., concéder, accorder.
concernir [ie], v. i., défect., concerner.
conciencia, n. f., conscience.
concluir, irrég., v. t., conclure.
concurrido, da, adj., fréquenté, e.
concha, n. f., coquille (Saint-Jacques).
conde, n. m., comte.
condenado, da, adj./n., condamné, e.
conducir, irrég., v. t., conduire.
confesar [ie], v. t., confesser, avouer.
confianza, n. f., confiance.
confiar, v. t., confier ; v. i., avoir confiance.
conformarse con, se conformer à.
conforme, adj., conforme. **Estamos conformes,** nous sommes d'accord.
conjunto, n. m., ensemble.
conmover [ue], v. t., émouvoir, toucher.
conocer, irrég., v. t., connaître.
conquistar, v. t., conquérir.
consecuencia, n. f., conséquence.
conseguir [i], v. t., obtenir.
consejo, n. m., conseil.
consiguiente (por), loc. conj., par conséquent.
consolar [ue], v. t., consoler.
consonante, n. f., consonne.
constar, v. i., comporter, comprendre.
consumidor, ra, n. m. f., consommateur, trice.
consumo, n. m., consommation.
contaminación, n. f., pollution.
contar [ue], v. t., compter ; raconter.
contento, ta, adj., content, e.
contestar, v. t., répondre.
contrario, ria, adj., contraire, opposé, e.
contratar, v. t., engager, embaucher.
convencer, v. t., convaincre.
convento, n. m., couvent.
convertirse [ie/i] en, v. pr., se convertir ; devenir.
convidar, v. t., inviter.
convivencia, n. f., cohabitation.
convivir, v. i., cohabiter.
copa, n. f., coupe. **Tomar una copa,** prendre un verre.
copla, n. f., couplet, chanson.
corazón, n. m., cœur.
cordero, n. m., agneau.
cordura, n. f., sagesse, bon sens.
corona, n. f., couronne.
corral, n. m., basse-cour.
corredor, n. m., couloir.
corregir [i], v. t., corriger.
correo, n. m., courrier ; **correos,** poste ; bureau de poste.
correr, v. i., courir, couler (agua), passer (tiempo).
corresponder, v. i., correspondre.
corriente, adj., courant, e ; n. f., courant.
cortar, v. t., couper.
cortés, adj., courtois, e.
cortesía, n. f., courtoisie, politesse.
cortina, n. f., rideau.
corto, ta, adj., court, e.
cosa, n. f., chose. **Como si tal cosa,** comme si de rien n'était.
cosechar, v. t., récolter, moissonner.
coser, v. t., coudre.
costa, n. f., côte. **La costa mediterránea.**
costar [ue], v. i., coûter.
costumbre, n. f., coutume, habitude.
crear, v. t., créer.
crecer, irrég., v. i., croître, grandir.
creencia, n. f., croyance.

creer, v. t., croire.
criado, da, n. m. f., domestique.
criar, v. t., élever, éduquer. V. pr., grandir.
cristal, n. m., vitre.
cristiano, na, adj./n., chrétien, ienne.
crudo, da, adj., cru, e (alimento).
crueldad, n. f., cruauté.
crujir, v. i., craquer, crisser.
cruz, n. f., croix. **Cara y cruz,** pile ou face.
cruzar, v. t., traverser (la calle).
cuaderno, n. m., cahier.
cuadrado, da, adj./n., carré.
cuadrar, v. i., s'accorder, convenir, aller.
cuadro, n. m., tableau **(lienzo).**
cualidad, n. f., qualité.
cualquier, cualquiera, adj./pron. indéf., n'importe qui. **A cualquier parte,** n'importe où.
cuantía, n. f., montant.
cuanto, ta, adj. interr./pr. ind./adv., autant de ; tant ; combien. **Cuanto antes,** le plus tôt possible. **En cuanto,** dès que. **En cuanto a,** en ce qui concerne.
cuartel, n. m., caserne.
cuartilla, n. f., feuillet (de papel).
cuarto, n. m., pièce. **El cuarto (de dormir),** la chambre à coucher. Pièce de monnaie.
cubrir, v. t., part. pass. irr., **cubierto,** couvrir.
cuchara, n. f., cuillère.
cuchillo, n. m., couteau.
cuello, n. m., cou.
cuenta, n. f., compte, addition. **Darse cuenta de algo,** se rendre compte de qqch. **Ir por su cuenta,** voler de ses propres ailes.
cuento, n. m., conte, histoire.
cuero, n. m., peau, cuir.
cuerno, n. m., corne ; cor de chasse.
cuerpo, n. m., corps.
cuesta, n. f., côte, pente. **Llevar a cuestas,** porter sur son dos.
cueva, n. m., grotte, caverne.
cuidado, n. m., soin. Interj., attention !
cuidar, v. t., soigner, s'occuper de.
culebrón, n. m., feuilleton (telenovela).
culpa, n. f., faute (morale).
cultivar, v. t., cultiver.
cultivo, n. m., culture. **El cultivo del arroz,** la culture du riz.
culto, ta, adj., cultivé. **Un hombre culto.**
cultura, n. f., culture (conocimientos).
cumbre, n. f., cime, sommet.
cumpleaños, n. m., anniversaire. **¡Feliz cumpleaños!,** joyeux anniversaire !
cumplir, v. t., accomplir ; v. i., **cumplir con su deber,** faire son devoir.
cuñado, da, n. m. f., beau-frère, belle-sœur.
curar, v. i., guérir ; v. t., soigner.
curiosear, v. i., fouiner.
cursar, v. t., fréquenter. **Cursar estudios,** faire des études.
curso, n. m., cours. ; année scolaire.

ch

chabola, n. f., hutte. F. pl. bidonville.
chalado, da, adj. fam., toqué, e.
chalé o chalet, n. m., pavillon, villa.
chaqueta, n. f., veste **(americana).**
charco, n. m., flaque. Fig. fam., **cruzar el charco,** traverser l'océan (Atlantique).
charlar, v. i., bavarder, discuter.
chico, ca, adj., petit, e. N. m. f., garçon, fille.
chile, n. m., piment.
chillar, v. i., crier, piailler.
chimenea, n. f., cheminée.
chiste, n. m., plaisanterie, blague.
chófer n. m., chauffeur, conducteur.
cholo, la, adj./n., métis, isse d'Européen et d'Indienne.
chopo, n. m., peuplier.
choque, n. m., choc.
chorro, n. m., jet, flot.
choza, n. f., cabane, chaumière.
chumbera, n. f., nopal, figuier de Barbarie.
chupar, v. t., sucer.
churro, n. m., beignet.

d

damnificado, da, adj., sinistré, e.
daño, n. m., mal ; dommage. **Hacerse daño,** se faire mal.
danza, n. f., danse.
dar, irrég. v. t./i., donner. **Dar con,** trouver, rencontrer. **Dar a entender,** faire comprendre.
dato, n. m., donnée, renseignement.
debajo, adv., dessous, au-dessous. Loc. prep., **debajo de la mesa,** sous la table.
deber, v. t./i., devoir ; n. m., devoir.
débil, adj., faible.
decepcionar, v. t., décevoir.
decidir, v. t., décider. **Decidió irse,** il décida de s'en aller.
decir, irrég. v. t./i. part. pass. irr., **dicho,** dire.
decorado, n. m., décor (théâtre).
dedicar, v. t., dédier ; consacrer. V. pr., se consacrer.
dedo, n. m., doigt.
deducir, irrég.,v. t., déduire.
defecto, n. m., défaut, imperfection.
defender [ie], v. t., défendre.
defraudar, v. t., décevoir.
dejar, v. t., laisser, abandonner. **Dejar de llover,** cesser de pleuvoir.
delante, adv./loc. prép., devant. **Delante de la tienda,** devant la boutique.
deleite, n. m., joie, délectation.
delgado, da, adj., mince.
delicado, da, adj., délicat, e.
demás, adj./pron. indéf., autre. **Los demás,** les autres. Loc. adv., **por lo demás,** par ailleurs.
demasiado, da, adj./adv., trop de, trop.
demonio, n. m., démon.
demostrar [ue], v. t., démontrer.
dentro, adv., dedans, à l'intérieur. **Dentro de un mes,** dans un mois.
depender, v. i., dépendre.
dependiente, n. m., vendeur ; employé.
deporte, n. m., sport.
deportista, adj./n., sportif, ve.
deportivo, va, adj., sportif, ve (coche, campo).
derecho, cha, adj./n., droit, e.
derribar, v. t., renverser, abattre.
derrotar, v. t., mettre en déroute, vaincre.
derrumbar, v. t., abattre.
desafío, n. m., défi.
desaparecer, irrég., v. i., disparaître.
desarrollar, v. t., développer. V. pr., se dérouler.
desarrollo, n. m., développement. **En vía de desarrollo,** en voie de développement.
desayuno, n. m., petit déjeuner.
descalzo, za, adj., nu-pieds.
descansar, v. i., se reposer.
desconcertar [ie], v. t., déconcerter.
desconocer, irrég., v. t., ignorer.
describir, v. t. part. pass. irr., **descrito,** décrire.
descubrimiento, n. m., découverte.
descubrir, v. t. part. pass. irr., **descubierto,** découvrir.
desde, prép., dès, depuis. **Desde hace dos años,** depuis deux ans. **Desde luego,** évidemment. **Desde que,** depuis que.
desdeñar, v. t., dédaigner.
desdichado, da, adj./n., malheureux, euse.
desear, v. t., désirer, souhaiter. **Le deseo un feliz Año Nuevo,** je vous souhaite une Bonne Année.
desembarcar, v. t./i., débarquer.
desembocar, v. i., déboucher, se jeter (un río en el mar).
desempeñar, v. t., jouer un rôle **(desempeñar un papel).**
desengaño, n. m., désillusion.
desenlace, n. m., dénouement.
desenvolver [ue], v. t., défaire. V. pr., se développer ; se débrouiller.
deseo, n. m., désir.
desfase, n. m., décalage.
desgracia, n. f., malchance, malheur.
desigualdad, n. f., inégalité.
deslumbrar, v. t., éblouir.
desnudo, da, adj., nu, e.
desmayar, v. t., faire défaillir. V. pr., s'évanouir.
despabilado, da, adj., éveillé, e ; dégourdi, e.
despacio, adv., lentement.
despacho, n. m., bureau.
desparramado, da, adj., éparpillé, e.
despedir [i], irrég. v. t., renvoyer, licencier. V. pr., **despedirse de alguien,** prendre congé de qqn.
despertar [ie], v. t., éveiller. V. i./pr., se réveiller.
despistado, da, adj./n., étourdi, e.
desplegar [ie], v. t., déplier, déployer.
despojar, v. t., dépouiller.
desprecio, n. m., mépris.
desprender, v. t., détacher. V. pr., se dégager.
después, adv., puis, ensuite. **Después de comer,** après avoir mangé.
destacar, v. t., faire ressortir, souligner.
desterrar [ie], v. t., exiler, bannir.
destrozar, v. t., briser, mettre en pièces.
destruir, irrég., v. t., détruire, dévaster.
detalle, n. m., détail.
detener [ie], irrég., v. t., arrêter. V. pr., s'arrêter.
detrás, adv., derrière. **Detrás de la puerta.**
deuda, n. f., dette.
devolver [ue], v. t., part. pass. irrég., **devuelto,** rendre, rembourser.
día, n. m., jour. **Hoy en día,** de nos jours. **Al día siguiente,** le lendemain.
diario, ria, adj., quotidien, ienne ; n. m., journal. **A diario,** tous les jours.
dibujar, v. t., dessiner.
dibujo, n. m., dessin.
diciembre, n. m., décembre.
dictadura, n. f., dictature.
dicha, n. f., bonheur, chance.
diente, n. m., dent **(la muela).**
diferencia, n. f., différence.
diferir [ie], v. t., différer, retarder. V. i., se distinguer, être différent.
difícil, adj., difficile.
dificultad, n. f., difficulté.
difundir, v. t., diffuser, répandre. V. pr., se propager.
diga, interj., Allô !, au téléphone, quand on reçoit la communication (**oiga,** lorsqu'on appelle qqn.).
diminuto, ta, adj., tout petit, toute petite.
dimisión, n. f., démission.
dinero, n. m., argent (moneda).
dios, sa, n. m., dieu, déesse. **Como Dios manda,** comme il convient.
diputado, n. m., député.
dirección, n. f., direction ; adresse.
director, ra, n., directeur, trice ; metteur en scène.
dirigir, v. t., diriger, guider. V. pr., **dirigirse a alguien,** s'adresser à qqn.
disculpa, n. f., excuse. V. pr., s'excuser.
disfrazar, v. t., déguiser. V. pr., se déguiser.
disfrutar, v. t./i., jouir de, profiter.
disgusto, n. m., contrariété, chagrin ; ennui.
disparar, v. t., tirer un coup de feu. **Los precios se disparan,** les prix montent en flèche.

disponer, irrég., v. t., part. pass. irrég., **dispuesto,** disposer.
distinto, ta, adj., différent, e.
distraer, irrég., v. t., distraire. V. pr., se divertir.
disturbio, n. m., trouble (desorden).
diverso, sa, adj., varié, e ; divers, se.
divertido, da, adj., gai, e, amusant, e.
divertir [ie/i], v. t. irrég., divertir. V. pr., s'amuser.
dividir, v. t., diviser, partager.
divisar, v. t., apercevoir.
documentación, n. f., documentation ; papiers d'identité.
doler [ue], v. i., avoir mal. (Cf. gram. 22.)
domingo, n. m., dimanche.
dominio, n. m., domination.
don, doña, m. f., marque de respect. S'emploie devant un prénom. **Don Eduardo, Doña Sofía.**
dormir [ue/u], v. t./i., dormir. V. pr., s'endormir.
ducha, n. f., douche.
duda, n. f., doute, hésitation.
dudar, v. i., douter, hésiter.
dueño, ña, n., maître, maîtresse ; propriétaire.
dulce, adj., doux, douce, sucré, e. N. m., confiture ; pl., friandises.
dulzura, n. f., douceur.
durante, prép., pendant.

e

echar, v. t., jeter, lancer, expulser. **Te echo de menos,** je m'ennuie de toi. **Echar una mano,** donner un coup de main. V. pr., **echarse à correr,** se mettre à courir.
edad, n. f., âge ; temps, époque. **La Edad Media,** le Moyen Age.
efecto, n. m., effet. **En efecto,** en effet.
eficacia, n. f., efficacité.
ejecutar, v. i., exécuter.
ejecutivo, n. m., cadre d'entreprise.
ejemplo, n. m., exemple.
ejercer, v. t., exercer.
ejercicio, n. m., exercice ; profession.
ejército, n. m., armée.
elección, n. f., élection, choix.
elegir [i], v. t., élire ; choisir.
elemental, adj., élémentaire.
elogio, n. m., éloge.
embajador, n. m., ambassadeur.
embarcar, v. t., embarquer. V. pr., s'embarquer.
embargo (sin embargo), loc. adv., cependant.
embriagar, v. t., enivrer. V. pr., s'enivrer.
emitir, v. i., émettre.
empeñarse (en algo), v. pr., s'obstiner.
empezar, [ie], v. t., commencer.
emplear, v. t., employer.
empleo, n. m., emploi.
emprender, v. t., entreprendre.
empresa, n. f., entreprise.
enamorado, da, adj., amoureux, euse.
encalar, v. t., blanchir à la chaux.
encantado, da, adj., enchanté, e ; très heureux, euse (en saluant qqn).
encanto, n. m., charme, enchantement.
encarcelar, v. t., emprisonner.
encargar, v. t., faire une commande.
encender [ie], v. t., allumer.
encerrar [ie], v. t., enfermer.
encima, adv., au-dessus.
encogerse, v. pr., rétrécir, se recroqueviller.
encontrar [ue], v. t., trouver.
encuentro, n. m., rencontre.
enchufar, v. t., brancher (la tele) ; fam. pistonner.
enemigo, ga, adj. /n., ennemi, e.
enero, n. m., janvier.
enfadar, v. t., fâcher. V. pr., se fâcher.
enfermedad, n. f., maladie.
enfermo, ma, adj./n., malade.
enfrentar, v. t., affronter, braver.
enfrente, adv., en face.
enfriar, v. t., refroidir.
engañar, v. t., tromper.
enhiesto, ta, adj., dressé, e ; droit, e.
enhorabuena, n. f., félicitation.
enlace, n. m., liaison, union.
enredar, v. t., emmêler, connecter.
enredo, n. m., confusion ; intrigue.
ensalada, n. f., salade.
ensanchar, v. t., élargir, agrandir.
ensayo, n. m., essai (littér.) ; répétition (théâtre).
enseguida, en seguida, adv., immédiatement.
enseñanza, n. f., enseignement.
enseñar, v. t., enseigner ; montrer.
ensueño, n. m., rêve, rêverie, songe.
entablar, v. t., engager (conversación).
entender [ie], comprendre. **Dar a entender,** laisser entendre.
enterarse (de algo), v. pr., apprendre qqch.
enternecer, irrég., v. t., attendrir. V. pr., s'attendrir.
entonces, adv., alors. **En aquel entonces,** en ce temps-là.
entorno, n. m., environnement.
entrada, n. f., entrée.
entraña, n. f., viscère ; f. pl., entrailles.
entre, prép., entre ; parmi.
entregar, v. t., livrer, remettre.
entrenar, v. t., entraîner (deporte). V. pr., s'entraîner.
entresacar, v. t., choisir, extraire.
entretener [ie], irrég., v. t., amuser. V. pr. se distraire.
entrevista, n. f., entrevue, interview.
envejecer, irrég., v. i., vieillir.
envenenar, v. t., empoisonner.
enviar, v. t., envoyer.
envidia, n. f., envie, jalousie.
envolver, [ue], v. t., part. pass. irr., **envuelto,** envelopper.
equipaje, n. m., les bagages.
equipo, n. m., équipe (deporte) ; équipement.
equivocación, n. f., erreur ; quiproquo.
equivocarse, v. pr., se tromper.
erguir (yergo), v. t., lever, dresser. V. pr., se dresser.
escalera, n. f., escalier.
escalofrío, n. m., frisson.
escapar, v. i., échapper. **Escapar de la rutina,** échapper à la routine. V. pr., s'échapper.
escaparate, n. m., vitrine, devanture.
escaso, a, adj., rare, peu abondant.
escenario, n. m., scène (de teatro).
escoger, v. t., choisir.
esconder, v. t., cacher. V. pr., se cacher.
escribir, v. t., part. pass. irr., **escrito,** écrire.
escuchar, v. t., écouter, **escuchar música.**
escudo, n. m., écu ; bouclier ; écusson.
escuela, n. f., école.
escultor, n. m., sculpteur.
esfuerzo, n. m., effort.
esmero, n. m., soin (cf. cuidado).
espacio, n. m., espace.
espada, n. f., épée. N. m., toréador.
espalda, n. f., dos. **De espaldas,** de dos.
espantar, v. t., faire peur, effrayer.
especie, n. f., espèce, sorte.
espectáculo, n. m., spectacle.
espejo, n. m., miroir.
espera, n. f., attente.
esperanza, n. f., espoir.
esperar, v. t., attendre, espérer.
espina, n. f., épine (planta) ; arête (pez).
espíritu, n. m., esprit.
esposo, sa, n. époux, ouse.
espuma, n. f., écume ; mousse.
esquiar, v. i., skier.
esquina, n. f., coin (casa, calle).
establecer, irrég., v. t., établir, fonder.
estación, n. f., saison ; gare ; station.
estado, n. m., état. **Jefe de Estado,** chef d'État.
estadio, n. m., stade.
estancia, n. f., séjour. Amér. hacienda.
estaño, n. m., étain.
estar, irrég., v. i., **Estar para salir,** être sur le point de sortir. **Estar por hacer,** être encore à faire. **Estar al día,** être à la mode.
estatura, n. f., stature, taille.
estilo, n. m., style.
estorbar, v. t., gêner, empêcher.
estragar, v. t., gâter, corrompre ; ravager.
estrecho, cha, adj. étroit, e ; n. m., détroit.
estremecer, irrég., v. t., faire trembler. V. pr., frissonner.
estremecimiento, n. m., tremblement.
estrella, n. f., étoile ; star (cine).
estreno, n. m., débuts ; première (teatro, cine).
estribillo, n. m., refrain ; fam., rengaine.
estribar (en), v. i., s'appuyer sur. Fig., résider.
estropear, v. t., abîmer, détériorer.
estudiar, v. t., étudier.
estudio, n. m., étude.
estupendo, da, adj., épatant, e ; formidable.
estupor, n. m., stupeur.
examinarse, v. pr., passer un examen.
exigir, v. t., exiger.
exiliar, v. t., exiler. V. pr., s'exiler.
existir, v. i., exister.
éxito, n. m., succès.
explayar, v. t., étendre. V. pr., s'étendre (fig.).
explotar, v. t., exploiter ; v. i., exploser.
exponer, irrég. (cf. poner), v. t. part. pass. irr., **expuesto,** exposer.
expresar, v. t., exprimer (ideas).
extender [ie], v. t., étendre, déployer. V. pr., s'étendre (la ola de frío).
extranjero, ra, adj./n. étranger, ère.
extrañar, v. t., étonner, surprendre.
extraño, ña, adj., étrange, surprenant, e.

f

fábrica, n. f., usine.
fácil, adj., facile. **Fácil de comprender,** facile à comprendre.
facción, n. f., trait du visage **(pl.).**
faena, n. f., travail. **Las faenas del campo.**
falda, n. f., jupe.
falso, sa, adj., faux, fausse.
falta, n. f., manque ; faute. **Hacer falta,** être nécessaire.
faltar, v. i., manquer, faire défaut.
fama, v. f., renommée, réputation.
familiar, adj., familial, e ; familier, ère.
famoso, sa, adj., célèbre, renommé, e.
fantasía, n. f., imagination, fantaisie.
farmacia, n. f., pharmacie.
farol / farola, n. m./n. f., lanterne, lampadaire (alumbrado público).
fastidiar, v. t., ennuyer.
favor, n. m., faveur. **Por favor,** s'il vous plaît.
favorecer, irrég.,v. t., favoriser, avantager.
fe, n. f., foi ; promesse, serment.
febrero, n. m., février.
fecha, n. f., date.
felicidad, n. f., bonheur ; pl., **¡Felicidades!,** Meilleurs Vœux !
feliz, adj., heureux, euse.
feo, a, adj., laid, de ; vilain, e.
feria, n. f., foire ; fête foraine. **Una feria de muestras,** une foire-exposition.
ferrocarril, n. m., chemin de fer (**RENFE, Red Nacional de los Ferrocarriles Españoles).**
festivo, va, adj., de fête. **Día festivo.**

fiar, fiarse (de), avoir confiance (en), se fier (à).
ficticio, cia, adj., fictif, ive.
fiel, adj., fidèle, loyal, e.
fiera, n. f., fauve, bête féroce.
fiesta, n. f., fête, réjouissance.
figura, n. f., forme ; aspect ; silhouette.
fijar, v. t., fixer. **Fijar la atención.** V. pr., **Fijarse en,** faire attention à.
fin, n. m., fin. **Fin de semana, week-end. Por fin,** enfin. **Al fin y al cabo,** au bout du compte. **Lograr sus fines,** arriver à ses fins.
final, n. m., fin. **Quedarse hasta el final,** rester jusqu'à la fin. **A finales de junio,** à la fin juin.
financiar, v. t., financer.
finca, n. f., propriété (rural o urbana).
fingir, v. t., feindre.
firmar, v. t., signer.
flaco, ca, adj., maigre.
flauta, n. f., flûte.
florecer, irrég., v. i., fleurir.
florero, m. y f., fleuriste. M. vase (à fleurs).
fluir, irrég., v. i., couler, s'écouler ; passer.
fomentar, v. t., encourager ; développer.
forastero, ra, adj./n., étranger, ère (de otra ciudad, región).
forense, adj., légiste (médico).
fortaleza, n. f., force ; forteresse.
fósforo, n. m., allumette.
fracasar, v. i. échouer.
fracaso, n. m., échec.
fraile, n. m., moine, frère.
frecuente, adj., fréquent, ente.
frente, n. f., front (rostro) ; n. m., front (guerra).
frente a, prép., face à.
fresa, n. f., o **fresón,** n. m., fraise.
fresco, ca, adj./n., frais, fraîche.
frigorífico, n. m., réfrigérateur.
frijol, n. m., haricot rouge.
frío, a, adj., froid, e ; n. m., froid.
frondoso, sa, adj., touffu, e, luxuriant, e.
frontera, n. f., frontière, limite.
fruta, n. f., fruit.
fruto, n. m., fruit, **el fruto del trabajo.**
fuego, n. m., feu.
fuente, n. f., source, fontaine ; plat.
fuera, adv., dehors. **Fuera de peligro,** hors de danger.
fuerte, adj., fort, e.
fuerza, n. f., force ; violence.
fugarse, v. pr., s'enfuir.
fulgor, n. m., éclat, lueur.
función, n. f., fonction ; spectacle.
fundar, v. t., fonder.
furtivo, va, adj., furtif, ive. **Cazador furtivo,** braconnier.
fusilamiento, n. m., exécution.

g

gafas, n. f., pl., lunettes.
galardón, n. m., récompense, prix.
galleta, n. f., biscuit.
gallina, n. f., poule.
gallo, n. m., coq.
gana, n. f., envie. **No me da la gana,** je n'ai pas envie.
ganado, n. m., bétail.
ganar, v. t., gagner.
garantizar, v. t., garantir.
garbo, n. m., allure, élégance, grâce.
garganta, n. f., gorge.
garra, n. f., griffe (gato) ; serre (ave de rapiña).
garza, n. f., héron. **Garza real,** héron cendré.
gastar, v. t., dépenser ; user.
gasto, n. m., dépense, pl., **gastos,** frais.
gasolina, n. f., essence.
gato, n. m., chat ; cric.
generar, v. t., produire, générer.
género, n. m., genre, sorte ; marchandise.
genio, n. m., génie ; caractère.
gente, n. f., les gens.
genuino, na, adj, authentique, vrai, e.
gigante, n. m., géant.
gimnasia, n. f., gymnastique.
girar, v. t., tourner.
globo, n. m., ballon ; bulle (de B.D.).
gloria, n. f., gloire ; ciel, paradis. **Estar en la gloria,** être aux anges. **Saber a gloria,** avoir un goût exquis.
gobernar [ie], v. t., gouverner.
gobierno, n. m., gouvernement.
golpe, n. m., coup ; putsch.
golpear, v. t., frapper.
gordo, da, adj./n., gros, grosse. **Me tocó el gordo,** j'ai gagné le gros lot.
gorra, n. f., casquette.
gorro, n. m., bonnet.
gozar, v. t./i., jouir de, posséder.
grabado, n. m., gravure ; image.
grabar, v. t., enregistrer.
gracia, n. f., grâce. **Tener gracia,** être drôle, charmant. **¡Gracias!,** merci !
gracioso, sa, adj., divertissant, e, amusant, e.
grado, n. m., degré.
granizo, n. m., grêle.
granja, n. f., ferme.
gringo, ga, adj./n., péj., yankee.
grito, n. m., cri.
gritar, v. t., crier.
grueso, sa, adj., gros, grosse.
guante, n. m., gant.
guapo, pa, adj., beau, belle ; élégant, e.
guardar, v. t., garder ; ranger (en un mueble).
guardia, n. m., garde, agent de police. N. f., **la guardia civil,** la gendarmerie.
guía, n. m., guide (de museo) ; n. f., guide, plan d'une ville. **La guía telefónica,** l'annuaire téléphonique.
guiño, n. m., clin d'œil.
guisar, v. t., cuisiner, préparer un plat.
gustar, v. t./i., goûter, plaire.
gusto, n. m., goût. **Estar a gusto,** être à l'aise. **Mucho gusto,** enchanté, e.

h

haber, irrég., auxiliaire avoir ; v. imp., y avoir.
habitación, n. f., pièce, chambre d'hôtel.
habla, n. f., parole ; langue ; langage.
hablar, v. t., parler. **¡Ni hablar!,** pas question !
hacer, irrég., v. t., part. pass. irr., **hecho,** faire. V. imp., **hace un mes,** il y a un mois. V. pr., devenir.
hacia, prép. vers., en direction de.
hacienda, n. f., propriété ; biens. **Ministerio de Hacienda,** ministère des Finances.
halagar, v. t., flatter.
hallar, v. t., trouver, rencontrer.
hallazgo, n. m., trouvaille.
hambre, n. f., faim ; famine.
hambriento, ta, adj., affamé, e.
harapo, n. m., haillon, guenille.
hasta, prép., jusqu'à. **Hasta luego,** à bientôt. Conj., même.
hazaña, n. f., exploit.
hechizo, n. m., sortilège ; charme.
hecho, n. m., fait. **De hecho,** en fait. **El que, el hecho de que,** le fait que.
helado, n. m., glace. **Un helado de vainilla,** une glace à la vanille.
helar [ie], v. t., glacer, geler.
heredero, ra, adj./n., héritier, ère.
herencia, n. f., héritage ; hérédité.
herida, n. f., blessure.
herir [ie/i], v. t., blesser.
hermano, na, n. m. f., frère, sœur.
hermoso, sa, adj., beau, belle.
herradura, n. f., fer à cheval.
herramienta, n. f., outil ; pl., outillage.
hielo, n. m., glace. **Cubito de hielo,** glaçon.
hierba o **yerba,** n. f., herbe.
hierro, n. m., fer.
higo, n. m., figue.
hijo, ja, n. m. f., fils, fille ; enfant.
hilo, n. m., fil ; filet (para un líquido).
hinchar, v. t., gonfler, enfler.
historieta, n. f., une bande dessinée.
hogar, n. m., foyer.
hoguera, n. f., bûcher, grand feu.
hoja, n. f., feuille ; lame (de cuchillo).
hojarasca, n. m., feuilles mortes.
hola, interj., salut !
hombre, n. m., homme ; interj., tiens !
hombro, n. m., épaule.
homenaje, n. m., hommage. **Rendir [i] homenaje,** rendre hommage.
hondo, da, adj., profond, de.
honra, n. f., honneur.
hora, n. f., heure.
horno, n. m., four ; fournaise.
hortaliza, n. f., légume.
hoy, adv., aujourd'hui. **Hoy en día,** de nos jours. **De hoy en adelante,** dorénavant.
huelga, n. f., grève. **Estar en huelga.**
huella, n. f., trace, empreinte.
huerto, n. m., jardin potager.
hueso, n. m., os ; noyau (de una fruta).
huevo, n. m., œuf.
huir, irrég.,v. i., fuir. **Huir del peligro,** fuir le danger.
humedad, n. f., humidité.
húmedo, da, adj., humide.
humilde, adj., humble.
humo, n. m., fumée.
humor, n. m., humeur ; esprit.
hundir, v. t., enfoncer ; pr., s'affaisser, couler (un barco).
hurtadillas (a), loc. adv., à la dérobée.

i

ida, n. f., aller. **Ida y vuelta,** aller et retour.
idea, n. f., idée ; intention.
idioma, n. m., langue.
iglesia, n. f., église.
ignoto, ta, adj., inconnu, e.
igual, adj., égal, e. **Me da igual,** ça m'est égal.
igualdad, n. f., égalité.
iluminado, da, adj., illuminé, e ; éclairé, e.
ilustrado, da, adj., cultivé, e ; instruit, e.
imagen, n. f., image ; statue (religieuse).
impedir[i], irrég., v. t., empêcher.
imponer, irrég., v. t., part. pass. irr., **impuesto,** imposer.
importar, v. i., importer. **No me importa,** ça m'est égal.
impreso, n. m., imprimé.
imprescindible, adj., indispensable.
improviso (de), loc. adv., à l'improviste.
impuesto, ta, adj., imposé, e ; n. m., impôt.
inagotable, adj., inépuisable, intarissable.
incansable, adj., infatigable.
incipiente, adj., commençant, e.
incluir, irrég., v. t., inclure.
incluso, sa, adj., inclus, e ; prép./conj., y compris, même.
inconsciente, adj., inconscient, e.
inconveniente, n. m., inconvénient.
incorporarse, v. pr., se redresser, s'asseoir.
increíble, adj., incroyable.
indagar, v. t., rechercher ; enquêter.
indeleble, adj., indélébile.
indiano, na, n., qui revient, souvent riche, d'Amérique.

indígena, adj./n., indigène.
indio, dia, adj./n., indien, enne.
individuo, n. m., individu.
índole, n. f., caractère, nature.
indumentaria, n. f., habillement.
industria, n. f., industrie.
industrial, adj., industriel, elle.
infeliz, adj., malheureux, euse.
inferior, adj./n., inférieur, eure.
infierno, n. m., enfer.
influir (en), irrég.,v. i., influencer.
informe, n. m., renseignement ; rapport.
infraestructura, n. f., infrastructure.
infranqueable, adj., infranchissable.
infundir, v. t., inspirer (un sentimiento).
ingenio, n. m., génie ; esprit ; sucrerie.
ingenioso, sa, adj., ingénieux, euse ; spirituel, elle.
ingenuo, nua, adj., ingénu, e, naïf, ïve.
ingreso, n. m., entrée ; rentrée de fonds.
injusticia, n. f., injustice.
inmenso, sa, adj., immense.
inmerso, sa, adj., immergé, e ; plongé, e.
inmigración, n. f., immigration.
innovador, ra, adj./n., innovateur, trice.
innumerable, adj., innombrable.
inolvidable, adj., inoubliable.
insignificante, adj., insignifiant.
insistir, v. i., insister.
insoportable, adj., insupportable.
instituto, n. m., lycée.
ínsula, n. f., île.
insuperable, adj., imbattable.
intenso, sa, adj., intense.
intentar, v. t., tenter, essayer. **Intentar leer.**
intercambio, n. m., échange mutuel.
interés, n. m., intérêt.
interesar, v. t., intéresser. **Interesarse por,** v. pr., s'intéresser à.
interior, n./adj., intérieur, eure.
interrumpir, v. t., interrompre.
invadir, v. t., envahir.
invernadero, n. m., serre (para los cultivos).
inverosímil, adj., invraisemblable.
inversión, n. f., inversion ; investissement.
invertir [ie], v. t., intervertir ; inverser ; investir (dinero).
investigación, n. f., investigation, enquête.
investigar, v. t., enquêter, rechercher.
invierno, n. m., hiver.
ir, irrég.,v. i., aller. **Ir a España,** aller en Espagne. **Ir por agua,** aller chercher de l'eau. **Irse de viaje,** partir en voyage.
ira, n. f., colère.
irregular, adj., irrégulier, ère.
irrisorio, a, adj., dérisoire.
irrumpir, v. i., faire irruption.
izquierda, n. f., gauche.

j

jabón, n. m., savon.
jaleo, n. m., tapage, raffut.
jamás, adv., jamais.
jamón, n. m., jambon.
jarra, n. f., pichet.
jaula, n. f., cage.
jefe, n. m., chef.
jerarquía, n. f., hiérarchie.
jersey, n. m., pull-over.
jinete, n. m., cavalier.
jornada, n. f., journée de travail ; acte (théâtre).
jornal, n. m., salaire, travail d'un jour.
jota, n. f., nom de la lettre **j** ; danse régionale.
joven, adj./n., jeune ; jeune homme, jeune fille.
joya, n. f., bijou, joyau.
jubilarse, v. pr., prendre sa retraite.
judío, a, adj./n., juif, juive.
juego, n. m., jeu. **Juego de azar,** jeu de hasard.
juerga, n. f., noce (fam.). **Ir de juerga,** faire la noce, la foire.
jueves, n. m., jeudi.
juez, n. m., juge ; arbitre.
jugar [ue], v. i./t., jouer.
jugador, ra, adj./n., joueur, euse.
jugo, n. m., jus ; suc.
juguete, n. m., jouet, joujou.
juicio, n. m., jugement ; avis.
julio, n. m., juillet.
junio, n. m., juin.
junta, n. f., assemblée, conseil ; junte.
juntar, v. t., joindre, unir, assembler.
junto a, adv., près de.
justicia, n. f., justice.
justificar, v. t., justifier. V. pr., se justifier.
juventud, n. f., jeunesse.
juzgar, v. t., juger.

k

kilómetro, n. m., kilomètre.

l

laberinto, n. m., labyrinthe.
labio, n. m., lèvre.
labor, n. f., travail, labeur ; ouvrage.
laboral, adj., relatif au travail. **El mundo laboral.**
labrador, ra, n./adj., cultivateur, trice.
labrar, v. t., travailler (la plata, el hierro) ; labourer.
ladera, n. f., pente ; versant.
ladino, na, adj., rusé, e. N., Amér. centrale, métis, isse.
lado, n. m., côté. **Al lado de,** à côté de.
ladrar, v. i., aboyer.
ladrillo, n. m., brique.
ladrón, ona, adj./n., voleur, euse.
lago, n. m., lac.
lágrima, n. f., larme.
lamentar, v. t., regretter ; déplorer.
lámpara, n. f., lampe.
lana, n. f., laine.
lance, n. m., incident ; coup de théâtre.
lancha, n. f., chaloupe ; barque (de pêche).
lanzar, v. t., lancer. V. pr., se jeter.
lápiz, n. m., crayon.
largar, v. t., lâcher ; fam., v. pr., prendre le large, filer.
largo, ga, adj., long, longue. **A lo largo de,** le long de.
lástima, n. f., pitié. **Dar lástima,** faire pitié.
lata, n. f., boîte de conserve ; fer blanc. Fig. fam., ennui. **¡Qué lata!,** Quelle barbe !
latifundio, n. m., vaste propriété rurale.
latifundista, n. m., grand propriétaire terrien.
látigo, n. m., fouet.
latir, v. i., battre (el corazón, el pulso).
laurel, n. m., laurier.
lavar, v. t., laver.
lazo, n. m., nœud ; lien.
lección, n. f., leçon.
leche, n. f., lait.
lechuga, n. f., laitue ; salade verte.
leer, v. t., lire.
legua, n. f., lieue.
legumbre, n. f., légume (leguminosas).
lejano, na, adj., lointain, e.
lejos, adv., loin. **A lo lejos,** au loin.
lema, n. m., devise.
lengua, n. f., langue ; idiome ; langage.
lenguaje, n. m., langage, langue.
lentitud, n. f., lenteur.
lento, ta, adj., lent, e.
leña, n. f., bois de chauffage.
leñador, ra, n., bûcheron, onne.
león, n. m., lion.
letra, n. f., lettre ; écriture. **La letra de una canción,** les paroles d'une chanson.
letrero, n. m., écriteau, pancarte.
levantamiento, n. m., levée ; rébellion.
levantar, v. t., lever, élever ; soulever. V. pr., se lever ; se soulever (rebelarse).
leve, adj., léger, ère.
ley, n. m., loi ; titre d'un alliage.
leyenda, n. f., légende.
liberar, v. t., libérer.
libertad, n. f., liberté.
libertar, v. t., délivrer ; mettre en liberté.
librar, v. t., délivrer. V. pr., se libérer.
libre, adj., libre.
librero, ra, n., libraire.
líder, n. m., leader.
liderazgo, n. m., leadership.
lienzo, n. m., tableau, toile.
ligero, ra, adj., léger, ère.
límite, n. m., limite.
limón, n. m., citron.
limosna, n. f., aumône. **Pedir [i] limosna.**
limpiar, v. t., nettoyer.
limpieza, n. f., propreté ; nettoyage.
limpio, pia, adj., propre ; net, ette.
linaje, n. m., lignée, souche.
lindo, da, adj., joli, e ; gentil, ille.
línea, n. f., ligne.
lío, n. m., paquet ; imbroglio.
listo, ta, adj., **ser listo, a,** être intelligent, e. **Estar listo, a,** être prêt, e.
lobo, n. m., loup.
loco, ca, adj., fou, folle.
locura, n. f., folie.
lodo, n. m., boue.
lodoso, sa, adj., boueux, euse.
logotipo, n. m., logo.
lograr, v. t., réussir ; obtenir.
loma, n. f., coteau, colline.
lomo, n. m., échine, dos (de un animal).
loro, n. m., perroquet.
lozano, na, adj., vigoureux, euse.
lucidez, n. f., lucidité.
lucir, v. i., briller. V. pr., se distinguer.
lucero, n. m., étoile du Berger, Vénus.
lucha, n. f., lutte.
luchar (con, contra, por), v. i., lutter.
luego, adv., immédiatement ; ensuite. **Desde luego,** évidemment. **Hasta luego,** à bientôt.
lugar, n. m., lieu ; village ; place. **En lugar de,** au lieu de.
lujo, n. m., luxe.
lumbre, n. f., feu, éclat, lumière.
luna, n. f., lune ; miroir, glace.
lunes, n. m., lundi.
luto, n. m., deuil ; douleur.
luz, n. m., lumière ; électricité.

ll

llagar, v. t., blesser, faire une plaie à.
llama, n. f., flamme ; n. m., ou f., lama (animal).
llamada, n. f., appel.
llamativo, va, adj., criard, e (un color).
llano, na, adj., plat, e ; n. m., plaine.
llanto, n. m., pleurs ; chant funèbre.
llanura, n. f., plaine.
llave, n. f., clé.
llegada, n. f., arrivée.
llegar, v. i., arriver.
llenar, v. t., emplir, remplir.

lleno, na, adj., plein, e ; rempli, e.
llevar, v. t., porter ; emporter. **Llevarse bien o mal,** bien ou mal s'entendre.
llorar, v. t./i., pleurer.
llover [ue], v. imp., pleuvoir.
lluvia, n. f., pluie.
lluvioso, sa, adj., pluvieux, euse.

m

macizo, za, adj., massif, ive ; n. m., massif (de plantas, de montañas).
machacar, v. t., broyer, piler, écraser.
madera, n. f., bois (de construcción).
madre, n. f., mère.
madrugada, n. f., aube, point du jour.
madrugar, v. i., se lever tôt.
maduro, ra, adj., mûr, e, à point.
maestro, tra, adj./n., maître, maîtresse.
maíz, n. m., maïs.
majo, ja, adj./n., élégant, e. Fam. mignon, onne.
mal, n. m., mal. **El bien y el mal.** Adv., mal. **No está mal,** ce n'est pas mal.
maldad, n. f., méchanceté.
malestar, n. m., malaise.
maleta, n. f., valise.
malo, la, adj., mauvais, e ; malade. **Ser malo,** être méchant. **Estar malo,** être malade.
manantial, n. m., source.
manar, v. i., jaillir.
mancha, n. f., tache ; déshonneur.
mandar, v. t., ordonner ; commander ; envoyer. **Mandar hacer,** faire faire.
mandamiento, n. m., commandement.
mando, n. m., commandement, autorité.
manera, n. f., manière, façon.
manga, n. f., manche (de un vestido).
manifestar [ie], v. t., manifester ; déclarer.
manifiesto, ta, adj., manifeste, évident, e. **Poner de manifiesto,** mettre en évidence.
mano, n. m., main. **Mano de obra,** main d'œuvre.
manso, sa, adj., doux, douce ; paisible.
manta, n. f., couverture.
mantel, n. m., nappe.
mantener [ie], irrég., v. t., maintenir ; nourrir.
mantequilla, n. f., beurre.
manzana, n. f., pomme.
mañana, n. f., matin ; n. m., avenir. Adv., demain. **Mañana por la mañana,** demain matin. **Pasado mañana,** après-demain.
máquina, n. f., machine.
mar, n. m./f., mer.
maravilla, n. f. merveille ; émerveillement.
maravilloso, sa, adj., merveilleux, euse.
marcar, v. t., marquer. **Marcar un número,** composer un numéro (teléfono).
marchar, marcharse, v. i./pr., s'en aller.
marchitar, v. t., flétrir, faner.
marco, n. m., cadre.
marear, v. t./i., faire tourner la tête. V. pr., avoir mal au cœur.
mareo, n. m., mal de mer ; vertige.
marfil, n. m., ivoire.
margen, n. m., ou f., bord, rive ; marge.
marido, n. m., mari, époux.
marinero, n. m., marin ; matelot.
mariposa, n. f., papillon.
marisma, n. f., marais.
mármol, n. m., marbre.
marqués, esa, n. m. f., marquis, marquise.
martes, n. m., mardi.
marzo, n. m., mars.
mas, conj., mais.
más, adv., plus, davantage.
masa, n. f., masse ; pâte (para hacer pan).
máscara, n. f., masque.
mástil, n. m., mât.
matar, v. t., tuer ; abattre.
materia, n. f., matière. **Materia prima,** matière première.
material, adj., matériel, elle ; n. m., matériau, fournitures.
matiz, n. m., nuance.
matrícula, n. f., inscription ; immatriculation (de un coche).
matricularse, v. pr., s'inscrire.
matrimonio, n. m., couple ; mariage.
mayo, n. m., mai.
mayor, adj., plus grand, plus âgé ; majeur. **Mayor de edad,** majeur, e (âge).
mayoría, n. f., majorité. **Mayoría de edad.**
mecer, v. t., bercer ; balancer.
media, n. f., bas (de nailon) ; moyenne.
mediados (a), loc. adv., **a mediados de Julio,** à la mi-juillet.
mediano, na, moyen, enne ; médiocre.
mediante, prép., moyennant, grâce à.
medicina, n. f., médecine.
médico, n. m., médecin.
medida, n. f., mesure.
medio, dia, adj., demi, e. ; moyen, enne. **A medias,** à moitié. N. m., milieu ; moyen. Adv., à demi.
mediodía, n. m., midi.
medir [i], v. t., mesurer.
mejilla, n. f., joue.
mejor, adj., meilleur, e ; adv., mieux ; plutôt. **A lo mejor,** loc. adv., peut-être.
mejorar, v. t., améliorer. V. pr., se rétablir.
memoria, n. f., mémoire. **De memoria,** par cœur.
mendigo, ga, n. m. f., mendiant, e.
menear, v. t., remuer. V. pr., s'agiter.
menester, n. m., besoin. **Es menester,** il faut.
menesteroso, sa, adj./n., nécessiteux, euse.
menor, adj., plus petit, e ; moindre ; plus jeune. **Menor de edad,** mineur, e (âge).
menos, adv., moins. **Al menos, por lo menos,** au moins. **Menos mal,** heureusement ; prép., sauf, excepté.
menospreciar, v. t., mépriser ; minimiser.
mensaje, n. m., message.
mente, n. f., esprit ; entendement.
mentir [ie/i], v. i., mentir.
mentira, n. f., mensonge.
menudo, da, adj., menu, e, petit, e. **¡Menuda faena!,** quel travail ! **A menudo,** souvent.
mercado, n. m., marché.
merced, n. f., grâce, faveur.
merecer, irrég., v. t., mériter.
merienda, n. f., goûter.
merluza, n. f., colin, merluche.
mes, n. m., mois.
mesa, n. f., table ; bureau.
mesón, n. m., auberge, restaurant.
mestizo, za, n./adj., métis, isse.
meta, n. f., but, objectif, fin.
meter, v. t., introduire. V. pr., se mettre. **Meterse en los asuntos ajenos,** se mêler des affaires des autres.
método, n. m., méthode.
mezclar, n. f., mélanger, mêler.
mezquita, n. f., mosquée.
miedo, n. m., peur. **Dar miedo,** faire peur.
miembro, n. m., membre.
mientras, conj., pendant que ; tant que.
mientras que, conj., alors que.
miércoles, n. m., mercredi.
milagro, n. m., miracle.
militar, adj./n., militaire.
mimar, v. t., gâter ; câliner, choyer.
minero, n. m., mineur.
minifundio, n. m., petite propriété rurale.
minoría, n. f., minorité. **Minoría de edad.**
mirada, n. f., regard.
mirlo, n. m., merle.
misa, n. f., messe.
mismo, adj./pron. indéf., même ; pareil.
misterio, n. m., mystère.
mitad, n. f., moitié.
mochila, n. f., sac à dos.
moda, n. f., mode.
modales, n. m., pl., manières. **Tener buenos modales,** avoir de bonnes manières.
modo, n. m., mode ; manière, façon. **De modo que,** de sorte que.
mojar, n. f., mouiller.
molestar, v. t., molester, gêner, ennuyer.
molestia, n. f., ennui, tracas ; gêne.
molesto, ta, adj., gênant, e ; gêné, e.
molino, n. m., moulin.
monarquía, n. f., monarchie.
moneda, n. f., pièce ; monnaie.
monja, n. f., religieuse, nonne.
monje, n. m., moine.
mono, na, adj. fam., joli, e ; mignon, onne. N. m. f., singe ; bleu de travail.
monstruo, n. m., monstre.
montar, v. i., **monter** (a caballo, en bicicleta).
monte, n. m., mont, montagne ; forêt, bois.
montón, n. m., tas, amas.
morada, n. f., maison, demeure.
moraleja, n. f., moralité, morale.
morder [ue], v. t., mordre.
moreno, na, adj., brun, e ; bronzé, e.
morir, morirse [ue/u], v. i./pr., part., pass. irr., **muerto,** mourir.
moro, ra, adj./n., maure, arabe.
mosca, n. f., mouche.
mosquito, n. m., moustique.
mostrador, n. m., comptoir.
mostrar [ue], v. t., montrer.
mover [ue], v. t., mouvoir. V. pr., bouger.
movimiento, n. m., mouvement.
mozo, za, adj./n., jeune ; jeune homme ; jeune fille ; valet, domestique.
muchacho, cha, n. m. f., enfant.
muchedumbre, n. f., foule, multitude.
mucho, adv., beaucoup. **Mucho, cha,** adj., beaucoup de.
mudanza, n. f., changement ; déménagement.
mudar, v. t./i., changer ; déménager.
mudo, da, n./adj., muet, ette.
mueble, n. m., meuble.
muelle, n. m., quai d'un port ; ressort.
muerte, n. f., mort (la).
muerto, ta, n. adj., mort, e.
muestra, n. f., échantillon.
mujer, n. f., femme.
mulato, ta, adj./n., mulâtre, esse.
multa, n. f., amende.
multitud, n. f., multitude, foule.
mundo, n. m., monde, terre. **Dar la vuelta al mundo,** faire le tour du monde.
muñeca, n. f., poignet ; poupée.
muralla, n. f., muraille ; pl. remparts.
mutuo, tua, adj., mutuel, elle.
muy, adv., très.

n

nácar, n. m., nacre (la).
nacer, irrég., v. i., naître.
nacimiento, n. m., naissance ; nativité.
nada, n. f., néant ; pron. indéf., rien ; adv., pas du tout. **Nada de,** pas question de.
nadar, v. i., nager.
nadador, ra, adj./n., nageur, euse.
nadie, pron. indéf., personne.
naranja, n. f., orange.

naranjo, n. m., oranger.
nariz, n. f., nez.
nata, n. f., crème (de la leche).
natillas, f. pl., crème anglaise épaisse.
naturaleza, n. f., nature.
naufragar, v. i., faire naufrage.
naufragio, n. m., naufrage.
náufrago, ga, adj./n., naufragé, e.
navaja, n. f., couteau, canif.
nave, n. f., navire, vaisseau.
navegante, n. m., navigateur.
navegar, v. t., naviguer.
navidad, n. f., Nativité, Noël.
navideño, ña, adj., de Noël. **Fiestas navideñas.**
neblina, n. f., brume.
necesitar, v. t., avoir besoin de.
negar [ie], v. t., nier ; refuser. V. pr., **negarse a,** se refuser à.
negocio, n. m., négoce, affaire.
negrilla, impr., caractère gras.
negro, gra, adj./n., noir, e.
nene, na, n. m. f., bébé.
nervioso, sa, adj., nerveux, euse. **Ponerse nervioso,** s'énerver.
nevar [ie], v. imp., neiger.
niebla, n. f., brume, brouillard.
nieto, ta, n. m. f., petit-fils, petite-fille.
nieve, n. f., neige.
ninguno, na, adj./pron. indéf., aucun, une.
niñez, n. f., enfance.
niño, ña, n., enfant.
nitidez, n. f., éclat, netteté.
nítido, da, adj., net, nette ; pur, e.
nivel, n. m., niveau.
nobleza, n. f., noblesse.
noche, n. f., nuit. **Es de noche,** il fait nuit.
nómada, adj./n., nomade.
nombrar, v. t., nommer, désigner.
nombre, n. m., nom ; prénom.
norteamericano, na, adj./n., habitant, e des États-Unis.
notar, v. t., noter ; remarquer.
noticia, n. f., nouvelle (actualidad).
novedad, n. f., nouveauté.
novela, n. f., roman.
novelista, n. m. f., romancier, ère.
noviembre, n. m., novembre.
novio, via, n., fiancé, ée.
nube, n. f., nuage. **Estar en las nubes.**
nudo, n. m., nœud.
nuera, n. f., belle-fille.
nuevo, va, adj., nouveau, nouvelle ; neuf, neuve. **De nuevo,** à nouveau.
nuez, n. f., noix.
número, n. m., nombre ; numéro.
numeroso, sa, adj., nombreux, euse.
nunca, adv., jamais. **Nunca jamás,** jamais, au grand jamais.

O

o, conj., ou.
obedecer, irrég., v. t., obéir.
obediencia, n. f., obéissance.
obediente, adj., obéissant, e.
objetivo, va, adj., objectif, ive. N. m., objectif.
obra, n. f., œuvre ; travail. **Obra de arte,** œuvre d'art.
obrar, v. t., faire, exécuter. V. i., agir.
obrero, ra, n., ouvrier, ère.
obstáculo, n. m., obstacle.
obtener [ie], irrég., v. t., obtenir.
ocaso, n. m., couchant, crépuscule.
ocio, n. m., oisiveté, loisir.
ocioso, sa, adj./n., oisif, ive.
octubre, n. m., octobre.
ocultar, v. t., cacher.
ocurrir, v. i., se produire, avoir lieu. **Ocurrírsele a uno,** venir à l'esprit (de qqn).
odio, n. m., haine.
oferta, n. f., offre. **La oferta y la demanda,** l'offre et la demande.
oficina, n. f., bureau (lieu de travail).
oficio, n. m., métier, profession ; emploi.
ofrecer, irrég., v. t., offrir.
oído, n. m., ouïe ; oreille. **Decir al oído,** dire à l'oreille.
oír, irrég., v. t., entendre.
ojera, n. f., cerne.
ojo, n. m., œil. **¡Ojo!,** attention !
ola, n. f., vague.
oleada, n. f., grosse vague, lame.
oler [ue], v. t./i., sentir ; flairer. **Huele a rosa,** ça sent la rose. **Huele bien, mal,** ça sent bon, mauvais.
olivar, n. m., champ d'oliviers, oliveraie.
olivarero, ra, adj., de l'olivier.
olivo, n. m., olivier.
olor, n. m., odeur.
olvidar, olvidarse de, v. t./pr., oublier.
olvido, n. m., oubli.
onza, n. f., once (medida de peso).
oponer, irrég., v. t., part. pass. irr., **opuesto,** opposer. V. pr., s'opposer.
oportunidad, n. f., opportunité, occasion.
oración, n. f., prière ; phrase.
oreja, n. f., oreille. **Tirar de las orejas,** tirer les oreilles.
orden, n. f., ordre, commandement. **Dar una orden.** N. m., ordre (≠ desorden).
ordenador, n. m., ordinateur.
ordenar, v. t., ordonner ; mettre en ordre.
organizar, v. t., organiser.
orgullo, n. m., orgueil ; fierté.
orgulloso, sa, adj., orgueilleux, euse ; fier, ère.
origen, n. m., origine.
orilla, n. f., bord. **A orillas del mar,** au bord de la mer.
orquesta, n. f., orchestre.
oscurecer, irrég., v. i., obscurcir.
oscuro, ra, adj., obscur, e.
oso, n. m., ours.
otorgar, v. t., consentir, accorder. **Otorgar un premio,** décerner un prix.
otoño, n. m., automne.
otro, tra, adj./pron. indéf., autre.
oveja, n. f., brebis. **Un rebaño de ovejas,** un troupeau de moutons.
oyente, adj./n., auditeur, trice.

P

paciente, adj./n., patient, e.
pactar, v. i., faire un pacte ; convenir de.
padecer, irrég., v. t./i., souffrir, endurer (sufrir).
padre, n. m., père. **Los padres,** les parents (père et mère).
pagar, v. t., payer.
pago, n. m., paiement ; récompense.
paisaje, n. m., paysage.
paja, n. f., paille.
pájaro, n. m., oiseau.
palabra, n. f., parole ; mot.
palacio, n. m., palais.
paladar, n. m., Anat., palais, goût.
pálido, da, adj., pâle. **Ponerse muy pálido.**
palma, n. f., palmier ; palme ; paume (de la mano).
palmera, n. f., palmier ; palme.
palo, n. m., bâton ; bois.
palmada, n. f., claque, tape ; pl., **dar palmadas,** applaudir.
paloma, n. f., colombe, pigeon.
palomar, n. m., pigeonnier.
pan, n. m., pain.
pánico, n. m., panique.
paño, n. m., drap, étoffe ; torchon.
pantalla, n. f., écran.
pañuelo, n. m., foulard ; mouchoir.
papel, n. m., papier ; rôle. **Desempeñar un papel,** jouer un rôle.
par, adj., pair, e ; n. m., paire.
para, prép., pour.
paracaídas, n. m., inv., parachute.
parada, n. f., arrêt d'autobus ; station de métro.
parado, da, adj., arrêté, e ; désœuvré, e ; n. m./f., chômeur, euse.
paradoja, n. f., paradoxe.
paradójico, ca, adj., paradoxal, e.
parador, n. m., hôtel ; auberge.
paraguas, n. m., inv., parapluie.
paraíso, n. m., paradis.
paralelo, la, adj./n., parallèle.
parar, v. t., arrêter. V. pr., s'arrêter.
parcial, adj., partiel, elle ; partial, e.
parecer, irrég., v. i., paraître ; sembler. **¿Qué te parece?,** Qu'en penses-tu ? ; n. m., avis. **A mi parecer,** à mon avis. V. pr., ressembler.
parecido, n. m., ressemblance.
pared, n. f., mur.
pareja, n. f., couple.
paréntesis, n. m., parenthèse.
paro, n. m., chômage ; arrêt de travail.
parque, n. m., parc.
párrafo, n. m., paragraphe.
parte, n. f., partie ; part. **De parte de,** de la part de.
participar, v. t./i. faire part, notifier. **Participar en,** prendre part, participer à.
partidario, ria, adj./n., partisan, e.
partido, n. m., parti ; match (fútbol).
partir, v. t./i., partager ; s'en aller.
pasado, n. m., passé.
pasajero, ra, adj./n., passager, ère.
pasar, v. t., passer ; dépasser. **¿Qué pasa?,** que se passe-t-il ? **Pasarlo bien,** prendre du bon temps.
pasear, pasearse, v. t./i./pr., promener, se promener.
paseo, n. m., promenade. **Dar un paseo,** faire une promenade.
pasillo, n. m., couloir.
paso, n. m., pas ; passage ; procession.
pasta, n. f., pâte. Gâteau sec. Pop., fric (dinero). **Pasta de dientes,** dentifrice.
pastel, n. m., gâteau.
pastelería, n. f., pâtisserie.
pastor, n. m., berger ; pasteur.
pata, n. f., patte. **Meter la pata** (fam.), mettre les pieds dans le plat.
patente, adj., évident, e ; patent, e.
paterno, na, adj., paternel, elle.
patria, n. f., patrie.
patrocinador, ra, adj./n., protecteur, trice ; sponsor.
pauta, n. f., règle, norme.
pavo, n. m., dindon.
pavor, n. m., effroi, frayeur.
paz, n. f., paix.
peatón, n. m., piéton.
peatonal, adj., piétonnier, ère.
pecho, n. m., poitrine, sein ; courage.
pedazo, n. m., morceau.
pedir [i], v. t., demander (qqch).
pegar, v. t., coller ; joindre ; battre.
peinar, v. t., peigner.
peldaño, n. m., marche (de escalera).
pelear, v. i., combattre, lutter. Se disputer.
película, n. f., film.
peligro, n. m., danger.
peligroso, sa, adj., dangereux, euse.
pelo, n. m., poil ; cheveux.
peluquería, n. f., salon de coiffure.
peluquero, ra, n. m., coiffeur.

pena, n. f., peine. **Me da pena,** cela me fait de la peine.
peñón, n. m., rocher.
penoso, sa, adj., pénible.
pensamiento, n. m., pensée.
pensar [ie], v. t./i., penser, réfléchir.
pensativo, va, adj., pensif, ve.
penumbra, n. f., pénombre.
peón, n. m., manœuvre (ouvrier).
peor, adj., plus mauvais, e, pire ; adv., pis.
pepino, n. m., concombre.
pequeñez, n. f., petitesse.
pequeño, ña, adj., petit, e.
percatarse, v. pr., s'apercevoir, se rendre compte.
percibir, v. t., percevoir ; comprendre.
pérdida, n. f., perte.
perder [ie], v. t., perdre ; manquer. **Perder el tren,** manquer le train.
perdonar, v. t., pardonner.
perecer, irrég., v. i., périr.
peregrinación, n. f., pèlerinage.
peregrino, na, adj./n., pèlerin, e ; étrange.
perezoso, sa, adj., paresseux, euse.
perfecto, ta, adj., parfait, e.
perfume, n. m., parfum.
periódico, n. m., journal **(diario).**
periodista, n. m., journaliste.
periodo, período, n. m., période.
perito, ta, adj./n., expert.
permanecer, irrég., v. i., rester, demeurer.
permiso, n. m., permission. **Pedir permiso.**
permitir, v. t., permettre, autoriser.
pero, conj., mais.
perro, n. m. chien.
perseguir, [i], v. t., poursuivre ; persécuter.
pertenecer, irrég., v. i., appartenir.
peruano, na, adj./n., péruvien, ne.
pesadilla, n. f., cauchemar.
pesado, da, adj., lourd, e ; ennuyeux, euse.
pesadumbre, n. f., tracas ; chagrin, regret.
pesar, n. m., chagrin. **A pesar de,** malgré.
pesca, n. f., pêche.
pescadería, n. f., poissonnerie.
pescado, n. m., poisson. **Comer pescado.**
pescador, n. m., pêcheur.
pescar, v. t., pêcher.
pese a, loc., adv., malgré.
peso, n. m., poids ; balance.
petición, n. f., demande ; pétition.
pez, n. m., poisson. **Estar como el pez en el agua,** être comme un poisson dans l'eau. Fam., **estar pez,** nager, ne rien comprendre.
piadoso, sa, adj., pieux, euse.
picado, n. m., plongée (cinéma, photo).
pícaro, ra, adj./n., vaurien, fripon ; gueux.
pico, n. m., bec. Loc., **cien pesetas y pico,** cent et quelques pesetas.
pie, n. m., pied. **Estar de pie,** être debout.
piedad, n. f., piété ; pitié.
piedra, n. f., pierre.
piel, n. f., peau ; cuir.
pierna, n. f., jambe.
pillo, lla, adj./n., fripon, onne ; chenapan.
pimiento, n. m., piment, poivron.
pincel, n. m., pinceau.
pincelada, n. f., coup de pinceau, touche.
pinchar, v. t., piquer ; v. i., crever un pneu.
pino, n. m., pin.
pintar, v. t., peindre. V. pr., se maquiller.
piragua, n. f., pirogue.
piropo, n. m., compliment galant.
pisar, v. t., marcher sur ; fouler aux pieds.
piso, n. m., sol, plancher ; étage ; appartement.
pisotear, v. t., piétiner.
pizarra, n. f., ardoise ; tableau noir.
plaga, n. f., plaie, fléau.
plan, n. m., plan ; dessein ; projet.
plancha, n. f., fer à repasser ; gril. **Gambas a la plancha,** crevettes grillées.
planear, v. t., tracer le plan de ; projeter.
planeta, n. m., planète.
plano, na, adj., plan, e ; plat, e ; n. m., plan. **El plano de la ciudad.**
planta, n. f., plante ; étage. **La planta baja,** le rez-de-chaussée.
plantear, v. t., poser **(un problema).**
plata, n. f., argent (metal). Fig., fric.
plátano, n. m., platane ; banane ; bananier.
plato, n. m., assiette, plat (manjar).
playa, n. f., plage.
plaza, n. f., place ; marché.
plazo, n. m., délai ; échéance ; terme.
plegar [ie], v. t., plier ; plisser.
plomo, n. m., plomb.
población, n. f., population ; ville.
poblado, da, adj., peuplé, e ; n. m., agglomération.
pobre, adj./n., pauvre.
pobreza, n. f., pauvreté ; bassesse.
poco, ca, adj., indéf., peu de ; adv., peu. **Poco a poco,** peu à peu. **Por poco caigo,** j'ai failli tomber.
poda, n. f., taille (de los árboles).
poder, n. m., pouvoir, puissance.
poder [ue], irrég., v. t., pouvoir.
poderoso, sa, adj., puissant, e.
podrido, da, adj., pourri, e.
poeta, n. m., poète. **La poetisa,** la poétesse.
policía, n. f., police ; n. m., policier.
político, ca, adj./n., politique, homme politique.
polvo, n. m., poussière.
pólvora, n. f., poudre (explosivo).
pollo, n. m., poulet. **Pollo asado,** poulet rôti.
poner, irrég., part. pass. irr., v. t., **puesto,** mettre, poser ; rendre (triste...). **Poner de relieve, de realce, de manifiesto,** mettre en valeur, en évidence. V. pr., devenir **(ponerse triste).** Se coucher (un astro).
popa, n. f., Mar., poupe.
por, prép., par ; pour ; vers ; en ; à. **Por entre,** parmi, à travers. **Por supuesto,** bien sûr.
pormenor, n. m., détail.
porque, conj., parce que. Attention ! **¿Por qué?** Pourquoi ? **El porqué,** le pourquoi.
portada, n. f., frontispice, couverture (libro, revista).
portal, n. m., vestibule, entrée ; crèche (de Navidad).
portarse, v. pr., se comporter, se conduire.
portátil, adj., portatif, ive.
portento, n. m., prodige, merveille.
portero, ra, n.m. f., gardien, enne, concierge.
porvenir, n. m., avenir.
posada, n. f., auberge.
poseer, v. t., posséder.
postigo, n. m., volet ; porte dérobée.
postre, n. m., dessert.
potencia, n. f., puissance.
pozo, n. m., puits.
práctica, n. f., pratique. **Hacer prácticas,** faire un stage.
practicar, v. t., pratiquer.
prado, n. m., pré.
precio, n. m., prix ; valeur ; estime.
precioso, sa, adj., précieux, euse ; très beau, belle.
precisar, v. t., préciser ; avoir besoin de.
preciso, sa, adj., précis, e ; nécessaire. **Es preciso que vengas,** il faut que tu viennes.
predilecto, ta, adj., préféré, e.
preferir [ie/i], v. t., préférer ; surpasser.
pregunta, n. f., question. **Hacer una pregunta,** poser une question.
prejuicio, n. m., préjugé.
premio, n. m., récompense, prix. **El premio Nobel. El premio gordo,** le gros lot.
prender, v. t., arrêter (arrestar a un ladrón). **Prender fuego,** mettre le feu.
prensa, n. f., presse. **La libertad de prensa.**
preocuparse (por), v. t., se préoccuper. **No te preocupes,** ne t'en fais pas.
presa, n. f., prise ; proie ; butin ; barrage.
prescindir de, v. i., se passer de.
presenciar, v. t., assister à.
preso, sa, adj./n., prisonnier, ère ; détenu, e.
préstamo, n. m. emprunt ; prêt.
prestar, v. t., prêter. V. pr., se prêter.
presumido, da, adj./n., prétentieux, euse.
presumir, v. t./i., présumer ; se targuer.
presupuesto, n. m., budget.
prever, v. t., part. pass., **previsto,** prévoir.
previo, via, adj., préalable.
primavera, n. f., printemps.
primaveral, adj., printanier, ère.
primero, ra, adj., premier, ère ; adv., d'abord.
primo, ma, n. m. f., cousin, e.
príncipe, n. m., prince.
principio, n. m., commencement, début. **Al principio, a principios de,** au début.
prisa, n. f., hâte. **Darse prisa,** se presser.
prisionero, ra, adj./n., prisonnier, ère.
proa, n. f., mar., proue.
probar [ue], v. t., éprouver, prouver ; essayer (un vestido) ; goûter (el vino).
proceder, v. i., procéder, provenir (de).
proceso, n. m., procès ; processus.
procurar, v. t., essayer de.
producir, irrég., v. t., produire.
producto, n. m., produit.
profundizar, v. t., approfondir.
prohibir, v. t., interdire.
prometer, v. t./i., promettre.
promover [ue], v. t., promouvoir.
pronto, adv., vite, rapidement. **De pronto,** soudain. **Hasta pronto,** à bientôt. **Tan pronto como,** dès que.
propietario, ria, adj./n., propriétaire.
propina, n. f., pourboire.
propiedad, n. f., propriété.
propio, pia, adj., propre, caractéristique.
proponer, irrég., v. t., part. pass. irr., **propuesto,** proposer.
proporcionar, v. t., procurer, fournir.
propósito, n. m., intention. **A propósito de,** à propos de.
proseguir [i], v. t., poursuivre, continuer.
prosperar, v. i., prospérer.
protagonista, n. m. f., héros, protagoniste.
protagonizar, v. t., jouer (un rôle).
proteger, v. t., protéger.
protesta, n. f., protestation.
provecho, n. m., profit. **Sacar provecho de,** tirer profit de.
proveer, irrég., v. t., pourvoir, approvisionner. **Provisto, ta,** adj., pourvu, e.
provisional, adj., provisoire.
próximo, ma, adj., proche, prochain, e.
proyecto, n. m., projet.
prueba, n. f., preuve, épreuve, essai.
pueblerino, na, adj., villageois, e.
pueblo, n. m., village ; peuple.
puente, n. m., pont.
puerta, n. f., porte.
puerto, n. m., port ; col. **Puerto deportivo,** port de plaisance.
pues, conj., car ; eh bien ; donc.
puesto, n. m., étal (au marché) ; poste, situation. **Un puesto de trabajo.**
pulmón, n. m., poumon.
pulsera ; n. f., bracelet.
pulso, n. m., pouls. **Tomar el pulso.**
punta, n. f., pointe, bout. **Horas punta,** heures de pointe.
punto, n. m., point. **Estar a punto de,** être sur le point de.
puñado, n. m., poignée.

puño, n. m., poing ; poignet.
puro, ra, adj., pur, e. **De puro cansado,** tant il est fatigué. **De puro gritar,** à force de crier.

q

quebrada, n. f., ravin ; faille.
quebrar [ie], v. t., casser, briser ; v. i., faire faillite.
quedar, v. i., rester, demeurer ; être.
queja, n. f., plainte.
quejarse, v. pr., se plaindre.
quemadura, n. f., brûlure ; coup de soleil.
quemar, v. t., brûler.
quena, n. f., (Amér.) flûte indienne.
querer [ie], irrég., v. t., vouloir ; aimer.
queso, n. m., fromage.
quetzal, n. m., oiseau d'Amérique tropicale.
quiebra, n. f., faillite.
quieto, ta, adj., tranquille.
quimera, n. f., chimère ; fig. querelle.
químico, ca, adj., chimique ; n. m./f. ; chimiste.
quitar, v. t., enlever, ôter. **Quitarse el jersey,** ôter son pull.
quizás, adv., peut-être.

r

rabiar, v. i., enrager, être en colère.
rabo, n. m., queue (de animal, hoja, fruto).
racimo, n. m., grappe.
raíz, n. f., racine. **A raíz de,** à l'origine de.
rama, n. f., branche.
ramo, n. m., bouquet ; rameau.
rapidez, n. f., rapidité.
raro, ra, adj., rare ; étrange.
rascacielos, n. m., inv., gratte-ciel.
rasgar, v. t., déchirer.
rasgo, n. m., trait. **A grandes rasgos.**
rastro, n. m., trace, piste. **El Rastro,** le marché aux puces (en Madrid).
rata, n. f., rat.
rato, n. m., instant. **A ratos,** par moments. **Al (poco) rato,** peu de temps après.
ratón, n. m., souris.
raya, n. f., ligne ; raie.
rayo, n. m., rayon (de sol) ; foudre.
razón, n. f., raison.
reaccionar, v. i., réagir.
real, adj., réel, elle ; royal, e.
realce, n. m., relief. **Poner de realce.**
realista, adj., réaliste.
rebaja, n. f., rabais, solde.
rebajar, v. t., baisser. V. pr., s'abaisser.
rebaño, n. m., troupeau.
rebelarse, v. pr,. se rebeller.
rebelde, adj./n., rebelle.
recalcar, v. t./i., mettre en relief.
recaudar, v. t., percevoir (impuestos).
recelo, n. m., méfiance, soupçon, crainte.
recetar, v. t., ordonner, prescrire.
rechazar, v. t., repousser ; rejeter ; refuser.
recibir, v. t./i., recevoir.
reciente, adj., récent, e.
recio, cia, adj., vigoureux, euse, fort, e.
recoger, v. t., recueillir, ramasser. V. pr., se retirer.
recomendar [ie], v. t., recommander.
recordar [ue], v. t., se rappeler (recordar algo).
recorrer, v. t., parcourir.
recrear, v. t., distraire. V. pr., se divertir.
recreo, n. m., récréation, divertissement.
recto, ta, adj., droit, e ; adv., tout droit.
recuerdo, n. m., souvenir.
recurso, n. m., recours ; moyen ; ressource.
rechazar, v. t., repousser ; rejeter ; refuser.
red, n. f., filet ; réseau.
redactar, v. t., rédiger.
redondo, da, adj., rond, e.
reducido, da, adj., réduit, e ; petit, e.
referir [ie/i], v. t., rapporter. V. pr., se rapporter à.
reflejar, v. t., refléter.
reflexionar, v. i., réfléchir, penser.
reforzar [ue], renforcer.
refrán, n. m., proverbe.
refresco, n. m., rafraîchissement (bebida).
regalar, v. t., offrir.
regalo, n. m., cadeau.
regañar, v. t., gronder, réprimander.
regar [ie], v. t., arroser, irriguer.
regatear, v. t., marchander.
régimen, n. m., régime ; pl., **regímenes.**
registrar, v. t., fouiller.
regocijo, n. m., allégresse ; réjouissance.
regresar, v. i., revenir, rentrer.
regular, adj., régulier, ère ; moyen, enne, médiocre. Fam., comme ci, comme ça.
reinado, n. m., règne.
reinar, v. i., régner.
reino, n. m., royaume.
reír [i], v. i., rire.
reja, n. f., grille (de la ventana).
relación, n. f., relation ; rapport ; liste. **En relación con,** en rapport avec.
relajado, da, part. pass. de relajar ; adj., relâché, e, détendu, e.
relámpago, n. m., éclair.
relato, n. m., récit.
reloj, n. m., horloge ; montre.
rellenar, v. t., remplir ; farcir.
remedio, n. m., remède.
remitente, n. m. f., expéditeur, trice.
remitir, v. t., envoyer, renvoyer.
remo, n. m., rame, aviron.
remoto, ta, adj., lointain, e, reculé, e.
remover [ue], déplacer ; remuer.
rendir [ir], rendre (homenaje).
reñir [i], v. i., se disputer ; v. t., gronder.
renovar [ue], v. t., renouveler, rénover.
renta, n. f., rente, revenu. **La renta per cápita,** le revenu par habitant.
renunciar, v. i., renoncer.
reparar, v. t., réparer ; v. i., remarquer.
reparto, n. m., répartition, partage.
repasar, v. t., réviser, revoir.
repente (de), loc. adv., tout à coup, soudain.
repetir [i], v. t., répéter, recommencer.
requerir [ie], v. t., requérir, exiger.
requisito, n. m., condition requise ; formalité.
rescate, n. m., rachat ; sauvetage ; rançon.
resfriado, n. m., refroidissement, rhume.
resistir, v. t./i., résister, supporter.
resolver [ue], v. t., part. pass. irr., **resuelto,** résoudre.
respecto a, de, con respecto a, loc. adv., en ce qui concerne ; quant à.
respetar, v. t., respecter.
respeto, n. m., respect.
resplandor, n. m., éclat, lueur.
responder, v. t./i., répondre.
respuesta, n. f., réponse.
restorán, restaurante, n. m., restaurant.
resultar, v. i., résulter ; être.
resumir, v. t., résumer, abréger.
retiro, n. m., retraite.
reto, n. m., défi.
retraso, n. m., retard.
retrato, n. m., portrait.
retroceder, v. i., reculer.
reventar [ie], v. t./i., crever ; éclater.
revés, n. m., envers. **Al revés,** à l'envers.
revisor, n. m., contrôleur.
revista, n. f., revue.
revolotear, v. i., voleter, voltiger.
revolver [ue], v. t., part. pass. irrég., **revuelto,** remuer ; bouleverser.
rey, n. m., roi ; **reina,** n. f., reine.
rezar, v. t., réciter ; v. i., prier.
ribera, n. f., rive, rivage.
rico, ca, adj., riche ; délicieux, euse.
riego, n. m., irrigation. **Tierra de regadío,** terre irriguée.
riesgo, n. m., risque.
rigidez, n. f., rigidité.
rincón, n. m., coin ; recoin.
río, n. m., fleuve, rivière.
riqueza, n. f., richesse.
rizo, n. m., boucle (de cabellos).
robar, v. t., voler ; **robo,** n. m., vol.
roca, n. f., roche, roc.
rodaje, n. m., tournage (de una película).
rodar [ue], v. t. rouler ; tourner.
rodear, v. t., entourer.
rodilla, n. f., genou. **De rodillas,** à genoux.
roer, v. t., ronger.
rogar [ue], v. t., prier, supplier.
rojizo, za, adj., rougeâtre.
rojo, ja, adj., rouge.
románico, ca, adj., roman, e.
romano, na, adj., romain, e.
romanticismo, n. m., romantisme.
romper, v. t./i., part. pass. irr., **roto,** casser.
ropa, n. f., vêtements.
rostro, n. m., visage.
rotundo, da, adj., catégorique.
roturar, v. t., défricher.
rubio, bia, adj., blond, e.
rueda, n. f., roue.
ruido, n. m., bruit.
ruidoso, sa, adj., bruyant, e.
rumbo, n. m., direction. **Rumbo a,** vers.
ruta, n. f., route, itinéraire.

s

sábado, n. m., samedi.
sábana, n. f., drap (de lit).
saber, irrég., v. t./i., savoir. **Saber a,** avoir le goût de. N. m., savoir.
sabio, bia, adj., savant, e ; sage.
sabiduría, n. f., savoir, sagesse.
sabor, n. m., saveur, goût.
sabroso, sa, adj., savoureux, euse.
sacar, v. t., tirer, ôter.
sacerdote, n. m., prêtre.
sacudir, v. t., secouer.
sagrado, da, adj., sacré, e ; saint, e.
sal, n. f., sel.
salida, n. f., sortie ; départ.
salir, irrég., v. i., sortir ; partir (el tren) ; paraître (diario, revista).
salobre, adj., saumâtre.
salsa, n. f., sauce ; salsa (música).
saltar, v. i., sauter.
salud, n. f., santé.
saludar, v. t., saluer.
salvaje, adj., sauvage.
salvar, v. t., sauver ; franchir (un obstáculo).
sanar, v. i./t., guérir.
sandalia, n. f., spartiate ; sandale.
sangre, n. f., sang.
sangriento, ta, adj., sanglant, e.
sano, na, adj., sain, e.
saqueo, n. m., pillage, sac.
santo, ta, adj., saint, e ; n. m., fête.

sartén, n. f., poêle (à frire). Fig., fournaise.
sastre, n. m., tailleur.
satisfacer, irrég., v. t., part. pass. irr., **satisfecho,** satisfaire.
sazonar, v. t., assaisonner. Fig., agrémenter.
seco, ca, adj., sec, sèche. **A secas,** tout court. **Tierra de secano,** terre sèche.
secretaría, n. f., secrétariat.
secretario, ria, n. m. f., secrétaire.
sed, n. f., soif.
seda, n. f., soie.
sediento, ta, adj., assoiffé, e.
seducir, irrég., v. t., séduire.
segar [ir], v. t., faucher, moissonner.
seguir [i], v. t./i., suivre ; continuer. **En seguida,** tout de suite.
seguridad, n. f., sécurité, sûreté.
según, prép., selon. **Según él,** à son avis.
seguro, ra, adj., sûr, e ; n. m., assurance. **Un seguro de vida,** une assurance-vie. **Estar seguro,** être sûr.
sello, n. m., timbre ; sceau ; empreinte.
selva, n. f., forêt (virgen).
semáforo, n. m., feux (pl.) de signalisation.
sembrar [ie], v. t. semer.
semejante, adj., semblable.
semilla, n. f., graine, semence.
sencillez, n. f., simplicité.
sencillo, lla, adj., simple, facile.
senda, n. f./**sendero,** n. m., sentier.
señorito, n. m., Monsieur ; fils de famille.
sentar [ie], v. t., asseoir ; v. i., seoir.
sentido, n. m., sens. **Buen sentido,** bon sens.
sentir [ie/i], v. t., ressentir ; entendre ; regretter. **Lo siento,** je suis désolé, e.
seña, n. f., signe ; pl., adresse (domicile).
señal, n. f., signe, signal, marque ; trace.
señalar, v. t., marquer ; montrer.
septiembre, n. m., septembre.
sequía, n. f., sécheresse.
ser, irrég., v. i., être. N. m., être.
sereno, na, adj., serein, e ; calme, paisible.
serie, n. f., série ; suite.
seriedad, n. f., sérieux.
serio, ria, adj., sérieux, euse.
servicial, adj., serviable.
servicio, n. m., service ; pl., toilettes.
servilleta, n. f., serviette (para comer).
servir [i], v. t./i., servir.
sesión, n. f., séance (de cine ; reunión…).
sidra, n. f., cidre.
siempre, adv., toujours.
sierra, n. f., montagne ; scie.
siervo, n. m., serf.
siesta, n. f., sieste. **Dormir [ue] la siesta.**
siglo, n. m., siècle. **Siglo de Oro,** Siècle d'Or.
signo, n. m., signe. **Signo de admiración, de interrogación,** point d'exclamation, d'interrogation.
siguiente, adj., suivant, e. **Al día siguiente,** le lendemain.
silbar, v. i., siffler ; v. t., siffler, huer.
silla, n. f., chaise ; **sillón ;** n. m., fauteuil.
simple, adj., simple, naïf, naïve.
sin, prép. sans. **Zona sin edificar,** zone non bâtie. **Sin embargo,** cependant.
siniestro, tra, adj., gauche (izquierdo). Fig., sinistre (funesto).
síntesis, n. f., synthèse.
siquiera, adv., au moins. **Ni siquiera,** pas même.
sitio, n. m., place ; endroit. Mil. Siège.
soberano, na, adj./n., souverain, e.
soberbio, bia, adj., superbe ; orgueilleux, euse.
sobrar, v. i., rester, être de trop.
sobre, prép., sur ; vers. **Sobre todo,** surtout.
sobre, n. m., enveloppe.
sobrecoger, v. t., saisir (de miedo, frío).
sobrehumano, na, adj., surhumain, e.
sobrepasar, v. t., dépasser ; surpasser.
sobresaliente, adj., remarquable ; mention très bien (exámenes).
sobresalto, n. m., sursaut.
sobrevivir, v. i., survivre.
sobrino, na, n. m. f., neveu, nièce.
sobrio, bria, adj., sobre ; dépouillé, e.
socavón, n. m., galerie (en una mina).
socio, cia, n. m. f., sociétaire ; associé, e.
socorro, n. m., secours. **¡Socorro!,** au secours !
sol, n. m., soleil.
solapa, n. f., revers (de la veste).
solapadamente, adv., sournoisement.
solar, n. m., terrain à bâtir ; adj., solaire.
soleado, da, adj., exposé, e au soleil ; ensoleillé, e.
soledad, n. f., solitude.
solemne, adj., solennel, elle.
soler [ue], v. i., avoir l'habitude.
solícito, ta, adj., empressé, e ; attentionné, e.
solicitud, n. f., demande.
solidez, n. f., solidité.
solo, la, adj., seul, e. **A solas,** tout seul.
sólo, adv., seulement.
soltar [ue], v. t., détacher ; lâcher.
soltero, ra, adj./n., célibataire.
soltura, n. f., aisance. **Hablar con soltura.**
solucionar, v. t., résoudre.
sollozo, n. m., sanglot.
sombra, n. f., ombre.
sombrero, n. m., chapeau.
someter, v. t., soumettre.
sonar [ue], v. i., sonner (timbre).
sondeo, n. m., sondage.
sonido, n. m., son.
sonreír, [i], v. i./pr., sourire.
sonriente, adj., souriant, e.
sonrisa, n. f., sourire.
soñar [ue], (con), v. t./i., rêver de.
sopa, n. f., soupe, potage.
soplar, v. t., souffler. Fig., moucharder.
sorbo, n. m., gorgée (de leche, de vino…).
sordo, da, adj., sourd, e.
sorprender, v. t., surprendre.
sorpresa, n. f., surprise.
sorteo, n. m., tirage au sort.
sosegar [ie], v. t., tranquilliser.
sosiego, n. m., calme, sérénité.
sospechar, v. t./i., soupçonner.
sótano, n. m., sous-sol ; cave.
suavizar, v. t., adoucir.
subdesarrollo, n. m., sous-développement.
súbdito, ta, adj./n., sujet, ette (del rey).
subir, v. i., monter. **Subir al tren,** monter dans le train.
sublevar, v. t., soulever, révolter. V. pr., se soulever (tropas).
subrayar, v. t., souligner.
suceder, v. i., avoir lieu, arriver **(ocurrir, pasar).**
suceso, n. m., événement ; fait divers.
suciedad, n. f., saleté.
sucio, cia, adj., sale.
sudor, n. m., sueur.
sueldo, n. m., salaire.
suelo, n. m., sol.
sueño, n. m., rêve ; sommeil.
suerte, n. f., sort ; chance.
suficiente, adj., suffisant, e ; assez.
sufrimiento, n. m., souffrance.
sugerir [ie/i], v. t., suggérer.
sumar, v. t., additionner.
suministrar, v. t., fournir.
sumo, ma, adj., extrême, suprême.
superar, v. t., dépasser ; surmonter.
superávit, n. m. inv., com., excédent.
superficie, n. f., surface, superficie.
suponer, irrég., v. t., part. pass. irrég., **supuesto,** supposer. **Por supuesto,** bien sûr.
surtir, v. t./i., produire (un effet) ; jaillir.
suspender, v. t., suspendre ; cesser.
suspiro, n. m., soupir.
sustentar, v. t., nourrir ; entretenir ; soutenir.
sustituir, irrég., v. t., remplacer.
susto, n. m., peur.
sutil, adj., subtil, e ; fin, e ; ténu, e.

t

tabernero, ra, n. m. f., tavernier, ère.
tablero, n. m., échiquier (de ajedrez).
tajante, adj., tranchant ; catégorique.
tajo, n. m., entaille ; chantier ; ravin.
tal, adj., tel, telle. **Con tal que,** pourvu que. Fam. **¿Qué tal?,** comment ça va ?
tala, n. f., coupe (de árboles) ; élagage.
taller, n. m., atelier.
tamaño, n. m., taille, grandeur, dimension.
también, adv., aussi.
tampoco, adv., non plus.
tanto, ta, adj./adv., **tan,** adv., aussi, autant, tant de. **Por lo tanto,** par conséquent.
tapa, n. f., amuse-gueule. **Las tapas de un libro,** la couverture.
tapar, v. t., fermer ; couvrir.
tardar, v. i., tarder, mettre. **Tardar tiempo (en),** mettre du temps pour.
tarde, adv., tard. N. f., après-midi.
tarea, n. f., tâche, travail.
tarjeta, n. f., carte (postal, telefónica).
tasa, n. f., taxe ; taux. **Tasa de mortalidad.**
tasca, n. f., bistrot, taverne.
tecla, n. f., touche.
teclado, n. m., clavier.
técnico, n. m., technicien.
techo, n. m., plafond.
tedio, n. m., ennui ; répugnance.
tejado, n. m., toit.
tejer, v. t., tisser ; tresser ; entrelacer.
tejido, n. m., tissu.
tela, n. f., tissu, étoffe, toile.
telediario, n. m., journal télévisé.
televidente, n. m. f., téléspectateur, trice.
telón, n. m., rideau (teatro).
temblar [ie] v. i., trembler.
tembloroso, sa, adj., tremblant, e.
temer, v. t., craindre.
temor, n. m., crainte.
tempestad, n. f., tempête, orage.
templado, da, adj., tiède ; tempéré, e.
temporada, n. f., saison. **Pasar una temporada :** faire un séjour.
temprano, adv., tôt. ; adj., précoce.
tenedor, n. m., fourchette.
tender [ie], v. t., étendre ; tendre. V. pr., s'allonger, se coucher.
tener [ie], irrég., v. t., avoir. **Tener que,** devoir, falloir.
teñir [i], v. t., teindre. **Teñir de verde.**
terciopelo, n. m., velours.
terco, ca, adj., têtu, obstiné.
término, n. m., terme, mot ; fin. **En primer término,** au premier plan.
ternura, n. f., tendresse.
tertulia, n. f., réunion entre amis.
terrateniente, n. m., propriétaire foncier.
terremoto, n. m., tremblement de terre.
tesoro, n. m., trésor.
testigo, n. m., témoin.
testimonio, n. m., témoignage.
tía, n. f., tante. Fam., nana.

tibio, bia, adj., tiède.
tiempo, n. m., temps ; époque ; saison.
tienda, n. f., boutique, magasin.
tierno, na, adj., tendre.
tierra, n. f., terre ; pays.
tijera(s), n. f., ciseaux.
tilo, n. m., tilleul (árbol).
timbre, n. m., sonnette.
tinta, n. f., encre.
tío, n. m., oncle. Fam., type.
tira, n. f., bande (B.D.).
tirar, v. t., jeter.
tiritar, v. i., grelotter ; trembler.
título, n. m., diplôme ; titre. **El texto se titula,** le texte a pour titre.
toalla, n. f., serviette (de baño).
tocar, v. t., toucher, toucher à ; sonner. **Tocan las campanas,** les cloches sonnent. **Tocar el piano,** jouer du piano. **A mí me toca,** c'est mon tour.
todavía, adv., encore.
todo, da, adj./pron. indéf./adv., tout, e ; entièrement. **Con todo,** malgré tout. **Sobre todo,** surtout.
tomar, v. t./i., prendre (café, el sol...).
tonelada, n. f., tonne.
tontería, n. f., bêtise.
tonto, ta, adj., sot, sotte ; idiot, e. **A tontas y a locas,** à tort et à travers.
topar, v. i., rencontrer.
tópico, n. m., lieu commun.
toreo, n. m., tauromachie.
tormenta, n. m., tempête, orage.
torno (en torno a), loc. adv., autour de (alrededor de).
torpe, adj., maladroit, e.
torre, n. f., tour, clocher.
tortilla, n. f., omelette ; (Amér.) galette de maïs.
tos, n. f., toux.
trabajo, n. m., travail.
trabar, v. t., lier. Fig. lier (amistad).
traducir, irrég., v. t., traduire. **Traducir al español.**
traer, irrég., v. t./i., apporter, amener.
tráfico, n. m., trafic, circulation.
tragar, v. t., avaler. V. pr., Fig., gober.
trago, n. m., gorgée, coup.
traicionar, v. t., trahir.
traidor, n. m., traître.
traje, n. m., costume ; robe.
trámite, n. m., formalité.
trampa, n. f., piège.
trance, n. m., moment critique et décisif.
tranquilizar, v. t., tranquilliser ; rassurer.
transcurrir, v. i., s'écouler (el tiempo).
trapo, n. m., chiffon.
tras, adv., derrière ; après.
trasladar, v. t., transférer, déplacer.
traslucirse, v. pr., apparaître, transparaître.
trastorno, n. m., dérangement ; bouleversement ; trouble.
tratar, v. t., traiter ; essayer ; v. pr., s'agir. **En este texto, se trata de,** dans ce texte, il s'agit de.
través (a través de), loc. adv., à travers.
trazar, v. t., tracer (letras) ; tracer, tirer (líneas ; planes).
tremendo, da, adj., terrible.
tren, n. m., train.
trepar, v. t./i., grimper ; monter, escalader.
trigo, n. m., blé.
tripulación, n. f., équipage (de un barco).
triunfo, n. m., triomphe ; réussite ; atout.
trocar [ue], v. t., troquer ; changer.
tropezar [ie], v. i., buter, trébucher. **Tropezar con una dificultad,** se heurter à une difficulté.
trozo, n. m., morceau, bout.
trueno, n. m., tonnerre ; coup de tonnerre.
tumbar, v. t., renverser ; v. pr., s'allonger.
turbación, n. f., trouble.
turista, n. m. f., touriste.
tutear, v. t., tutoyer (hablar de tú).

U

ubicar, ubicarse, v. i./pr., se situer.
último, ma, adj., dernier, ère.
uña, n. f., ongle.
unir, v. t., unir ; réunir ; joindre.
urbanización, n. f., lotissement, cité.
usar, v. t., utiliser ; v. i., faire usage de.
uso, n. m., usage ; coutume ; emploi. **Fuera de uso,** hors d'usage.
usuario, ria, adj./n., usager, ère ; utilisateur, trice.
útil, adj., utile.
uva, n. f., raisin.

V

vaca, n. f., vache.
vacaciones, n. f., pl., vacances. **Irse de vacaciones,** partir en vacances.
vacilar, v. i., vaciller, chanceler ; **vacilar (en),** hésiter à.
vacío, a, adj., vide.
valer, irrég., v. t., valoir, coûter. **¡Vale!,** d'accord. **Valerse de,** se servir de.
válido, da, adj. valide ; valable.
valiente, adj., courageux, euse.
valor, n. m., valeur ; courage.
valle, n. f., vallée.
vaquero (pantalón), n. m., jean.
vara, n. f., perche ; gaule ; baguette.
vario, ria, adj., diverse ; pl. **varios, as,** plusieurs.
varón, n. m., homme ; garçon ; masculin.
vasallo, lla, adj./n., vassal, e.
vaso, n. m., verre ; gobelet.
vecindad, n. f., voisinage ; population.
vecino, na, adj./ n., voisin, e ; habitant, e.
vega, n. f., plaine cultivée. **La Vega de Granada.**
vejez, n. f., vieillesse.
vela, n. f., voile (de un barco) ; bougie.
velamen, n. m., mar., voilure.
velar, v. t./i., veiller ; surveiller ; voiler.
velocidad, n. f., vitesse.
veloz, adj., rapide, véloce.
venado, n. m., gibier ; cerf.
vencer, v. t., vaincre.
vendedor, ra, adj./n., vendeur, euse ; marchand, e.
vender, v. t., vendre.
veneno, n. m., poison, venin.
venir [ie], irrég. v. i., venir.
venta, n. f., vente ; auberge (en el campo).
ventaja, n. f., avantage.
ventana, n. f., fenêtre.
ventanilla, n. f., guichet ; fenêtre (train).
ver, irrég., v. t., voir ; part. pas. irr., **visto, ¡A ver!** Voyons ! **Ver la tele ;** regarder la télé.
veranear, v. i., passer ses vacances.
verano, n. m., été.
verdad, n. f., vérité. **¿Verdad?,** n'est-ce pas ?
verdadero, ra, adj., vrai, e.
verde, adj., vert, e ; grivois.
verdura, n. f., légume vert.
vergonzoso, sa, adj., honteux.
vergüenza, n. f., honte.
verificar, v. t., vérifier ; effectuer. V. pr., avoir lieu.
verosímil, adj., vraisemblable.
vestido, n. m., vêtement ; robe.
vestigio, n. m., vestige.
vestir [i], v. t., habiller, porter.
vez, n. f., fois. **Una vez al año,** une fois par an. **A veces,** parfois. **De vez en cuando,** de temps en temps. **Muchas veces,** souvent. **Cada vez más,** de plus en plus. **Tal vez,** peut-être. **En vez de,** au lieu de **Otra vez,** encore une fois. **Por primera vez,** pour la première fois. **Érase una vez,** il était une fois.
vía, n. f., voie.
viajar, v. i., voyager.
viaje, n. m., voyage. **Ir de viaje,** partir en voyage.
viajero, ra, adj./n., voyageur, euse.
vida, n. f., vie. **Ganarse la vida,** gagner sa vie.
vídeo, n. m., magnétoscope.
vidrio, n. m., verre (matière).
viejo, ja, adj., vieux, vieille.
viento, n. m., vent. **Ráfaga de viento,** coup de vent.
viernes, n. m., vendredi.
vigente, adj., en vigueur.
vigilar, v. t., surveiller.
villa, n. f., ville ; villa ; petite ville. **La Villa y Corte,** Madrid.
viña, n. f., vigne (terreno plantado de vides).
vínculo, n. m., lien.
vino, n. m., vin. **Tinto, blanco, clarete,** rouge, blanc, rosé.
virgen, adj., vierge.
virrey, n. m., Vice-roi.
virtud, n. f., vertu.
visita, n. f., visite. **Visitar a alguien,** rendre visite à quelqu'un.
vista, n. f., vue. **Echar un vistazo,** jeter un coup d'œil.
viudo, da, adj., veuf, ve.
vivienda, n. f., logement.
vivir, v. i., vivre ; habiter (residir).
vivo, va, adj., vivant, e. **Estar vivo.**
volar [ue], v. i., voler. V. pr., s'envoler.
volumen, n. m., volume.
voluntad, n. f., volonté ; gré.
volver [ue], v. t./i., part. pass. irrég., **vuelto,** tourner ; revenir, retourner. V. pr., se retourner, devenir. **Volver a leer,** relire.
voto, n. m., vœu (promesa) ; vote ; voix.
voz, n. f., voix ; cri. Gram., voix ; mot.
vuelo, n. m., vol ; volée, envolée.
vuelta, n. f., tour. **Dar una vuelta,** faire un tour. **Estar de vuelta,** être de retour.

Y

ya, adv., déjà ; maintenant. **Ya lo creo,** je pense bien. Loc. conj., **ya que,** puisque. **Ya... ya,** soit... soit. **Ya no,** ne... plus.
yanqui, adj./n., yankee, Américain du Nord.
yate, n. m., yacht.
yerto, ta, adj., inerte.
yeso, n. m., plâtre.
yuca, n. f., bot., yucca ; manioc.
yudo, n. m., judo (lucha).
yugo, n. m., joug.

Z

zalamero, ra, adj./n., flatteur, euse.
zapatero, ra, n. m. f., cordonnier, ière.
zapatilla, n. f., chausson, pantoufle. **Zapatilla deportiva,** chaussure de sport.
zapato, n. m., chaussure.
zona, n. f., zone ; région. **Zona azul,** zone bleue. **Zonas verdes,** espaces verts.
zorro, n. m., renard.
zumbar, v. i., bourdonner ; vrombir.
zumbido, n. m., bourdonnement.
zumo, n. m., jus (de fruta).

Index grammatical

Imprimé en France par I.M.E. - 25110 Baume-les-Dames
Dépôt légal : juin 2001 - N° d'édition : 4649/04
N° imprimeur : 15194